饒東原注譯
黃沛榮校閱

新譯新書讀本

三民書局印行

國家圖書館出版品預行編目資料

新譯新書讀本／饒東原注譯. --初版.
--臺北市：三民，民87
面；　　公分. --(古籍今注新譯叢書)
ISBN 957-14-2744-6（精裝）
ISBN 957-14-2745-4（平裝）

1.新書—註釋

122.12　　　　86014913

網際網路位址　http://sanmin.com.tw

ⓒ新譯新書讀本

注譯者　饒東原
校閱者　黃沛榮
發行人　劉振强
著作財產權人　三民書局股份有限公司
臺北市復興北路三八六號
發行所　三民書局股份有限公司
地　址／臺北市復興北路三八六號
電　話／二五〇〇六六〇〇
郵　撥／〇〇〇九九九八——五號
印刷所　三民書局股份有限公司
門市部　復北店／臺北市復興北路三八六號
重南店／臺北市重慶南路一段六十一號
初　版　中華民國八十七年五月
編　號　S 03156
基本定價　陸元肆角
行政院新聞局登記證局版臺業字第〇二〇〇號

ISBN 957-14-2745-4（平裝）

刊印古籍今注新譯叢書緣起

劉振強

人類歷史發展，每至偏執一端，往而不返的關頭，總有一股新興的反本運動繼起，要求回顧過往的源頭，從中汲取新生的創造力量。孔子所謂的述而不作，溫故知新，以及西方文藝復興所強調的再生精神，都體現了創造源頭這股日新不竭的力量。古典之所以重要，古籍之所以不可不讀，正在這層尋本與啟示的意義上。處於現代世界而倡言讀古書，並不是迷信傳統，更不是故步自封；而是當我們愈懂得聆聽來自根源的聲音，我們就愈懂得如何向歷史追問，也就愈能夠清醒正對當世的苦厄。要擴大心量，冥契古今心靈，會通宇宙精神，不能不由學會讀古書這一層根本的工夫做起。

基於這樣的想法，本局自草創以來，即懷著注譯傳統重要典籍的理想，由第一部的四書做起，希望藉由文字障礙的掃除，幫助有心的讀者，打開禁錮於古老話語中的豐沛寶藏。我們工作的原則是「兼取諸家，直注明解」。一方面熔鑄眾說，擇善而從；

一方面也力求明白可喻，達到學術普及化的要求。叢書自陸續出刊以來，頗受各界的喜愛，使我們得到很大的鼓勵，也有信心繼續推廣這項工作。隨著海峽兩岸的交流，我們注譯的成員，也由臺灣各大學的教授，擴及大陸各有專長的學者。陣容的充實，使我們有更多的資源，整理更多樣化的古籍。兼採經、史、子、集四部的要典，重拾對通才器識的重視，將是我們進一步工作的目標。

古籍的注譯，固然是一件繁難的工作，但其實也只是整個工作的開端而已，最後的完成與意義的賦予，全賴讀者的閱讀與自得自證。我們期望這項工作能有助於為世界文化的未來匯流，注入一股源頭活水；也希望各界博雅君子不吝指正，讓我們的步伐能夠更堅穩地走下去。

新譯新書讀本 目次

附錄一 賦

附錄二 疏

導讀

賈誼是西漢初期著名的政論家和文學家。他的生平事蹟見於《史記・屈原賈生列傳》和《漢書・賈誼傳》。賈誼生於漢高帝七年（西元前二〇〇年），卒於漢文帝十二年（西元前一六八年），洛陽人。年十八歲，憑著博學和善寫文章聞名於郡中。河南守吳公欣賞賈誼的才華，把他招到門下。漢文帝初即位，吳公被徵為廷尉。由於吳公的推薦，賈誼被文帝招為博士。這時，賈誼還是個二十餘歲的青年，在諸博士中最年輕。文帝每有詔令請博士們議論，諸老先生不能發言，賈誼卻能全部回答，因而一年之中，接連被破格提拔為大中大夫。正當賈誼為朝廷進行各種改革，深得文帝信任並將被提拔為公卿的時候，卻遭到周勃、灌嬰、張相如、馮敬這班老臣的攻擊，認為「洛陽之人，年少初學，專欲擅權，紛亂諸事」。於是，文帝疏遠了賈誼，不用他的政見，文帝三年（西元前一七七年），把他調出京城任長沙王吳差的太傅。吳差是當時僅存的一個異姓侯王，勢力弱，地偏僻，不對朝廷構成威脅，因而也不被朝廷重視，賈誼作他的太傅，有貶謫之感，懷悒悒之情，自不待言。三年之後，文帝六年（西元前一七四年），漢文帝想到了賈誼，把他招回長安，改任梁懷王劉揖的太傅。劉揖是文帝寵愛的少子，文帝派他作太傅，表明文帝對賈誼的信任。可是，好景不長，作梁懷王太傅僅四年之久，文帝十一年（西元前一六九年）劉揖入朝時，不慎墜馬而死。賈誼自己感到沒有盡到太傅的責任，悒鬱成疾，文帝十二年（西元前一六八年）逝世，終年三十三歲。

賈誼的著作，據《漢書・藝文志》儒家類有「賈誼五十八篇」；陰陽家類有「《五曹官制》五篇」。班固自注：「漢制，似賈誼所條」；賦類有「賈誼賦七篇」。又清人姚振宗《漢書藝文志拾補》於《春秋》類有賈誼《春秋左氏傳訓詁》。以上四種著作，《五曹官制》和《春秋左氏傳訓詁》早已失傳。今存有《新書》五十八篇和賦五篇以及《漢書》本傳所輯錄的〈陳政事疏〉及其他奏疏。本書只註譯《新書》和辭賦，奏疏則只附原文以備參考。

關於《新書》，現存五十八篇中，兩篇有目無文。五十八篇的標題下，有三十二篇標有「事勢」二字，十八篇標有「連語」二字，八篇標有「雜事」二字。「事勢」指論述政治形勢，「連語」指編輯歷史故事，「雜事」指不便分類的雜記。這種分類是否出自賈誼本人，不得其詳。

關於《新書》的真偽，歷來有不同看法。「事勢」類的三十二篇，有十八篇與《漢書・賈誼傳》所錄〈陳政事疏〉內容大致相同。〈陳政事疏〉文從字順，結構也較嚴密，《新書》各篇之間不僅內容時有重複，且文字間有枝蔓，因而是《漢書》抄錄《新書》還是《新書》抄錄《漢書》，從南宋起便產生了爭論。下面舉南宋三家為例，陳振孫在〈直齋書錄解題〉中指出：「今書（指《新書》——引者）首載〈過秦論〉，末為〈弔湘賦〉，餘皆錄《漢書》語，且略節誼本傳於第十一卷。其非《漢書》所有者，輒淺駁不足觀，決非誼本書也。」他認為《新書》錄《漢書》，《漢書》以外的那些「淺駁」的文字絕不是賈誼的。王應麟〈漢書藝文志考證〉則指出：「班固作傳，分散其書（指《新書》——引者），參差不一，總其大略。自『陛下誰憚而久不為此』已上，則取其書所謂〈宗首〉、〈數寧〉、〈藩傷〉、〈藩強〉、〈五美〉、〈制不定〉、〈親疏危亂〉凡七篇而為之。自『天下之勢方病大瘇』以下，以為痛哭之說，與其書合。」此則與陳說相反，認為《漢書》抄錄《新書》，且「參差不一，總其大略」。朱熹認為《新書》是賈誼平日的雜記稿，據《朱子語類》卷一三五記載：「問誼《新書》。曰：此誼平日記錄稿草也。其中細碎俱有，〈治安策〉中所言亦多在焉。」又說：「賈誼《新書》除了《漢書》中所載，餘亦難得粹者。看來只是賈誼一雜記稿耳，中間事事有些個。」以上三說實際上是兩說：陳說對《新書》持否定論，認為是偽書；而朱、王之說雖略有異，卻認為《新書》出自賈誼，不是偽書，王氏且認為《新書》為班固之所本。至於清代，或承陳說，如姚鼐；或從王議，如余嘉錫。特別是余嘉錫批評了《四庫全書提要》關於《新書》「多取誼本傳所載之文，割裂其章段，顛倒其次序而加以標題」的說法，並將《漢書》與《新書》對照，指出班固抄錄《新書》留下的許多斧鑿之痕，「有顯然可見者」。因而最具說服力。當代許多學者在《新書》真偽的問題上仍有見仁見智的情況，總的說來傾向於肯定之說者多，特別是近年王興國先生《賈誼評傳》的問世，對於數百年來關於《新書》的真偽之爭進行了總結，確認《新書》不是偽書，為《新書》作進一步研究奠定了堅實的基礎。《賈誼評傳》指出：「實際上，《漢書．賈誼傳》中的〈陳政事疏〉是班固擷取《新書》加以重新編輯的結果。」「不過，就《新書》本身來說，也確有一些段落有重複之處。造成這種重複的原因，可能有兩個：其一，在《新書》流傳過程中抄寫差錯所致；其二，賈誼自己在不同場合、時期寫同一主題的文章時，不可避免地使用類似的思想。」（引自該書第二章）這種看法誠屬公允。

《新書》各篇分別寫於何時，限於史料，大部分難於確指，今據《評傳》，大致按賈誼的經歷排定一個次序：

一、早期所著：〈勸學〉、〈道德說〉、〈道術〉、〈六術〉。

二、在朝廷任職時所著：〈過秦〉三篇、〈無蓄〉、〈憂民〉、〈瑰瑋〉。

三、在長沙王太傅任內所著：〈階級〉、〈鑄錢〉、〈銅布〉。

四、在梁王太傅任內所著：〈宗首〉、〈數寧〉、〈藩傷〉、〈藩強〉、〈五美〉、〈制不定〉、〈親疏危亂〉、〈大都〉、〈解縣〉、〈威不信〉、〈匈奴〉、〈勢卑〉、〈孽產子〉、〈俗激〉、〈時變〉、〈等齊〉、〈服疑〉、〈審微〉、〈保傅〉、〈傅職〉、〈胎教〉、〈容經〉、〈淮難〉、〈益壤〉、〈權重〉、〈一通〉、〈屬遠〉。此外還有十八篇，《評傳》以為大體上也是在此時期寫的。這些篇是：〈先醒〉、〈連語〉、〈春秋〉、〈耳痺〉、〈諭誠〉、〈退讓〉、〈禮容語下〉、〈禮〉、〈立後義〉、〈輔佐〉、〈君道〉、〈官人〉、〈大政上〉、〈大政下〉、〈修政語上〉、〈修政語下〉，再加上缺文的〈問孝〉、〈禮容語上〉兩篇。

《新書》是一部政治論文集，實際論述的內容，除了政治領域之外，還涉及經濟、文化、哲學等方面的內容，其中表現了賈誼對當時社會形勢的深刻認識和對漢王朝命運的關切。這些深刻的認識和見解有以下幾個方面：

一、維護中央集權和天下大一統是賈誼政治思想的核心內容

西漢初期，危害中央集權和大一統的是兩大矛盾：一個是同姓諸王和中央政權的矛盾，一個是匈奴與漢王朝之間的矛盾。這兩大矛盾在漢文帝時期雖然還沒有達到激化的程度，但是它造成的危機已經由潛伏開始轉為顯露了。

在劉邦與項羽的角逐中，劉邦為了爭取同盟、擴大自己的勢力，封了七個異姓侯王：齊王韓信徙為楚王，立彭越為梁王，故韓王信為韓王，徙衡山王吳芮為長沙王，還有淮南王黥布、燕王臧荼、趙王張敖皆如故。劉邦這種拜封，在當時是為了擊敗項羽的需要，因而他定了天下之後，除了長沙王吳芮之外，其餘都被他逐一消滅。這對於確立漢的天下維護統一是有作用的。但是他錯誤地吸取了秦失敗的教訓，在消滅了異姓侯王之後，又大封同姓侯王。劉邦把他的兒子都封為王：劉肥為齊王，劉如意為趙王，劉恆為代王，劉恢為梁王，劉友為淮陽王，劉長為淮南王，劉建為燕王。還有劉邦弟劉交為楚王，兄子劉濞為吳王。這些侯王，原是把他們作為中央政權的輔翼，可是事與願違，劉邦死後，這些侯王有的勢力逐漸強大，割據一方，作為與中央分庭抗禮的資本。文帝即位初年，全國諸侯王有十多個，其中除長沙王吳差是異姓王之外，其餘均為同姓諸侯王。這些同姓王中，如齊悼惠王劉肥的兒子濟北王劉興居，自恃誅諸呂有功，卻沒有坐上皇子寶座，在文帝三年發動叛亂；淮南王劉長恃親驕縱，無視文帝為天子，在文帝六年謀反；吳王劉濞以老大自居，「失藩臣之禮，稱病不朝」，文帝只能順從，賜以几杖，免除了朝拜之禮。以上這

些情況都是賈誼所親見親聞的，因此他在《新書》的〈宗首〉、〈數寧〉、〈藩傷〉、〈藩強〉、〈大都〉、〈益壤〉、〈權重〉、〈五美〉、〈制不定〉、〈親疏危亂〉等篇重點分析了諸侯王對中央政權造成的危害。他指出：

> 天下之勢方病大瘇。一脛之大幾如要，一指之大幾如股，惡病也。平居不可屈信，一二指搐，身固無聊也。失今弗治，必為錮疾，後雖有扁鵲，弗能為已。悲夫！枝拱苟大，弛必至心。此所以竊為陛下患也。病非徒瘇也，又苦蹠戾。元王之子，帝之從弟也；今之王者，從弟之子也。惠王之子，親兄之子也；今之王者，兄子之子也。親者或無分地以安天下，疏者或專大權以逼天子，臣故曰「非徒病瘇也，又苦蹠戾。」可痛哭者，此病是也。(〈大都〉)

賈誼把諸王強大比如一個人得了浮腫病，小腿與腰一般大，指頭與大腿一般大，動彈屈伸都不可能，說明「枝拱苟大，弛必至心」的道理；同時還指出封土建國的作法必然產生親疏倒置的矛盾，「親者或無分地以安天下，疏者或專大權以逼天子」，好像一個人的腳掌生反了一樣。這種形勢發展下去，必然會在政治上僭越天子的權力，不服從中央的命令，漢朝廷沒有辦法控制他們。他進一步指出：

> 諸侯王雖名為人臣，實皆有布衣昆弟之心，慮無不宰制而天子自為者。擅爵人，赦死罪，甚至

或戴黃屋，漢法非立，漢令非行也。雖離道如淮南王者，令之安肯聽？召之焉可致？幸而至，法安可得尚？動一親戚，天下環視而起，天下安可得制也？（〈親疏危亂〉）

擺在漢文帝面前的形勢是如此嚴峻，可是當時還有人說天下「已安」、「已治」，賈誼批評說這種話的人「非至愚無知，固諛者耳，皆非事實知治亂之體者也。夫抱火措之積薪之下而寢其上，火未及燃，因謂之安，偷安者也。方今之勢，何以異此！夫本末舛逆，首尾橫決，國制搶攘，非有紀也，胡可謂治！」（〈數寧〉）能從表面現象看到問題的實質，這就是他高於一般俗見的地方，表現了作為一個政論家深邃的洞察力和責任感。然而賈誼認為挽救這種危局應採取哪些措施呢？一、是割地定制。亦即「眾建諸侯而少其力」。賈誼認為，對待那些強大的諸侯，要用以大化小的辦法來削弱他們的力量。他說：

欲天下之治安，天子之無憂，莫如眾建諸侯而少其力。力少則易使以義，國小則無邪心。〈藩強〉

制令：其有子以國其子；未有子者建分以須之，子生而立。（〈藩傷〉）

割地定制，齊為若干國，趙、楚為若干國，制既各有理矣。於是齊悼惠王之子孫，王之分地盡而止。趙幽王、楚元王之子孫，亦各以次受其祖之分地，燕、吳、淮南他國皆然。其分地眾而

子孫少者，建以為國，空而置之，須其子孫生者，舉使君之。〈五美〉

在諸侯強大已成實事的前提下，採取以大化小的辦法以便於各個擊破，在當時不失為一種可行的辦法，賈誼死後，漢文帝盡立悼惠王子六人為王，分淮南為三國，盡立厲王三子為王，漢武帝時實行的「推恩」，這些措施都是按賈誼「眾建諸侯而少其力」的辦法作的。

二、是實行法律制裁。如果割地定制是儒家行仁政的一種手段，那麼訴諸法制，就是法家的辦法了。他說：

屠牛坦一朝解十二牛而芒刃不頓者，所排擊、所剝割，皆眾理解也。然至髖髀之所，非斤則斧矣。仁義恩厚，此人主之芒刃也；權勢法制，此人主之斤斧也。勢已定，權已足矣，乃以仁義恩厚因而澤之，故德布而天下有慕志。今諸侯王皆眾髖髀也，釋斤斧之制，而欲嬰以芒刃，臣以為刃不折則缺耳。〈制不定〉

賈誼主張仁恩與法制應該並用，當天下形勢安定，天子擁有至高的權力的時候，可以施行仁恩；而當諸侯勢力強大足以威脅中央政權的時候，只有依靠法制強力制裁才能奏效。刑恩兩手並用，交替使用，它既是對先秦治道的總結，也是後來治政的根本原則。

賈誼在對待匈奴等邊患的問題上，也表現了維護中央集權和大一統的主張。匈奴在西周稱為獵狁，在東周稱為北狄，自西周以來一直對中原地區肆行侵擾，西漢初年也無力制服，只能採取和親和贈送金帛的辦法來緩和矛盾，求得暫時安寧。賈誼在〈解縣〉、〈威不信〉、〈匈奴〉、〈勢卑〉等篇陳述了當時的形勢：

天下之勢方倒縣，竊願陛下省之也。凡天子者，天下之首也，何也？上也。蠻夷者，天下之足也，何也？下也。蠻夷徵令，是主上之操也；天子共貢，是臣下之禮也。足反居上，首顧居下，是倒縣之勢也。（〈解縣〉）

匈奴侵甚、侮甚，遇天子至不敬也，為天下患，至無已也。以漢而歲致金絮繒綵，是入貢職於蠻夷也。顧為戎人諸侯也，勢既卑辱，而禍且不息，長此何窮！陛下胡忍以帝皇之號特居此！（〈勢卑〉）

賈誼認為匈奴也是中國的一部分，漢與匈奴是首與足的關係，匈奴應受漢王朝的管轄。可是，現在匈奴竟然在向漢發號施令，漢在向匈奴納貢盡職，成了倒懸的形勢，這是令人心痛的事情。那麼當用什麼辦法來改變這種倒植的形勢呢？賈誼認為訴諸武力、派重兵鎮守，當時的國力不允許，「中地左戍，延行數千里，糧食餽饟至難也」（〈解縣〉），因而他主張施行懷柔政策，在〈匈奴〉中提出了所謂「三表」、「五餌」的「耀蟬之術」。「三表」，一是對胡人講信用，二是愛胡人，三是好胡人的技藝，以此來感化胡人。「五餌」是利用漢的物質文明來引誘胡人，用以「壞其目」、「壞其口」、「壞其耳」、「壞其腹」、「壞其心」，達到與匈奴爭民的目的。以上辦法雖被人指為疏陋，但是他願意親自去實踐，希望主持屬國的事務，他這種憂國憂民的胸懷是值得讚賞的。

二、民本思想是賈誼政治思想的重要內容

「民惟邦本，本固邦寧」（《尚書・五子之歌》）這是對「民本」一詞最好的闡釋，不過〈五子之歌〉屬偽古文《尚書》，不足為據，不管怎樣，民本思想在我國古代源遠流長，則是無疑的。《尚書・酒誥》說：「古人有言曰：『人無於水鑑，當於民鑑。』」《尚書・泰誓中》說：「天視自我民視，天聽自我民聽。」說明西周初的統治者已把民擺在重要地位。至於春秋時期，民本思想則有很大發展，《左傳》有很多這方面的記載。如「夫民，神之主也，是以聖王先成民而後致力於神」（桓公六年）、「國之興也，視民如傷，是其福也；其亡也，以民為土芥，是其禍也」（哀公元年）春秋時期民的地位進一步提高，不僅比神重要，而且是決定國家禍福的因素。春秋末期的孔子講「使民以時」（《論語・學而》）、「使民如承大祭」（〈顏淵〉），提倡「博施於民而能濟眾」（〈雍也〉），認為百姓富足，君主才能富足，凡此種種構成孔子「仁」的重要內容。戰國時期，諸侯紛爭，處士橫議，民的作用進一步被許多思想家所認識。孟子說過許多重民的話，如「諸侯之寶三：土地、人民、政事。寶珠玉者，殃必及身」（《孟子・盡心下》）。國君要「施仁政於民，省刑罰，薄稅斂」（〈梁惠王下〉），要與民同憂樂，「樂民之樂者，民亦樂其樂；憂民之憂者，民

亦憂其憂。樂以天下，憂以天下，然而不王者，未之有也」（〈梁惠王下〉），孟子還進一步提出「民貴君輕」的有名論斷：「民為貴，社稷次之，君為輕。」（〈盡心下〉）孟子的這些思想和主張，構成儒家仁政的基本內容，他把先秦民本思想推到了頂峰。賈誼繼承了孟子的民本思想，並且把它進一步推向前進，這在〈大政上〉、〈大政下〉、〈修政語上〉、〈修政語下〉等篇論述得十分明確。他說：

聞之於政也，民無不為本也。國以為本，君以為本，吏以為本。故國以民為安危，君以民為威侮，吏以民為貴賤。此之謂民無不為本也。聞之於政也，民無不為命也。國以為命，君以為命，吏以為命。故國以民為存亡，君以民為盲明，吏以民為賢不肖。此之謂民無不為命也。聞之於政也，民無不為功也。故國以為功，君以為功，吏以為功。國以民為興壞，君以民為強弱，吏以民為能不能。此之謂民無不為功也。聞之於政也，民無不為力也。故國以為力，君以為力，吏以為力。故夫戰之勝也，民欲勝也；攻之得也，民欲得也；守之存也，民欲存也……夫士民之志，不可不要也。嗚呼！戒之戒之！（〈大政上〉）

賈誼用「本」、「命」、「功」、「力」等概念高度評價了民在歷史上的地位和作用，而「本」則是最根本的，正是民處於國家的根本地位，就能決定國家興、衰、存、亡的命運。因此「凡居於上位者，簡士苦民者是謂愚，敬士愛民者是謂智」（〈大政上〉）。賈誼提倡「愛民」，反對「苦民」。如果有人「苦民」，必然沒有好結果。他說：「夫民者，至賤而不可簡也，至愚而不可欺也。故自古至於今，與民為仇者，有遲有速，而民必勝之。」（同上）賈誼能透過暫時的表面現象，從歷史發展的總趨勢中認識到民的不可戰勝，這就大大超越了以往的思想家。因此，賈誼要求統治者為民創造安定的政治環境，讓民有休養生息的條件，達到富裕長壽的理想境界。賈誼引了鬻子的話：

政曰：聖王在上位，則天下不死軍兵之事。故諸侯不私相攻，而民不私相鬥閱，不私相煞也。故聖王在上位，則民免於一死而得一生矣。聖王在上，則君積於道，而吏積於德，而民積於用力。故婦為其所衣，丈夫為其所食，則民無凍餧矣。聖王在上，則民免於二死而得二生矣。聖王在上，則君積於仁，而吏積於愛，而民積於順，則刑罰廢矣，而民無夭遏之誅。故聖王在上，則民免於三死而得三生矣。聖王在上，則使民以時，而用之有節，則民無厲疾。故聖王在上，則民免於四死而得四生矣。（〈脩政語下〉）

一個君明臣賢、沒有戰爭、刑罰不用、男耕女織、民無疾病的理想社會圖景，都是建立在民本思想基礎之上的。此外，「察吏於民」也是賈誼民本思想的重要體現。他認為「君以知賢為明，吏以愛民為忠」（〈大政上〉）、「君功見於選吏，吏功見於治民」（〈大政下〉），說明君主選吏是非常重要的。因此，賈誼指出：

夫民者雖愚也，明上選吏焉，必使民與焉。故士民譽之，則明上察之，見歸而舉之；故士民苦之，則明上察之，見非而去之。故王者取吏不妄，必使民唱，然後和之。故夫民者，吏之程也，察吏於民，然後隨之。夫民至卑也，使之取吏焉，必取其愛焉。故十人愛之有歸，則十人之吏也；百人愛之有歸，則百人之吏也；千人愛之有歸，則千人之吏也；萬人愛之有歸，則萬人之吏也。故萬人之吏，選卿相焉。〈大政下〉

賈誼這種以民心向背為依據來任免官吏的主張，更加深化了古代民本思想的內容。

三、強調以等級制為核心的禮制來鞏固中央集權和轉變頹變的社會風習

在以宗族血緣為紐帶或部分世襲的社會裏，統治者都利用體現上下尊卑的等級制來維護其統治秩序，然而自秦末農民起義之後，一切體現這種秩序的舊禮制都遭到破壞，雖然漢高祖任用叔孫通制禮儀，恐怕也只限於君臣朝儀的內容，禮制的確立一時還難於完備，禮的教化自然還來不及遍於全國。漢初的無為而治，對於地方諸王的擴張和僭越遏制不力，在名號和權力上，地方王國和中央朝廷沒有什麼區別，加之漢初商業經濟迅速發展，富商大賈，「交通王侯，力過吏勢」（晁錯〈論貴粟疏〉），生活方面競奢誇富，揮霍無度，致使社會簡樸之風寖衰，趨利之心日盛。賈誼認為政治上的僭越和社會風氣的敗壞，都會影響中央政權的鞏固，因此，他在〈等齊〉、〈服疑〉、〈審微〉、〈階級〉、〈俗激〉、〈時變〉、〈孽產子〉、〈禮〉、〈容經〉、〈禮容語下〉等篇論述了恢

復和確立禮制的必要性，並陳述了關於禮制的具體內容。

賈誼對於諸侯王的僭越作了如下描述：

諸侯王所在之宮衛，織履蹲夷，以皇帝所在宮法論之；郎中謁者受謁取告，以官皇帝之法予之；事諸侯王或不廉潔平端，以事皇帝之法罪之。曰一用漢法，事諸侯王乃事皇帝也。是則，諸侯王乃埒至尊也。……天子親，號云太后；諸侯親，號云太后。天子妃，號云后；諸侯妃，號云后。然則，諸侯何損而天子何加焉？妻既已同，則夫何以異？（〈等齊〉）

對於社會風氣的敗壞作了如下描述：

今世以侈靡相競，而上無制度，棄禮義、捐廉醜日甚，可謂月異而歲不同矣。逐利乎否耳，慮非顧行也。今其甚者，剄大父矣，賊大母矣，踝嫗矣，刺兄矣。盜者慮探柱下之金，掇寢戶之帘，搴兩廟之器，白晝大都之中剽吏而奪之金。矯偽者出幾十萬石粟，賦六百餘萬錢，乘傳而行諸侯，此其無行義之尤至者已。（〈俗激〉）

欲交，吾擇貴寵者而交之；欲勢，擇吏權者而使之。取婦嫁子，非有權勢，吾不與婚姻；非貴有戚，不與兄弟；非富大家，不與出入。因何也？今俗侈靡，以出倫踰等相驕，以富過其事相競。今世貴空爵而賤良，俗靡而尊姦；富民不為姦而貧為里罵，廉吏釋官而歸為邑笑；居官敢行姦而富為賢吏，家處者犯法為利為材士。故兄勸其弟，父勸其子，則俗之邪至於此矣。（〈時變〉）

諸侯王一用漢法，名號和權力都沒有什麼區別；社會上棄禮義，捐廉恥，骨肉相殘，盜賊猖狂，姦賢倒植，人們的一切活動以勢利為依據。這些實事的描述，成為西漢初期社會的一面鏡子，深刻地反映了當時潛伏的政治危機。那麼，賈誼用什麼辦法來解除這種危機呢？他抓的就是恢復和確立禮制。禮的核心就是等級制，它的功能就是「別異」，用等級來區分人們所處的上下尊卑的地位。他說：

禮者，所以固國家，定社稷，使君無失其民者也。主主臣臣，禮之正也；威德在君，禮之分也；尊卑大小，強弱有位，禮之數也。禮，天子愛天下，諸侯愛境內，大夫愛官屬，士庶各愛其家。失愛不仁，過愛不義。故禮者，所以守尊卑之經、強弱之稱者也。（〈禮〉）

總之，上下尊卑的各種規定，包括「道德仁義」、「教訓正俗」、「分爭辨訟」以及保傅的教育、人們的言行容態各種細節，都是以禮作為根據的。《評傳》說：「像賈誼這樣對禮的作用做出如此全面的論述，在中國思想史上還是第一次。」那麼如何實現禮呢？他說：

> 人之情不異面目，狀貌同類，貴賤之別非天根著於形容也。所持以別貴賤、明尊卑者，等級、勢力、衣服、號令也。（〈等齊〉）

說明一個人的貴賤，不能從形貌上體現出來，必須首先在「等級、勢力、衣服、號令」四方面加以區別，才能顯示貴賤。所謂「等級」，就是要做到上下有等、尊卑有序，這是禮的核心內容。他在〈階級〉中這樣論述：「天子如堂，群臣如陛，眾庶如地，此其辟也。故堂之上，廉遠地則堂高，近地則堂卑。高者難攀，卑者易陵，理勢然也。故古者聖王制為列等，內有公、卿、大夫、士，外有公、侯、伯、子、男，然後有官師、小吏，施及庶人，等級分明，而天子加焉，故其尊不可及也。」等級分明了，天子則是至高無上的一等。所謂「勢力」，就是規定相應等級的權勢和實力。他認為「諸侯勢足以專制，力足以行逆，雖令冠處女，勿謂無敢；勢不足以專制，力不足以行逆，雖生夏育，有讎仇之怨，猶之無傷也。」（〈權重〉）即諸侯的地盤、兵力、財資要規定得恰當。所謂「衣服」，在等級、權勢分明的前提下，體現在外表的衣物服飾就要有鮮明的標誌加以區別。他說：「制服之道，取至適至和以予民，至美至神進之帝。奇服文章，以等上下而差貴賤。」（〈服疑〉）凡屬旗章、符瑞、禮寵、秩祿、冠履、衣帶、環佩、車馬、妻妾、澤厚、宮室、床席、器皿、飲食、祭祀、死喪各方面都要體現出相應的等級差別。他引孔子的話說：「為上可望而知也，為下可類而志也，則君不疑於其臣，而臣不惑於其君。」（〈等齊〉）所謂「號令」，這是權力的外化，如果「天子之言曰令，令甲令乙是也；諸侯之言曰令，令儀令言是也。」天子、諸侯所言都叫做「令」，這就體現不出尊卑。除了上面說的在「等級」、「勢力」、「衣服」、「號令」規定尊卑之外，在執行當中還要注意兩點：「投鼠忌器」和防微杜漸。賈誼認為「投鼠忌器」就是「禮不及庶人，刑不至君子」：

鄙諺曰：「欲投鼠而忌器。」此善喻也。鼠近於器，尚憚而弗投，恐傷器也，況乎貴大臣之近於主上乎！廉醜禮節以治君子，故有賜死而無戮辱。是以繫、縛、榜、笞、髡、刖、黥、劓之罪不及大夫，以離主上不遠也。（〈階級〉）

賈誼認為大臣獲罪受辱，有損天子的威望，他見到周勃受辱的情況，於是提出了自裁的建議，自文帝起，大臣有罪，都要使其自殺。同時，為了保證禮的遵行，對違禮行為則要防微杜漸。賈誼在〈審微〉中說：「『善不可謂小而無益，不善不可謂小而無傷。』非以小善為一足以利天下，小不善為一足以亂國家也。當夫輕始而傲微，則其流必至於大亂也，是故子民者謹焉。」象衛侯的名字叫「辟疆」，「辟疆」是天子的權力，因而周行人令其更名；晉文公要求死後穿隧道下葬，遭到周襄王的拒絕；衛君允許叔孫于奚曲縣繁纓的請求，遭到孔子的非議。賈誼在同篇引用這些歷史事蹟說明越禮是不允許的，必須防微杜漸，不可輕始傲微。

四、以農為本的經濟思想

漢初貧困的經濟，至文帝時雖有所復甦，特別是商業經濟得到很大發展，但是商人兼併農人，許多農民遭到破產，轉而從事工商，致使農業荒廢，形成了新的社會危機。正如賈誼指出的：「今背本而以末，食者甚眾，是天下之大殘也；從生之害者甚盛，是天下之大賊也；汰流、淫佚、侈靡之俗日以長，是天下之大祟也。殘賊公行，莫之或止；大命泛敗，莫之振救。何計者也，事情安所取？生之者甚少而靡之者甚眾，天下之勢何以不危！漢之為漢幾四十歲矣，公私之積猶可哀痛也。故失時不雨，民且狼顧矣；歲惡不入，請賣爵鬻子。既或聞耳矣，安有為天下阽危若此而上不驚者！」（〈無蓄〉）種田的人減少，吃飯的人增多，糧食沒有積貯，社會不安寧，這種形勢同樣會影響中央政權的穩固，因此賈誼在〈瑰瑋〉、〈孽產子〉、〈銅布〉、〈憂民〉、〈無蓄〉、〈鑄錢〉等篇重點論述了這個問題。歸結起來，其中心主張就是崇本抑末。所謂崇本，就是加強農業；所謂抑末，就是抑制工商。賈誼崇本抑末的主張包括以下思想內容：

一、反對奢侈，提倡節儉。賈誼指出：「今富人大賈屋壁得為帝服，賈婦優倡下賤產子得為后飾」（〈孽產子〉）；「今雖刑餘鬻妾下賤，衣服得過諸侯、擬天子，是使天下公得冒主而夫人務侈也。」（〈瑰瑋〉）這種「生之有時而用之無節」的現象，必然是帶來物力窮竭的後果，以致引起政局的不穩定，因此，賈誼主張「去淫侈之俗，行節儉之術。」（〈瑰瑋〉）

二、反對「奇巧末技」，主張「驅民而歸之農」。所謂「奇巧末技」，是指當時迅速發展的手工業，如「雕文刻鏤」、「黼黻文綉纂組」等，這些手工業，賈誼認為既耗費人力，又耽誤農業生產，因此主張讓這些從事手工業的人回到農業上來。賈誼說：

> 夫奇巧末技、商販游食之民，形佚樂而心縣愆，志苟得而行淫侈，則用不足而蓄積少矣；即遇凶旱，必先困窮迫身，則苦饑甚焉。今驅民而歸之農，皆著於本，則天下各食於力。末技、游食之民轉而緣南畝，則民安性勸業而無縣愆之心，無苟得之志，行恭儉蓄積而人樂其所矣。（〈瑰瑋〉）

賈誼的這種主張，既在於抑制末業，又在於加強本業。

三、主張積貯糧食。賈誼說：

> 夫蓄積者，天下之大命也。苟粟多而財有餘，何向而不濟？以攻則取，以守則固，以戰則勝，懷柔附遠，何招而不至？管子曰：「倉廩實，知禮節；衣食足，知榮辱。」民非足也，而可治之者，自古及今，未之嘗聞。古人曰：「一夫不耕，或為之饑；一婦不織，或為之寒。」生之有時而用之無節，則物力必屈。古之為天下者至悉也，故蓄積足恃。（〈無蓄〉）

賈誼認為積貯是關係到國家命脈的大事。有充足的糧食和貨物，沒有做不成功的事情，它既是攻戰、懷柔的物質基礎，也是倫理道德的物質基礎。他累引古〈王制〉的記載：「國無九年之蓄，謂之不足；無六年之蓄，謂之急；無三年之蓄，國非其國也。」從經濟基礎方面來加強政治的穩固，這是賈誼思想的深刻性。

另外，賈誼還反對私人鑄錢。鑄錢是由官府專營，還是任民自鑄，這也是關係到國家經濟命脈的大事。據范文瀾說：「自西元前一九三年（呂后二年）至西元前一一三年（漢武帝元鼎四年）間，錢法變了九次，也就是在鑄錢問題上，朝廷和豪強作了九次鬥爭。」（《中國通史簡編》第二編四十五頁），《漢書・食貨志下》載：「孝文五年，為錢益多而輕，乃更鑄四銖錢，其文為半兩。除盜鑄令，使民放鑄。」可見文帝的這一舉措——放棄貨幣鑄造的國家壟斷，是企圖緩和一下中央與地方諸王及豪強之間的矛盾。但是，這樣一來，使原來錢幣的雜偽現象更加嚴重。為此賈誼寫了〈鑄錢〉、〈銅布〉分析令民鑄錢的嚴重後果，並向漢文帝上了〈諫鑄錢疏〉。賈誼分析令民鑄錢有三害：(一)是百姓自鑄，必定會弄虛作假，觸犯法令，是「為民設阱」；(二)是私鑄大小不一，質有優劣，不便流通；(三)是妨害農事，農民「采銅日蕃，釋其耒耨，冶熔爐炭」（〈鑄錢〉）。賈誼認為要真正杜絕私鑄，關鍵在於禁止銅的流布。他在〈銅布〉中分析了「銅布於下」有「三禍」，而「銅不布下」則有「七福」。可是文帝並沒有採納他的建議，因而成了「可為長大息」的事情之一。儘管如此，賈誼的貨幣思想與主張，如承認貨幣流通的客觀性，對貨幣名義價值與鑄造成本制約的認識，如何實現貨幣制度的統一與穩定以及法錢、正錢觀念的提出等等，在中國古代貨幣思想史上都是具有重大影響的（蕭清《中國古代貨幣思想史》的觀點，轉引自《評傳》）。

五、賈誼的道德概念和倫理思想

我這裏說的道德，是指道家的道和德兩個概念，不是指儒家的仁義德行之類；倫理則是指儒家倡導的仁、義、禮、智等等。在賈誼這裏，二者是糾纏在一起的，所以也就一起來介紹。

賈誼談道和德，專門寫了〈道術〉、〈六術〉、〈道德說〉三篇文章。這三篇哲學性的文章所談的道，既有屬於本體意義的，也有屬於政治意義的。先就本體意義的道而言：

德有六理。何謂六理？道、德、性、神、明、命，此六者德之理也。六理無不生也，已生而六理存乎所生之內。是以陰陽、天地、人盡以六理為內度，內度成業，故謂之六法。六法藏內，變流而外遂，外遂六術，故謂之六行。（〈六術〉）

德有六美。何謂六美？有道、有仁、有義、有忠、有信、有密，此六者德之美也。（〈道德說〉）

六理、六美，德之所以生陰陽、天地、人與萬物也，固為所生者法也。（〈同前〉）

根據以上引文，可以形成下面的體系：

道
↓
德
- 六理（道、德、性、神、明、命）
- 六美（道、仁、義、忠、信、密）

↓
物
- 陰陽
- 天地
- 萬物
- 人

↓
六法、六術、六行

這個體系中，道是最高的。道生出德。德具備「六理」、「六美」的特性。德進一步物化就出現了陰陽、天地、萬物、人。此四者都承受了德的「六理」和「六美」。「六理」成為物的內在法則，就叫做「六法」，「六法」體現在物的外部的法則，就叫做「六術」，按「六術」來行動，就叫做「六行」。這許多由「六」組合的概念，受秦代水德尚六的影響，顯然有湊合的因素，因而很難作出合理的解釋。不過，就道、德、物三個環節來看，與老子「道生之，德蓄之，物形之」（《道德經・五十一章》）的宇宙生成論是一致的。關於道，賈誼說：「道者無形，平和而神。道有載物者，畢以順理適行，故物有清澤。」意思是道沒有形體，平靜和諧而顯得神奇莫測。道具有負載萬物的功能，都順乎「六理」、適應「六行」，所以產生的萬物都具有清明而光澤的特點。這與老子關於道在本體意義上的闡釋是一致的。關於德，賈誼說：「德者離無而之有」，「道冰而為德」，「道之神，必載於德，而頌乃有所因」，「德受道之化，而發之各不同狀」等（以上引文均見〈道德說〉），說明道無形，德有形，道依賴德才能顯示其功能，德承受道的變化才能化育萬物。這與老子關於德在本體意義上的闡釋也是一致的，皆賦予道與德以自然屬性。可見賈誼接受先秦道家的影響是很深的。但是，他把儒家倡導的倫理也包容在道當中，他說陰陽、天地、人與物、既具備「六理」，也具備「六美」，賦予仁、義、忠、信以自然屬性，這就把人的社會屬性也自然化了。我同意《評傳》作出的評論：「由於賈誼不懂得自然現象與社會現象之間的區別，也不懂得各種自然現象，特別是生命現象的複雜性，所以當他用道德去解釋這些現象時，有時就難免出現簡單化、機械論的傾向。」（第七章）

再談談屬於政治意義的道，下面就〈道術〉進行考察：

> 道者，所從接物也，其本者謂之虛，其末者謂之術。虛者，言其精微也，平素而無設施也；術也者，所從制物也，動靜之數也。凡此皆道也。

賈誼認為道是用來與社會打交道的。而打交道又有根本原則和具體辦法的區別，賈誼稱之為「本」和「末」。根本原則就是「虛」，具體辦法就是「術」。作為根本原則的「虛」，非常精微，平平常常，無所作為。要求作到像鏡子一樣，物來斯照；好像一桿稱，輕重畢懸，一切如實反映。他說：「明主者，南面而正，清虛而靜，令名自命，令物自定，如鑑之應，如衡之稱。有豐和之，有端隨之，物鞠其極，而以當施之。」一切任物自然，主觀上不要多加干預，很明顯，這是無為而任自然的老子之道。作為具體辦法的「術」，則要求如何控制外物，除了要求人主具備仁、義、禮、信、公、法的個人修養外，還要做到舉賢授能，使英俊在位、羽翼勝任，還要周聽、稽驗、明好惡、密事端等，這些都是「術」。值得注意的是，賈誼把仁、義、禮、信也放在「術」當中，這就大大貶低了儒家的倫理觀念；同時注意用人之力，周聽詳察，考核驗證，祕密謀事，把先秦法家的「術」也融合了，完全是君逸臣勞的黃老之道。因此賈誼在這裏說的道，屬於人君南面之術的政治哲學，一點不假了。

但是賈誼思想的主體並不是道家，也不是法家，而是儒家。《新書》的大部分篇章都貫串著倫理道德的內容，而且把它強調到了十分突出的地位。在〈俗激〉中引管子的話說：「管子曰：『四維，一曰禮，二曰義，三曰廉，四曰醜。』『四維不張，國乃滅亡。』」表明賈誼同意《管子》的觀點，禮、義、廉、恥是關係到國家存亡的大事。在〈大政上〉這樣說：

> 道者，聖王之行也；文者，聖王之辭也；恭敬者，聖王之容也；忠信者，聖王之教也。夫聖人也者，賢智之師也；仁義者，明君之性也。

又如〈五美〉指出：如果「割地定制」，漢文帝就可以獲得「五美」的稱號，這「五美」就是明、廉、仁、義、聖。以上提到的禮、義、廉、恥、恭敬、忠信、仁義、聖明、賢智等，都是重要的倫理範疇，君主要用它來律己，又要用它來率民，賈誼把它提到治國安邦和移風易俗的高度來加以認識。唯其如此，所以賈誼在〈傳職〉、〈保傅〉、〈胎教〉等篇都強調倫理的教育，特別是對王太子，從胎教開始到成年入太學，都把倫理作為重要內容。

《新書》除以上五個方面的內容外，事勢類之首〈過秦〉三篇，是總結秦朝速亡的教訓，目的是為漢提供借鑑，避免蹈秦朝的覆轍。另外連語類的一些篇，如〈春秋〉、〈先醒〉、〈耳痺〉、〈諭誠〉、〈退讓〉、〈君道〉等都是引用歷史故事總結治政得失，以為人君提供借鑑的，這裏就不作詳細介紹了。

就《新書》和辭賦談賈誼的文學成就

《新書》本身就是一部優秀的散文集。其文大致有三種情況：一種是論說文，一種是敘事文，一種是論說和敘事的結合。他的論說文觀點鮮明，帶有強烈的感情色彩。這些論說文大都是向漢文帝上疏的內容，為表明對形勢的關切和憂慮，他不得不明確提出自己的看法，使文帝醒悟以便採納他的意見。如：「進言者皆曰：『天下已安矣』，臣獨曰：『未安』。或者曰：『天下已治矣』，臣獨曰：『未治』。」「夫曰『天下安且治』者，非至愚無知，固諛者耳，皆非事實知治亂之體者也。」（〈數寧〉）賈誼在形勢的分析上，與同僚們針鋒相對，並且批評他們不是愚蠢無知，就是阿諛逢迎，鋒芒咄咄逼人。這種鋒芒就是在文帝面前也是不收斂的，如「力當能為而不為，畜亂宿禍，高拱而不憂，其紛也宜也，甚可謂不知且不仁。」（〈權重〉）賈誼批評文帝不趁早削弱諸侯王的勢力，等到他們長大成人就無能為力了，這是既不聰明，也不仁愛。這種「逆意觸死罪」的批評，是要具備深刻的見解和勇氣的。賈誼不僅觀點鮮明、芒鋒逼人，而且筆端飽含感情，如「臣竊惟事勢，可為痛惜者一，可為流涕者二，可為長大息者六。」（〈數寧〉）這可能是一篇奏疏的開端，簡直是未成曲調先有情，既痛惜，又流涕，復長大息，表現了對國家命運的深沉憂慮。又如〈大政上〉：「故夫災與福也，非粹在天也，必在士民也。嗚呼！戒之戒之！夫士民之志，不可不要也。嗚呼！戒之戒之！」「故位下而義高者，雖卑，貴也；位高而義下者，雖貴，必窮。嗚呼！戒之哉！戒之哉！」諄諄之意，一篇之中三致志焉。政論文的另一特點是邏輯性強而富有氣勢。如堪稱西漢鴻文的〈過秦〉，其上篇從秦孝公創業寫起，中經惠文、武、昭的發展，到秦始皇的統一天下，發展到極盛，終因陳涉揭竿而起，「一夫作難而七廟隳」，結尾揭出「仁義不施，而攻守之勢異也」的主旨，通過鋪敘、誇張、排比的綜合運用，其文簡直如長江大河，一洩千里；如萬馬下駐千丈坡，其勢不可遏止。賈誼的敘事文，大都是圍繞一個中心，精選許多歷史故事編輯成篇，如〈春秋〉就有十則故事組成，其中楚惠王食寒菹、鄒穆公禁以粟飼鳧雁、鄒穆公親民如子、晉文公出畋、齊桓公始伯、孫叔敖埋蛇等六個故事為正面典型，衛懿公好鶴、宋康王射天笞地、楚懷王心矜好高人、秦二世踐履等四則故事為反面典型，說明個人（特別是君主）的品德修養十分重要，篇中無作者任何案語而主旨自現。他如〈先醒〉、〈諭誠〉、〈退讓〉等篇都是歷史故事的輯錄。這種史事輯錄的作法，對於後來劉向寫《新序》、《說苑》自然是有影響的。此外，《新書》還多用比喻和成語。如：「天下之勢方病大瘇。一脛之大幾如要，一指之大幾如股，惡疾也。」（〈大都〉）用以說明諸侯王末大不掉的情況。「仁義恩厚，此人主之芒刃也；權勢法制，此人主之斤斧也。」（〈制不定〉）用芒刃比喻德治，用斤斧來比喻法治，至為貼切。「天子如堂，群臣如陛，眾庶如地。」（〈階級〉）用堂、陛、地來比喻天子、群臣、眾庶之間的等級差異。《新書》中的比喻之多，觸目皆是。《新書》中古語、俗語的引用也不少，如「前事之不忘，後事之師也」（〈過秦下〉）、「欲投鼠而忌器」（〈階級〉）、「善不可謂小而無益，不善不可謂小而無傷」（〈審微〉）、「一夫不耕，或為之饑；一婦不織，或為之寒」（〈無蓄〉），正是這些古語、俗語的運用，使之說理更為精闢，更帶有思想的深刻性。

賈誼也是漢初傑出的辭賦家。他的賦現存五篇：〈弔屈原賦〉、〈鵩鳥賦〉見於《史記》和《漢書》，賈誼謫居長沙時的作品。〈旱雲賦〉和〈虡賦〉見於《古文苑》，《評傳》以為〈旱雲賦〉作於漢文帝九年（西元前一七一年）梁懷王太傅任內。另外〈惜誓〉見於《楚辭補注》，或以為非賈誼作，如清人王耕心《賈子次詁》就棄而不錄；或以為賈誼之作，如清人王夫之《楚辭通釋》就保存了此篇，就其內容和行文風格，將之繫於賈誼名下是較恰當的。

賈誼的賦從內容看，大都屬揭露黑暗、諷刺時事、抒發個人懷才不遇的苦悶以及表達對社會苦亂的同情。〈弔屈原賦〉揭露屈原所處時代是「讒諛得志，方正倒植」，同時表達了作者「遠濁世而自藏」的處世思想。〈鵩鳥賦〉表達了關於人生無常的憂懼，同時用等禍福、齊死生的道家哲學來安慰自己。〈旱雲賦〉寫了對農民遭災的同情，同時把這些災情之起，歸咎於統治者的「政治失中而違節」。〈惜誓〉則是通過代為屈原疏洩憤懣來表現自己的抑鬱不平。以上這些內容，對於賈誼所處的時代和自身的遭遇都是有現實性的，所以都是有為而發，筆帶鋒芒。這些賦就其藝術特點而言，從體製上說，都是騷體賦，繼承了屈原楚辭的傳統，成為漢賦的一個發展階段。特別是〈鵩鳥賦〉對話的形式、韻散交錯的句式，〈旱雲賦〉對旱雲變幻的鋪張描繪，這些都為散體大賦的出現做了準備，自他以後，經過枚乘、司馬相如、王褒、揚雄等人的發展，散體大賦便成為漢賦的主流。所以揚雄說：「如孔氏之門人用賦也，則賈誼升堂，相如入室矣。」（《法言·吾子》）肯定了賈誼在漢賦發展中的重要地位。

賈誼的成就是多方面的。雖然他的一生是如此短暫，遭遇是如此坎坷，但他留給我們的思想文化遺產，卻反映出西漢時代的文化水準。他關心國家命運和人民疾苦以及死生以之的精神，都為後代思想家樹立了楷模，因而廣泛地受到後人的景仰與同情。今引唐代劉長卿〈長沙過賈誼宅〉詩作為介紹賈誼及其著作的結束語：

三年謫居此棲遲，萬古惟留楚客悲。
秋草獨尋人去後，寒林空見日斜時。
漢文有道恩猶薄，湘水無情弔豈知。
寂寂江山正搖落，憐君何事到天涯。

下面就本書的體例作幾點說明：

一、本書主要目的在於注譯賈誼的《新書》，並將留下的五篇辭賦（作了注譯）和〈陳政事疏〉等七篇奏疏作為附錄，以便於讀者了解賈誼著作的全貌。

二、關於原文：《新書》以清人盧文弨《抱經堂》本為底本（即《二十二子》本），參照上海人民出版社一九七六年出版的《賈誼集》，對於個別難成文理的文字則保留在注釋中。本書校勘工作主要是根據以上兩書，為便於讀者閱讀和理解，仍保留了部分原校文字。辭賦原文，〈弔屈原賦〉、〈鵩鳥賦〉用《文選》本；〈旱雲賦〉、〈虡賦〉用《古文苑》本（《四部叢刊》本），〈惜誓〉用《楚辭補注》本。附錄中，〈陳政事疏〉、〈諫立淮南諸子疏〉、〈封建子弟疏〉據《漢書・賈誼傳》，〈論定制度興禮樂疏〉據《漢書・禮樂志》，〈論積貯疏〉、〈諫鑄錢疏〉據《漢書・食貨志》，〈上都輸疏〉則選自《通典》。

三、關於注譯：由於賈誼引用先秦典籍較多，部分文章的文字較為古奧，以致艱澀難讀，往往有些典故無法尋查，有的字詞音義不明，凡此在注文中有疑則存疑，不強作解釋。翻譯一般是按語法結構和詞義進行直譯，直譯而意義不能順暢者，則採取意譯的方法。原文意義難明的地方，則照原文抄錄。

四、為使讀者掌握各篇和每段的內容，在篇首都有一段文字，就全篇大意作了簡要介紹，每段還概括了章旨。

限於注譯者的學識和水準，本書必然存在許多錯誤，懇請讀者和專家批評指正。

饒東原謹誌

過(ㄍㄨㄛˋ)秦(ㄑㄧㄣˊ)上(ㄕㄤˋ) 事勢

【題解】 賈誼生活在漢文帝時期，當時由於漢初以來實行與民休息的政策，經濟已經得到恢復和發展。但是，也潛伏著嚴重的社會危機，它主要表現在：同姓諸王的割據勢力已經形成，與中央政權分庭抗禮；北方匈奴連年侵擾，邊境不得安寧。這兩方面都對西漢王朝構成巨大威脅。為此，賈誼寫了〈過秦〉，透過分析秦所以能統一天下又迅速遭到滅亡的原因，為漢文帝的政治改革提供借鑑。〈過秦〉一題，是論述秦的過錯的意思。

〈過秦〉舊分上、中、下三篇。《史記・秦始皇本紀》太史公贊語中引錄的次序是下篇、中篇、上篇。〈陳涉世家〉中引錄上篇。《新書》則將中、下兩篇合為下篇，無中篇之名。南宋淳熙潭本《新書》分為上、中、下三篇，今按此本編次注譯。〈過秦上〉敘述了秦孝公的勃興，惠文、武、昭的發展和秦始皇統一天下達於極盛，以及由於陳涉起義，秦王朝迅速滅亡的過程，並分析其滅亡的原因在於「仁心不施，而攻守之勢異也」。這兩句的意思是：秦滅六國時是處於攻勢，攻可以依靠武力解決問題；但是滅六國統一天下之後，秦已處於守勢，如何保有天下，這時只能施仁心，再不能用武力了。賈誼認為秦代帝王不懂得這個道理，攻用武力，守也用武力（譬如「銷鋒鏑」、「焚書坑儒」等強制性措施）因而遭致速亡。劉邦得天下後，仍然不懂得這個道理，他認為居馬上得天下，也可以居馬上治天下。陸賈批評說：「居馬上得之，寧可以居馬上治之乎？且湯武逆取而順守之，文武並用，長久之術也。」（參見《史記・酈生陸賈列傳》）賈誼的觀點與陸賈的「逆取而順守之」一致。

三篇中，本篇是總論秦的得失。標題下的「事勢」二字是指明本篇內容性質的，大致是指政事形勢。

秦孝公❶據崤函❷之固，擁❸雍州❹之地，君臣固守，以窺周室，有席卷天下、包舉宇內、囊括四海❺之意，并吞八荒❻之心。當是時也❼，商君❽佐之，內立法度，務❾耕織，修守戰之具❿；外連衡⓫而鬭諸侯。於是秦人拱手而取西河之外⓬。

【章　旨】此段寫秦孝公時秦國勃興的形勢。

【注　釋】❶秦孝公　姓嬴，名渠梁，戰國時秦國君主，西元前三六一～前三三八年在位。❷崤函　指崤山和函谷關，其地在今河南省靈寶縣西南，形勢險要。崤，一作「殽」。❸擁　據有。❹雍州　傳說夏禹把天下分為九州，雍州為九州之一，其地相當於今陝西主要部分、甘肅全省和青海的一部分。❺席卷天下三句　統一天下的意思。席卷，如席之卷物，全部收盡。包舉，如打包袱，全部包完。囊括，如裝進袋子，全部裝進。括，結；封好袋口。❻八荒　四面八方極遠的地方。荒，遠。❼也　《史記・秦始皇本紀》無「也」字。❽商君　即商鞅。本衛國的庶出公子，一稱「衛鞅」。西入秦，佐秦孝公變法，秦孝公封以商、於之地（今陝西商縣），號曰「商君」。❾務　專力從事。❿具　《史記》、《漢書》作「備」。⓫連衡　即連橫。東西為橫，南北為縱。

戰國時期，各國發展不平衡，處於西方的秦國發展最快，它採取遠交近攻的策略，與東方個別國家聯合以攻擊其他國家，叫做「連橫」；東方各國北自燕，南至楚，聯合起來以對抗秦國，叫做「合縱」。⑫秦人拱手句　秦孝公二十二年派商鞅伐魏，虜公子卬，大破魏師，魏惠王恐，獻河西之地於秦以和。拱手，兩手合抱表示敬意的樣子。此指輕而易舉，毫不費力。西河之外，指魏在黃河以西的廣大地域。

【語譯】秦孝公佔據崤山函谷關的堅固要塞，擁有古代雍州的地盤，君臣堅守，伺機奪取周王的江山，他們懷有兼併天下的抱負，統一四海的胸襟。當時，有商鞅輔佐，在國內建立法度，致力農桑，修治防守攻戰的設施，在國外實行連橫的策略，使各國互相爭鬥。在這種形勢下，秦人輕而易舉地取得了黃河以西的大片土地。

孝公既沒❶，惠文❷、武❸、昭襄❹王蒙❺故業，因❻遺策❼，南取❽漢中❾，西舉❿巴、蜀⓫，東割膏腴之地，收要害之郡⓬。諸侯恐懼，同⓭盟而謀弱秦，不愛珍器重寶、肥饒⓮之地，以致⓯天下之士，合從⓰締交，相與為一。當此之時⓱，齊有孟嘗，趙有平原，楚有春申，魏有信陵⓲。此四君⓳者，皆明智⓴而忠信，寬厚而愛人，尊賢重士㉑，約從㉒離衡㉓，兼㉔韓、魏、燕、楚、齊、趙、宋、衛、中山㉕之眾。於是六國㉖之士，有甯越㉗、徐尚㉘、蘇秦㉙、杜赫㉚之屬㉛為之謀㉜，齊明㉝、周最㉞、陳軫㉟、召滑㊱、樓緩㊲、翟景㊳、蘇厲㊴、樂毅㊵之徒㊶通其意，吳起㊷、孫臏㊸、帶佗㊹、倪良㊺、王廖㊻、田忌㊼、廉頗㊽、趙奢㊾之朋㊿制其兵。嘗(51)以十倍之地，百萬之眾(52)，仰關(53)而攻秦。秦人開關延敵(54)，九國(55)之師逡遁(56)而不敢進。秦無亡矢遺鏃(57)之費，而天下諸侯已困矣。於是從散約解(58)，爭割地而賂(59)秦。秦有餘力而制其弊(60)，追亡(61)逐北(62)，伏屍百萬，流血漂櫓(63)，因利乘便，宰割天下，分裂山河(64)，彊國請伏(65)，弱國入朝。

【章旨】此段寫惠文王、武王、昭襄王時秦國發展的形勢。

【注釋】❶沒　同「歿」。死亡。❷惠文　即秦惠文王，亦稱秦惠王，名駟，孝公之子。❸武　即秦武王，名蕩，惠文王之子。❹昭襄　即秦昭襄王，亦稱秦昭王，名則，一名稷，武王異母弟。❺蒙　繼承。❻因　遵循。❼遺策　指孝公記載治國方略的簡策。❽取　〈始皇本紀〉作「兼」。❾漢中　漢水上游陝西南部及湖北西北部一帶。❿舉　攻拔。⓫巴蜀　皆古國名。巴在今四川東部，蜀在四川西部。⓬膏腴之地二句　秦武王四年，攻取韓宜陽。昭襄王二十年，魏獻其河東之故都安邑。韓、趙、魏皆曾割地求和。此即所謂「膏腴之地」與「要害之郡」。膏腴之地，肥沃的土地。膏，油。腴，肥肉。「收」前原有「北」字，據《史記》、《漢書》、《文選》刪。⓭同　《史記》、《漢書》、《文選》皆作「會」。⓮饒　〈始皇本紀〉作「美」。⓯致　招來。⓰合從　即合縱。⓱當此之時　〈始皇本紀〉作「當是時」。⓲齊有孟嘗四句　孟嘗，齊國公子田文，封為孟嘗君。平原，趙國公子趙勝，封為平原君。春申，楚國公子黃歇，封為春申君。信陵，魏國公子魏無忌，封為信陵君。以上四人皆以養士著稱，被稱為「四公子」。四公子生活的時期，孟嘗君最早，春申君最晚，前後相距七八十年，賈誼將他們並舉，目的在於突出東方人才薈萃的形勢。⑲君　《漢書》作「賢」。⑳智　《史記》作「知」。㉑尊賢重士　〈陳涉世家〉、《文選》作「尊賢而重士」。㉒約從　使東方各國合縱親善。㉓離衡　拆散秦國的連橫。離衡，〈陳涉世家〉作「連衡」。㉔兼　併；及；加上。〈始皇本紀〉作「并」。㉕韓魏燕楚齊趙宋衛中山　原本及〈陳涉世家〉、《漢書》、《文選》皆無「楚、齊」，但後文又稱「九國之師」，稱「齊、楚、燕、趙、韓、魏、宋、衛、中山之君」，故據〈始皇本紀〉補入。㉖六國　指韓、魏、燕、楚、齊、趙。㉗甯越　趙人。㉘徐尚　宋人。㉙蘇秦　周人。㉚杜赫　周人。㉛屬　輩。㉜謀　原作「謀主」，據《史記》刪「主」字。㉝齊明　周臣。㉞周最　周君之子。㉟陳軫　曾仕秦楚。㊱召滑　楚臣，一作「昭滑」或「邵滑」。㊲樓緩　魏相。㊳翟景　魏人。㊴蘇厲　蘇秦之弟。㊵樂毅　燕將。㊶徒　徒類。㊷吳起　魏將。㊸孫臏　齊將。㊹帶佗　楚將。㊺倪良　越將。㊻王廖　齊將。㊼田忌　齊將。㊽廉頗　趙將。㊾趙奢　趙將。㊿朋　輩。〈陳涉世家〉、《文選》作「倫」。(51)嘗　〈始皇本紀〉作「常」。(52)眾　〈陳涉世家〉作「師」，《漢書》作「軍」。(53)仰關　仰望函谷關。〈始皇本紀〉、《文選》作「叩關」。(54)秦人開關延敵　〈陳涉世家〉、《文選》作「秦人開關而延敵」。延，納；引導；迎接。(55)九國　指韓、魏、燕、楚、齊、趙、宋、衛、中山。(56)逡遁　即「逡巡」，猶豫不前。〈始皇本紀〉作「逡巡遁逃」。(57)鏃　箭頭。(58)解　〈陳涉世家〉、《漢書》作「敗」。(59)賂　贈送財物。〈始皇本紀〉作「奉」。(60)弊　疲困。(61)亡　逃跑。(62)北　敗走。(63)櫓　大盾牌。〈始皇本紀〉、《漢書》作「鹵」，〈陳涉世家〉、《文選》作「櫓」。(64)山河　〈始皇本紀〉、《文選》作「河山」。(65)伏　屈服。《史記》、《漢書》作「服」。

【語譯】秦孝公死後，惠文王、武王、昭襄王繼承前代的事業，因循前代的國策，南面奪取漢中，西面攻下巴、蜀，東面侵割肥沃的土地，收取地勢險要的州郡。東方各國諸侯恐懼，結成聯盟，謀劃削弱秦國的力量，不吝惜珍器重寶和肥饒的土地，用以招納天下的士人，實行合縱，締交結盟，相互支持，聯合成一體。當時，齊國有孟嘗君，趙國有平原君，楚國有春申君，魏國有信陵君。這四個人都聰明睿智，忠實守信，寬厚愛人，尊賢重士。他們締結合縱，離散連橫，加上又有韓、魏、燕、楚、齊、趙、宋、衛、中山諸國的人眾。當時六國的士人當中，有甯越、徐尚、蘇秦、杜赫等人為他們出謀劃策，有齊明、周最、陳軫、召滑、樓緩、翟景、蘇厲、樂毅等人為他們溝通心意，有吳起、孫臏、帶佗、倪良、王廖、田忌、廉頗、趙奢等人為他們統轄兵馬。他們曾經憑藉十倍於秦的土地，百萬的兵眾，面對函谷關而攻打秦國。可是，當秦人開關迎敵時，九國的兵眾卻猶豫膽怯而不敢前進。結果秦人未費一弓一箭，天下諸侯便已困頓不堪了。於是合縱解散締約瓦解，都爭著割地奉送秦國。秦國有足夠的力量制服疲憊的諸侯軍隊，追逐逃兵敗將，橫屍百萬，血流成河，簡直可以浮起盾牌。秦人趁此有利的形勢，宰割天下，分裂山河。於是強國請求歸順，弱國前來朝拜。

施❶及孝文王❷、莊襄王❸，享國❹日淺，國家無事。

及至始皇❺，奮❻六世❼之餘烈❽，振❾長策❿而御⓫宇內⓬，吞二周⓭而亡諸侯，履至尊⓮而制六合⓯，執搞朴⓰以鞭笞⓱天下，威振四海。南取百越⓲之地，以為桂林、象郡⓳；百粵之君，俛首係頸⓴，委命下吏㉑。乃使蒙恬㉒北築長城而守藩籬㉓，卻㉔匈奴七百餘里；胡人不敢南下而牧馬㉕，士㉖不敢彎弓而報怨。於是廢先王之道，燔百家之言㉗，以愚黔首㉘。墮㉙名城，殺豪俊，收天下之兵㉚，聚之咸陽㉛，銷鋒鍉，鑄以為金人十二㉜，以弱天下之民。然後踐華㉝為城，因河為池㉞，據億㉟丈之高㊱，臨百尺之淵以為固。良將勁弩㊲，守要害之處；信臣㊳精卒，陳利兵而誰何㊴！天下已定，始皇之心，自以為關中㊵之固，金城㊶千里，子孫帝王萬世之業也。

【章旨】此段寫秦始皇統一天下。

【注釋】❶施　延續。❷孝文王　名柱，昭襄王之子，在位一年就死了。❸莊襄王　名子楚，孝文王之子，在位三年就死了。❹享國　享有國家，即作國君。❺始皇　即秦始皇，名政，莊襄王之子。❻奮　發揚。❼六世　指孝公、惠文王、武王、昭襄王、孝文王、莊襄王。❽烈　功業。❾振　舉起。❿策　馬鞭。⓫御　駕御；統治。⓬宇內　天下。⓭二周　指周顯王時，原來周桓公的西周國分裂成西周和東周兩個小國，西周都於洛（今河南洛陽），東周都於鞏（今河南鞏縣）。西周亡於秦昭襄王五十一年，東周亡於秦莊襄王元年。⓮至尊　指天子位。⓯六合　上下與四方，猶言天下。⓰搞朴　同「敲朴」。兩種打人的刑具，短的叫「敲」，長的叫「朴」。見《文選》注。《漢書．刑法志》：「薄刑用鞭扑。」師古注：「扑，杖也。」⓱鞭笞　鞭打。這裏有統治的意思。⓲百越　古代南方越族各部落的總稱。⓳桂林象郡　二郡名，在今廣西境。⓴俛首係頸　表示歸順的樣子。俛首，同「俯首」。低頭。係頸，用繩子套在頸上。㉑委命下吏　委，托付。命，性命。下吏，指秦代的下級官吏。㉒蒙恬　秦名將，帶領三十萬大軍在北邊防守，修築長城，始皇死後，趙高矯詔賜他死。㉓藩籬　指邊防。㉔卻　退；擊退。㉕牧馬　指侵擾。㉖士　指六國的人；或謂胡人的軍隊。㉗燔百家之言　據〈始皇本紀〉載，李斯向秦始皇建議說：「臣請史官非秦記皆燒之。非博士官所職，天下敢有藏詩、書、百家語者，悉詣守、尉雜燒之。」燔，焚燒。〈始皇本紀〉「燔」作「焚」。百家之言，指先秦諸子百家的著作。㉘黔首　指老百姓。㉙墮　同「隳」。毀壞。㉚兵　兵器。㉛咸陽　秦國國都，其地在今陝西咸陽市東北二十里。㉜銷鋒鍉二句　〈始皇本紀〉作「銷鋒鑄鐻，以為金人十二」。銷，熔化。鋒，兵刃。鍉，同「鏑」。箭頭。金人，用金屬鑄造的人像。始皇二十六年，鑄「金人十二，重各千石，置宮廷中」。見〈秦始皇本紀〉。㉝踐華　踐，踩；登。〈始皇本紀〉作「斬」。華，華山；在今陝西華陰南，五嶽之一。㉞因河為池　此句〈始皇本紀〉作「因河為津」。因，憑。河，黃河。池，指護城河。㉟億　十萬。㊱高　《史記》、《漢書》、《文選》並作「城」。㊲勁弩　強勁的弓弩。指持精良武器的士卒。㊳信臣　守信約之臣；可靠的臣子。㊴誰何　猶呵誰；怒責誰何，同「呵」。怒責；盤問。一說何，問；誰敢過問。㊵關中　指函谷關之內的地域。㊶金城　堅固的城郭。

【語譯】到孝文王、莊襄王時，他們在位的時間很短，國家無事。

等到秦始皇繼位，他發揚前六代君主的功業，舉起長鞭駕馭天下，吞併二周，消滅了諸侯各國，登上帝位，統制天下，用刑罰來鎮壓天下的人，聲威震驚四海。南邊攻取百越族的地盤，把它建成桂林郡和象郡。百越的君主，低頭就擒，把自己的性命交給了秦國的下屬官吏。又派蒙恬北築長城，守衛邊疆，打退匈奴七百多里。匈奴人不敢南下侵擾，六國士人不敢開弓報仇。在這種情況下，秦始皇廢除先王的治國之道，焚燒百家的著作，藉以使百姓變得愚昧無知。毀壞名城，殺害豪俊，收取天下的兵器，集中到咸陽，把兵器熔化鑄成十二尊金屬人像，藉以削弱天下百姓的力量。然後據守華山，把它作為城牆，依憑黃河，把它作為護城河，佔據十萬丈的高山，下臨百尺的深淵，以此作為牢固的防線。優秀的將領和強勁的弓弩，把守著要害的地方；可靠的臣子和精銳的兵卒，亮出鋒利的武器，時而發出怒責誰的聲音。天下平定以後，這時秦始皇的心中，自認為關中這樣的堅固，又有銅牆鐵壁般的千里城防，這是子子孫孫稱帝的永久基業啊！

始皇❶既沒，餘威❷振於殊俗❸。然而❹陳涉❺甕牖繩樞❻之子，甿隸❼之人，而遷徙之徒也❽。材能不及中人❾，非有仲尼、墨翟❿之賢⓫，陶朱⓬、猗頓⓭之富。躡足⓮行伍⓯之間，俛起⓰阡陌⓱之中，率⓲疲弊⓳之卒，將數百之眾，轉而攻秦。斬木為兵，揭⓴竿為旗，天下雲合㉑嚮應，贏㉒糧而景從㉓，山東㉔豪傑並起而亡秦族矣。

【章　旨】此段寫秦代的滅亡。

【注　釋】❶始皇　〈始皇本紀〉作「秦王」。❷餘威　遺留下來的聲威。❸殊俗　不同風俗的地域。指邊遠地區。❹然而　〈始皇本紀〉無「然而」二字。❺陳涉　即陳勝，秦末抗秦領袖之一。秦二世元年（西元前二〇九年），陳涉和吳廣在大澤鄉（今安徽宿縣境）率領遷徙到漁陽（今北京市密雲縣境）守邊的九百人舉行起義，不久就發展到數萬人，佔領陳（今河南淮陽）後，陳涉自立為王，國號「張楚」，由於內部分裂，只有六個月便被秦章邯鎮壓下去了。❻甕牖繩樞　用破甕做窗戶，用繩子繫門軸。意思是陳涉家境極為貧寒。❼氓隸　古時的賤稱。氓，民。隸，奴僕。❽遷徙之徒也　被謫罰到遠方服勞役的人。這裏指陳涉被徵發戍守漁陽。此句句末〈始皇本紀〉無「也」字。❾中人　平常的人。《漢書》、《文選》作「中庸」。❿仲尼墨翟　孔子、墨子。⓫賢　《漢書》作「知」。⓬陶朱　即范蠡，越王句踐的大夫，幫助句踐滅吳後，棄官到山東陶地經商，成為巨富，自號為朱公，時稱陶朱公。⓭猗頓　原為魯國的窮士，後以經營鹽業致富。一說依靠畜牧業成為巨富。⓮躡足　猶言置身。躡，踩。⓯行伍　士卒的行列。⓰俛起　從下面起來。俛，同「俯」。⓱阡陌　田間小路。⓲率　帶領。《漢書》作「帥」。⓳疲弊　疲倦不堪。《史記》、《漢書》、《文選》皆作「罷散」。罷，假借為「疲」。⓴揭　舉。㉑雲合　如雲之會合，言其人數眾多。㉒贏　擔。㉓景從，如影之相隨，形容緊密跟隨。景，同「影」。㉔山東　指六國，六國在崤山函谷關之東。

【語　譯】秦始皇死後，遺留下來的聲威仍然震動著邊遠的地區。然而，陳涉不過是一個貧窮得用破甕作窗戶、用繩索繫門樞家庭出身的子弟，一個靠為人傭耕為生的農民，一個被徵發去守邊的役夫。他的才能趕不上一個普通人，既沒有孔子、墨翟那樣的賢明，也沒有陶朱、猗頓那樣的富足，他置身於行伍，在田野當中發難起事，率領疲困不堪的士卒，帶著幾百個人的隊伍，調轉頭來向秦進攻。他們砍斷樹木作為兵器，舉起竹竿當作旗幟，天下百姓像浮雲一樣聚結起來，像回聲一樣隨即應合，擔著糧食如影隨形緊緊跟隨著他，待到崤山以東六國豪傑共同起事響應，就把秦朝滅亡了。

且夫天下非小弱也，雍州之地、崤函之固自若❶也。陳涉之位，非尊❷於齊、楚、燕、趙、韓、魏、宋、衛、中山之君也；鉏櫌棘矜❸，不敵於鉤戟❹長鎩❺也；

謫戍❻之眾，非抗於❼九國之師也；深謀遠慮，行軍用兵之道，非及曩時❽之士也。然而成敗異變❾，功業相反也。試使山東之國與陳涉度長絜大❿，比權量力，則不可同年而語⓫矣。然秦以區區⓬之地致萬乘之勢⓭，序⓮八州⓯而朝同列⓰，百有餘年矣。然後以六合為家，崤函為宮。一夫作難而七廟⓱墮⓲，身死人手⓳，為天下笑者，何也？仁心不施⓴，而攻守㉑之勢異也。

【章旨】此段論述秦朝滅亡的原因在於：秦王朝不懂得攻取天下可以用武力，而治理天下只能施仁心的道理。

【注釋】❶自若　猶言「如故」，像從前一樣。❷非尊　《漢書》作「不齒」。尊，高。❸鉏耰棘矜　即鋤柄與戟柄。鉏，即「鋤」字。耰，平整土地的農具。棘，同「戟」。矜，矛柄。❹鉤戟　一種帶鉤的戟。戟是一種分枝的兵器，有幾枝鋒刃。❺長鎩　長矛一類的兵器。矛是一種直刃兵器，只能直刺，而戟則可橫刺。❻謫戍　被罰守邊的意思。《史記》、《漢書》作「適戍」，適，同「謫」。❼非抗於　原無「於」字，據各本補。❽曩時　昔時。《史記》作「鄉時」。鄉時，猶昔時。❾異變　不同。❿度長絜大　比量長短大小。絜，量。⓫同年而語　猶相提並論。⓬區區　小的樣子。⓭致萬乘之勢　取得天子的權勢。⓮序　安排；治理。⓯八州　古時分天下為九州，秦據有雍州，故其餘為八州。⓰同列　秦與山東之國原來均為周的諸侯國，故稱「同列」。⓱七廟　古代天子有七廟，供奉七代祖先。一個王朝滅亡，它的七廟也就被新王朝拆毀。所以七廟也是一個朝代政權的象徵。⓲墮　同「隳」。毀壞。⓳身死人手　指秦二世為趙高所殺，子嬰為項羽所殺。⓴仁心不施謂不對天下人施以仁愛之心。㉑攻守　攻取天下與保守（治理）天下。

【語　譯】秦朝的天下在二世時並沒有縮小削弱，雍州的地盤、崤山、函谷關的險固也和從前一樣。陳涉的地位，不比齊、楚、燕、趙、韓、魏、宋、衛、中山等國的君主尊貴；鋤頭、木棒之類的武器，抵不過鉤戟、長矛的精良；這群被徵調戍邊的人眾，也不是九國軍隊的對手；他們深謀遠慮、行軍打仗的技術水準，也趕不上從前的那些謀臣武將。然而成敗的結局各有不同，所取得的功業恰好相反啊！假使讓山東六國與陳涉較量一番，比比長短大小，比比權勢力量，那就不能相提並論了。然而秦國憑藉關中的小塊土地，企圖取得帝王的勢位，擺布各國的諸侯，使他們入朝稱臣，經過了一百多年的奮鬥，然後才把天下變為一家，把崤山、函谷關以內的地方變成內宮。可是，像陳涉這樣的普通人一旦發難，就把秦的天下斷送，皇子皇孫死在別人手裏，為天下人所譏笑。這是什麼原因呢？這是因為不施行仁政，不懂得攻取天下與保守天下所面臨的形勢不同啊！

過秦中 事勢

【題解】此篇主要論述秦二世的過失。文章首先肯定了秦始皇得天下是適應形勢和符合「元元之民」的心願。但是他不懂得「取與守不同術」的道理，「先詐力而後仁義」，施行暴政，因而走上了滅亡的道路。秦二世即位，沒有抓住時機糾正秦始皇的暴政，而是更加無道：壞宗廟，修阿房，繁刑嚴誅，賦斂無度，奸偽並起，上下相遁，刑戮相望於道，從群卿到眾庶，人人自危，所以陳涉一旦奮臂而起，天下人就紛紛響應，因而秦朝很快遭到覆亡。篇中，賈誼為秦二世設想的一些政治措施，如「裂地分民以封功臣之後，建國立君以禮天下」，「輕賦少事」，「約法省刑」，實行德政，大體上反映了賈誼的基本政治主張。

秦滅周祀❶，并海內，兼諸侯，南面❷稱帝，以四海養❸。天下之士，斐然❹嚮風❺。若是何也？曰：近古之無王者久矣。周室卑微，五霸❻既滅，令不行於天下。是以諸侯力政❼，強凌❽弱，眾暴❾寡，兵革❿不休，士民罷弊⓫。今秦南面而王天下，是上有天子也。即⓬元元⓭之民冀⓮得安其性命，莫不虛心而仰上⓯。

當此之時，專威⑯定功⑰，安危之本，在於此矣。

【章　旨】此段論述秦的統一天下，是適應形勢要求和符合民心的。

【注　釋】❶周祀　本指周代的祭祀。周代亡，宗廟的祭祀斷絕，因而周祀猶言「周代」。❷南面　帝王上殿，面對南方，因而「南面」就是稱帝稱王的意思。❸以四海養　用四海（天下）來養育自己，即享有四海的意思。❹斐然　有文采的樣子。❺嚮風　指天下士人都紛紛歸附於秦。同「向風」。聞風歸附。❻五霸　指春秋時各諸侯國中先後稱霸的五個君主，即齊桓公、晉文公、楚莊王、吳王闔閭、越王句踐。一說為齊桓公、晉文公、秦穆公、宋襄公和楚莊王。❼力政　用武力征伐。政，同「征」。❽淩　侵。❾暴　欺侮；殘害。❿兵革　指戰爭。革，凡甲冑干盾用皮製成的都稱「革」。⓫罷弊　疲倦。罷，通「疲」。〈始皇本紀〉作「敝」。⓬即　就是。⓭元元　老百姓。《戰國策・秦策一》：「子元元，臣諸侯。」⓮冀　希望。⓯仰上　敬仰君主，希望君主能發政施仁。⓰專威　專擅而保持威勢。⓱定功　成就功業。

【語　譯】秦國滅了周王朝，兼併了諸侯各國，南面稱帝，享有天下，天下士人紛紛聞風歸向。出現這種情況是什麼原因呢？回答說：戰國以來，很久沒有統一天下的帝王了。周王朝衰微，五霸已不復存在，周天子的政令不能在天下施行。因此諸侯互相征伐，強國侵犯弱國，大國欺壓小國，戰爭不停，士人百姓都弄得疲憊不堪。現在秦國稱王天下，這就是說在上位已有天子了，就連庶民百姓也希望能夠平安保命，沒有不虛心敬仰天子的。當這個大好時機到來之際，樹立權威，成就功業，安定危亡，關鍵就在此了。

秦王懷貪鄙❶之心，行自奮之智❷，不信功臣，不親士民，廢王道❸而立私愛❹，焚文書❺而酷刑法，先❻詐力❼而後❽仁義，以暴虐為天下始。夫并兼❾者高❿詐力，安危⓫者貴順權⓬，推此言之，取與守⓭不同術⓮也。秦離戰國⓯而王⓰天下，其道不易，其政不改，是其所以取之也⓱。孤獨⓲而有之⓳，故其亡可立而待也。借使⓴秦王論上世㉑之事，并㉒殷、周之迹㉓，以制御㉔其政，後雖有淫驕之主㉕，猶未有傾危之患也。故三王㉖之建天下，名號顯㉗美，功業長久。

【章旨】此段論述秦始皇的失策在於以武力保守天下，不懂得「取與守不同術」的道理。

【注釋】❶貪鄙 欲望大而見識淺。❷自奮之智 發揮個人的智慧。❸王道 儒家的政治主張，不使用武力，以仁愛治天下，所謂「以德行仁者王」。❹廢王道而立私愛 〈始皇本紀〉作「廢王道立私權」。私愛，偏愛；個人之所愛。❺文書 指「詩、書、百家語」。❻先 推崇；重視。❼詐力 欺詐與暴力。❽後 貶低；輕視。❾并兼 吞并，如秦滅六國。❿高 推崇。⓫安危 使危亡轉為平安。危，《史記》作「定」。⓬順權 順乎形勢，善於權變，不執一端。⓭守 前原有「攻」字，據盧文弨說刪去。⓮術 策略；方法。⓯離戰國 指離間六國的合縱。「離」上原有「雖」字，據《史記》刪。⓰王 統治。⓱是其所以取之也 秦統一天下後，治理天下仍是過去攻取天下的辦法，都是使用武力。此句盧文弨根據建本校定，上下文意較順暢。所以取之，所用以取天下的辦法。⓲孤獨 指抱定一種策略，即單憑武力。⓳有之 指擁有天下。⓴借使 假使。㉑論上世指借鑑古代。㉒并　兼；及。㉓迹　蹤跡。指歷史。㉔制御　控制；統治。㉕淫驕之主　淫亂驕橫的君主。㉖三王　指三代的開國之君：夏禹王、商湯王、周文王、周武王。㉗顯　光明。

【語譯】秦始皇心懷貪欲目光短淺，靠著自以為高明的才智，不相信功臣，不親近士民，廢除仁愛的王道，確立偏私的霸道，焚毀典籍，施行嚴酷的刑罰，提倡欺詐和暴力而輕視仁義，成為依靠暴虐手段統治天下的開端。凡從事兼併的人，總是推崇欺詐和暴力；安定危亡的人，就重視順應形勢和講究權變。這就說明，攻取天下和保守天下應該使用不同的策略啊。可是，秦國離間六國的合縱統一天下之後，它的治國辦法沒有改變，它的政治措施沒有改變，這仍是它奪取天下所用的策略啊。單憑使用武力來享有天下，所以秦的滅亡很快就到來了啊。假使秦始皇能借鑑古代和商、周的歷史，來治理秦的政事，後代即使出現淫亂驕橫的君主，也還不至出現國家傾覆危亡的禍患啊。所以三王之所以能建成天下，美名顯赫，功業保持長久，道理就在這裏。

今秦二世❶立，天下莫不引領❷而觀其政❸。夫寒者利裋❹褐❺而饑者甘糟糠，天下囂囂❻，新主之資❼也。此言勞民❽之易為治❾也。嚮❿使⓫二世有庸主⓬之行而任忠賢，臣主一心而憂海內之患，縞素⓭而正⓮先帝⓯之過，裂地分民⓰以封功臣之後⓱，建國立君⓲以禮天下；虛囹圄⓳而免刑戮，去收孥⓴污穢㉑之罪，使各反㉒其鄉里；發倉廩㉓，散財幣，以振㉔孤獨窮困之士；輕賦少事，以佐㉕百姓之急；約法㉖省刑㉗，以持㉘其㉙後，使天下之人皆得自新，更節㉚循行㉛，各慎其身；塞萬民之望㉜，而以盛德㉝與天下，天下㉞息矣。即四海之內，皆歡然㉟各自安樂其處，惟恐有變。雖有狡害㊱之民，無離上之心，則不軌㊲之臣無以飾其智㊳，而暴亂之姦㊴弭㊵矣。二世不行此術，而重以無道㊶，壞宗廟與民㊷，更始㊸作阿房之宮㊹，繁刑嚴誅，吏治刻深㊺，賞罰不當，賦斂㊻無度㊼，天下多事，吏不能紀㊽，百姓困窮，而主不收卹㊾。然後，姦偽并起，而上下相遁㊿，蒙(51)罪者眾，刑戮(52)相望於道(53)，而天下苦之。自群卿(54)以下至於眾庶(55)，人懷自危(56)之心，親(57)處窮苦之實，咸不安其位，故易動也。是以陳涉不用湯、武之賢，不借公侯之尊(58)，奮臂(59)於大澤(60)，而天下響應者，其民危也。

【章　旨】此段論述二世即位，不但沒有糾正秦始皇的錯誤，反而更加無道，致使「人懷自危之心」，因而陳涉「奮臂於大澤」，天下響應。

【注　釋】❶秦二世　秦朝第二代皇帝，秦始皇少子胡亥。❷引領　伸長脖子。❸觀其政　觀察二世的執政情況。政，原本作「亡」，今據《史記》改。❹裋　短衣。建本作「短」。❺褐　粗布短衣。❻囂囂　憂愁的樣子。

《史記》作「嗷嗷」，音義相同。⑦資　用；憑藉。⑧勞民　勞頓痛苦之民。⑨治　《史記》作「仁」。今據《意林》改。⑩鄉　同「向」。過去。⑪使　假使。⑫庸主　平庸的君主；普通的君主。⑬縞素　白色絲織品。此指喪服。⑭正　糾正。⑮先帝　死去的皇帝。此指秦始皇。⑯裂地分民　把土地和民眾分給受封的人。⑰後後代子孫。⑱建國立君　指以秦為天下宗主，把所滅的六國再分封他們的後代作君主，建立新的諸侯國。蓋與孔子「興滅國，繼絕世」的思想相近。⑲囹圄　牢獄。⑳收孥　指收捕罪人的子女沒為奴婢，即株連之意。㉑污穢　大概指令人陷於污穢之境的刑罰，如司馬遷所說的「最下腐刑極矣」（參見〈報任安書〉）。㉒反　同「返」。㉓倉廩　屯聚糧食的地方。方形的叫「倉」，圓形的叫「廩」。㉔振　通「賑」。救濟。㉕佐　幫助。㉖約法　簡化法令。㉗省刑　減輕刑罰。㉘持　保留。㉙其　指犯法的人。㉚更節　改變節操。㉛循行　學習好的品格。循，遵循；學習。《史記》「循」作「修」，亦通。行，品行。㉜望　埋怨。㉝盛德　厚德。《史記》作「威德」。㉞天下　「天下」二字依《史記》補。㉟歡然　快樂的樣子。㊱狡害　《史記》作「狡猾」。㊲不軌　不法；不遵守法度。㊳飾其智　賣弄他的聰明，即弄虛作假、搞陰謀詭計。㊴姦　壞人。㊵弭　停止。㊶而重以無道　《史記》作「而重之以無道」。重，加強；更加。㊷壞宗廟與民　毀壞了宗廟，損害了百姓。㊸更始　又開始。清俞樾《諸子平議》說，「與民更始」四字當在「不行此術」句下。㊹阿房之宮　始皇三十五年開始修建阿房宮，未成而始皇死。二世元年四月，下令「復作阿房宮」（參見《史記・秦始皇本紀》）。阿房宮規模宏大，全部工程到秦亡時還未完成，其建成部分後被項羽焚毀。故址在今西安市西阿房村。㊺刻深　刻薄嚴酷。㊻斂　聚斂；搜括。㊼度　限度。㊽紀　治理。㊾收卹　收養救濟。卹，同「恤」。㊿遁　隱瞞；逃避責任。(51)蒙　遭受。(52)刑戮　指因犯法而受刑的人及被殺的人的屍體。(53)相望於道　在路上累累可見。(54)群卿　《史記》作「君卿」。(55)眾庶　眾民；百姓。(56)自危　自己感到處境危險。(57)親　親身。(58)尊　高位。(59)奮臂　舉起臂，號召民眾起義。「臂」字據《史記》補。(60)大澤　指陳涉起義的大澤鄉。

【語　譯】今秦二世即位，天下人沒有不伸頸觀望來了解他的執政情況的。那挨凍的人覺得有粗布短衣穿也是不錯的，挨餓的人覺得有酒糟糠秕吃也是甜美的。天下人怨聲載道，正是新即位的君主爭取民心、推行良政的好時機。這就是說，勞苦的百姓是很容易治理的啊。假如秦二世有一個普通君主的品行，又能任用忠誠賢明的人，君臣齊心，關心國家的憂患，在穿著喪服悼喪的期間，便糾正剛死去的秦始皇的過錯：把土地和人民封給功臣的後代，建立新的諸侯國，把所滅國家君主的後代封為君主，以禮義接待天下的人；使監獄空空的，不關押犯人，免除嚴厲的刑罰，廢掉株連妻室子女沒為奴隸和使人陷於污穢之境的法令，讓他們回歸鄉里；打開倉庫，發放糧食錢財，用來救濟無依無靠和貧窮困苦的人；減輕賦稅徭役，以幫助解救老百姓的急難；簡化法令，減省刑罰，以觀後效，使天下的人都能重新做人，改變節操學習好的品行，各自謹慎修身；消除人民的怨恨，對天下人施行深厚的德行，天下便安定了。那麼四海之內的人，都會歡欣鼓舞各自安居樂業，唯恐會再發生什麼變亂。即使存在狡猾為害的人，他們也沒有背叛君主的想法。那麼圖謀不軌的臣子就無法施展他們的陰謀詭計，暴亂的禍患便消除了。可是，秦二世不實行這些措施，反而更加暴虐無道，毀壞宗廟，坑害眾民，又重新修建阿房宮；刑法繁多，誅罰嚴厲，獄吏斷案，刻薄嚴酷；獎懲不當，徵收賦稅沒有節制；天下處於多事之秋，官吏們都無法治理；百姓困窮，但君主不予收容救濟。這樣發展下去，弄得姦邪詐偽的行為一起發生，上下互相欺瞞；遭受罪罰的人很多，受刑的、被殺的到處可見，天下的人吃盡了苦頭。從朝廷公卿到庶民百姓，人人懷有自危之心，親身嘗夠了窮苦的滋味，都不安於自己的處境，所以容易產生動亂。因此，陳涉用不著有像商湯王、周武王那樣的賢能，也不須借助於公侯那樣的尊貴地位，

在大澤鄉舉臂一呼，天下人便即刻響應，是因為二世時民眾處於危困之中的緣故啊。

故先王者❶見終始之變❷，知存亡之由❸。是以牧民之道❹，務在❺安之而已矣。下雖有逆行之臣❻，必無響應之助。故曰「安民可與❼為義，而危民易與為非」，此之謂也。貴為天子，富有四海，身在於戮者❽，正❾之非也。是二世之過也。

【章　旨】此段概括說明秦二世的過錯。

【注　釋】❶者　《史記》無「者」字。❷見終始之變　看清從開頭到結尾的全部變化過程。❸由　《史記》作「機」。❹牧民之道　原作「牧之以道」，據《史記》改。牧民，治民。❺務在　致力於。❻逆行之臣　叛逆的臣子。❼與　參與。❽身在於戮者　二世三年八月，項羽及諸侯軍大破秦軍於鉅鹿，趙高恐二世殺己，遂殺二世於望夷宮。❾正　通「政」。治國之道。

【語　譯】所以，前代聖王通過觀察事物前後發展變化的過程，了解國家興亡的原因。因此，治民的辦法，所應當做的事情，就是使他們安定罷了。如果這樣，下位即使有背叛犯上的臣子，也一定沒有人響應支持他的。所以說，「生活安定的百姓能夠參與做符合道義的事情，而處於危困境地的人就容易參與為非作歹」，說的就是這個道理啊！秦二世，論尊貴，是天子；論富有，享有天下，而自身卻未能免於殺戮之禍，這是由於治國的方法錯了啊。這便是秦二世的過錯。

過秦下

【題解】本篇進一步總結秦王朝滅亡的教訓，在於君臣之間互不信任。篇中指出：由於秦始皇、秦二世、子嬰三主失道，繁法嚴刑，「多忌諱之禁」，弄得「忠臣不諫，智士不謀」，「天下之士傾耳而聽，重足而立，闔口而不言」，因而天下已經亂了，人君還得不到消息，終於斷送了江山。賈誼還將秦王朝的政策與先王的政策加以對比，勸諫西漢王朝必須借鑑歷史的經驗教訓，所謂「前事之不忘，後事之師也」，應該「察盛衰之理，審權勢之宜，去就有序，變化因時」，以求得長治久安。

秦兼❶諸侯山東❷三十餘郡❸，循❹津❺關❻，據險塞，繕❼甲兵而守之。然陳涉率散亂之眾數百，奮臂大呼。不用弓戟之兵，鉏❽耰白梃❾，望屋而食❿，橫行天下。秦人阻險不守，關梁⓫不閉，長戟不刺，強弩不射。楚師⓬深入⓭，戰於鴻門⓮，曾⓯無藩籬⓰之難。於是山東諸侯并起⓱，豪俊⓲相立⓳。秦使章邯⓴將而東征。章邯因㉑其三軍㉒之眾，要市於外㉓，以謀其上㉔。群臣之不相信㉕，可見於此矣。

【章　旨】此段敘述章邯在平定陳涉、東征諸侯的過程中，陰謀叛逆，說明秦無可信的臣子。

【注　釋】❶兼　《史記・秦始皇本紀》作「并兼」。❷山東　指崤山以東的六國。❸三十餘郡　指秦滅六國後，把六國原有土地分治三十餘郡。❹循　依靠。❺津　渡口。❻關　關隘險阻。❼繕　修治。❽鉏　同「鋤」。❾白梃　未經漆飾的木棒。❿望屋而食　起義隊伍沒有給養，見人住處便上門就食，無所顧忌。⓫關梁　關隘橋樑。⓬楚師　指秦二世二年陳涉所派遣將軍周文統領的部隊。師，盧本作「沛」，據《史記》改。⓭深入　指西入關擊秦。⓮戰於鴻門　周文帶領部隊進入函谷關，直到戲水的西邊才駐紮下來。鴻門在戲水附近，二者都在今臨潼縣境。⓯曾　乃；卻。⓰藩籬　籬笆。⓱諸侯并起　當陳涉發難以後，原六國勢力紛紛響應，並獨立復國稱王。如武臣自立為趙王，韓廣自立為燕王，田儋自立為齊王，魏咎自立為魏王。⓲豪俊　指以上所舉諸人。⓳相立　相互擁立為王。⓴章邯　當周文的部隊進入函谷關，秦二世才知道陳涉起義的事情，為了應急，免除在驪山修墓的七十萬刑徒和奴隸子弟的罪犯和奴隸身份，由管理財政的大臣少府章邯統領他們東征。他們首先擊敗了周文，周文自殺，很快鎮壓了陳涉起義的主力。後來章邯在鉅鹿被項羽打敗投降，被封為雍王。㉑因　憑藉。㉒三軍　春秋時，大國的軍隊設立三軍，即中軍、上軍、下軍，也稱中軍、右軍、左軍。後來成為軍隊的總稱。㉓要市於外　據《史記・項羽本紀》記載：章邯在鉅鹿被項羽打敗後，被迫接受陳餘「約共攻秦」的建議，與項羽訂立盟約而投降了項羽。「要市於外」即指此事。要市，即邀市；約市，彼此互訂契約來做買賣。㉔以謀其上　指打秦王的主意。因為陳餘給章邯書中，有「將軍何不還兵與諸侯為從，約共攻秦，分王其地，南面稱孤」等語。㉕群臣之不相信　指二世的群臣沒有可被信任的。

【語　譯】秦人兼併了諸侯各國崤山以東的地方三十多郡，依靠要津關隘，佔據險阻邊塞，修治鎧甲兵器，做好防守的一切準備。然而陳涉率領著數百個散散亂亂的民眾，振臂疾呼，不用弓戟等正規的兵器，只靠鋤頭棍棒，見有人住的地方便上門就食，橫行天下，所向披靡。秦軍潰散，險要之地無人把守，關隘橋樑無人關閉，長戟強弩這些精良的武器也無人使用。楚軍打進關來直到鴻門與秦軍作戰，就好像連突破籬笆障礙的困難也沒有遇上，如入無人之境。接著，山東六國的諸侯都起來反秦，豪傑之士相互擁立，或作君王，或作將相。秦派章邯帶兵東征。章邯卻憑藉三軍兵馬之眾，在外同項羽討價還價，訂立盟約，陰謀推翻秦二世。群臣對秦二世多麼沒有信義，從這裏就可以看清楚了。

子嬰❶立，遂不悟。借使❷子嬰有庸主❸之材，而僅得中佐❹，山東雖亂，三秦❺之地可全而有，宗廟之祀宜未絕也❻。秦地被山帶河❼以為固，四塞❽之國也。自繆公❾以來至於秦王二十餘君，常為諸侯雄❿。此豈世賢哉？其勢⓫居⓬然也。且天下嘗同心并力攻秦矣，然困於險阻而不能進者，豈勇力智慧不足哉？形不利，勢不便。秦雖小邑⓭，伐并大城，得阸塞⓮而守之。諸侯起於匹夫⓯，以利會⓰，非有素王⓱之行也。其交未親，其民⓲未附，名曰⓳亡秦，其實利之也。彼見秦阻之難犯，必退師。案⓴土息民以待其㉑弊，收弱扶罷以令大國之君㉒，不患不得意於海內。貴為天子，富有四海，而身為禽㉓者，救敗㉔非也。

【章　旨】此段論述秦二世被擒的原因在於：不善於利用秦地的險阻形勢，安土息民，收弱扶疲，以解救秦的危局。

【注　釋】❶子嬰　秦始皇長子扶蘇的兒子。趙高殺二世後，立子嬰，去帝號，改稱王，在位僅四十六日。❷借使　假使。❸庸主　平常普通的君主。❹中佐　中等的輔佐人才。❺三秦　指秦國原來的國土。據《史記·項羽本紀》記載，項羽入關以後，三分秦關中之地：以秦降將章邯為雍王，領咸陽以西地，都廢丘；立司馬欣為塞王，領咸陽以東至黃河邊的地方，都櫟陽；立董翳為翟王，領上郡，都高奴。因而後來稱秦地為「三秦」。❻宗廟之祀句　古代國君享有國家，就能祭祀宗廟祖先，國家滅亡，祭祀也就斷了。因此，國君祭祀宗廟是國家存在的象徵。宜未，《史記》作未當。❼被山帶河　以山河作為險阻的邊塞。被，通「披」。❽四塞　四面有險阻的邊塞。❾繆公　同「穆公」。春秋時秦國國君，名任好。西元前六九五年～前六六一年在位，或稱之為春秋五霸之一。❿雄　首領。⓫勢　地理形勢。⓬居　處。⓭邑　城邑。古代小的市鎮也叫做「邑」，《周禮·里宰》注：「邑，猶里也。」⓮阸塞　險要邊塞。⓯諸侯起於匹夫　陳涉發難後，六國反秦中重新建國出現的一些君主，大都是平民出身。匹夫，平民百姓。⓰會　《史記》作「合」。⓱素王　專指有帝王之德而未居帝王之位的人。⓲民　《史記》作「下」。盧本原作「名」，據喬本（明成化喬縉刻本，簡稱喬本，下同）、沈本（明弘治沈頡刻本，簡稱沈本，下同。）改。⓳曰　《史記》作「為」。⓴案　安。㉑其　指諸侯。㉒收弱扶罷句　盧本作「承解誅罷以令國君」，今據《史記》改。收弱扶罷，收容和扶持弱小疲憊的國家。罷，通「疲」。大國之君，指六國新出現的侯王。㉓為禽　被擒。㉔救敗　挽救敗局的政策。

【語　譯】子嬰立為秦王後，仍然不知醒悟。假使子嬰有一般君主的才能。而只要得到一個中等水平的輔佐之臣，東方六國雖然動亂，關中之地還是能夠保全擁有的，宗廟的祭祀應該不會斷絕的啊。秦地有著牢固的山河作為屏障，是四面據有險阻邊塞的國家。自從秦穆公以後一直到秦始皇，二十多代君主，常常居於諸侯的領先地位。難道歷代君主都賢明嗎？並不是如此，是因為所處地勢優越形成的啊。而且天下諸侯曾經同心協力進攻過秦國，然而都為地勢險阻所困而不能前進，這難道是因為勇力和智慧不夠的緣故嗎？也不是如此，仍然是地理形勢對他們不利啊。秦國境內雖然只是些小的城邑，但後來攻取六國當中又兼併了大城，並得到了險要的關隘據守。六國新起的君主，大都平民出身，憑著共同的利益結合在一起，根本沒有君王的德行啊。他們的盟友關係並不親密，他們的百姓並沒有歸順，名義上是要滅秦，實際上只是為自己謀利益啊。他們見到秦國關隘險阻難以侵犯，一定會撤兵回返。秦國如果趁此機會安定六國，休養百姓，以等待諸侯的疲憊；收容弱小的國家，扶持衰微的國家，以指揮大國的君王，不怕在海內沒有順心如意的時候。貴為天子，富有天下，而自己卻被人所擒，因為他挽救敗局的政策是錯誤的啊！

秦王足己❶而不問❷，遂過❸而不變。二世受之，因❹而不改，暴虐以重禍。子嬰孤立無親，危弱無輔。三主❺之惑，終身不悟，亡，不亦宜乎？當此時也，世非無深謀遠慮知化❻之士也，然所以不敢盡忠拂❼過者，秦俗多忌諱之禁❽也，忠言未卒於口，而身糜沒❾矣。故使天下之士，傾耳而聽，重足❿而立，闔⓫口而不言。是以三主失道，而忠臣不諫，智士不謀也。天下已亂，姦⑫不上聞，豈不哀哉！先王知壅蔽⑬之傷國也，故置公卿、大夫、士⑭，以飾法⑮設刑而天下治。其強⑯也，禁暴誅亂而天下服；其弱也，五霸征⑰而諸侯從；其削也，內守外附而社稷⑱存。故秦之盛也，繁法嚴刑而天下震⑲；及其衰也，百姓怨而海內叛矣。故周王序得其道⑳，千餘載㉑不絕，秦本末㉒并失，故不能長。由是觀之，安危之統㉓相去遠矣。

【章　旨】此段指出，由於秦多忌諱之禁，三主失道，致使忠臣不諫，智士不謀，從而導致秦的滅亡。

【注　釋】❶足己　驕傲自滿。❷不問　不徵求別人的意見。❸遂過　順著過錯錯下去，堅持錯誤的意思。遂，順。❹因　因襲；照前人的做法去做。❺三主　指秦始皇、二世、子嬰。❻世非無深謀句　《史記》作「世非無深慮知化之士也」。知化，指知道形勢的變化。❼拂　矯正。❽忌諱之禁　指不准隨便說話提意見，不聽忠言的意思。據《史記‧秦始皇本紀》載：人皆「畏忌諱，諛，不敢端言其過」。❾靡沒　倒下死了。靡，同「靡」，倒下。沒，同「歿」。《史記》作「戮沒」。❿重足　疊足而立，不敢前行，很畏懼的樣子。⓫闔　閉。《史記》作「拑」。⓬姦　姦邪；壞事。盧本原作「姦臣」，依《史記》改。⓭壅蔽　阻塞蒙蔽。⓮公卿大夫士　古代貴族社會的等級稱號。⓯飾法　整頓法度。飾，同「飭」。整治。⓰強　《史記》作「彊」。⓱五霸爭春秋時期，周室衰微，天下秩序先後依靠幾個大的諸侯國來維持，所以說「五霸征」。霸，《史記》作「伯」。⑱社稷　猶言「國家」。社，土地神。稷，五穀神。建立一個國家，必須具備土地和五穀這兩個基本條件，所以把它們作成神的牌位來加以供奉，因而「社稷」就是國家的象徵。⑲震　《史記》作「振」。⑳周王序得其道　賈誼這裏所謂「周王序得其道」，當是針對秦始皇的集權制而說的。王序，指王政的次序，即王政。《史記》作「五序」。「五序」可能是《大戴禮．盛德》所說的「五政」，是指天子、公、卿、大夫、士各有其政治職責。「五政」可以叫作「五序」，也當可稱為「王序」。㉑千餘載　周朝實際上只有八百年，這裏是誇大其辭。㉒本末　本，指上所說「王序」等政治制度。末，指具體的扶危救傾的措施。㉓統　指治國的綱紀，政治綱領。

【語　譯】秦始皇驕傲自滿而不徵求別人的意見，順著錯誤錯下去而不願改正。二世即位，也因循這些錯誤的做法而不加改變，並且更加暴虐，從而加重了禍殃。子嬰孤立無援而無人親附，處境危弱又無人輔佐。這三代君主昏庸糊塗，終身不曾醒悟，弄得秦代滅亡不是應該的嗎？當他們在位的時候，國家並不是沒有深謀遠慮、洞察世變的人，然而他們所以不敢竭盡忠誠、匡正錯誤，原因就在於秦代的習俗存在許多忌諱的禁條，往往進諫的忠言等不到說完，本人就倒下死了。所以使天下的人只好側耳而聽，疊足站立不敢前進，閉口不言，以免遭殺身之禍。因此，三代君主喪失王道，忠臣不敢勸諫，智士不敢謀劃，等到天下已經動亂，姦邪的事情還傳不到君主的耳裏，難道不可悲嗎？先王懂得消息阻塞、遭受蒙蔽是損害國家的，所以設置公卿、大夫和士，讓他們整飭法令，設立刑法，從而使天下得到安定。當這個王朝強盛的時候，它能夠禁止凶暴、討伐叛亂，從而使天下的人歸服；當它衰弱的時候，有五霸出來征伐，從而使諸侯順從；當它遭受侵略削弱的時候，內部有人堅守，外部有諸侯親附，從而使國家得以保存。秦國當強盛的時候，法令繁多，刑罰嚴酷，從而使天下人震恐；當秦國衰弱的時候，就使得百姓怨恨，天下背叛了。所以周代的王政是正確的，千餘年傳位不絕，而秦代則從治國綱領到具體措施都不正確，所以國祚不能長久。由此看來，安定和危亡的政治綱領，兩者相差太遠了。

鄙諺❶曰：「前事之不忘，後事之師也❷。」是以君子為國，觀之上古，驗之當世，參❸之人事❹，察盛衰之理，審❺權勢❻之宜❼，去就❽有序❾，變化因時❿，故曠日⓫長久而社稷安矣。

【章　旨】此段指出應以秦為鑑，吸取秦代滅亡的教訓。

【注　釋】❶鄙諺　流傳於民間帶格言性的語言，也稱「俗語」。《史記》作「野諺」。❷前事之不忘二句　賈誼引用這兩句話，是他寫〈過秦〉的用意所在。師，效法；借鑑。「後事之師也」句，盧本無「事」字，據《史記》補。❸參　參驗；驗證。❹人事　指人和事變化的情況。❺審　明；弄清楚。❻權勢　指權力和形勢的關係。譬如一種官職權力的厚薄也是與形勢相關的。《韓非子・五蠹》說：「輕辭古之天子，難去今之縣令者，薄厚之實異也。」天子與縣令的權力，因形勢不同而產生變化。❼宜　恰當。❽去就　捨取。指拋棄什麼政策，採取什麼政策。❾序　次序；有條不紊；有規律。❿變化因時　政策的變化要根據時代的變化，也就是《韓非子・五蠹》所說「事因於世，而備適於事」的意思。⓫曠日　空費時日。曠，空。此指時日綿延久遠。

【語　譯】俗語說：「前事不要忘記，因為它是後事的借鑑啊。」因此君子治國，總是觀察上古的歷史，用當世的事加以對照進行檢驗，並用人事來加以參證，洞察以往朝代盛衰的道理，弄清權力與形勢的關係是否相宜，對以往的政策或取或捨，都有一定規律，根據時局的變化來改變政令，所以，江山永存、國家安定的局面就出現了。

宗首 事勢

【題解】本篇是賈誼向漢文帝呈送的一篇奏疏，陳述了漢代當時的危機，在於同姓諸侯王與中央對抗的矛盾在進一步發展。文中指出：淮南王劉長、濟北王劉興居曾經有過叛亂的行動，而吳王劉濞的圖謀不軌，又正被人告發。還有些大的諸侯王沒有動，是因為他們還年幼，並有中央的傅相加以監督。他們一旦長大成人，傅相退休，普遍安插親信，到那時也會起來對抗中央的。因此賈誼勸漢文帝「乘今之時，因天之功」，及早解決這個問題。篇名「宗首」是尊重君主的意思，即以漢天子為天下之宗，不要謀反。除本篇外，還有〈數寧〉、〈親疏危亂〉、〈制不定〉、〈藩彊〉、〈五美〉、〈大都〉、〈解縣〉、〈勢卑〉、〈孽產子〉、〈時變〉、〈俗激〉、〈保傅〉、〈階級〉等篇，經整理載入《漢書．賈誼傳》，後人稱之為〈治安策〉或〈陳政事疏〉。《新書》和〈治安策〉內容的次序不同，如《新書》把〈宗首〉列為第一，〈數寧〉列為第二，而〈治安策〉則將〈數寧〉的內容放在篇首，接著才是〈宗首〉的內容。就其內容而言，〈治安策〉的次序是合理的。

今或❶親弟❷謀為東帝❸，親兄之子❹西鄉❺而擊。今吳又見告❻矣。天子春秋鼎盛❼，行義❽未過❾，德澤❿有加焉，猶尚若此，況莫大⓫諸侯權勢十此⓬者乎！

【章　旨】此段指出當時同姓諸王謀反的緊迫形勢。

【注　釋】❶或　有。❷親弟　指劉邦的幼子、漢文帝劉恆的異母弟劉長。劉長於高帝十一年（西元前一九六年）立為淮南王，死後謚「厲」，因稱「淮南厲王」。❸謀為東帝　據《漢書・淮南衡山濟北王傳》記載，劉長為人驕橫有材力，不把文帝作天子看待，常稱文帝為「大兄」。回封國後更加放肆，不用漢法，僭用天子禮制，自作法令，多次上書文帝不謙遜恭順。文帝六年（西元前一七四年），勾結閩越、匈奴發動叛亂，事敗，被流放蜀地，途中絕食而死。所謂「謀為東帝」大概就是指這些情況。實際上據《史記》載自稱「東帝」的是吳王劉濞。❹親兄之子　指文帝異母兄劉肥的兒子濟北王劉興居。他自恃與大臣共誅諸呂、立文帝功勞很大，而埋怨其賞賜太薄，文帝三年，匈奴侵邊，文帝親征到太原，濟北王趁機發兵謀反，欲西襲滎陽，兵敗自殺。參見《漢書・高五王傳》。❺嚮　同「向」。❻吳又見告　吳，指吳王劉濞，劉邦兄劉仲之子，高祖十二年立為吳王。吳境有銅山，劉濞招致天下亡命之徒非法鑄錢，又東臨海，用海水煮鹽，因而國用饒足。漢文帝即位，吳王逐漸不守藩臣之禮，稱疾不朝，矛盾激化。文帝無可奈何，乾脆賜予劉濞几杖養老，給他「不朝」的特殊待遇，暫時緩和了矛盾，所謂「吳又見告」，大概是告發這時期劉濞一些反抗朝廷的跡象。❼春秋鼎盛　年壽正當壯年。春秋，年壽。鼎，方。❽行義　行為合宜。義，宜。❾未過　未有過錯。❿澤　恩。⓫莫大　沒有比它再大，即最大。⓬十此　十倍於此。

【語　譯】現在有皇上的親弟淮南王劉長謀劃自稱「東帝」，皇上親兄的兒子濟北王劉興居又起兵西向對抗朝廷，現在吳王劉濞圖謀對抗的消息又傳來了。天子正處於壯年之時，做事合宜，沒有什麼過錯，普遍天下的人都享受了皇上的德澤，尚且如此肆無忌憚，何況那些權勢為他們十倍的最大諸侯呢？

然而天下少❶安者，何也？大國之王幼在懷衽❷，漢所置傅相❸方握其事。數年之後，諸侯王大抵皆冠❹，血氣方剛，漢之所置傅歸休❺而不肯住❻，漢所置相稱病❼而賜罷❽，彼自丞尉❾以上，偏❿置其私人⓫，如此，有異淮南、濟北之為耶！此時而乃欲為治安，雖⓬堯、舜⓭不能。臣故曰⓮：「時且過矣，上弗蚤⓯圖，疑且⓰歲間⓱所不欲焉。」

【章　旨】此段分析天下暫時安寧的原因是由於大國之王還年幼，並處於漢所派遣的傅相輔佐監督之下。

【注　釋】❶少　稍；暫時。❷懷衽　懷抱。衽，衣襟。❸傅相　漢制，諸侯王國由中央派遣傅相輔佐，實際上是進行監督。傅，太傅，負責幼主的教育。相，協助主持諸侯王國的行政事務。❹冠　古時男子二十歲行加冠禮，表示成年，稱之「及冠」。❺歸休　退休。❻住　留。程本（明萬曆程榮刻本，簡稱程本，下同）作「仕」。❼稱病　藉口有病。❽賜罷　皇帝同意辭職。罷，指終止任官。❾丞尉　指縣級的文武官員。丞，指縣丞；縣令的助手。尉，指縣尉，掌管一縣的治安。❿偏　偏重。潭本（宋淳祐長沙刻本，簡稱潭本，下同）作「偏」。⓫私人　親信。⓬雖　即使。⓭堯舜　古代傳說中的帝王，據說他們在位時治政清明，天下安定。他們成為儒家心目中的聖人。⓮臣故曰等十九字　盧本刪，失之武斷，今補。⓯蚤　同「早」。⓰且　將。⓱間　清人俞樾以為當作「聞」，見《諸子平議》。

【語譯】然而，天下暫時安定的原因是什麼呢？是因為大國的王年幼，還處在懷抱中，同時，漢朝廷所安排的傅和相正掌握著諸侯國的政事。等到若干年之後，諸侯王大都成年，血氣方剛，漢所安排的傅將退休而不肯繼續留用，漢所安排的相借病而被朝廷批准離職，這些大國的王從基層的丞尉以上的各級官員，都偏重安排自己的親信，像這樣，又同淮南王、濟北王的所作所為有什麼區別呢！到這個時候，卻還想做到天下安定，即使是堯、舜也辦不到。我所以說，有利的時機將要過去了，皇上如果不早點考慮，恐怕在近年內就會聽到不愉快的消息啊！

黃帝❶曰：「日中必熭，操刀必割❷。」今令❸此道順❹，而全安甚易；弗肯早為，已❺乃墮❻骨肉之屬❼而抗剄❽之，豈有異秦之季世❾乎！且謂天何❿？權不甚奇而數制人，豈可得也⓫！夫以天子之位，用天子之力，乘今之時，因天之助，尚憚⓬以危為安，以亂為治，假設陛下⓭居齊桓⓮之處，將不合諸侯匡⓯天下乎？至此則陛下誤甚矣⓰。時且失矣，心竊⓱踊躍⓲，離今春難為⓳已。天傾⓴、時傾、足力㉑傾，能孰視㉒而弗肯理㉓，以傾時之失，豈不靡㉔哉！可以為良㉕天下而稱㉖，特㉗以為此藉㉘也。竊為陛下痛之甚，在上幸少㉙留計㉚焉！

【章　旨】此段勸漢文帝把握時機，解決諸侯王謀反的問題。

【注　釋】❶黃帝　古代傳說中的帝王，我國中原各族的共同祖先。由於他的神聖地位，因此後人把許多著作都假托黃帝之名流傳下來。下面所引，也當是假托。❷日中必彗兩句　意思是抓住好時機。日中，太陽正中。彗，曬。操，持。❸令　假使。❹此道順　猶「順此道」，即按照上述兩句的意思去作。❺已　過後。指縱容他們形成暴亂之後。❻墮　通「隳」。毀壞。❼骨肉之屬　親屬。❽抗剄　割頸；殺戮。❾季世　末世。指秦二世。季，末。秦二世誅殺兄弟六人。❿且謂天何　承前意謂天子有著天賦予的權力，對諸王當治而不及時治，弄得骨肉受損，將如何對天作交代呢？盧文弨則認為「且謂天何」以下十六字不成文理，依潭本刪去，今依建本（宋建寧府陳八郎書鋪印本，簡稱建本，下同）、吉府本（明正德吉府刻本，簡稱吉府本，下同）補上。⓫權不甚奇二句　謂如果放棄天助的條件，企圖只憑不甚突出的個人的權謀來制服別人，難道能成功嗎？權，權謀；權變。奇，突出。制人，控制人；制服人。⓬憚　害怕。⓭陛下　古時臣民對帝王的稱呼。陛，階。臣民奏事不敢直面帝王，得請帝王階陛左右近臣轉告。⓮齊桓　即齊桓公，齊國國君，春秋五霸之一。春秋前期，周天子開始失去權威，「南夷與北狄交，中原不絕如縷」。齊桓公主張「尊王攘夷」，多次組織中原諸侯盟會，抑制北狄和楚向中原地區的逼進，在內部又平定了叔帶的內亂，安定了周王室，九合諸侯，一匡天下。⓯匡　糾正；整頓。⓰至此則陛下誤甚矣　承前句意謂現在如果還不敢以危為安，以亂為治，採取果斷措施平定諸王的叛亂，落到這種地步，皇上是大錯了。本句至「少留計焉」七十三字，盧本刪，今據建本補。⓱竊　古時下位對上位表謙卑的詞，意思是我私下裏。⓲踴躍　指心情激動，忐忑不安。⓳為　治。⓴傾　支持。指傾向於皇上。㉑足力　意義不明，大概是指民心所向，有足夠的力量傾向於皇上。㉒孰視　同「熟視」。仔細看。㉓理　治。㉔靡　滅亡。㉕為良　行善。㉖稱　揚名。㉗特　僅僅。㉘藉　憑藉。㉙少　稍。㉚留計　猶留意。

【語　譯】黃帝說：「太陽當頂必須曝曬，操持利刀必須割肉。」現在假使照著這個道理去做，使國家安全是很容易的；假使不願提前治理，等到叛亂已成之後，才損壞骨肉關係來處死他們，難道與秦代末年的情況有區別嗎？況且將如何對天做出交代呢？個人的權謀不很突出又企圖屢次制服別人，難道能夠實現嗎？皇上憑藉天子的尊位，借用天下人的力量，掌握當今的時機，依順天的幫助，還怕難於轉危為安、變亂為治，假使陛下處在春秋齊桓公的地位，將會不去「九合諸侯，一匡天下」嗎？假使是這種想法，那麼陛下是大錯特錯了。現在時機將要失去了，我心裏忐忑不安，因為過了今年春天就難於治理了。現在得到天時和天下人的支持，還視若無睹而不願治理，等到天時失去，難道不遭滅亡嗎？可以憑藉這些條件為天下行善，而被天下人稱讚，我只認為就是依靠這些條件啊！我私下為陛下十分心痛擔憂，希望皇上稍加留意啊！

數寧事勢

【題解】本篇應是賈誼一組奏疏的開頭部分，《漢書》把它的內容放在〈治安策〉之首。所謂「可痛惜者一，可為流涕者二，可為長大息者六」的內容，則分布在各篇之中，可參照〈治安策〉去理解。本篇著重駁斥天下已安的論調。文中指出：如果說是「安」，那就好像「抱火措之積薪之下而寢其上，火未及燃，因謂之安」，把這種情況叫做「安」的人，不是至愚無知，就是阿諛奉承。本篇還論述了按照五百年必有王者興的規律，早超過了五百年，聖者的任務必然落到漢文帝肩上。文帝又具備聖者的條件，只要把國家安危放在首位，由賈誼這樣的人來加以輔佐，就能使國家長治久安。「數寧」，是逐一陳述安寧之策的意思。

臣竊惟❶事勢，可為❷痛惜❸者一，可為流涕❹者二，可為長大息❺者六。若其他倍❻理而傷道者，難徧❼以疏舉❽。進言者❾皆曰：「天下已安矣」。臣獨曰：「未安」；或者❿曰：「天下已治矣」，臣獨曰：「未治」。恐逆意⓫觸⓬死罪，雖然，誠⓭不安，誠不治，故不敢顧身，敢不昧死⓮以聞。夫曰天下安且治者，非至愚無知，固諛⑮者耳，皆非事實知治亂之體⑯者也。夫抱火措⑰之積薪之下，而寢其上，火未及燃，因謂之安，偷安⑱者也。方今之勢，何以異此！夫本末舛逆⑲，首尾橫決⑳，國制搶攘㉑，非有紀㉒也，胡㉓可謂治！陛下何不一令以數日之間㉔，令臣得熟數㉕之於前，因陳治安之策，陛下試擇焉。何甚傷哉㉖！

【章旨】此段概述國家形勢危急，駁斥天下已安已治的說法。

【注釋】①惟　考慮。②可為　可以為它，猶言「令人」。為，盧本無，據周本（明萬曆周子義輯《子彙本》，簡稱周本，下同）、程本補。③痛惜　痛心憐惜。《漢書》作「痛哭」。④流涕　流淚。此句潭本無「者」字。⑤大息　同「太息」。深深歎息。⑥倍　同「背」。違。⑦偏　同「遍」。⑧疏舉　逐條列舉。⑨進言者　指向皇上進言的人。⑩或者　指有的進言的人。⑪逆意　指違逆皇上之意。⑫觸　犯。⑬誠　確實。⑭昧死　猶冒死，冒著死罪的危險。⑮諛　奉承。⑯治亂之體　安定和動亂的根本。體，本。⑰措　放置。⑱偷安　苟且偷安，只圖眼前之安，不顧後禍。⑲舛逆　背逆。⑳橫決　橫斷。㉑搶攘　混亂的樣子。㉒紀　條理。㉓胡　何。㉔陛下何不一句　一令，下一道命令。令以數日之間六字盧本刪，據諸本補。㉕熟數　仔細陳述。㉖何甚傷哉　此句盧本刪，今補。

【語譯】我個人考慮當前國事和形勢，認為可以令人痛惜的事有一件，令人流淚的事有二件，令人深為歎息的事有六件。至於其他違背事理、損傷道義的事，就難於一一列舉了。向皇上進言的人都說：「天下已經安定了」，我偏偏說：「並不安定」；有人說：「國家已經大治了」，我偏偏說：「並沒有實現大治」。我擔心這樣說會違背皇上的心意而觸犯死罪，但即使如此，我還是認為天下確實沒有安定，國家確實沒有實現大治。因而，我不顧個人安危，不敢隱瞞，冒犯死罪向皇上陳述我的意見。那些說天下已經安定並且達到大治的人，要不是非常愚蠢無知，就一定是阿諛奉承，都不是依據事實去認識治、亂根本的所在啊。好比把火放在堆積的柴薪之下，人睡在它的頂上，火一時還沒有燃燒起來，就把這叫做平安，這是苟且偷安不顧後禍的人啊！當今的形勢，與這有什麼不同呢？一個國家弄得本末顛倒，上下脫節，制度混亂，沒有條理，這怎麼叫「大治」呢？皇上何不下一道命令，在數日之內，讓我在您的前面仔細陳述呢？因此，我陳述使國家安定大治的辦法，請皇上做抉擇吧！這有什麼大的損害呢？

射獵之娛與安危之機❶，孰❷急也？臣聞之❸，自禹❹已❺下五百歲而湯❻起，自湯已下五百餘年而武王❼起，故聖王之起，大以五百為紀❽。自武王已下，過五百歲矣，聖王不起，何怪❾矣。及秦始皇帝，似是而卒❿非也，終於無狀⓫。及今天下集於陛下，臣觀寬大⓬知通⓭，竊曰足⓮以操亂業、握危勢⓯。若今之賢也⓰，明通⓱以⓲足，天紀⓳又當⓴，天宜請陛下為之矣。然又未也者，又將誰須㉑也？使為治㉒，勞知慮㉓，苦身體㉔，乏馳騁㉕鐘鼓㉖之樂，勿為可也㉗？樂與今同耳㉘！

因加以常安，四望㉙無患；因諸侯附親㉚軌道㉛，致忠而信上耳；因上不疑其臣，無族罪㉜，兵革不動，民長保首領㉝耳；因德窮㉞至遠㉟，近者匈奴，遠者四荒㊱，苟㊲人跡之所能及，皆鄉㊳風㊴慕義，樂為臣子㊵耳；因天下富足，資財有餘，人及㊶十年之食耳；因民素樸，順而樂從令耳；因官事甚約㊷，獄訟㊸盜賊可令尠㊹有耳。大數㊺既得，則天下順治，海內之氣㊻，清和㊼咸理㊽，則萬生㊾遂茂㊿。晏子(51)曰：「唯以政順乎神，為可以益壽(52)。」髮子(53)曰：「至治(54)之極(55)，父無死子，兄無死弟，塗無襁褓(56)之葬，各以其順終(57)。」穀食(58)之法(59)，固百以足(60)，則至尊(61)之壽輕百年(62)耳。古者五帝(63)皆踰百歲，以此言(64)信之。因生為明帝，沒則為明神(65)，名譽之美垂無窮耳。禮，祖有功宗有德(66)，始取天下為功，始治天下為德。因顧成之廟(67)，為天下太宗(68)。承天下太祖，與漢長亡極耳(69)。因卑不疑(70)尊，賤不踰貴，尊卑貴賤，明若白黑，則天下之眾不疑眩(71)耳。因經紀(72)本於天地，政法(73)倚於四時(74)，後世無變故(75)，無易常，襲跡(76)而長久耳。臣竊以為：建久安之勢，成長治之業，以承祖廟，以奉六親(77)，至孝也；以宰(78)天下，以治群生(79)，神民咸(80)億(81)，社稷久饗(82)，至仁也；立經陳紀(83)，輕重(84)周得(85)，後可以為萬世法(86)，以後(87)雖有愚幼不肖之嗣(88)，猶得蒙業(89)而安，至明也。壽並五帝，澤施(90)至遠，於陛下何損哉！以陛下之明通，因使少知治體(91)者得佐下風(92)，致此治非有難也。陛下何不一為之，其具(93)可素陳於前，願幸無忽(94)。

【章旨】此段說明漢文帝已具備了王者的條件，只要把國家安危放在首位，並用賈誼作輔佐，定能實現天下長治久安。

【注釋】❶機　要；關鍵。❷孰　誰。❸臣聞之　從「臣聞之」到「又將誰須也」一段，是為回答以上問題釐清思想障礙，啟發文帝認清天賦予自己聖王的使命，同時也使文帝認識到自己具備了「操亂業，握危勢」的條件，激勵文帝奮起。這恰好是宕開一層回答問題，不就事論事，體現了賈誼宏闊的視野。❹禹　傳為夏朝的開國君主。❺已　同「以」。❻湯　商朝的開國君主。❼武王　周朝的開國君主。❽聖王之起二句　句中說的五百年是約數。這種歷史循環論的觀點源於孟子說的「五百年必有王者興」，參見《孟子‧公孫丑下》。紀，綱紀；規律。❾怪　原作「恠」，據《諸子平議》從吉府本改。❿卒　終究。⓫無狀　指無好結果。⓬寬大　度量寬弘。⓭知通　智慧通曉一切。⓮足　原作「是」，據周本、程本改。⓯操亂業握危勢　此二句意義相同，即能控制住危亂局勢，變亂為治，轉危為安的意思。操，持，原作「摻」，為操的俗字。⓰若今之賢也　像當今皇上具備如此的賢德。⓱明通　明智通達。⓲以　通「已」。⓳天紀　指五百年的自然期限。⓴當　正當其時。㉑誰須　須誰；等待誰。意謂不是等待誰，一定落到文帝的肩上。㉒為治　指把天下治理好。㉓勞知慮使智慧思慮勞累。㉔苦身體　使身體受苦。㉕馳騁　騎馬奔跑。指打獵。㉖鐘鼓　指音樂。㉗勿為　指不去治理，不實現天下大治。也，讀「耶」。㉘樂與今同耳　謂不要追求眼前的射獵鐘鼓之樂。指文帝若把國家治理好了，那時所感受到的樂趣與射獵鐘鼓的樂趣是相同的。㉙四望　四方遼闊的地域。㉚附親　親附，親近依附。㉛軌道　遵循法度。㉜族罪　滅族的罪。㉝首領　頭顱。㉞窮　盡。㉟至遠　最遠的地方。㊱四荒　四邊荒遠的地方。㊲苟　只要。㊳鄉　同「向」。㊴風　教化。㊵臣子　臣僕和子弟。㊶及　達到。㊷約　簡。㊸獄訟　訴訟案件。㊹尠　同「鮮」。少。㊺大數　根本。㊻氣　指風氣。㊼清和　清平融和。㊽咸理　多方面都井然有序。㊾萬生　萬物。㊿遂茂　生長繁茂。遂，成。(51)晏子　晏嬰，字平仲，春秋時齊國大夫，今傳《晏子春秋》一書，輯錄了晏子的言行。(52)唯以政順乎神二句　只有把政事治理得順於神明的意旨，才可以憑它來延長壽命。神，指神明。引自《晏子春秋．內篇雜下》。(53)髮子　不詳。(54)至治　最太平的社會。(55)極　極致。(56)襁褓　指幼兒。背小孩用的背帶叫「襁」，包小孩的被子叫「褓」。(57)順終　即壽終，自然死亡，不以刑罰禍殃喪身。(58)穀食　食穀。指人類。(59)法　規律。(60)固百以足　本應當活滿百年。足，原作「是」，盧文弨認為當作「足」，同周本、程本。(61)至尊　君主。(62)輕百年　以百年為輕。說明活到百歲不是難事。(63)五帝　指黃帝、顓頊、帝嚳、堯、舜。(64)此言　指晏子和髮子說的話。(65)因生為明帝二句　建本原為「因王為明帝，股肱為明臣」，盧文弨認為全篇不涉股肱事，故從何本（明正德何孟春刻本）改。(66)祖有功宗有德　第一個被立廟祭祀的人叫做「祖」，繼承祖的人叫做宗，祖是具有開創之功的，而宗則是將祖所開創之事業加以發揚光大的。所以廟號也有祖和宗的區別。一般把開國皇帝尊為太祖（或高祖），接著下一代就稱太宗。這裏是說，按照禮制，漢文帝具有太宗廟號的地位。(67)顧成之廟　漢文帝為自己所建廟的命名。《漢書．文帝紀》載：「四年，作顧成廟。」應劭注：「文帝自為廟，制度卑狹，若顧望而成，猶文王靈臺『不日成之』，故曰顧成。」顧，原作「觀」，據《漢書．文帝紀》改。(68)太宗　第二代皇帝的稱號。《漢書．文帝紀》載丞相申屠嘉等人的奏言稱：「世功莫大於高皇帝，德莫盛於孝文皇帝。高皇帝廟宜為帝者太祖之廟，孝文皇帝廟宜為帝者太宗之廟。」

天子宜世世獻祖宗之廟。」(69)承天下太祖二句　盧本原作「承太祖與天下漢長亡極耳」。《諸子平議》以為「天下」二字誤在「漢」上，義不可通，今從之。亡極，無盡。(70)疑　通「擬」。比擬。(71)疑眩　疑惑。(72)經紀　綱紀；秩序。(73)政法　政治法令。(74)四時　指四季。(75)故　指過去的做法。(76)襲跡　照過去做的辦。(77)六親　說法不一，有一說是指父、母、兄、弟、妻、子。(78)宰　主宰。(79)群生　百姓。(80)咸　都。(81)億　安定。(82)社稷久饗　社，土地神。稷，五穀神。社稷代表國家。古代一個諸侯國的建立必立社稷。國家存在，社稷就有人祭祀，所以說「久饗」。饗，食。(83)立經陳紀　即建立綱紀、法度。立經，潭本作「立綱」。(84)輕重　指法制的寬嚴程度。(85)周得　都做得恰當。(86)法　潭本作「法程」。(87)以後　潭本無「以」字。(88)不肖之嗣　不賢的繼承人，不似其父之賢。肖，似。(89)蒙業　承受祖業。(90)澤施　恩澤流傳。施，延長。(91)少知治體　賈誼暗示自己有這種本事。少，稍。體，本。(92)佐下風　在下位輔佐。(93)具　同「俱」。全部。(94)忽　「忽」字後建本有「一夫者」三字，盧本據潭本刪。

【語　譯】打獵的娛樂與國家安危的大事，哪一個緊迫呢？我聽說，自從夏禹王以後經過五百年，出現商湯，從商湯以後經過五百多年，有周武王興起。看來聖王的興起，大率的規律是以五百年為周期。可是自從周武王以後，到現在已經超過五百年了，還沒有聖王出現，多麼令人奇怪啊。到秦始皇帝，好像他是聖王，可終於又不是啊，到頭來沒有好的結果。當今皇上集中了天下的權力，寬厚大度，智慧通達，我私下說，皇上有足夠的力量來掌管當前混亂的局面，駕御危急的局勢。像當今皇上如此的賢德，已足稱聖明通達，五百年的期限又正當其時，上天應該請皇上來承擔聖王的任務了。然而上天暫時沒有這樣做，還將等待誰呢？假使治理國家，勞心費神，又累了身體，缺乏射獵鐘鼓之樂，就不去治理天下，行嗎？其實，國家大治之樂與現在射獵鐘鼓之樂是相同的：因為國家得到治理，年年安定，到處看不到災患；因為諸侯親附守法，一心效忠信任皇上；因為皇上不懷疑他的臣子，沒有滅族之罪，沒有戰爭，百姓能長保性命；因為皇上的德澤能流布到最遠的地方，近處的匈奴，遠處的四方邊遠地區，凡是人的足跡所能達到的地方，都嚮往皇上的教化和德義，樂於做皇上的臣民；因為天下富足，財貨有餘，人人都有十年的糧食儲備；因為百姓樸素，順從並樂於服從法令；因為官府政事簡約，訴訟案件和偷盜搶劫少有發生。這些根本的條件得以實現，那麼天下安順太平，海內氣象都將是清平融和，井然有序，萬物都將欣欣向榮。晏子說：「只要把政事治理得合乎神的心意，就可以憑它來延年益壽。」髮子說：「國家最高的治理標準是：父親不會讓子女早死，哥哥不會讓弟弟早死，道路上不會有幼兒夭折埋葬的事，大家享盡自己的天年。」吃糧食的人類本當活滿百歲，那麼帝王的壽命百歲還算太短了。傳說古代五帝都超過了百歲，就憑著上面說的這些話可以信以為真。因為天子生為明帝，死為明神，美好的名譽可流傳到無窮無盡。按照禮制，有功的稱為「祖」，有德的稱為「宗」，最初取得天下的叫有功，最初治理天下的叫有德。因為治理天下有德，顧成之廟的神主就是太宗，上承天下太祖，同漢朝一起永存沒有盡頭。因為地位低的不敢和地位高的相比，卑賤的不敢超越高貴的，尊卑貴賤，像黑白那樣分明，那天下的百姓就不會迷惑不清了。因為治國綱領是依據天地的本性而制訂的，政策法令是依據四時變化的需要而制訂的，後代不改變過去的做法，不改變已成常規的法令，按照前人走過的道路長久走下去。我私下以為：確立長久安定的形勢，成就長久太平的事業，以此來繼承太祖開創的事業，以此來奉養六親，這是最大的孝啊；以此來主宰天下，以此來治理百姓，使神靈和百姓都得到安寧，社稷之神永享祭祀，這是最大的仁啊；建立綱紀法制，寬嚴都十分恰當，以後可以作為子孫萬代效法的標準，後世即令有愚蠢、幼弱、不賢的繼承之主，還是能承受祖業而安全無恙，這是不用懷疑的。壽可以與五帝齊同，恩澤可以流布遠方，這對皇上有什麼損害呢？憑著皇上的聖明通達，再加上稍懂得治國之本的人在下面輔佐，達到以上這種大治的形勢並沒有困難啊。皇上何不就以上我說的事加以嘗試，我將在你面前全部如實陳述出來，希望皇上不要忽視這些意見。

臣謹稽❶之天地，驗❷之往古❸，案❹之當時之務❺，日夜念此至孰❻也。獨太息悲憤，非特敢忽也❼。雖使禹、舜復❽生而為陛下計，無以易此❾。為之有數❿，必萬全無傷，臣敢以寸斷⓫。陛下幸試召大臣有識者⓬使計之，有能以為不便天子、不利天下者，臣請死。

【章旨】此段表示自己陳述的意見是非常成熟而正確的。

【注釋】❶稽　考察。❷驗　驗證。❸往古　歷史。❹案　考察。❺務　事。❻至孰　非常成熟。❼獨太息悲憤二句　與上下文意可通，盧本刪去，今補。意思是我是考慮得至為成熟的，卻沒有得到陳述實施的機會，因而獨自感歎悲憤，我這種感歎悲憤，不僅僅是不敢忽視自己的意見，而且很有信心，即令是禹、舜復生來為皇上考慮，他們的想法也會與我相同的。非特，不獨；不僅。敢，猶言「不敢」，表謙卑之意。❽復　盧本無，據潭本補。❾此　指賈誼以上陳述的觀點。❿為之有數　多次堅持去做。從本句至「臣請死」四十三字原刪，依潭本補。⓫以寸斷　憑心意來推斷。⓬有識者　有才識的人。

【語譯】我認真地考察了天地萬物，用歷史來加以驗證，並研究了當前的急務，日日夜夜思考這些意見已經很成熟了啊。我獨自歎息，胸懷悲憤，不僅僅是不敢輕忽這些意見，相反即令讓虞舜、夏禹復活來為皇上謀劃，也沒法變更這些意見。如果照此多次堅持下去，必定萬無一失，可以根據個人的看法來做推斷。皇上如召集有才識的大臣謀劃，我這些意見有誰認為哪一條不便於天子、不利於天下百姓的，我請求處以死罪。

藩傷事勢

【題解】本篇論述如何用正確的方法來對待藩國，以免使諸侯王受到傷害。篇中指出，建立諸侯國（即藩國）一定要明確，不要造成諸侯國與中央相比擬的形勢，不要給予太重的權力，避免他們產生驕心而謀反。既建立諸侯國之後，在封國內再立封國，封給他們的兒子。沒有兒子的諸侯王也預先分好，等待有了兒子再立封國，所謂「建分以須之」。這就是〈藩彊〉中提出的「眾建諸侯而少其力」的辦法。賈誼認為用這種辦法可以分散和削弱諸侯王的力量，世世代代都依賴中央，不會謀反，從而達到「安主上」、「活大臣」、「全愛子」的目的。

夫樹國❶必審❷相疑之勢❸，下❹數❺被❻其❼殃，上❽數爽❾其憂。凶饑❿數動⓫，彼⓬必將有怪者⓭生焉。禍之所罹⓮，豈可豫⓯知！故甚非所以安主上⓰，非所以活大臣⓱者也，甚非所以全愛子⓲者也。

【章旨】此段說明建立諸侯國如果造成與朝廷「相疑之勢」，必然會產生災禍。

【注釋】❶樹國　立國；建立諸侯國。❷審　慎；注意。❸相疑之勢　相比的形勢，即諸侯與中央分庭抗禮，產生對抗。疑，通「擬」。比。❹下　指諸侯王。❺數　屢次。❻被　讀「披」。❼其　指「相疑之勢」。❽上　指朝廷。❾爽　傷。與上句「被」相當，有「遭」的意思。❿凶饑　災荒。⓫動　出現。⓬彼　指諸侯國。⓭怪者　奇怪的事。⓮罹　遭遇。⓯豫　預。⓰安主上　使皇上安寧。⓱活大臣　使大臣活命。⓲全愛子　保全愛子。因為諸侯王大都是劉姓親屬，所以說「全愛子」。

【語譯】關於建立封國，必須注意封國與中央造成互相對抗的形勢。如果出現這種形勢，封國會要受到它的禍殃，朝廷也會遭到它的傷害而憂愁。災荒每每出現，封國必將有奇怪的事發生。所遭受的禍殃是個什麼樣子，難道可以預測嗎？所以造成對抗的形勢，根本不是使皇上安寧的辦法，不是讓大臣平安生活的辦法，更不是保全愛子的辦法啊！

既以❶令之為藩臣❷矣，為人臣下矣，而厚其力，重其權，使有驕心而難服從也。何異於善砥❸鏌鋣❹而予邪子❺？自禍必矣。愛之，故使飽粱❻肉之味，玩金石❼之聲，臣民之眾，土地之博，足以奉養宿衛❽其身。然而權力不足以徼幸❾，勢不足以行逆❿，故無驕心，無邪行。奉法畏令，聽從必順，長生安樂，而無上下相疑之禍。活大臣，全愛子，孰⓫精於此⓬！

【章旨】此段分析封國出現謀反的原因。

【注釋】❶以 同「已」。❷藩臣 藩國之臣。指諸侯王。藩，猶樊籬、屏障，藩國對中央朝廷是起屏障作用的。❸砥 磨平的石頭。這裏作「磨」。❹鏌鋣 亦作「莫邪」，古代寶劍。❺邪子 壞孩子。邪，原作「射」，今據《讀諸子札記》改。❻粱 精美的糧食。❼金石 鐘磬之類的樂器。❽宿衛 宮中值宿的警衛。此指保衛。❾儌幸 同「僥幸」。意思是企望非分之得。❿行逆 謀反。⓫孰 誰。⓬此 指以上所說的只給以諸王生活享受，不給予權力。

【語譯】既然已經讓他們作了藩國的臣子，是人主的臣下了，卻又加強他們的力量，加重他們的權勢，使他們產生驕傲之心，就再難使他們服從中央了。這與把鏌鋣劍磨得鋒利，再送給邪惡的孩子有什麼不同呢？自己招來災禍是必然的了。所以真正愛護他們，只讓他們飽嘗粱肉的美味，聽夠金石的音樂，給予眾多的臣民和廣博的土地，足夠用來奉養保衛他們本人就行了。然而，授予他們權力，則應限於不能讓他們產生非分的念頭；給予他們地位，則應限於不能讓他們有謀反的條件。這樣，所以他們就不會產生驕縱的想法，不會產生邪僻的行為。他們會守法畏令，順從朝廷，長享安樂，這樣就沒有上下對抗的災禍。能讓大臣平安生活，讓愛子保全，還有比這種辦法更精妙的嗎？

且藩國與❶制❷，力非獨少也。制令：其❸有子以國其子❹；未有子者建分❺以須❻之，子生而立。其身❼以子❽，夫將何失？於實❾無喪❿，而葆⓫國無患，子孫世世與漢相須⓬，皆如長沙⓭可以久矣。所謂生死而肉骨⓮，何以厚此？

【章　旨】此段提出封子建國的辦法，以分散削弱諸侯王的力量。

【注　釋】❶與　賜予。❷制　法制。❸其　指諸侯王。❹國其子　為他們的兒子建立國家。❺建分　指做好建國分土的準備。❻須　等待。❼身　指諸侯王本人。❽以子　又用他們的兒子作繼承人。❾實　指實際的利益。❿喪　失。⓫葆　同「保」。保存。⓬相須　互相依賴。指諸侯王依賴朝廷，不敢謀反。須，待；依靠。⓭長沙　指長沙王。漢元年（西元前二〇六年）大將吳芮受封為衡山王，五年（西元前二〇二年）徙為長沙王。文帝時的長沙王是吳芮的五傳後代吳差。劉邦時分封的異姓王除了長沙王外，其他都因謀反而被誅滅了。而長沙王所以能保留下來是因為國力弱小，不夠謀反的條件。⓮生死而肉骨　使死人復活，讓枯骨長出肉來。有起死回生，功德無量之意。「生」和「肉」當動詞用。

【語　譯】況且給諸侯國以法制規定，使他們的力量不僅是減弱啊。按法制規定：諸侯王有兒子的，為他們的兒子建立國家；沒有兒子的，做好分土建國的準備，等待有了兒子再立他們為王。諸侯王本人的權力都歸他們的兒子來繼承，對他們有什麼損失呢？在實際利益上是沒有喪失的，卻可以保存國家，沒有患難發生。他們的子孫世世代代依賴朝廷，都像長沙王一樣可以藉此永遠傳下去了。一般人所說的起死回生的恩德，怎能超過封子建國這種恩德呢？

藩彊事勢

【題解】本篇論述了諸侯王勢力強大的危害。劉邦平定異姓王叛亂之後，又大封同姓諸王。到漢文帝時，同姓諸王勢力日增，反叛時起，對漢中央政權造成極大威脅。賈誼面臨這種形勢，高度警覺，他透過總結異姓侯王「大抵彊者先反」的教訓，提出「衆建諸侯而少其力」的主張，具體做法就是〈藩傷〉中所說的「建國立子」以削弱諸侯王的力量。這對鞏固西漢政權起了很大作用。這一主張還貫徹到〈大都〉、〈五美〉、〈制不定〉等篇，閱讀時可互相參考。標題「藩彊」是論述藩國強大之害的意思。

竊迹❶前事，大抵彊者先反。淮陰❷王楚❸最彊，則最先反；韓王信❹倚❺胡❻，則又反；貫高❼因❽趙資❾，則又反；陳豨❿兵精彊，則又反；彭越⓫用梁，則又反；黥布⓬用淮南，則又反；盧綰⓭國北⓮最弱，則最後反。長沙⓯乃纔二萬五千戶耳，力不足以行逆，則功少而最完，埶疏⓰而最忠。全骨肉時⓱長沙無故⓲者，非獨性異人也⓳，其形埶然矣。

【章　旨】此段從異姓諸王叛亂的實事中總結出「大抵強者先反」的教訓。

【注　釋】❶迹　依據實跡考察。❷淮陰　指淮陰侯韓信，最初屬項羽，後歸劉邦，在楚漢之爭中，被封為齊王，後改封為楚王。高祖六年（西元前二〇一年），有人告發他謀反，被貶為淮陰侯。高祖十一年（西元前一九六年），因勾結陳豨謀反被呂后處死。❸楚　指今江蘇銅山、徐州一帶。❹韓王信　韓國貴族，漢初封為韓王，後勾結匈奴叛亂，兵敗被殺。❺倚　依靠。❻胡　指匈奴。❼貫高　漢初趙王張敖的相。漢八年（西元前一九九年）高祖東擊韓信後經過趙，貫高陰謀行刺，事敗露被迫自殺。❽因　依憑。❾資　資用；力量。❿陳豨　漢初代國相，漢十年（西元前一九七年）反，高帝親征，擊破。⓫彭越　漢五年（西元前二〇二年）被封為梁王，漢十年（西元前一九七年）他的部將扈輒勸他反漢，事露被夷滅三族。⓬黥布　又名英布。漢四年（西元前二〇三年）被封為淮南王。漢高祖十一年（西元前一九六年）發兵謀反，高祖親征，擊破。⓭盧綰　漢初被封為燕王。陳豨反後，有人向高祖告發綰曾與豨有勾結，高祖命樊噲擊綰，後綰率部逃亡匈奴。⓮國北　立國於北方。北，盧本作「比」，從潭本。⓯長沙　指長沙王。長沙王吳芮的後代，力量最弱，是異姓王中保存最久的王國。⓰埶疏　指勢力弱小。埶，同「勢」。⓱時　當時。⓲故　事。指謀反。⓳非獨性異人也　意謂非本性不同。因此「獨」字當為衍文。

【語　譯】我依據以前發生的事進行考察，一般說來力量最強的諸侯王首先反叛。淮陰侯韓信在楚地稱王，力量最強，他就最先反叛；韓王信倚仗匈奴，就接著反叛；貫高憑藉趙國的力量，又接著反叛；陳豨兵力精銳強大，又接著反叛；彭越利用梁國的力量，就又反叛；黥布利用淮南的力量，就又反叛；盧綰建國北方，力量最弱，所以他最後反叛。長沙王封地內只有二萬五千戶，沒有謀反的力量。看來，功績少的封國反而保全完好，勢力弱的反而對漢天子最忠誠。當時長沙王所以保全了骨肉，沒有發生謀反事故的原因，不是他的本性與別人不同，是他所處的形勢決定的。

曩❶令❷樊、酈、絳、灌❸據數❹十城而王，今雖以❺殘亡可也；令韓信、黥布、彭越之倫❻列為徹侯❼而居❽，雖至今存可也。然則天下大計❾可知已❿：欲諸王皆忠附⓫，則莫若⓬令如長沙⓭；欲勿令葅醢⓮，則莫若令如樊、酈、絳、灌⓯；欲天下之治安，天子之無憂，莫如眾建諸侯而少其力⓰。力少則易使以義⓱，國小則無邪心⓲。

【章　旨】此段提出「眾建諸侯而少其力」的主張。

【注　釋】❶曩　昔日。❷令　假使。❸樊酈絳灌　樊，指樊噲，漢初封舞陽侯。酈，指酈商，漢初封曲周侯。絳，指絳侯周勃。灌，指潁陰侯灌嬰。四人皆漢初功臣，封為列侯。❹數　潭本無「數」字。❺以　同「已」。❻倫　輩。❼徹侯　爵位名。秦分爵位為二十級，最高的稱徹侯，漢初襲秦制。❽居　指居於徹侯之位。❾天下大計　指治理天下的根本辦法。❿已　同「矣」。⓫忠附　指忠誠歸附朝廷。⓬莫若　沒有比這更好。意思是最好。⓭如長沙　同長沙王一樣的弱小。⓮葅醢　一種酷刑，把人殺死再製成肉醬。⓯如樊酈絳灌　指同樊、酈、絳、灌一樣，只給他們封侯，不讓他們建國稱王而擁有更大的權力。⓰眾建諸侯而少其力　這是賈誼為削弱諸王力量的重要政治主張，即在現有封國內，再劃分地盤，分封諸王的子孫為王，也就是〈五美〉提出的「割地定制，齊為若干國，趙、楚為若干國」，這樣，一個大的諸侯國，就變成了無數個小的諸侯國。他們就沒有力量再對抗朝廷了。⓱使以義　讓他們按道義行事。義，宜。合宜即道義。⓲邪心　指謀反。此句下舊本還有「若與臣下相殘，與骨肉相飲茹，天下雖危無傷也，則莫如循今之故而勿變。以前觀之，其國最大者反最先」四十一字，義理不清，從盧本刪去。

【語譯】從前，假如讓樊噲、酈商、周勃、灌嬰佔據幾十個城池稱王，現在即令已經國破身亡都是可能的。假如讓韓信、黥布、彭越這一輩人只居於徹侯這樣的地位，到現在即使安然無恙都是可能的。這樣看來，那麼治理天下的根本辦法就可知道了：想諸王都忠誠歸附朝廷，就沒有比讓他們都像長沙王那樣弱小更好的；想諸王不受剁成肉醬的酷刑，就沒有比讓他們都像樊噲、酈商、周勃、灌嬰那樣只居於侯位而不稱王更好的；想天下太平無事，天子不為諸侯王謀反擔憂，最好的方法是在封國內再分封多建立一些小的封國，以削弱他們的力量。諸王的力量小就容易使他們服從道義，封國小就不會產生謀反的邪心。

大都

事勢

【題解】本篇從楚靈王擴大公子都邑形成「尾大不掉」，最終弄得國亂身亡的歷史教訓，以揭示漢文帝當時諸侯王勢力膨脹的嚴重情況。賈誼指出，當今的形勢也與楚靈王時一樣，由於諸侯王勢力過大，漢朝天下已好像一個臃腫的病人，「一脛之大幾如要，一指之大幾如股」，諸侯王將不會聽從漢天子的調遣。同時賈誼還敏銳地觀察到，由於先封諸侯的強大，必將造成親疏倒置，出現「親者或無分地以安天下，疏者或專大權以偪天子」的局面，這就好像一個人腳掌生反了，動彈不得。篇中總結的「本細末大，弛必至心」，是重要的歷史教訓。標題「大都」，是論述擴大都城之害的意思。

昔楚靈王[1]問范無宇[2]曰：「我欲大城[3]陳、蔡、葉與不羹[4]，賦車[5]各千乘[6]焉，亦足以當[7]晉矣。又加之以楚，諸侯[8]其[9]來朝乎？」范無宇曰：「不可。臣聞大都[10]疑[11]國，大臣疑主，亂之媒[12]也。都疑則交爭[13]，臣疑則並令[14]，禍之深者也。今大城陳、蔡、葉與不羹，或[15]不充，不足以威[16]晉；若充之以資財，實之以重祿之臣⑰，是輕本⑱而重末⑲也。臣聞『尾大不掉，末大必折』⑳，此㉑豈不施威諸侯之心㉒哉？然終為楚國大患者，必此四城也。」靈王弗聽，果城陳、蔡、葉與不羹，實之以兵車，充之以大臣。是歲也，諸侯果朝。居數年，陳、蔡、葉與不羹或奉公子棄疾㉓內作難，楚國雲亂㉔，王遂死於乾溪㉕芋尹㉖申亥㉗之井。為計若此，豈不可痛也哉！悲夫！本細末大，弛必至心㉘。時乎㉙！時乎！可痛惜者此也。

【章　旨】此段引用楚靈王為公子擴大城邑招致國亂身亡的史事，為漢文帝提供借鑑。

【注　釋】❶楚靈王　即公子圍，春秋時楚國國君（在位時間，西元前五四〇～前五二九年），楚共王之子，楚康王之弟，殺康王之子郟敖自立。他驕侈自滿，草菅人命，後來弄得眾叛親離，自縊而死。❷范無宇　楚大夫申無宇。《左傳．昭公十年》作「申無宇」，是靈王身旁很有見識的臣子。❸大城　擴建城牆。❹陳蔡葉與不羹　都是當時楚的從屬國和封邑，地處楚國北部，和晉國的勢力範圍靠近。中原地區那些小的國家當時都傾向於晉國，楚靈王想擴大這四國的城池，以加強武備，威懾中原地區傾向晉國的那些國家，使他們歸附楚國以抵擋晉國，是當時晉楚爭霸的一種行動。《左傳．昭公十一年》作「楚子城陳、蔡、不羹」，《國語．楚語上》作「靈王城陳、蔡、不羹」。❺賦車　兵車。古代按田賦出兵車，故稱為「賦」。❻乘　一車四馬叫一乘。❼當　抵擋。❽諸侯　指中原地區親附於晉國的一些小國。❾其　表揣測的副詞，意思是「可能」。❿都　指都城。

⑪疑　同「擬」。比。⑫媒　媒介；淵源。⑬交爭　互相爭鬥。⑭並令　共同發號施令。⑮或　有。⑯威　威懾；鎮住。⑰重祿之臣　高貴的權臣。重祿，高俸祿。⑱本　指朝廷。⑲末　指諸侯都邑。⑳尾大不掉二句　是當時流行的俗語。㉑此　指擴建四城。㉒施威諸侯之心　對諸侯施加威懾的想法。㉓公子棄疾　即楚平王，共王之子，靈王之弟。㉔雲亂　如雲亂擾；紛亂。㉕乾溪　地名，在今安徽亳縣東南。㉖芋尹　官名。㉗申亥　人名，申無宇之子。《左傳・昭公十三年》載「王縊于芋尹申亥氏。」《國語・吳語》載「王縊，申亥負王以歸而土埋之室中」。《史記・楚世家》載「王死申亥家」。《淮南子・泰族》載「餓于乾谿，食莽飲水，枕塊而死」。以上諸說略有不同。㉘本細末大二句　以樹為喻，意思是樹枝太大，就會危害到樹幹本身，說明諸侯勢力強大，就會危害朝廷。弛，壞。心，本。指樹主幹。㉙時乎　意思是只是時間問題，是接著「弛必至心」說的。

【語譯】從前，楚靈王問范無宇說：「我想擴建陳、蔡、葉與不羹這些都邑的城牆，並各給兵車一千輛，也足夠用來抵擋晉國了。又加上我們楚國的兵力，這樣，中原諸侯會來朝見我們吧？」范無宇說：「不可。我聽說大的都邑與國都相同，大臣的權力與國君相等，這是禍亂的淵源。都邑建制與國都相同就會引起互相爭鬥，大臣權力與國君相等就會同國君一樣發號施令，那麼，將會帶來十分深重的災啊！現在君王要擴建陳、蔡、葉與不羹，如果不給予充足的力量，就不足以威懾晉國；如果給予充足的資財和安排高俸的重臣，這就會出現輕本重末的現象啊。我聽過『尾大不掉，末大必折』的說法，擴建陳、蔡、葉與不羹城邑的做法，難道不是企圖施威於諸侯嗎？然而最終成為楚國禍患的，一定是這四個城邑。」楚靈王不聽范無宇的勸諫，還是擴建了陳、蔡、葉與不羹這四個城邑，並充實了兵車和得力的大臣。這一年，中原諸侯果然來朝見楚靈王。過了幾年，陳、蔡、葉與不羹四城中有人擁戴公子棄疾在內部發難，把楚國弄得大亂，楚靈王終於死在乾溪芋尹申亥家的井中。像楚靈王做出這樣的謀劃，難道不令人痛心嗎？可悲呀！樹幹太細而樹梢過大，必然會危害到樹幹。只是時間問題啊！只是時間問題啊！這真令人痛惜呀！

天下之勢方病大瘇❶。一脛❷之大幾如要❸，一指❹之大幾如股❺，惡病也。平居❻不可屈信❼，一二指搐❽，身固無聊❾也。失今弗治，必為錮疾❿，後雖有扁鵲⓫，弗能為已⓬。悲夫⓭，枝拱⓮苟大，弛必至心。此所以竊為陛下患也。病非徒瘇也⓯，又苦蹠盭⓰。元王之子⓱，帝之從弟也，今之王者⓲，從弟之子也。惠王之子⓳，親兄之子也；今之王者⓴，兄子之子也。親者㉑或無分地㉒以安天下，疏者或專大權以偪天子，臣故曰「非徒病瘇也，又苦蹠盭。」可痛哭者，此病是也。

【章旨】此段指出漢文帝時諸侯王強大危及天子的嚴重局面。

【注釋】❶瘇　腳腫病。❷脛　小腿。❸要　「腰」的本字。❹指　通「趾」。❺股　大腿。❻平居　平常。❼信　通「伸」。❽搐　抽搐；痙攣。❾無聊　沒有依靠，難於支撐。❿錮疾　難治的病。⓫扁鵲　據傳為黃帝時名醫，春秋時鄭國的名醫秦越人，亦醫術高明，時人也稱他叫扁鵲。⓬已　通「矣」。⓭悲夫等十字　盧本原刪，今補。⓮枝拱　樹枝。樹枝從樹幹四周生發，似有拱衛樹幹的作用，所以稱「枝拱」，這裏比喻諸侯王。⓯病非徒瘇也　王念孫以為當改為「非徒病瘇也」，以便與下文相同。參見《讀書雜志》卷五。⓰蹠盭　指腳掌扭反了，不可行走。用以比喻下文所說的親疏倒置。蹠，古「跖」字，腳掌。盭，古「戾」字，反。⓱元王之子　指楚元王劉交的兒子劉郢，他是文帝的堂弟。⓲今之王者　指當時的楚王劉戊，他是劉郢的兒子。⓳惠王之子　指齊悼惠王劉肥的兒子劉襄，他是文帝的親侄。⓴今之王者　指當時齊王劉則，他是劉襄的兒子。前文說明一王位代代相傳，彼此關係愈來愈疏。㉑親者　指文帝的親屬。㉒無分地　因為原有的諸侯王把土地都分完了，再也無地可封了。

【語譯】當今天下的形勢就好像一個人得了腳腫病一樣，一條小腿幾乎同腰一樣粗，一個指頭幾乎同大腿一樣粗，這是一種可怕的病啊！患了這種病，平時不能屈伸，一兩根指頭抽搐，人便無法承受。失去目前治療的機會，日後必定成為一種難治的病，今後即令有扁鵲這樣的名醫，也是不能治好的了。真是可悲啊！樹枝假使過大，一定會損壞到樹幹。這就是我為皇上擔憂的原因。而且當今漢朝天下所患的又不僅僅是腳腫病，還加上受著腳掌扭反的苦痛。楚元王的兒子劉郢，是皇上的堂弟；當今的楚王劉戊，又是堂兄的兒子。齊悼惠王劉肥的兒子劉襄，是皇上哥哥的兒子；當今的齊王又是哥哥兒子的兒子。這就形成，皇上的親屬今後可能沒有土地分封來安定天下，而那些關係疏遠的諸侯王就會獨擅大權來威脅天子。所以我說「國家不僅僅是得了腳腫病，而且又受腳掌扭反的痛苦」。值得痛哭的事情，就是得了這種病啊！

等齊 事勢

【題解】本篇體現了賈誼禮制治國的觀點。西漢初年，禮制尚未完備，一些勢力強大的諸侯王往往僭越天子的名號服飾，以致「君臣同倫，異等同服」，諸侯與天子沒有什麼區別。賈誼主張「別貴賤、明尊卑」，認為一個人的貴、賤、尊、卑，不能從天生的形貌上看出來，只能依靠禮制規定的「等級、勢力、衣服、號令」的差別來體現。如果有了這種差別，就可達到「君不疑於其臣，而臣不惑於其君」的境界了。「等齊」是貴、賤、尊、卑等級齊同的意思。

諸侯王所在之宮衛❶，織履❷蹲夷❸，以皇帝所在❹宮法❺論❻之；郎中❼謁者❽受謁❾取告❿，以官⓫皇帝之法予之⓬，事諸侯王或不廉潔平端⓭，以事皇帝之法罪之⓮。曰一⓯用漢法，事諸侯王乃事皇帝也。是則，諸侯王乃埒⓰至尊⓱也。然則，天子之與諸侯，臣之與下，宜撰然⓲齊等若是乎？天子之相，號為丞相，黃金之印；諸侯之相，號為丞相，黃金之印，而尊無異等，秩⓳加⓴二千石㉑之上。天子列卿㉒秩二千石，諸侯列卿秩二千石，則臣已同矣。人主登臣㉓而尊，今臣既同，則法惡㉔得不齊？天子衛御㉕，號為大僕㉖，銀印，秩二千石；諸侯之御，號曰大僕，銀印，秩二千石，則御已齊矣。御既已齊，則車飾具㉗惡得不齊？天子親㉘號云㉙太后，諸侯親號云太后；天子妃號曰后，諸侯妃號曰后。然則諸侯何損而天子何加㉚焉？妻既已同，則夫何以異？天子宮門曰司馬㉛，闌入㉜者為城旦㉝；諸侯宮門曰司馬，闌入者為城旦。殿門俱為殿門，闌入之罪亦俱棄市㉞。宮牆門衛同名，其嚴㉟一等，罪已鈞㊱矣。天子之言曰令㊲，令甲令乙㊳是也；諸侯之言曰令，令儀令言㊴是也。天子卑號㊵皆稱陛下，諸侯卑號皆稱陛下。天子車曰乘輿㊶，諸侯車曰乘輿，乘輿等也㊷。然則，所謂主者安居㊸，臣者安在㊹？

【章旨】此段揭露諸侯王僭越天子名號的一些違禮情況。

【注釋】❶宮衛　宮廷衛士。❷織履　織有花紋飾物的鞋子。❸蹲夷　踞坐。臀坐地，兩腿伸開的姿勢，所謂「箕踞以坐」。夷，同「跠」。與「蹲」同義。❹所在　原作「在所」，據潭本改。❺宮法　宮廷禮制。❻論　評判；衡量。❼郎中　漢郎官的一種，皇帝的近侍之臣。❽謁者　漢時在朝中主持禮賓的官。❾受謁　接受名帖。謁，名帖，若今之名片。❿取告　聽取他們的陳述。⓫官　效法。⓬予之　指給予獎勵。⓭平端　端平；公正。⓮罪之　對有罪的人予以懲罰。⓯一　一律。⓰埒　等同。⓱至尊　皇帝。⓲撰然　整齊貌。撰，同

「選」。齊。《賈子新書斠補》說當作「選」。⑲秩　俸祿等級，亦即官階。⑳加　越過。㉑二千石　漢時官階以俸祿為標準，有中二千石、二千石、比二千石、八百石、六百石等不同級別。中二千石就是滿二千石，每月得穀一百八十斛，即漢時九卿的級別。按此，諸侯之相則超過了九卿的級別。漢時「石」同「斛」，一斛十斗。所謂「二千石」、「八百石」皆是約數。㉒列卿　諸卿。指九卿。九卿在漢時是中央政權中的九個高級官員。㉓登臣　高於臣。登，高。㉔惡　何。㉕衛御　侍奉皇帝車馬、負責保衛的官員。㉖大僕　即太僕。㉗車飾具　車馬的飾物。古時車馬的顏色、裝飾、標誌都因等級而有區別。漢朝崇尚赤色，那麼天子的車服馬色都得具備赤色。㉘親　指母親。㉙云　稱。㉚加　增益；超越。㉛司馬　本官職名，西周為三公之一。按此則為宮廷外門之稱。《三輔黃圖》：「凡言司馬者，宮垣之內，兵衛所在，司馬主武事，故謂宮之外門為司馬門。」㉜闌入　擅自闖入。㉝城旦　漢時刑罰之一，把罪犯發配到邊境築城自昏至旦。㉞棄市　古時施刑的一種方法，把犯人當眾處死，然後將屍體在街市示眾。㉟嚴　禁規。㊱鈞　相同。㊲令　帝王的命令。按秦時「命」為「制」，「令」為「詔」。「制」是皇帝下達的可作為制度的命令。「詔」是皇帝下達的曉諭天下的命令。這裏統謂之「令」，「命」與「令」已不加區分了。㊳令甲令乙　漢朝廷前後發出的命令，用甲乙丙的次序標明，故稱「令甲令乙」。㊴令儀令言　不可解，闕疑。㊵卑號　稱呼天子所使用的帶有卑抑性的名稱。如「陛下」，本指天子階下的侍從，卻用以指天子。因而「陛下」實際成了尊號。㊶乘輿　君主所用車的專稱。㊷乘輿等也　下尚有「衣被次齊貢死經緯也，苟工巧而志欲之，唯冒上軼主次也」二十三字，盧文弨以為「文不可曉」，據盧說刪。㊸安居　處於什麼地位。㊹安在　同安居。

【語　譯】諸侯王所在宮廷充當衛役的人，也穿繡花鞋，箕踞下坐，照皇帝所在宮廷的規矩行事；郎中、謁者接待拜見皇帝的人，聽取他們的陳述，也效法皇帝的規矩而給予獎勵；侍奉諸侯王如有人不廉潔端正，也用侍奉皇帝的規矩來給予治罪。就是說一切都按照漢宮廷的制度行事，侍奉諸侯王，就好像侍奉皇帝一樣啊！這樣看來，那麼諸侯王就同皇帝等同了。那麼，天子同諸侯、天子大臣與諸侯大臣，就應該做到像這樣整齊毫無區別嗎？天子的輔佐叫做丞相，配黃金之印；諸侯王的輔佐也叫做丞相，配黃金之印。尊貴的地位與天子丞相沒有不同的等級，官俸級別也超過二千石。天子列卿官俸的級別是二千石，而諸侯王列卿官俸也是二千石，那麼天子與諸侯的大臣就完全相同了。本來君主高於臣下才顯得尊貴，現在君臣已經一樣，那麼法制又怎麼能不一樣呢？天子的衛御，稱為太僕，配銀印，官俸級別為二千石；諸侯王的衛御也稱為太僕，配銀印，官俸級別也是二千石，那麼天子及諸侯王的衛御已經相同了。衛御既然相同，那麼所乘車馬的服色飾物又怎麼能不相同呢？天子的母親稱為太后，諸侯王的母親也稱為太后；天子的妃子稱作后，諸侯王的妃子也稱作后。那麼諸侯的后妃之尊顯怎麼能降低，天子的后妃之尊顯又怎麼能超越呢？天子與諸侯王的妻子地位已經相同，那麼作為她們的丈夫——天子與諸侯王又有什麼區別呢？天子宮門叫「司馬」，闖入宮門的人罰罪充作城旦；諸侯王宮門也叫「司馬」，闖入宮門的人也罰罪充作城旦。天子、諸侯王的殿門都叫「殿門」，闖入殿門的人都處以「棄市」的罪。宮牆門衛名稱相同，禁規也都一樣，治罪已經相同了。天子說的話叫做「令」，所謂令甲、令乙就是；諸侯王說的話也叫做「令」，所謂令儀、令言就是。天子，在下位的人都稱作「陛下」；諸侯王，在下位的人都稱作「陛下」。天子的車叫做「乘輿」，諸侯王的車也叫做「乘輿」，在乘輿方面也就相同了。如此說來，那麼作君主的，究竟應當處於什麼地位呢？作臣子的，又應當處於什麼地位呢？

人之情不異，面目、狀貌同類，貴賤之別非天根❶著❷於形容❸也。所持以別貴賤、明尊卑者，等級、勢力、衣服、號令也。亂且不息，滑❹曼❺無紀❻。天理則同，人事無別❼。然則，所謂臣主者，非有相臨之具❽、尊卑之經❾也，特❿面形⓫而異之耳。近習⓬乎形貌，然後能識，則疏遠⓭無所放⓮，眾庶⓯無以期⓰，則下惡能不疑其上？君臣同倫⓱，異等同服，則上惡能不眩⓲其下？孔子曰：「長民者⓳，衣服不貳⓴，從容㉑有常㉒，以齊㉓其民，則民德一㉔。」《詩》㉕云：「彼都人士，狐裘黃裳。」「行歸于周，萬民之望。」㉖孔子曰：「為上㉗可望而知也，為下㉘可類而志㉙也，則君不疑於其臣，而臣不惑於其君。」㉚而此之不行㉛，沐㉜瀆㉝無界，可為長大息者此也。

【章旨】此段論述必須在口號、服飾方面體現出君臣的貴、賤、尊、卑，這樣才不致造成上下疑惑的局面。

【注釋】❶天根　猶言天生。根，有生的意思。❷著　明。❸形容　形體容貌。❹滑　亂。❺曼　同「漫」。散亂。潭本作「漫」。❻紀　綱紀；次序。❼天理則同二句　字義為自然的道理相同，而反映到社會上也應該相同。但賈誼的本意是「天生無別，無可奈何，而在人事上加以『別貴賤、明尊卑』則是可以辦到的」。這樣解釋則可與下文銜接。❽相臨之具　指君主駕馭臣下的手段。臨，制服。具，工具。❾尊卑之經　尊卑的規定。經，常法。❿特　只是。⓫面形　面貌形狀。⓬近習　接近熟悉。⓭疏遠　指與君主關係疏遠的人。⓮放　至。⓯眾庶　眾人。庶，眾。⓰期　望；見面。⓱倫　輩；類。⓲眩　惑；疑惑。⓳長民者　為民之長者，猶言治民者，指君主。⓴不貳　即一律，有定法。㉑從容　舉動。㉒常　常則；定法。㉓齊　治理。㉔德一　品德終始如一。㉕詩　指《詩經》。㉖彼都人士四句　皆見於《詩經・小雅・都人士》。〈都人士〉詩，據陳子展《詩經直解》說：「今按〈都人士〉，平王東遷，周人思西周之盛，不勝今昔盛衰之感而作。此屬於亂世之音、亡國之音一類作品。」彼都，指西周鎬京。黃裳，黃色的裙子。《詩經》作「狐裘黃黃」。周，指西周鎬京。望，仰望。㉗為上　指君主。㉘為下　臣下。㉙類而志　可以類推而識別。臣下雖眾，而所服則一樣，什麼官穿什麼服。《禮記》作「述而志」。志，同「誌」。識。㉚而臣不惑於其君　「孔子曰長民者」至此，《禮記・緇衣》載：「子曰：長民者，衣服不貳，從容有常，以齊其民，則民德一。詩云：彼都人士，狐裘黃黃；其容不改，出言有章；行歸于周，萬民所望。子曰：為上可望而知也，為下可述而志也，則君不疑於其臣，而臣不惑於其君矣。」賈誼本篇所引《詩》及孔子語，均在於突出君臣貴賤的區別。㉛此之不行　不行此。㉜沐　治理。㉝瀆　混雜。

【語　譯】人的性情沒有不同，面目形貌也相類似，貴賤的區別，在形貌上沒有天生的標誌啊。那麼所依靠用來分別貴賤、明確尊卑的，只有等級、權力、衣服、號令這些人為的標誌啊。如果君臣的規定散亂沒有條理，動亂將無法停息。人生下來所承受的自然本性是相同的，如果後天的人事制度又沒有什麼區別，那麼，所謂臣下與君上，君上並沒有駕馭臣下的手段和分別尊卑的常法，只是在形貌上稍有不同罷了。僅依靠接近並熟悉君上的形貌，然後才認識君上，那麼與君上疏遠的人就無法接近，眾庶百姓也無法與君上見面。這樣，臣下怎能不與君上比擬而僭越呢？君臣既然輩份相同，穿著相同的衣服，那麼君上又怎能不懷疑臣下呢？孔子說：「治民的人，衣服有一定的規定，行動有不變的法則，用這種禮儀來治理百姓，那麼百姓的品德就會終始如一。」《詩經．小雅．都人士》說：「那些京都人士，狐皮袍子亮黃黃。」「他們將往歸於周京啊，這是萬民的希望。」孔子說：「作為君上，要臣下一望就可以知道；作為臣下，君主按官職服飾類推就知道是什麼官職了。那麼君上也就不會懷疑他的臣下，而臣下也就不會比擬他的君上了。」如果連這些也做不到，治國混雜而無尊卑的界限，這是令人深為嘆息的事啊！

服疑 事勢

【題解】本篇承上篇「別貴賤、明尊卑」的主張，專門在衣服和服飾方面論述「等上下而差貴賤」的必要。做到「貴賤有級，服位有等」，讓天下的人看到他的衣著就可知道他的貴賤，見到他的文飾就可知道他的地位，這樣臣下就不會比擬君主，卑賤的人就不會冒充高貴，都能謹守人倫的次序，那麼天下就不會產生動亂了。「服疑」是指在服飾方面沒有等級差別造成臣下與君主比擬的問題。

衣服❶疑❷者，是謂爭先❸；澤厚❹疑者，是謂爭賞；權力疑者，是謂爭彊；等級無限❺，是謂爭尊❻。彼人❼者，近❽則冀幸❾，疑則比爭❿。是以等級分明，則下不得疑；權力絕尤⓫，則臣無冀志⓬。故天子之於其下也，加五等⓭已往⓮，則以為臣；臣之於下也，加五等⓯已往，則以為僕。僕亦臣禮也，然稱僕不敢稱臣者，尊天子，避嫌疑⓰也。

【章旨】此段說明等級標誌分明，臣下就不會比擬君主。

【注 釋】❶衣服 衣服和裝飾。衣和服古時有別，衣指衣裳，服指服用，包括衣服與宮室車騎的裝飾（參見《周禮・春官・都宗人》注）。❷疑 比擬。❸先 《賈子新書斠補》以為當作「光」。❹澤厚 君主賜予臣下的恩澤甚重。❺限 界。❻尊 高貴。❼彼人 指上面爭先、爭賞等人。❽近 指臣下與君主之間距離甚小，猶言界限不清。❾冀幸 希望僥倖獲得。❿比爭 及爭。比，及；弄成。⓫尤 突出。⓬冀志 僥倖的想法。⓭加五等 指天子授予公、侯、伯、子、男五等爵位，這五等雖是諸侯，但都是天子的臣屬。⓮已往 以上。⓯加五等 指諸侯授予上大夫卿、下大夫、上士、中士、下士五等爵位，這五等在諸侯面前只能稱「僕」，不能稱「臣」。⓰嫌疑 指僭越的嫌疑。意思是說，如果諸侯對他的下屬也稱之為臣，那麼諸侯本身也就等於僭越了天子的地位。

【語 譯】臣下對君主，在衣服和服飾方面相比擬的，這就叫做「爭先」；在恩澤厚薄方面計較的，這就叫做「爭賞」；在權力方面比擬的，這就叫做「爭強」；在等級方面不遵守界限的，這就叫做「爭尊」。那些競爭的人在各方面，與君主沒有明顯的界限，就會產生僥倖的想法，造成與君主比擬的形勢，就會出現競爭。因此，制度規定得等級分明，那麼就不會造成臣下與君主比擬的形勢；君主權力極為突出，那麼臣下就不會產生僥倖的非分之想。所以天子對於諸侯，授予五等爵位以上的，就把他們當作臣子；諸侯對於他的下屬，授予五等爵位以上的，就把他們當作僕人。僕人也是遵守臣子禮儀的，然而，之所以稱他們為「僕」，而不稱他們為「臣」，是為了尊重天子，避免諸侯僭越的嫌疑啊！

制服❶之道，取至適至和❷以予民，至美至神❸進之帝。奇服文章❹，以等上下而差貴賤❺。是以高下異，則名號異，則權力異，則事勢❻異，則旗章❼異，則符瑞❽異，則禮寵❾異，則秩祿❿異，則冠履⓫異，則衣帶⓬異，則環佩⓭異，則車馬異⓮，則妻妾異⓯，則澤厚異，則宮室⓰異，則床席⓱異，則器皿⓲異，則飲食異，則祭祀異⓳，則死喪異⓴。故高㉑則此品㉒周㉓高，下㉔則此品周下㉕。加人者㉖品此臨㉗之，埤人者㉘品此承㉙之；遷㉚則品此者進㉛，絀㉜則品此者損㉝。貴周豐㉞，賤周謙㉟；貴賤有級，服位有等。等級既設，各處其檢㊱，人循㊲其度㊳。擅退㊴則讓㊵，上僭㊶則誅㊷。建法以習之㊸，設官以牧㊹之。是以天下見其服而知貴賤，望其章而知其勢。使人定其心，各著㊺其目。

【章　旨】此段說明按上下等級規定衣服、服飾的具體內容。

【注　釋】❶制服　規定服飾。❷至適至和　最舒適最暖和。❸至美至神　最華美最莊重。神，神奇；奇偉。❹文章　有文飾的標誌。❺等上下而差貴賤　分上下等級，並貴賤有等差。❻事勢　指地位。❼旗章　旗號標誌。❽符瑞　符瑞本指上天降下的吉祥物。此指君主給予臣下的信物。❾禮寵　禮儀榮譽。寵，榮。❿秩祿　俸祿級別。⓫冠履　帽子和鞋子。⓬衣帶　指衣服及衣帶。《禮記・王制》：「衣帶有常。」⓭環佩　指衣帶上的玉佩。⓮車馬異　指車服馬色以及數量，因等級而異。⓯妻妾異　妻妾的數字及名號因等級而異。⓰宮室　屋室；住室。⓱床席　床，坐具。席，坐席。席亦為臥具。⓲器皿　用具。皿，盆子之類。⓳祭祀異　祭祀的禮儀因等級不同而異。⓴死喪異　死了辦喪事的禮儀，因等級身份不同而異。譬如棺椁，天子七重，諸侯五重，大夫三重，士二重。㉑高　提高。㉒此品　按此標準。品，位；標準。《讀諸子札記》說當作「品此」。㉓周高　全部按級提高。㉔下　降低。㉕周下　全部按級降低。㉖加人者　指凌駕於人之上的人，即僭越者。㉗臨　自上視下；監視。㉘埤人者　指謙卑甘居人下的人。埤，同「卑」。㉙承　同「乘」。凌駕，與「臨」義同。㉚遷　指遷升；升級。㉛進　升。㉜絀　貶官。㉝損　指降級。㉞貴周豐　地位高貴，一切優厚。㉟賤周謙　地位卑賤，一切減損。謙，損。㊱檢　約束。㊲循　遵循。㊳度　法制；禮制。㊴擅退　擅自退讓，屬違禮行為。㊵讓　責備。㊶上僭　下位僭越上位的權力，屬違禮行為。僭，越。一般指臣子超越本份，享受不應該享受的權力。㊷誅　罰。㊸習之　指熟悉禮制。㊹牧　守；治理。㊺著　明。

【語譯】規定衣服服飾的辦法，是用最舒適暖和的服裝賜予百姓，用最漂亮最奇偉的服裝進貢給皇帝。奇偉的服裝、鮮明的文采，用來劃分上下的等級和區別身份的貴賤。因此，等級高低若有不同，名號就會不同，權力就會不同，地位就會不同，旗章就會不同，符瑞就會不同，禮儀光彩就會不同，官俸等級就會不同，鞋帽就會不同，衣帶就會不同，玉佩就會不同，車馬就會不同，妻妾就會不同，恩澤就會不同，住室就會不同，床席就會不同，用具就會不同，飲食就會不同，祭祀就會不同，舉辦喪事就會不同。所以要提高，就按這個標準提高，要降低，就按這個標準降低。超越本人等級的，就按這個標準監視；不及本人等級的，也按這個標準審查。升官的就按這個標準進級，貶職的就用這個標準降等。凡高貴的，待遇就都豐盛；凡卑賤的，待遇就都減損。貴賤有了等級，服飾也就有了等級。等級已經建立，各自安處在各自的位置，人人都遵循這種制度。如有擅自違制退讓的，就要受到責備，如有僭越權力的就要受到懲罰。建立法度讓大家都熟悉它，設立官員來管理它。因此，天下的人看到了他的服裝就知道他的身份貴賤，望見他的文飾就知道他的地位，使人們都安下心來，各自都一目瞭然。

故眾多❶而天下不眩❷，傳遠❸而天下識❹祗❺。卑尊已著，上下已分，則人倫❻法❼矣。於是主之與臣，若日之與星。臣不幾❽可以疑主，賤不幾可以冒❾貴。下不凌❿等，則上位尊；臣不踰級，則主位安。謹守倫紀⓫，則亂無由生。

【章　旨】此段總論服飾等級分明的好處。

【注　釋】❶眾多　指等級規定很多。❷眩　迷惑。❸傳遠　指等級規定傳播到遠方。❹識　認清。❺祗　恭敬。❻人倫　指五倫：父子有親，君臣有義，夫婦有別，長幼有序，朋友有信。參見《孟子・滕文公上》。❼法　指合於法度。❽幾　近。❾冒　冒犯。❿凌　侵犯。⓫倫紀　人倫綱紀。

【語　譯】上下等級規定繁多，天下的人就不會迷惑，等級規定傳到邊遠地區，人們也能識別敬重。卑尊的等級已經顯著，上下的標誌已經分明，那麼人倫也就納入法規了。在這種情況下，君主與臣下，就好像太陽與星星一樣那麼明白區分，臣下不致於可以用它來比擬君主，卑賤的人不致於可以用它來冒犯高貴的人。在下位的不僭越等級，那麼在上位的就顯得尊貴；臣下不超越等級，那麼在君位的就得到安寧。謹守住這些上下尊卑的人倫綱紀，那麼動亂就不會產生了。

益壤事勢

【題　解】此篇是向文帝呈送的請益封諸子的奏疏。益壤，就是增益土地的意思。《漢書・賈誼傳》載：「初，文帝以代王入即位，後分代為兩國，立皇子武為代王，參為太原王，小子勝則梁王矣。後又徙代王武為淮陽王，而太原王參為代王，盡得故地。」據此，賈誼寫此疏時，文帝的三個兒子劉武為淮陽王，劉參為代王，劉勝（揖）為梁王（剛死不久）。賈誼認為三王的力量十分弱小，而齊、趙、吳、楚又都是些關係較疏的諸侯大國。因而主張把直屬於漢的淮南之地劃歸淮陽；並為梁王立嗣，把淮陽之北的城池及東郡增補梁國；代王向南遷移。這樣就可分別對付諸大國的叛亂。文帝採納了他的建議，把三國做了調整，增強了親子的力量。這篇奏疏是賈誼死前一年寫的，《漢書・賈誼傳》單獨列在〈陳政事疏〉之後。

陛下即❶不為千載之治安，知❷今之勢，豈過一傳再傳❸哉？諸侯猶且人恣❹而不制❺，豪橫而大彊也❻。至其相與❼，特❽以縱橫之約❾相親耳，漢法令不可得行矣❿。今淮陽⓫之比大諸侯，僅過黑子⓬之比於面耳，豈足以為禁御⓭哉？而陛下所恃以為藩捍⓮者，以代⓯、淮陽耳。代北邊與強匈奴為鄰，僅自完足矣⓰。

唯皇太子⑰之所恃者，亦以之⑱二國⑲耳。今淮陽之所有，適⑳足以餌大國㉑耳。方今制㉒在陛下，制國㉓命子㉔，適足以餌大國，豈可謂工㉕哉？

【章旨】此段指出當前諸侯王力量強大的嚴峻形勢。

【注釋】❶即　假如。❷知　《讀諸子札記》說當作「如」。❸一傳再傳　傳一代傳兩代。意思是指漢的天下不過傳一代兩代就會完了。❹人恣　人人恣縱。恣，放縱；隨意。❺不制　指漢中央不能控制。❻豪橫而大彊也　建本、潭本、長沙本均無此句。豪橫，強橫；橫蠻。豪，強。大，同「太」。❼相與　指諸侯王與漢朝廷相互交往。❽特　只。❾縱橫之約　本指戰國各諸侯國之間締結的盟約，這裡指漢諸侯王之間的各種約定。憑著這種約定尚能暫時與漢親善，但並不受漢朝廷的控制。❿漢法令不可得行矣　此句下諸本有「猶且槁立而服強也」句，上下文理難順，從盧本刪去。⓫淮陽　指劉武，文帝子，封為淮陽王，淮陽其地在今河南省淮陽縣西南。⓬黑子　黑痣。⓭禁御　禁止和抵禦。⓮藩捍　保衛。藩，藩國；諸侯國。捍，捍衛。建立藩國的目的是為了捍衛朝廷。⓯代　指文帝子劉參。劉參原為太原王，後又徙為代王。代在今山西省繁峙縣西。⓰僅自完足矣　建本、潭本作「僅自見矣」。自完，自己保全自己。⓱皇太子　指文帝子劉啟，即漢景帝。⓲之　此。⓳二國　指代和淮陽。⓴適　恰好。㉑餌大國　作為引誘大國的食物。㉒制　皇帝的命令。㉓制國　命令建立國家。㉔命子　命令封子為王。㉕工　善；周密。

【語譯】皇上如果不採取長治久安的措施，當今天下的形勢，難道往後能維持超過一代兩代嗎？諸侯王仍將人人放縱而不能控制，態度橫蠻而勢力過分強大了啊。至於他們暫時還與漢朝廷交往，只因為他們之間有著種種約定才親附朝廷罷了，其實漢朝廷的法令是不可能在諸侯國執行的。現在淮陽與大的諸侯國相比，僅僅超過臉上的黑痣與臉的比例罷了，難道足夠用來禁止和抵禦大諸侯國的叛亂嗎？皇上所依賴作為藩國捍衛自己的，就是代國和淮陽國了。可是代國北邊與強大的匈奴接鄰，僅僅能夠自我保全。皇太子所能依賴的，也只有這兩個國家罷了。現在淮陽王所擁有的民眾、土地、財物，正足以作為大國的食餌。現在發布詔令的權力還掌握在皇上手裡，為自己的兒子建國封王，恰好只足夠作大國的食餌，難道能說是周密安排嗎？

人主之行異布衣❶。布衣者，飾小行❷，競小廉❸，以自託於鄉黨邑里❹。人主者，天下安、社稷固不❺耳。故黃帝者，炎帝之兄也❻。炎帝無道，黃帝伐之涿鹿❼之野，血流漂杵❽，誅炎帝而兼❾其地，天下乃治。高皇帝瓜分天下以王功臣❿，反者如蝟毛⓫而起。高皇帝以為不可，剽⓬去不義諸侯，空其國⓭。擇良日，立諸子洛陽上東門⓮之外，諸子畢王而天下乃安。故大人⓯者，不怵小廉⓰，不牽⓱小行⓲，故立大便⓳以成大功⓴。

【章　旨】此段引用歷史經驗，說明應對諸侯王採取果斷措施。

【注　釋】❶布衣　平民百姓。古時平民百姓穿麻織品。麻織品叫做布。❷飾小行　講究小的德行。❸競小廉追求廉潔的小節。廉，本義為「隅」，方正。因而有廉正、廉潔的意思。❹鄉黨邑里　都是古代行政區劃的名稱。按《司馬法》：「畝百為夫，夫三為屋，屋三為井，井四為邑。」「五家為比，五比為閭，五閭為族，五族為黨，五黨為州，五州為鄉。」《周禮・地官、遂人》：「五家為鄰，五鄰為里。」還有些不同的說法，此處是指家鄉宗族。❺不　同「否」。❻故黃帝者二句　黃帝，傳說中的古帝，即軒轅民。炎帝，傳說中的古帝，即神農氏。《國語・晉語四》：「昔少典娶于有蟜氏，生黃帝、炎帝。」說明黃帝為炎帝之兄。《史記・五帝本紀》載：「軒轅之時，神農氏世衰，諸侯相侵伐，暴虐百姓，而神農氏弗能征。於是軒轅乃習用干戈，以征不享（不朝享帝者），諸侯咸來賓從。而蚩尤最為暴，莫能伐。炎帝欲侵凌諸侯，諸侯咸歸軒轅。軒轅乃修德振兵，治五氣（五行之氣），蓺五種，撫萬民，度四方，教熊羆貔貅貙虎（以猛獸命名的軍隊），以與炎帝戰於阪泉之野。三戰，然後得其志。」❼涿鹿　古地名，今河北省涿鹿縣，涿鹿附近有阪泉。❽杵　搗米的長木槌。❾兼　吞併。❿王功臣　封功臣為王。指在楚漢之爭中為劉邦定天下的功臣，如韓信、彭越等受封為諸王。⓫蝟毛　刺蝟之毛，如刺，驟然逆起傷人。此比喻反叛的迅速和人數的眾多。⓬剸　削。⓭空其國　指把諸侯國空著，不再封異姓諸王。⓮洛陽上東門　洛陽東北城門。據史載：漢六年（西元前二〇一年）封劉肥為齊王，七年封劉如意為代王，後劉如意徙為趙王，十一年封劉恆為代王，劉恢為梁王，劉友為淮陽王。封王時，都在洛陽行冊封之禮。⓯大人　古時有道德或有官爵的人稱「大人」，此指帝王。⓰不怵小廉　意思是不要被小的廉潔所誘惑。怵，利誘。⓱牽　拘束。⓲小行　小的德行。⓳大便　大利。⓴大功　大事。

【語　譯】君主的德行與平民百姓不同。平民百姓，講究小的德行，追逐小的廉潔，以便在鄉里宗族博得美好的名聲來立身處世。作為國君，則是從天下安寧、政權鞏固與否來考察問題罷了。所以黃帝是炎帝的哥哥，當炎帝失去道義侵凌諸侯時，黃帝毫不留情地派兵在涿鹿之野大肆攻伐，以致血流成河，沖走了搗米的木槌。結果誅殺了炎帝，兼併了他的土地，使天下得到安寧。高皇帝建立漢朝，瓜分天下的土地來分封功臣為王，可是反叛的諸侯，像蝟毛驟然逆豎。高皇帝認為不妥，削去不義諸侯的王位，把封國暫時空著。然後選擇良辰吉日，在洛陽上東門外給他的諸子冊封為王，諸子全部封王了天下才得以安寧。所以作為大人，就是不被小的廉潔所誘惑，不受小的德行所拘束，因而就能獲取大利、成就大功。

今淮南❶地遠者或數千里，越兩諸侯❷而縣屬❸於漢，其苦之甚矣，其欲有卒也，類良有所至❹，逋走❺而歸諸侯❻，殆❼不少矣！此終非可久以為奉地❽也。陛下豈如蚤❾便❿其勢，且令他人守郡，豈如令子⓫。臣之愚計，願陛下舉淮南之地以益⓬淮陽，梁即⓭有後，割淮陽北邊二三列城⓮與東郡⓯以益梁，即無後患；代⓰可徙而都睢陽⓱，梁起新郪⓲以北著之河⓳，淮陽包陳⓴以南揵㉑之江。則大諸侯之有異心者，破膽㉒而不敢謀。今所恃者，代、淮陽二國耳，皇太子亦恃之。如臣計，梁足以捍齊㉓、趙㉔，淮陽足以禁㉕吳㉖、楚㉗，則陛下高枕而臥，終無山東㉘之憂矣。臣竊以為此二世之利也。若使淮南久縣屬漢，特㉙以資㉚奸人㉛耳。惟㉜陛下幸㉝少㉞留意。

【章　旨】此段提出增強代和淮陽二國力量的具體措施。

【注　釋】❶淮南　漢初的諸侯國。高祖十一年（西元前一九六年）封劉長（高帝子）為淮南王，其領地包括安徽淮河以南以及江西北部、湖南東部的廣大地區，是當時的大國之一。文帝六年（西元前一七四年）劉長謀反，國被廢，其領地直屬於漢。文帝十六年，立厲王三子王淮南故地，三分之：阜陵侯劉安為淮南王，安陽侯劉勃為衡山王，陽周侯劉賜為廬江王。❷兩諸侯　指劉武受封的淮陽（今河南淮陽縣一帶）、劉勝受封的梁（河南商丘一帶）。❸縣屬　指把原淮南的地域劃分為縣直屬於漢。《漢書・賈誼傳》顏師古注：「為縣而屬漢。」或謂縣讀懸，遠也。❹其苦之甚矣三句　難於解釋清楚。盧文弨說：「『其欲有卒也，類良有所至』語甚不可解，別本竟以《漢書》易之，亦非所安，不若且從其舊，以俟知者。」今按《漢書》的內容讀起來，這三句的意思似乎是：這些直屬於漢縣的吏民，服役往返奔走於淮南與漢之間，十分勞累，他們希望恢復王國以結束這種勞累，像得到真正的歸宿一樣。卒，結束。類，像。良，誠；真正。❺逋走　逃跑。❻諸侯　指其他王國。❼殆　大概。❽奉地　承受天子的封地。❾蚤　同「早」。❿便　宜；順應。⓫令子　要文帝詔令兒子來鎮守淮南之地。⓬益　增補。⓭即　如果。當時梁王劉勝已死，無子，賈誼主張為他立嗣，以保證傳國。⓮列城　諸城。⓯東郡　郡名，位於今河北南部，山東西北部，郡治濮陽，在今河南濮陽縣南。⓰代　指代王劉參。⓱睢陽　位於今河南商丘的南部。⓲新鄭　位於今河南新鄭的南方。⓳著之河　憑依黃河。著，靠近。⓴陳　位於今河南、安徽兩省交界一帶的地方。㉑揵　連接；接壤。㉒破膽　比喻惶恐萬分。㉓齊　齊國。指齊悼惠王劉肥的原封地，在今山東泰山以北黃河流域及膠東半島一帶。當時劉肥死，是劉肥的兒子劉則襲位齊王。㉔趙　趙國，在今河北西部，山西北部及河套地區。當時是高祖子劉友的兒子劉遂嗣位趙王。㉕禁　控制。㉖吳　吳國。當時是高祖兄劉喜的兒子劉濞作吳王，景帝三年，他成為吳、楚七國叛亂的首領。吳在今江蘇、浙江、安徽三省交界一帶地區。㉗楚　楚國，地處今湖南、湖北一帶。當時是高祖弟劉交的孫子劉戊作楚王。

㉘山東　指殺山以東的諸侯國。因朝廷長安在西部，各諸侯國在東部地區。㉙特　只。㉚資　幫助。㉛奸人　壞人。㉜惟　發語助詞。㉝幸　希，下對上表希冀的敬詞。㉞少　稍。此句之下，建本尚有「省臣昧死以聞，臣誼竊昧死願得伏前陳施，下臣誼所以為治安，陛下幸以少須臾之閒聽，以驗之於事，未有妨損也。臣聞聖主言問其臣，而不自造事，故為人臣得畢盡其愚忠。惟陛下財幸」七十三字，語意重複，盧文弨以為「全係妄竄」，因全部刪除。

【語　譯】現在淮南地方遼遠，與朝廷相隔幾千里，中間越過兩個諸侯國，以縣的行政編制直接歸屬朝廷管轄。他們的吏民經歷遼遠的征途來到漢地服役，勞累痛苦非常，他們希望能夠恢復王國，結束這種痛苦，像其他諸侯國的吏民一樣，有一個真正的歸宿。因而中途逃跑歸向諸侯國的，可能已不少了。面對這種形勢，淮南作為漢朝的封地已經不能持久了啊。皇上不如趁早順應這種趨勢。況且派他人的子弟鎮守這些郡縣，哪比得上派自己的兒子去鎮守呢？我的想法，希望皇上拿淮南的土地來增益給淮陽王，如果為梁王立後嗣，就把淮陽北邊的數個城池和東郡的地域增益給梁王，這樣就不會有後患了。代王可以遷徙到睢陽，梁國從新鄭以北擴展到黃河邊上。淮陽國則包容了陳地以南與長江接壤的地方。那麼那些懷有異心的大諸侯，就會非常害怕而不敢謀反。可是現在所依靠的，只有代和淮陽兩個國家罷了，皇太子也必須依靠這兩個國家。如果按照我的建議，今後的梁國就足以用來防備齊國和趙國，淮陽也足以用來控制吳國和楚國，那麼皇上就可高枕而臥，不致耽心諸侯叛亂了。我個人以為這就有利於皇上今後兩代的傳位啊！假如讓淮南長久以縣的編制直屬朝廷統轄，那只不過便宜了那些心懷不軌的諸侯罷了，希望皇上對我的想法稍加考慮。

權重

【題解】本篇指出諸侯王權勢太重，必然會出現謀反的事，勸文帝對這種現象決不能視若無睹，否則將會釀成「六國之禍」。本篇文字少，內容無新意。在《漢書．賈誼傳》中屬請益封諸子疏的結尾部分，可能與〈益壤〉原是一篇。「權重」是指諸侯王權勢太重的意思。

諸侯勢足以專制❶，力足以行逆❷，雖令冠處女❸，勿謂無敵；勢不足以專制，力不足以行逆，雖生夏育❹，有仇讎❺之怨，猶之無傷❻也。然天下當今恬然❼者，遇諸侯之俱少也。後不至數歲，諸侯偕冠❽，陛下且❾見之❿矣。豈不苦哉！力當能為而不為，畜亂宿禍，高拱而不憂，其紛也宜也，甚可謂不知且不仁⓫。

【章旨】此段指出諸侯王勢力強大，必然謀反。

【注釋】❶專制　專斷行事。❷行逆　反叛。❸冠處女　剛成年的柔弱女子。❹夏育　周時衛國勇士。❺讎　同「仇」。❻無傷　無妨。❼恬然　安然；平靜的樣子。❽冠　男子二十歲加冠，所以冠指男子成年。❾且　將。❿之　指強大諸侯專制、行逆的事。⓫豈不苦哉六句　建本有，潭本稍異，「力當能為」作「力當為」，「而不憂」作「而憂」，無「宜也」二字。盧文弨以為「略可通，然皆係雜湊，當刪去」。今按建本補。苦，傷；悲傷。畜、宿，都是積累的意思。高拱，兩手高拱，似安閑而無為的樣子。拱，兩臂向前合抱的姿態。紛，亂。宜，應該。知，同「智」。

【語譯】假如諸侯王的權勢足以專斷行事，力量足以謀反叛亂，即使讓一個剛成年的弱女子當政，也會敢這樣做的；假如諸侯王的權勢還不足夠用來專斷行事，力量還不足夠用來謀反叛亂，即使夏育這樣的勇士再生，又有復仇的怨恨，也還是不會有什麼損害的。不過，天下當今太平無事的原因，是剛好各諸侯王的年歲都還小啊。往後不要多少年，到他們長大成人，皇上將會看到上面所說的情況了。這難道不令人憂愁嗎？皇上的力量能夠制止卻不去制止，積累禍亂的根由，尚且安居高位而不知憂慮，國家將釀成紛亂的局面，是理所當然啊，這就可稱為既極不明智，又不仁愛。

夫秦日夜深惟❶，苦心竭力，以除六國之憂❷。今陛下力制天下，頤指❸如意，而故成❹六國之禍❺，難以言知❻矣。苟身常無意，但為禍未在所制也❼。亂媒❽日長，孰視而不定。萬年之後❾，傳之老母弱子，使曹、勃❿不寧⓫制，可謂仁乎？

【章旨】此段指出文帝對諸侯王的這種形勢切不可熟視無睹。

【注釋】❶夫秦日夜深惟　此句建本、潭本「秦」下有「自逆」二字。深惟，深思。❷以除六國之憂　指秦統一天下後如何消除六國的叛亂。憂，《漢書》作「禍」，下文亦「六國之禍」。此句前建本、潭本有「危在存亡」四字。❸頤指　只動面頰即可指使。說明權威之高，指使如意。頤，面頰。❹故成　依然造成。❺六國之禍　指諸侯王叛亂。❻知　通「智」。❼苟身常無意二句　難於確解。大意似是：如果皇上本身不去經常注意，那麼禍亂的釀成，就不在所控制的範圍了。苟，假如。但，只。制，《斠補》認為是「形」的誤字。❽亂媒　叛亂逐步發生擴大。❾萬年之後　指文帝逝世之後。❿曹勃　指曹參、周勃。他們都是漢初的功臣。⓫寧　能，有本作「能」。

【語　譯】秦皇帝日夜深思熟慮，耗盡心力，想消除六國叛亂的憂患。當今皇上的力量本足以制服天下，隨意指使都會服從。卻對諸侯王今後的形勢不加注意，依然讓它們釀成如秦代的六國之禍，這就不能說是明智了。如果皇上不把國家未來的形勢經常放在心上，那麼禍亂的釀成，就不在可以控制的範圍了。禍亂的因素一天天增長，如果皇上還熟視無睹，拿不定主意，那麼皇上萬年之後，把天下傳給老母弱子，即使再有曹參、周勃這樣的得力大臣也是無法控制的，這能稱為仁愛嗎？

五美

事勢

【題解】本篇主要陳述「割地定制」的好處。所謂「割地定制」就是〈藩彊〉中提出的「眾建諸侯而少其力」的意思，即在諸侯國內劃分土地再建小的諸侯國，立他們的子孫為王。沒有子孫的，把封國空著，等有了子孫再立為王。這樣諸王就不耽心失去土地，而諸王的子孫也不耽心不能繼承。把這辦法形成一種制度，所以稱為「割地定制」。賈誼的這一主張，後來被漢文帝採納。據《漢書・賈誼傳》載：「文帝思賈生之言，乃分齊為六國，盡立悼惠王子六人為王；又遷淮南王喜於城陽，而分淮南為三國，盡立厲王三子以王之。」不過文帝把淮南分給淮南厲王這個叛國之主的後代，是「假賊兵為虎翼」的辦法，賈誼生前就上疏諫阻了的。所謂「五美」，是指假如實行「割地定制」，文帝可以享受到明、廉、仁、義、聖五種美好的名譽。

海內之勢，如身之使臂，臂之使指，莫不從制❶。諸侯之君，敢自殺不敢反，心知必菹醢耳❷。不敢有異心，輻湊❸並進而歸命天子。天下無可以徼倖❹之權，無起禍召亂之業。雖在細民❺，且知其安，故天下咸知陛下之明。

【章　旨】此段說明天下歸順天子，天子就可取得「明」的美德。

【注　釋】❶從制　順從控制。❷心知必菹醢耳　心，建本作「志」。菹醢，古時酷刑，把人殺死剁成肉醬。如韓信、彭越就遭受此刑。❸輻湊　古時一只車輪有許多根車輻，集中在車轂上，所謂「三十輻共一轂」（見《老子・十一章》）。這裏比喻眾諸侯都心向天子。輻，車輻。湊，聚集。❹儌倖　非分之追求。❺細民　平民百姓。

【語　譯】天下的形勢，假如做到好像一個人的身子指揮手臂，手臂指揮手指一樣，就沒有不順從天子控制的。在這種情況下，諸侯國的君主自知有過也勇於自殺而不敢反叛，因為他們心裏明白，反叛是要受菹醢之刑的。他們對天子不敢有異心，都像車輻聚集於車轂一樣，一心服從天子的命令。天下沒有可以讓他們產生非分之想的權力，沒有導致禍亂的事業。即使是平民百姓，也都知道他們如何才能平安無事，所以天下的人都知道皇上之「明」。

割地定制，齊為若干國，趙、楚為若干國，制既❶各有理❷矣。於是齊悼惠王❸之子孫，王之分地❹盡而止；趙幽王❺、楚元王❻之子孫，亦各以次受其祖之分地；燕❼、吳❽、淮南❾他國皆然。其分地眾而子孫少者，建以為國，空而置之，須❿其子孫生者，舉使君之。諸侯之地其削頗入漢者，為徙其侯國及封其子孫於彼也，所以數償之⓫。故一寸之地，一人之眾，天子無所利焉，誠以定制而已，故天下咸知陛下之廉⓬。

【章　旨】此段具體陳述「割地定制」的內容，指出天子無取「一寸之地，一人之眾」的利益，從而獲得「廉」的美德。

【注　釋】❶既　完結。❷理　條理。❸齊悼惠王　劉肥，高祖之子。高祖六年封於齊。❹分地　原所封之地。❺趙幽王　劉友，高祖之子，高祖十一年立為淮陽王，兩年後徙封於趙。❻楚元王　劉交，高祖之弟，高祖六年封於楚。❼燕　高祖之子劉建，高祖十二年封於燕，是為燕靈王。❽吳　高祖之侄劉濞於高祖十二年始封於吳。❾淮南　高祖之子劉長於高祖十一年封於淮南，是為淮南厲王。❿須　等待。⓫諸侯之地三句　意謂漢初所封諸王，有的因犯罪封國被削，而收歸漢直接劃為郡縣的，就遷徙他們的子孫到另外的地方封侯建國，並且將土地如數償還給他們，這樣就緩和了失國諸王的子孫與漢的矛盾。頗，多。⓬廉　清廉。

【語　譯】實行割地定制，把齊國分成若干國，把趙國和楚國分成若干國，制度確立完畢，就各有條理了。實行這種制度，齊悼惠王的子孫，就把齊王的封地瓜分完畢才算結束；趙幽王、楚元王的子孫，也各自按長幼輩分接受其先祖的封地；燕、吳、淮南及其他的諸侯國也都照此行事。他們封地很多而子孫很少的，也建立國家，不立王侯，空置在那兒，等到他們的子孫繁衍多了，再派他們到那裏作君王。諸侯的土地，其中有的因犯罪而被削歸於漢的，就遷徙他們的侯國到另外的地方再封給他們的子孫，並且將沒收的所有土地悉數補給他們。所以，天子沒有得到一寸之地，一人之眾的利益，這僅是「割地定制」罷了。所以天下的人都知道皇上之「廉」。

地制一定，宗室❶子孫慮❷莫不王。制定之後，下無背叛之心，上無誅伐❸之志，上下歡親❹，諸侯順附，故天下咸知陛下之仁。

【章旨】此段說明割地定制上下歡親，皇上獲得「仁」的美德。

【注釋】❶宗室　指同姓諸侯王。❷慮　大致。❸誅伐　討伐。❹歡親　歡喜，親熱。

【語譯】地制一定，諸侯王的子孫大致沒有不封王的。定制之後，諸王沒有背叛天子的想法，天子沒有討伐諸王的心意，上下歡親，諸侯歸順，因而天下人都知道皇上具有「仁」的美德。

地制一定，則帝道還❶明而臣心還正，法立而不犯，令行而不逆❷，貫高❸、利幾❹之謀不生，柴奇❺、啟章❻之計不萌❼，細民鄉❽善，大臣效順❾，上使然也。故天下咸知陛下之義❿。

【章旨】此段說明割地定制，會使君明臣正，皇上獲得「義」的美德。

【注釋】❶還　恢復。❷逆　違背。❸貫高　漢初趙國丞相，曾陰謀行刺高祖。❹利幾　原為項羽部將，歸漢後，封為潁川侯，高祖五年謀反自殺。❺柴奇　漢初棘蒲侯柴武之子，曾參與劉長的叛亂。柴，原作「機」，據《漢書》改。❻啟章　劉長的部屬，也曾參與叛亂。❼萌　生。❽鄉　同「向」。❾效順　效法順從。❿義宜；一切作法合宜。

【語　譯】地制一定，帝王之道就會恢復清明，臣子之心就會恢復正道，法制確立而無人觸犯，政令暢通而無人違背，類似貫高、利幾這些人的陰謀就不會產生，柴奇、啟章這些人的詭計就不會萌生，百姓都歸向善道，大臣都效法順從，這是天子定制造成這種局面的啊。所以天下的人都知道皇上具有「義」的美德。

地制一定，臥赤子天下之上而安❶，植遺腹❷、朝委裘❸而天下不亂，社稷❹長安，宗廟❺久尊，傳之後世，不知其所窮。故當時大治，後世誦❻聖❼。一動❽而五美❾附，陛下誰憚❿而久不為此五美。

【章　旨】此段說明割地定制之後，天下安定，江山永存，君王獲得「聖」的美德。

【注　釋】❶臥赤子天下之上而安　此句潭本作「臥赤子衽席之上而天下安」。赤子，指嬰兒。天下之上，指天子之位。❷植遺腹　立遺腹子作天子。植，原作「待」，據潭本和《漢書》改。遺腹，父死遺於母腹的胎兒。❸朝委裘　朝拜已故君主的衣裘。委，置；遺留。❹社稷　社神和稷神，象徵國家政權。❺宗廟　祖宗的祭廟。國家存則宗廟存。❻誦　通「頌」。❼聖　一種體現最高智慧的精神境界。所謂「聖人」、「聖智」就包含有最高智慧、無所不通的意思。❽一動　指「割地定制」一種措施。❾五美　指前所言明、廉、仁、義、聖。❿誰憚　怕誰。

【語譯】地制一定，即使立一個嬰兒做皇帝，天下也會安寧；立遺腹子做皇帝，讓臣子暫時朝拜先帝的衣冠，天下也不會出現動亂。社稷得到長久安寧，宗廟得到長久祭祀，江山傳到後世，不知道有窮盡的時候。所以割地定制的好處，就當時而言，實現了天下太平；就後世而言，皇上的聖明得到稱頌。

只是割地定制這一措施，就有五種美名接踵而來，皇上還耽心什麼而長久不去實現五美呢？

制不定

【題　解】本篇陳述定制的重要。文中借黃、炎之爭和漢高帝、漢文帝時諸侯王叛亂累起的史事，說明地制不定對中央政權的危害；又用屠牛坦解牛的故事，說明權勢法制是君主的斤斧，勸文帝首先必須規定地制，用權勢法制這個手段削減諸侯力量，然後才談得上廣施仁義厚德。先秦儒家只強調德治，而賈誼則進而強調首先必須用法治然後才有德治的可能，這對先秦儒家思想是一種繼承和發展。「制不定」是指地制不定造成的危害。

炎帝❶者，黃帝❷同父母弟也，各有天下之半。黃帝行道而炎帝不聽，故戰涿鹿❸之野，血流漂杵❹。夫地制不得❺，自黃帝而以❻困。

【章　旨】此段舉出炎、黃之爭的史事，說明規定地制的重要。

【注　釋】❶炎帝　傳說中的古帝王。參見本書〈益壤〉注文。❷黃帝　同❶。❸涿鹿　同❶。❹杵　搗米用的長木槌。❺地制不得　土地劃分不當。❻以　同「已」。潭本作「已」。

【語　譯】炎帝是黃帝同父母的親兄弟，二人各佔有一半天下。黃帝推行帝王之道，而炎帝不從，因而在涿鹿之野打起仗來，血流成河，竟到了連搗米用的長木槌也被血所漂走的地步。可見土地佔有沒有制度限制，從黃帝開始就已經因此而受困了。

以高皇帝❶之明聖威武也，既撫❷天下，即天子之位，而大臣為逆❸者乃幾❹十發❺。以帝之勢，身勞於兵間❻，紛然❼幾無天下者數矣。淮陰侯、韓王信、陳豨、彭越、黥布及盧綰❽，皆功臣也，所嘗愛信❾也。所愛化而為仇，所信反而為寇，可不怪也？地里❿蚤⓫定，豈有此變！陛下即位以來，濟北⓬一反，淮南⓭為逆，今吳⓮又見告，皆其薄者⓯也。莫大諸侯⓰澹然⓱而未有故⓲者，天下非有固安之術⓳也，特⓴賴㉑其尚幼偷猥㉒之數也。且異姓㉓負㉔彊而動者，漢已幸而勝之矣，又不易㉕其所以然㉖。同姓㉗襲是迹㉘而處㉙，骨肉相動㉚，又既有徵㉛矣，其勢盡又復然㉜。殃禍之變，未知所移，長此安窮㉝！明帝㉞處之㉟尚不能以安㊱，後世奈何！

【章　旨】此段以高帝、文帝時諸侯叛亂迭起的情況，說明規定地制的重要。

【注　釋】❶高皇帝　漢高祖劉邦。❷撫　安撫；安定。❸為逆　反叛。❹幾　幾乎。❺發　起。❻身勞於兵

間　指劉邦親身平定叛亂。❼紛然　紛亂的樣子。❽淮陰侯等六人　參見本書〈藩彊〉注文。❾愛信　寵愛、信任。❿地里　封地里數，即地制。⓫蚤　通「早」。⓬濟北　指濟北王劉興居，漢文帝兄劉肥的兒子。他曾於文帝三年（西元前一七七年）起兵西襲滎陽。⓭淮南　指淮南王劉長，漢文帝弟。他曾於文帝六年（西元前一七四年）勾結閩越、匈奴發動叛亂。⓮吳　指吳王劉濞，劉邦兄劉仲之子，高祖十二年立為吳王。文帝即位，不守藩臣之禮，稱疾不朝，對抗朝廷。⓯薄者　指力量較單薄的諸侯。⓰莫大諸侯　最大的諸侯。⓱澹然　平靜的樣子。⓲故　事。⓳固安之術　鞏固、安定國家的辦法。⓴特　只。㉑賴　依靠。㉒偷猥　苟且偷安，無有大志。意思是還不懂得謀反的事。猥，鄙；目光短淺。㉓異姓　指異姓諸侯王，如韓信、彭越等。㉔負　恃；倚仗。㉕易　改變。㉖所以然　指諸侯叛亂的原因。㉗同姓　指同姓諸侯王。㉘襲是迹　指因襲異姓諸侯王的做法。是，此。迹，足跡。指走過的道路。㉙處　指照著去做。㉚動　指衝突。㉛徵　徵兆；跡象。㉜復然　又是如此。㉝安窮　何時結束。㉞明帝　指漢文帝。㉟處之　此二字據何本、程本補。㊱以安　以之而安；意謂憑這樣的優越條件而安定國家。

【語　譯】憑著高皇帝的明聖威武，安定天下之後，作了天子，竟然在大臣中還有接近十次叛亂事件的發生。憑著帝王的權勢，尚且親身經歷過戎馬生活的勞累，紛亂的局勢中多次差點兒喪失了天下。淮陰侯、韓王信、陳豨、彭越、黥布及盧綰這班人，本都是漢代的功臣，是高帝曾經寵愛、信任過的人，可是所寵愛的卻變成了仇敵，所信任的人反而成了亂臣賊子，可不是奇怪的事嗎？如果早點劃分地界定出制度，怎會有這種變亂！皇上即位以來，濟北王劉興居反叛，淮南王劉長反叛，如今吳王劉濞對抗漢法的行為又傳來，這些都還是勢力弱小的諸侯。大的諸侯國現在還平靜沒有事故發生，並不是因為國家有什麼鞏固、安定的辦法，只是因為這些諸侯王還年幼，又苟安而無所作為啊！況且異姓諸王倚仗他們勢力強大而叛亂的，漢朝廷已是僥倖地戰勝了他們，可是又不去變更他們所以能釀成反叛的一些條件。同姓諸王就因襲異姓諸王反叛的足跡走下去，弄得骨肉相殘，現在又已經有預兆了，那種叛亂的形勢全部又恢復到原來的樣子。禍殃變亂，不知將會轉移到哪裏，長此以往，何時才是盡頭！聖明的天子處於這種形勢之下，尚且不能憑藉聖明的條件把國家治理安定，後世又將如何呢？

屠牛坦❶一朝解十二牛而芒❷刃❸不頓❹者，所排擊❺、所剝割❻，皆象理❼也。然至髖髀❽之所❾，非斤❿則斧矣。仁義恩厚，此人主之芒刃也；權勢法制，此人主之斤斧也。勢已定，權已足矣，乃以仁義恩厚因⓫而澤⓬之，故德布而天下有慕志。今諸侯王皆眾髖髀也，釋⓭斤斧之制，而欲嬰⓮以芒刃，臣以為刃不折則缺耳。胡不用之⓯淮南、濟北？勢不可也。

【章旨】此段指出對待強大諸侯王應當先臨以權勢法制，後施以仁義恩澤。

【注釋】❶屠牛坦　一個以屠牛為業名叫坦的人。古書記載一般工匠都在本名之前冠以職業名。❷芒　指刀尖。❸刃　刀口。❹頓　同「鈍」。❺排擊　指推刀捶擊。❻剝割　指剝皮割肉。❼象理　如理。指依著紋理解剖。❽髖髀　髖，盆骨。髀，大腿骨。❾所　位置。❿斤　斧類的工具。⓫因　接著。⓬澤　此處作動詞用，即施以恩澤。⓭釋　放下。⓮嬰　加。⓯之　指仁義恩德。

【語譯】屠牛坦一個早上解剖十二頭牛，刀口卻不變鈍，就因為他下刀捶擊和剝割的，都是按照肌肉的紋理啊。然而遇到了盆骨、大腿骨的地方，仍然不是動斤就是動斧。仁義恩德，這就是君主的芒刃；權勢法制，這就是君主的斤斧。等到君主的權勢在諸侯王中確立並且顯得很充分的時候，才接著對他們施以仁義恩德，所以恩德就能流布，天下的人才有思慕嚮往的心情。現在諸侯王都好比是牛身上的大骨頭，放下斤斧的制裁，卻要對它施加鋒刃，我認為這樣做的結果，刀刃不是折斷就是缺口罷了。當初為什麼不把仁義恩德施加在淮南王、濟北王身上呢？因為形勢不允許啊。

審微 事勢

【題解】本篇陳述諸侯王越禮亂制行為的危害，建議文帝防微杜漸，不要任其發展形成大亂。文中說理精辟，如「善不可謂小而無益，不善不可謂小而無傷」，引用老子說的「為之於未有，治之於未亂」，管子說的「備患於未形」，都是很富哲理性的。文中還引用「周行人令衛侯更名朝周」、「周襄王拒絕晉文公隧葬」、「孔子評衛君許叔孫于奚的曲縣、繁纓之請」以及「宓子禁民取麥」等四例史事，說明前人對越禮違制都是十分重視的，皆具有很強的說服力。「審微」就是注意事物的萌芽階段。

「善不可謂小而無益，不善不可謂小而無傷」❶，非以小善為一❷足以利天下，小不善為一足以亂國家也。當夫輕始❸而傲微❹，則其流❺必至於大亂也，是故子民者❻謹焉。彼人也，登高則望，臨深則窺，人之性非窺且望也，勢使然也。夫事有起姦❼，勢有召禍。老聃❽曰：「為之於未有，治之於未亂。」❾管仲❿曰：「備患於未形⓫，上⓬也。語曰：『焰焰⓭弗滅，炎炎⓮奈何；萌芽⓯不伐⓰，且折斧柯⑰。』智禁於微，次⑱也。」事之適⑲亂，如地形之惑人也，機漸而往⑳，俄而㉑東西易面㉒，人不自知也。故墨子㉓見衢路㉔而哭之，悲一跬㉕而繆㉖千里也。

【章　旨】此段提出防微杜漸、備患於未形的主張。

【注　釋】❶善不可謂小二句　這兩句化用《易・繫辭傳》「小人以小善為無益而弗為也，以小惡為無傷而弗去也」。❷為一　作一次。❸輕始　輕視開端。❹傲微　輕視小事。❺流　流布；發展。❻子民者　指君主。❼起姦　引起、導致邪僻。起，原作「逐」，據《讀諸子札記》改。❽老聃　即李耳，春秋末年周柱下史，著《道德經》亦稱《老子》，是道家學派的開創者。❾為之於未有二句　引於《道德經・六十四章》。意思是當不好的苗頭尚未出現時，就應加以防備；在動亂還沒有發生時，就應加以治理。「為」與「治」意思相同。❿管仲　名夷吾，字仲。春秋前期齊桓公的相，今傳《管子》一書，係後人偽托，不過其中應包含有管仲的思想和言論。⓫形　顯露。⓬上　指上策。⓭焰焰　火初燃的樣子。⓮炎炎　指火勢很猛的樣子。⓯萌芽　萌發的枝芽。⓰伐　砍。⓱柯　斧柄。⓲次　次等的決策。意謂事情已經萌芽才加以禁止，只能算次策。以上引管子語，不明所出。⓳適　往；導致。⓴機漸而往　意思秘密地慢慢地往前走。機，密。㉑俄而　一會兒。㉒易面　改變方向。㉓墨子　墨翟，戰國初期宋人，墨家學派的創始人，今傳《墨子》一書。㉔衢路　歧路。或謂楊朱哭歧途，墨翟哭染絲。據《淮南子・說林》載：「楊子見逵路而哭之，為其可以南，可以北。墨子見練絲而泣之，為其可以黃，可以黑。」㉕跬　半步。㉖繆　錯。

【語　譯】「做善事不能因為它小就沒有益處，做不善的事不能因為它小就沒有害處」，這話的意思不是認為做一點好事就足夠來使天下得到好處，也不是認為做一點壞事就足夠來把國家弄糟啊。當人們一旦輕視壞的趨勢處於開始和細微階段時，那它的流布發展必定會釀成大亂，因此，作為視民如子的國君就應該謹慎對待微小的苗頭啊。一般說來，人登上高山的時候就總要望遠，面臨深谷的時候就總要向下窺探。並不是人的本性非窺探和望遠不可，而是形勢使之變成如此的。有的事情會導致邪僻，有的形勢會招來殃禍。老聃說：「當這件事還沒有出現的時候就進行預防，當天下還沒有出現動亂的時候就進行治理。」管仲說：「當患亂還沒有顯露形跡的時候就予以預防，這是最高明的決策。有人說：『火剛剛燃起不去撲滅，等到燃起熊熊大火就沒辦法了；萌生的枝芽不砍伐，等到長成大木就會折斷斧柄。』用智謀把禍患消滅在剛形成的時候，這只算次等的做法。」事態導致動亂，就好像地形把人弄糊塗一樣。人慢慢向前走，一會兒東西改變了方向，自己還不知道啊。所以墨子見到岔道就哭起來，因為耽心如果走錯半步就會導致走錯千里啊。

昔者衛侯❶朝於周，周行人❷問其名。曰：「衛侯辟疆。」周行人還之❸曰：「啟疆、辟疆❹，天子之號也，諸侯弗得用。」衛侯更其名曰「燬」❺，然後受之。故善守上下之分者，雖空名弗使踰焉。

【章　旨】此段以周行人令衛侯預先更名才能朝見周天子的史事，說明防微杜漸的重要。

【注　釋】❶衛侯　指衛文公。❷行人　官名，掌管國外交往接待、聘問的事務。原本「周行」下無「人」字，《漢書・文帝紀》注引《賈誼書》作「周行人」。❸還之　令他回返。❹啟疆辟疆　意思是開闢疆土，只有天子才有資格用來命名。❺[火爲]　即《康熙字典》備考的「[爲欠]」字，音愧，義不詳。

【語　譯】從前衛文公朝拜周天子，周的行人問他的名字，回答說：「衛侯辟疆。」周的行人叫他回去，說：「『啟疆』、『辟疆』，這是天子用的名號，諸侯不能使用。」衛文公把自己的名字改成「[火爲]」，這樣才讓他朝見天子。所以善於謹守上下級名分等級的人，即使是個空名也不會讓人超越規定。

古者周禮，天子葬用隧❶，諸侯縣下❷。周襄王❸出逃伯鬬❹，晉文公❺率師誅賊❻，定周國之亂，復襄王之位。於是襄王賞以南陽❼之地，文公辭南陽，請❽即❾死得以隧下，襄王弗聽，曰：「周國雖微，未之或代❿也。天子用隧，伯父⓫用隧，是二天子也。以地為少，余請益之。」文公乃退。

【章　旨】此段以周襄王拒絕晉文公請求死後隧葬的事，說明防微杜漸的重要。

【注　釋】❶隧　指穿鑿地道安葬。❷縣下　棺木直下墓穴安葬。縣，同「懸」。即用繩索把棺木套著下放。❸周襄王　惠王之子，名鄭，諡「襄」。❹出逃伯鬬　周襄王出逃事，即有名的王子帶之亂。《史記・周本紀》載：「惠王崩，子襄王鄭立。襄王母蚤死，後母曰惠后。惠后生叔帶，有寵於惠王，襄王畏之。三年，叔帶與戎、翟謀伐襄王，襄王欲誅叔帶，叔帶奔齊。……十二年，叔帶復歸于周。」又載：「初，惠后欲立王子帶，故以黨開翟人，翟人遂入周。襄王出奔鄭，鄭居王于氾。子帶立為王，取襄王所絀翟與居溫。十七年，襄王告急于晉，晉文公納王而誅叔帶。襄王乃賜晉文公珪鬯弓矢，為伯，以河內地與晉。」伯鬬，未詳。或謂伯鬬即叔帶。章太炎以為即「霸主」，屬下句（見《新書文選譯》）。❺晉文公　即公子重耳，晉獻公子，春秋五霸之一。❻誅賊　指平王子帶之亂。❼南陽　春秋時指今河南濟源至獲嘉一帶。❽請　據《讀諸子札記》、《賈子新書斠補》補。❾即　若。❿未之或代　未有代之。或，有人。⓫伯父　天子對同姓諸侯的稱呼。

【語譯】根據古代周禮的規定，安葬天子是挖地道進入墓穴，安葬諸侯是用繩索套棺直下墓穴。周襄王因王子帶之亂出逃到伯鬪，晉文公率師討伐賊寇，平定了周國的內亂，恢復了周襄王的天子位。於是襄王把南陽之地賞賜給晉文公，晉文公不接受南陽之地的賞賜，請求說，假如日後自己死了，能用穿地道的禮儀來安葬。襄王不同意，說：「周國雖然弱小，也沒有誰來代替啊。只有天子才規定穿地道安葬，諸侯穿地道安葬，這就形成兩個天子了。您如果以為賜地太少，我願意增加賜地。」晉文公這才知難而退。

禮，天子之樂宮縣，諸侯之樂軒縣，大夫直縣❶，士有琴瑟。叔孫于奚❷者，衛之大夫也。曲縣者，衛君之樂體❸也；繁纓❹者，君之駕飾也。齊人攻衛，叔孫于奚率師逆❺之，大敗齊師。衛於是賞以溫❻，叔孫于奚辭溫，而請曲縣、繁纓以朝，衛君許之。孔子聞之，曰：「惜乎！不如多與之邑。夫樂者所以載❼國，國者所以載君。彼樂亡而禮從❽之，禮亡而政從之，政亡而國從之，國亡而君從之。

惜乎！不如多予之邑。」

【章　旨】此段以孔子評論衛君允許大夫叔孫于奚僭用曲縣、繁纓的史事，說明防微杜漸的重要。

【注　釋】❶天子之樂宮縣三句　按《周禮・春官・小胥》載：「王宮縣，諸侯軒縣，卿大夫判縣，士特縣。」鄭司農注釋說：「宮縣四面縣，軒縣去其一面，判縣又去其一面，特縣又去其一面。」縣，同「懸」。指鐘、磬等樂器懸掛於架。四面都懸掛樂器的，形同四面有牆的宮室，所以稱「宮縣」，規定只用於天子。去其南面，只三面懸掛樂器的稱「軒縣」，也稱「曲縣」，用於諸侯。再去其北面，只留東西兩面懸掛樂器的稱「判縣」，用於大夫。只留東面樂器的稱「特縣」，「特」亦寫作「犆」，「特縣」即是「直縣」，用於士（以上參照鄭玄注）。賈誼以「大夫直縣」，可能是「判縣」之誤，或另有所本。❷叔孫于奚　《左傳》成公二年作「仲叔于奚」。❸體　體制。❹繁纓　馬鬣毛前裝飾的大帶，亦是諸侯禮儀。❺逆　迎戰。❻溫　地名，今河南溫縣一帶。❼載　事；維護。❽從　指接著敗壞。

【語　譯】根據禮制：天子的樂器是「宮縣」，諸侯的樂器是「軒縣」，大夫的樂器是「直縣」，士人只有琴瑟陳列。叔孫于奚，只是衛國的一個大夫。「曲縣」，則是衛君的樂制；「繁纓」，也是諸侯車馬的裝飾。當齊人攻衛時，叔孫于奚率領軍隊迎擊，結果把齊國軍隊打得大敗。衛君於是把溫賞賜給叔孫于奚，叔孫于奚卻拒絕接受，他請求允許他用諸侯的禮儀「曲縣」、「繁纓」來朝見君主，衛君答應了他。孔子聽到這事，說：「可惜啊！不如多給他一些城邑。音樂是用來維護國家的，國家是用來庇護君主的。那樂制破壞了，禮制就會接著滅亡；禮制滅亡了，政事就會滅亡；政事滅亡了，國家就會滅亡；國家滅亡了，國君也跟著遭殃了。可惜啊！不如多給他一些城邑。」

宓子❶治亶父❷，於是齊人攻魯，道❸亶父。始，父老請曰：「麥已熟矣，今迫❹齊寇❺，民人❻出自艾❼傅郭❽者歸，可以益食，且不資❾寇。」三請，宓子弗聽。俄而❿，麥畢⓫資乎齊寇。季孫⓬聞之，怒，使人讓⓭宓子曰：「豈不可哀哉！民乎，寒耕熱耘⓮，曾弗得食也。弗知猶可，聞或⓯以告，而夫子弗聽。」宓子蹴然⓰曰：「今年無麥，明年可樹。今不耕者得穫，是樂有寇⓱也。且一歲之麥，於魯不加彊，喪之不加弱。今民有自取之心，其創⓲必數年不息。」季孫聞之慚，曰：「使穴可入，吾豈忍見宓子哉！」

故明者之感姦由⓳也蚤⓴，其除亂謀也遠，故邪不前達㉑。

【章旨】此段以宓子禁民取麥的史事，說明防微杜漸的重要。

【注釋】❶宓子　宓不齊，字子賤，春秋末魯國人，孔子的弟子，曾為單父宰。參見《史記．仲尼弟子列傳》。❷亶父　即單父，魯國地名，在今山東單縣境內。❸道　取道；經過。❹迫　逼近。❺寇　敵寇。❻民人　《讀諸子札記》疑本作「邑人」。❼艾　同「刈」。割。❽傅郭　靠近外城。傅，附。❾資　助。❿俄而　不久。⓫畢　全部。⓬季孫　季孫氏，魯國三家之一，春秋後期魯國的執政大夫，不知何人。如當魯定公、哀公之世，可能是季桓子或季康子。⓭讓　責備。⓮耘　除草。⓯或　有人。⓰蹴然　恭敬不安的樣子。⓱樂有

寇 樂於敵寇入侵，因為可以不勞而獲。⑱創 創傷。指不勞而獲心理的養成。⑲感姦由 感悟到壞事的根源。姦，姦邪；壞事。⑳蚤 通「早」。㉑前達 到跟前。

【語譯】當宓子治理亶父時，齊國攻打魯國，將取道亶父。起初，父老們請求說：「麥已經成熟了，現在齊寇迫近，老百姓自己出城把靠近城牆的麥子收割回來，非但可以增加糧食，也不會資助敵寇。」經過幾次請求，宓子不聽從。不久，麥子全部資助了齊寇。季孫氏聽到這個消息很憤怒，派人責備宓子說：「難道不可哀嗎？百姓冬耕夏耘，麥子成熟竟然得不到吃啊！如果事前不知道也就算了，有人把這事告訴您了，而先生竟然不聽從！」宓子不安地說：「今年損失了麥，明年還可以種。如果讓那些不耕種的人收割得利，這就會使百姓高興有敵寇啊。而且，對魯國來說，收一季麥子也不會強多少，失去一季麥子也不會弱多少。可是讓百姓產生了不勞而獲的心理，這種創傷必然經過數年都不會癒合。」季孫氏聽到宓子說的話感到慚愧，說：「假使有地洞，我寧可鑽進去，我怎麼好意思見宓子的面呢！」

所以明智的人預先就能察覺到壞事產生的根源，老早就消除了釀成動亂的陰謀詭計，因而壞事就不會持續發展，直到眼前。

階級

事勢

【題解】本篇論述維護等級制的重要性。文中首先指出「天子如堂，群臣如陛，眾庶如地」，等級分明，天子就顯得尊貴。其次還強調，為了維護這種體現尊卑的等級制，必須遵循「刑不至君子」的禮制：要以廉恥禮節來對待大臣，激勵大臣堅持操守；即令大臣有罪，也只能「賜死而無戮辱」；他們的罪行也不宜公開，因為他們都曾被君主禮遇過，如果給以刑罰之辱會有損君主的威望。因此等級分明，群臣具有操守，「化成俗定」，統治就會有「金城」般的穩固。賈誼的這些見解，對改變當時諸王割據、僭禮違制的現實是有意義的。本文篇幅較長，而在《漢書》中則幾乎全文照抄，說明切中時弊。「階級」是「臺階等級」的意思。

人主❶之尊，辟❷無異堂❸。陛九級者，堂高大幾六尺矣❹。若堂無陛級者，堂高殆❺不過尺矣。天子如堂，群臣如陛，眾庶❻如地，此其辟也。故堂之上，廉❼遠地❽則堂高，近地則堂卑。高者難攀，卑者易陵❾，理❿勢然也。故古者聖王制為列等⓫，內⓬有公、卿、大夫、士，外⓭有公、侯、伯、子、男，然後有官師⑭、小吏⑮，施⑯及庶人，等級分明，而天子加⑰焉，故其尊不可及也。

【章旨】此段說明君主與臣下要等級分明，君主才顯得尊貴。

【注釋】❶人主　君主。這裏當指天子。❷辟　通「譬」。❸堂　殿堂。原「堂」下有「陛」字，《賈子新書斠補》疑「陛」為衍文，《漢書》亦無「陛」字。❹陛九級者二句　古時堂基的高度有規定，《禮記．禮器》：「天子之堂九尺，諸侯七尺，大夫五尺，士三尺。」陛，階陛；階級。幾，近；差不多。❺殆　僅。❻眾庶　眾民；百姓。❼廉　指堂基的邊緣，即階與堂基相接的地方。❽遠地　離地面遠。❾陵　登；越。❿理　地理。⓫列等　各種等級。⓬內　指朝廷內部。⓭外　朝廷之外，指藩國諸侯。⓮官師　一官之長，大概是主辦事務的人，地位不甚高。⓯小吏　辦事員。⓰施　延續。⓱加　超越。

【語譯】天子的尊貴就好像高堂一樣。堂下的階陛九級，堂基高便差不多有六尺了。如果堂下沒有階陛，堂基高於地面可能就不會超過一尺了。天子就好像高堂，群臣就好像階陛，眾民就好像平地，這些都是對貴賤等級打的比方啊。所以堂上的堂基邊緣，距離地面遠，堂就顯得高大，距離地面近，堂就顯得低下。高的就難以攀登，低的就容易淩駕，這是地理形勢造成的啊！所以古代的聖王制訂出各種等級，內有公、卿、大夫、士，外有公、侯、伯、子、男，此外就是辦事的主管人、辦事員，直到眾民百姓，等級分明，而天子則都高於他們，所以天子的尊貴是任何人都趕不上的啊。

鄙諺❶曰：「欲投鼠而忌器❷。」此善喻也。鼠近於器，尚憚而弗投，恐傷器也，況乎貴大臣之近於主上❸乎！廉醜❹禮節以治君子，故有賜死❺而無戮辱❻。是以係、縛、榜、笞、髡、刖、黥、劓❼之罪，不及士❽大夫，以其離主上不遠也。禮，不敢齒❾君之路馬❿，蹴⓫其芻⓬者有罪；見君之几杖⓭則起，遭⓮君之乘輿⓯則下，入正門則趨⓰；君之寵臣雖或⓱有過，刑戮不加其身：尊君之勢也。此則所以為主上豫⓲遠不敬也，所以體貌⓳群臣而厲其節⓴也。今自王、侯、三公㉑之貴，皆天子之改容㉒而禮也，古天子之所謂伯父㉓、伯舅㉔也，今與眾庶、徒隸㉕同黥、劓、髡、刖、笞、傌㉖、棄市㉗之法，然則堂下不亡㉘陛乎？被戮辱者不太迫㉙乎？廉恥不行也，大臣無乃㉚握重權大官㉛，而有徒隸無恥之心乎？夫望夷之事㉜，二世見㉝當㉞以重法者，投鼠而不忌器之習㉟也。

【章旨】此段說明為了維護君臣的尊卑，必須遵循「刑不至君子」的禮制，以激勵大臣的操守。

【注釋】❶鄙諺　鄉野俗語。❷欲投鼠而忌器　比喻除害又得有所顧忌。投鼠，擊鼠。忌器，忌諱器皿的損壞。❸上　建本、潭本訛作「帝」。❹醜　恥。潭本作「恥」。❺賜死　指君主要臣下死。❻戮辱　刑罰之辱。❼係縛至黥劓　都是刑罰之名。係、縛，綑綁。榜、笞，用木杖、竹板鞭打。髡，剃去頭髮。刖，砍掉腳。黥，墨刑，在犯人臉面刺字塗上墨。劓，割鼻的刑罰。❽士　《斠補》疑為衍文。❾齒　年齒。此為計算君馬年齒的意思。❿路馬　駕路車的馬。《禮記・曲禮》：「以足蹙路馬芻有誅，齒路馬有誅。」陳澔注：「路馬，君駕路車之馬也。」路，指君主所乘的路車。路馬，是路車所駕的馬。⓫蹴　用腳踢。⓬芻　草。此指君馬吃的草。⓭几杖　几，用以憑靠的小几。杖，手杖。⓮遭　遇。⓯乘輿　君主之車的專稱。⓰趨　小步快走。⓱雖或　即令有人。⓲豫　預。⓳體貌　禮遇。⓴厲其節　激勵他們保持節操。㉑三公　西漢時丞相、太尉、御史大夫稱「三公」。㉒改容　改變面色、肅然起敬的樣子。㉓伯父　天子稱同姓諸侯為「伯父」。㉔伯舅　天子稱異姓諸侯為「伯舅」。㉕徒隸　服役的犯人。㉖傌　同「罵」。㉗棄市　在市集當眾處死暴屍示眾。㉘亡　通「無」。㉙迫　指逼近天子。㉚無乃　豈不是；不就。表反問。㉛大官　要職。㉜望夷之事　指趙高派閻樂在望夷宮殺死秦二世的事件。㉝見　被。㉞當　判罪。㉟習　積習。

【語譯】俗語說：「想打老鼠，又怕把老鼠旁邊的器皿砸壞。」這是個好的比喻。老鼠靠近器皿，尚且害怕而不敢投擊，恐傷害器皿，何況是尊貴的大臣靠近君王呢？廉、恥、禮節，是用來治理君子的，所以君子犯罪只有君主賜死卻沒有受刑罰之辱的。因此捆綁、鞭打、剃髮、砍腳、刺面、割鼻等刑罰，不能施加到大夫身上，因為他們與君主距離不遠啊。按古代禮制，人們不敢數為君主駕車的馬的年齒，踢一下君馬吃的芻草都是有罪的；見到君主用的几杖要起立，遇到君主乘的車要下跪示敬，進入宮廷正門要小步快走；君主的寵臣即使有過錯，刑罰也不會加到他身上：這些都是為了尊重君主的權勢啊。這就是讓君主預先避開不恭之事的辦法，就是以禮儀待群臣而且激勵他們堅持操守的措施。現在從王侯到三公等顯貴，都是天子恭恭敬敬以禮相待的人物，是古代天子所稱呼的「伯父」、「伯舅」啊。可是當今這些人與百姓、役徒僕隸同樣受著刺面、割鼻、剃髮、剁腳、鞭笞、辱罵、棄市的種種刑罰，這樣，那麼堂下不是沒有階陛了嗎？他們受刑罰之辱不是太迫近天子了嗎？不用廉恥來激勵大臣，大臣們豈不是掌握著大權要職，卻又有著役徒僕隸那樣無恥的心理嗎？望夷宮中秦二世所以被迫自殺，就是由於平時大臣養成了「投鼠而不忌器」的積習啊。

臣聞之曰：「履❶雖鮮弗以加枕，冠雖弊❷弗以苴履❸。」夫嘗以❹在貴寵之位，天子改容而嘗體貌之矣，吏民嘗俯伏❺以敬畏之矣。今而❻有過，令廢之可也，退之可也，賜之死可也❼。若夫束縛之，係紲❽之，輸❾之司空❿，編之徒官⓫，司寇⓬、牢正⓭、徒長⓮、小吏詈罵⓯而榜笞之，殆⓰非所以令眾庶見也。夫卑賤者習知⓱尊貴者之事，一旦⓲吾亦乃可以加⓳也，非所以習天下⓴也，非尊尊貴貴㉑之化㉒也。夫天子之所嘗敬，眾庶之所嘗寵㉓，死而死爾，賤人安宜得此而頓辱㉔之哉！

【章旨】此段說明大臣為君主所敬重，不可當眾使大臣受辱，免失君主的威信。

【注釋】❶履　鞋。❷弊　壞。❸苴履　墊鞋。苴，鞋墊。❹以　同「已」。❺俯伏　伏在地下，表示服從敬畏的樣子。❻而　如。❼賜之死可也　潭本無此句。❽係紲　牽著走。❾輸　押送。❿司空　在先秦司空本是管理營造的官，漢時則主管囚徒。⓫徒官　可能是具體管理役徒的吏人。⓬司寇　掌刑獄、捕盜的官，在先秦時的權力頗大。這裏似指具體管理刑獄的小官。⓭牢正　監獄長。⓮徒長　管理役徒犯人的頭目。⓯詈　罵。⓰殆　可能。⓱習知　熟知。⓲一旦　指尊貴者一旦有罪。⓳加　指施加刑罰。⓴習天下　習染、薰陶天下的人。㉑尊尊貴貴　以尊者為尊，以貴者為貴，即敬重尊貴的人。㉒化　風尚。㉓寵　尊。㉔頓辱　使之困而受辱。頓，困頓。

【語　譯】我聽說過：「鞋即使是嶄新的，也不能拿來枕頭；帽子即使破舊了，也不能用來墊鞋底。」那些曾經已處尊位的人，天子曾對他們恭敬而以禮相待過的，小吏百姓曾對他們服從敬畏過的；現在如果有了罪過，廢黜他們的職位是可以的，辭退他們回鄉是可以的，賜死也是可以的。至於把他們捆綁起來，用繩子繫頸牽著走，解押到主管囚徒的司空那裏，編到徒官所屬的隊伍裏，讓司寇、牢正、徒長、小吏辱罵、鞭撻他們，這可能不便於讓百姓看見啊。那些卑賤的人，熟知達官貴人的事，心想達官貴人一旦犯罪，我也可以對他們施加刑罰，這不是用來薰陶天下人的辦法，不是別貴賤、明尊卑的教化啊。天子曾經尊敬的，百姓曾經愛幸的，一旦有了罪過，賜死就罷了，卑賤的人怎麼應該擁有這種權力來困辱他們呢！

豫讓❶事中行之君❷，智伯❸伐中行滅之，豫讓移事智伯。及趙❹滅智伯，豫讓釁面❺變容，吸炭❻變聲，必報襄子，五起而弗中，襄子一夕而五易臥❼。人問豫讓，讓曰：「中行眾人畜❽我，我故眾人事之；智伯國士❾遇❿我，故為之國士用。」故此一豫讓也，反⑪君事讎⑫，行若狗彘⑬；已而折節⑭致忠，行出乎烈士⑮，人主使然也。故人主遇其大臣如遇犬馬，彼將犬馬自為⑯也；如遇官徒⑰，彼將官徒自為也。頑頓⑱無恥，臾苟⑲無節，廉恥不立，則且不自好，則苟若⑳而可，見利則趨，見便則奪。主上有敗，困而攬之矣㉑；主上有患，則吾苟免㉒而已，立而觀之耳；有便吾身者，則欺賣㉓而利之耳。人主將何便㉔於此？群下至眾，而主至少也，所託財器職業㉕者率㉖於群下也。俱無恥，俱苟安㉗，則主上最病㉘。

【章旨】此段引豫讓的史事說明君主應善於激勵大臣的節操，贏得大臣的忠誠。

【注釋】❶豫讓　春秋末晉國人，他最初是晉六卿范氏和中行氏的家臣。豫讓事參見《戰國策・趙策一》及《史記・刺客列傳》。❷中行之君　指中行文子荀寅，晉大夫。中行，本官名，後以為姓。君，對人的敬稱。❸智伯　晉大夫襄子荀瑤，晉六卿之一。❹趙　指趙襄子毋卹，晉六卿之一。❺釁面　指以漆塗面。釁，本為縫隙，新鐘鑄成有隙，用牲血塗其隙，叫做「釁鐘」，因而「釁」由名詞作動詞用，作「塗」解。❻吸炭　吞食木炭。❼易臥　改變臥處。❽畜　養。❾國士　一國中傑出的人才。❿遇　待。⓫反　背叛。⓬讎　同「仇」。⓭彘　豬。⓮折節　改變原來的操守。⓯烈士　胸懷大志追求功業的士人。⓰自為　要求自己。⓱官徒　僕役。⓲頑頓　愚鈍無恥。⓳臾苟　無志。⓴自好　自重。㉑苟若　苟且、隨便的樣子。㉒困而攬之矣　此句潭本作「則因而攬之矣」。困，指乘其困頓。攬，握。指掌其權要。㉓苟免　苟且免除。㉔欺賣　欺騙出賣。㉕便利。㉖財器職業　指國家的一切財物職事。㉗率　都。㉘俱無恥二句　兩「俱」字，原作「但」，依《漢書》改。㉙病　擔憂。

【語譯】豫讓服事於中行氏大夫，智伯討伐中行氏並且消滅了他，豫讓轉而服事於智伯。等到趙襄子消滅了智伯，豫讓把漆塗到臉上，使容貌改變；又吞下木炭，改變了說話的聲音，一定要為智伯報復趙襄子。曾經五次襲擊都沒有擊中趙襄子，使趙襄子一個晚上更換五次住宿的處所。有人問豫讓為什麼這樣做，豫讓說：「中行氏像對待普通人一樣養我，所以我像對待普通人一樣對待他；智伯是像對待國士一樣對待我，所以我以國士的行為來報答他。」所以，同樣一個豫讓啊，卻背叛了中行氏而服事他的仇人，行為如同狗豬一樣；不久又改變往日節行，效忠智伯，並且行為超出了心懷壯志的烈士，這是君主採取不同的態度才使之成為如此的啊。所以君主對待他的大臣如果像對待犬馬一樣，那麼大臣就會像犬馬一樣要求自己。如果君主像對待下屬僕役一樣對待大臣，那麼大臣也將像下屬僕役一樣要求自己。這樣一來，大臣就會愚鈍無恥，無有氣節，不顧廉恥，那麼將不會自重，得過且過，見利益就追求，見便利就爭奪。遇上君主有失，就乘其困頓而握其權要；遇上君主有患，那我就苟且脫身罷了，站在一邊袖手旁觀；對自身有利的事，那就以其姦計欺騙君主，從中獲利罷了。君主得到臣下什麼好處呢？臣下人數多而君主只有一人，君主所囑託國家的財物、職事都在臣下手裏。臣下都不知廉恥，都苟且偷安，那麼這是君主最痛苦的事。

故古者禮不及庶人，刑不至君子❶，所以厲寵臣之節也。古者大臣有坐❷不廉❸而廢者，不謂曰「不廉」，曰「簠簋不飾」❹；坐污穢男女無別者，不謂「污穢」，曰「帷薄不修」❺；坐罷軟❻不勝任者，不謂「罷軟」，曰「下官不職❼」。故貴大臣定有其罪矣，猶未斥然❽正以呼之❾也，尚遷就而為之諱❿也。故其在大譴⑪大訶⑫之域者，聞譴訶則白冠氂纓⑬，盤水加劍⑭，造⑮清室⑯而請其罪爾，上弗使執縛係引⑰而行也。其中罪者，聞命而自弛⑱，上不使人頸盭⑲而加⑳也。其有大罪者，聞令則北面㉑再拜㉒，跪而自裁㉓，上不使人捽抑㉔而刑也，曰：「子㉕大夫自有過耳！吾遇子有禮矣。」遇之有禮，故群臣自喜㉖；厲以廉恥，故人務㉗節行。上設廉恥禮義以遇其臣，而群臣不以節行而報其上者，即非人類也。

【章　旨】此段說明君主要以禮、義、廉、恥要求臣子，做到「刑不至君子」，臣子就會保持節操、報效君主。

【注　釋】❶禮不及庶人二句　《禮記・曲禮上》作「禮不下庶人，刑不上大夫」。這二句話的意思是，在眾庶之中，不以禮來要求，因為制禮的依據是自士以上。自大夫以上則不施行刑罰，不是大夫犯罪可以不受刑罰，而是勉勵大夫自裁，不要受刑罰之辱。❷坐　緣；因。❸廉　廉潔。❹簠簋不飾　不廉潔的委婉說法。簠簋，盛放祭品的器皿。方形的叫「簠」，圓形的叫「簋」。飾，通「飭」。整治。❺帷薄不修　淫亂的一種委婉說法。

帷薄，帷幕和門簾。❻罷軟　軟弱無能。罷，通「疲」。❼不職　不稱職。❽斥然　斥責的樣子。❾正以呼之　直呼其名。❿諱　避忌；隱瞞。⓫譴　責問。⓬訶　同「呵」。呵責。⓭白冠氂纓　戴上有毛纓的白帽，罪犯的裝束。⓮盤水加劍　盛一盤水，加上一把劍，表示君主執法平正，願意自刎。⓯造　到；往。⓰清室　請罪之室。⓱執縛係引　捆綁起來牽著走。⓲弛　繫。《諸子平議》「弛」讀為「褫」。⓳頸盭　頸被扭歪。盭，同「戾」。違背。⓴加　指加上押解的刑具。㉑北面　面向北；對著君主。㉒再拜　兩拜。㉓裁　殺。㉔捽抑　揪髮按頭。㉕子　您。㉖自喜　猶自好、自重。喜，讀「憙」，好。㉗務　專力；重視。《斠補》以為當作「矜」，同《漢書》。

【語　譯】所以古代有「禮不下庶人，刑不上大夫」的規定，這是為了激勵寵幸大臣們的節操啊。古代大臣如有因不廉潔而廢職的，不說「不廉潔」，而說「祭品器皿未加整治」；犯有男女淫亂之罪的，不說他們「行為污穢」，只說「帷幕門簾欠整治」；對軟弱無能不能勝任本職的，不說「軟弱無能」，只說「下官不稱職」。所以尊貴的大臣被判定有罪了，還是不加斥責直接叫呼他們名字，還是遷就他們，為他們隱瞞罪行啊。所以那些確屬於譴責、呵斥範圍的人，聽到譴責呵斥就戴上毛纓白冠，盛上盤水放上寶劍，前往「清室」而自行請罪罷了，君主也不派人捆綁繫頸牽著走啊。當中有犯中等罪的，聽到判決就自己繫縛接受罰罪，君主也不派人扭歪他們的頸項而加上刑具。那些犯有大罪的，聽到判決就北面對著君位下拜，跪著自殺，君主並不派人揪住頭髮按住腦袋再處以死刑。君主只是說：「大夫您自己犯有罪過啊！我對您是做到以禮相待的了。」以禮相待，所以群臣自重；以廉恥激勵他們，所以人人都重視節操。君主用廉恥禮義的節操來勉勵群臣，而群臣不用節操來報答君主的，那就不是人了。

故化成俗定，則為人臣者，主醜❶亡❷身，國醜亡家，公醜亡私。利不苟就❸，害不苟去❹，唯義所在，主上之化也。故父兄之臣❺誠死宗廟，法度之臣❻誠死社稷，輔翼❼之臣誠死君上，守衛捍敵之臣誠死城廓❽封境❾。故曰「聖人有金城❿」者，比物此志也⓫。彼且⓬為我死，故吾得與之俱生；彼且為我亡，故吾得與之俱存；夫將為我危，故吾得與之皆安。顧⓭行而忘利，守節而服義，故可以託不御之權⓮，可以託五尺之孤⓯。此厲廉恥、行禮義之所致也，主上何喪⓰焉！此之不為而顧彼之行，故曰可為長大息者也。

【章　旨】此段論述激勵節操、化成俗定的好處。

【注　釋】❶醜　恥。建本作「醜」。❷亡　忘。❸就　趨就；取得。❹去　離開。❺父兄之臣　指君主的叔伯與兄弟等近親。即同姓大臣。❻法度之臣　守法的大臣。❼輔翼　輔佐。❽城廓　古城有內城外廓。❾封境　邊境。❿金城　堅固的城池。意為聖人教化好，得民心，眾志成城。⓫比物此志也　此句建本、潭本作「此物比志也」。比物，比喻。此志，此意。⓬且　將。⓭顧　顧全德行。⓮不御之權　不需親自駕御的大權。⓯五尺之孤　指幼小的孤兒作君主。幼而無父曰孤。⓰喪　損失。

【語　譯】所以說，好的教化成功，好的風尚形成，那麼作臣子的就能做到：為了雪君之恥就忘了自身，為了雪國之恥就忘了自家，為了雪公之恥就忘了私利。遇上利益不苟且追求，遇上禍患不苟且避免，只是根據義的要求來決定，這是君主素來教化的效果啊。所以同姓大臣一心為保衛宗廟而死，守法之臣一心為保衛社稷而死，輔佐大臣一心為君主而死，守衛禦敵的大臣一心為保衛城廓邊疆而死。所以說「聖人有金城」這句話，正是比喻這樣的意思。君主以為他們將為我而死，所以我得與他們共同求生；他們將為我而亡，所以我得與他們共同圖存；他們將為我經受危難，所以我得與他們共同圖安。他們能夠顧德行而忘掉私利，堅守節操而服從大義，所以能夠把國家大權委託給他們，能夠把年幼的君主囑託給他們。這些就是由於激勵大臣堅持廉恥、履行禮義的節操所造成的啊，這對君主有什麼損失呢？放棄這些激勵節操的事不做，而顧及那些無關緊要的行事，所以說，這是令人深為嘆息的事啊！

俗激 事勢

【題解】本篇揭示了西漢初期世風日壞的情況以及提出扭轉這種風氣的措施。文中指出當時的情況是許多人「侈靡相競」，「棄禮義、捐廉恥」，以致於殺害親人，盜竊朝廷陵廟財物，在光天化日之下綁架搶劫。道德淪喪如此，他們還冒充高官，交通王侯，在政治上尋找靠山。賈誼認為這些人是「無行義之尤至者」。聯繫到吳濞蓄意謀反「誘天下亡人」的史事，說明本文所揭露的是當時社會動亂的縮影。同時賈誼指出要轉變這種風氣，只有健全制度，分清君臣上下的等級，倡導作為「國之四維」的禮、義、廉、恥，以提高人們的道德情操，這樣才可以「世世常安，而後有所循」。「俗激」是社會習俗頹變的意思。

大臣之俗，特❶以牘書❷不報，小期會❸不答❹耳，以為大故❺不可矣。天下之大指，舉之而激❻。俗❼流失❽，世壞敗矣，因恬弗知怪❾，大故也。如刀筆之吏❿，務在筐箱⓫，而不知大體⓬。陛下又弗自憂，故如此哉！

【章旨】此段概言世風敗壞，大臣、天子還不自知。

【注釋】❶特 只。❷牘書 文書。❸期會 指預定的會議。❹答 與「報」同義。指辦理、參加。❺大故 大事。❻天下之大指二句 此兩句難明，大意似是：天下人的心理，大多是稱揚一下就會標新立異。正如《莊子・在宥》所說，「人心排下而進上」，壓抑一下就會消沉下來，推進一下就會亢奮上揚，極易動蕩。賈誼以為當此世風敗壞之際，應該張大「四維」以改變世風。指，心志；心意。舉，提舉；稱揚。激，激詭；違俗立異。❼俗 指良好的社會風習。❽流失 散失。❾恬弗知怪 安然而不以為奇。恬，安。❿刀筆之吏 指掌管文書法令的官吏。刀筆，古時書寫及改錯的工具；用筆書寫在竹簡上，發生錯誤，即用刀來刮除。⓫筐箱 陳放刀筆文書的箱子。⓬大體 重要的道理。指治國之道。

【語譯】大臣一般的見解，只以為公文書信沒有辦理，預定的小會議沒有參加，這就是大問題而不能加以通融。哪知天下人一般的心理，稱揚一下就會違離世風而標新立異。好的社會風習已經流失，世道已經敗壞，還安然處之而不引起警覺，這就是大問題啊。像那些辦理文書的刀筆之吏，只守住身旁的幾口文書箱子，卻不懂一點治國大計。皇上自己又不知為此耽憂，所以就弄成這個樣子啊！

夫邪俗日長，民相然❶席❷於無廉醜❸，禮義❹非循❺也。豈為人子背其父，為人臣因忠於君哉？豈為人弟欺其兄，為人下因信其上哉❻？陛下雖有權柄❼事業，將何寄❽之？管子❾曰：「四維❿：一曰禮，二曰義，三曰廉，四曰醜。」「四維不張⓫，國迺滅亡。」使⓬管子愚無識人也則可⓭，使管子而少⓮知治體⓯，則是豈不可為寒心！今世以侈靡⑯相競，而上無制度，棄禮義、捐⑰廉醜日甚，可謂月異而歲不同矣。逐利乎否耳，慮非顧行也⑱。今其甚⑲者，剄⑳大父㉑矣，賊㉒大母㉓矣，踝嫗㉔矣，刺兄矣。盜者慮探柱下㉕之金，掇㉖寢㉗戶之簾㉘，搴㉙兩廟之器㉚，白晝大都之中，剽吏㉛而奪之金。矯偽㉜者出幾拾萬石粟，賦㉝六百餘萬錢，乘傳㉞而行諸侯，此其無行義㉟之尤至㊱者已。其餘猖獗而趨之者㊲，乃豕㊳羊驅而往㊴。是類㊵管子謂「四維不張」者與㊶！竊為陛下惜之。

【章　旨】此段揭示棄禮義、捐廉恥的社會風習日益嚴重。

【注　釋】❶然　如此；肯定。❷席　因；憑藉。❸醜　恥。❹禮義　原作「行義」，從喬本、沈本作「禮義」。❺循　遵循。《斠補》以為此句「循」及下文「不循則壞」均當從潭本及《漢書》作「脩」。❻豈為人子背其父四句　子背父、弟欺兄是一種亂倫的行為，世風所致，結果必然是臣不忠君，下不信上。人子，即子。人臣，即臣。因，於是就。人弟，即弟。人下，居下位的人。信，誠信。上，居上位的人。❼權柄　猶權力。❽寄　寄託；委託。❾管子　即管仲，春秋前期齊桓公的輔佐大臣，今傳《管子》一書不盡可信。❿四維　四根粗繩。維，綱維；網上的粗繩。國家的禮、義、廉、恥相當於網上的四根粗繩那樣重要。禮是典章制度，義是「宜」的意思，「行而宜之曰義」，行為符合禮就叫做「義」。廉，棱角；鋒芒，因而有廉正、廉潔的意思。恥，要知恥辱。孟子說：「人不可以無恥，無恥之恥，無恥也。」（《孟子・盡心上》）⓫張　張大；發揚。⓬使　假使。

⑬則可　就作罷。⑭少　稍。⑮治體　指治國的根本大計。⑯侈靡　奢侈。⑰捐　棄。⑱逐利乎否耳二句　姑不論逐利還是不逐利，大都不顧及自己的德行。否，指不逐利。慮非顧行也，《諸子平議》：「慮猶無慮也。古人常語。『慮非顧行也』，謂大氐非顧行也。」慮，大抵；大率。行，德行。⑲甚　指德行最糟的。⑳剄　割頸。㉑大父　祖父。㉒賊　害。㉓大母　祖母。㉔踝嫗　殺死母親。踝，同「剽」。割。嫗，母。㉕柱下　史室名。《斠補》以為即周藏室之柱下，藏室即藏書室，「柱下」是該室之名，老子曾為「柱下史」，因而「柱下」成了官名。㉖掇　劫奪。㉗寢　廟的後室。㉘簾　門簾。㉙攓　取。㉚兩廟之器　指高祖、惠帝兩廟的祭器。㉛剽吏　劫持官吏。㉜矯偽　冒充。㉝賦　徵收賦稅。㉞傳　驛站快車。㉟行義　德行道義。㊱尤至　突出。㊲趨之者　指追逐私利的人。㊳豕　豬。㊴驅而往　趕著往前走。㊵類　似。㊶與　同「歟」。

【語譯】邪惡的風氣一天天增長，百姓對無廉恥的行為互相肯定和依賴，不遵循禮義的要求啊。難道一個作兒子的會背叛父親，作臣子就能忠於國君嗎？難道一個作弟弟的會欺騙他的哥哥，做官處於下位就能以誠信對待上司嗎？皇上雖有權力和事業，將又委託給何人呢？管子說：「國家的『四維』：一是禮制，二是道義，三是廉正，四是知恥。」「如果四維不發揚，國家就要滅亡。」假使管子是個愚昧無知的人也就算了，如果管子稍微懂得一點治國之道，那麼他說的話難道不會使人對於當今風氣感到寒心嗎？當今都在奢侈方面互相競賽，朝廷又沒有制度，拋棄禮義、不要廉恥的風習一天天厲害，可叫作一月比一月、一年比一年都大有不同了。無論追逐利益與否，他們大率都不顧德行的要求啊。現在他們中更厲害的，已發展到殺害祖父母、母親和兄弟了。盜竊的人大率探尋藏室的金器，奪取陵園寢廟的門簾，取走高祖、文帝兩廟的祭器，在光天化日之下，大都市之中，竟然敢劫持官吏而搶走他們的錢財。有的冒充高官，令百姓交出幾拾萬石糧食，徵收六百餘萬錢幣，乘坐驛站的快車到地方各國交通王侯，這就是他們中最無德義的人了。那些橫行無忌追逐私利的人，似是被驅趕前進的一群豬、羊。這是否有點像管子所說的「四維沒有得到發揚」呢？面對這種形勢我為皇上感到痛惜。

以臣之意，吏慮❶不動於耳目❷，以為是時❸適然❹耳。夫移風易俗，使天下移心而鄉道，類非俗吏之所能為也。陛下又不自憂，竊為陛下惜之。夫立君臣，等上下❺，使父子有禮，六親❻有紀❼，此非天之所為，人之所設也。夫人之所設，弗為不立，不植則僵❽，不循則壞。秦滅，四維不張，故君臣乖❾而相攘❿，上下亂僭而無差，父子六親，殃僇⓫而失其宜，姦人並起，萬民離畔⓬。凡十三歲⓭而社稷為墟⓮。今「四維猶未備也，故姦人冀幸⓯，而眾下疑惑矣。豈如今定經制⓰，令主主臣臣，上下有差，父子六親，各得其宜，姦人無所冀幸，群眾信上而不疑惑哉！此業⓱一定，世世常安，而後有所持循⓲矣。若夫經制不定，是猶度江河無維⓳楫⓴，中流㉑而遇風波也，船必覆矣。悲夫！備不豫具㉒之也，可不察乎？

【章旨】此段建議皇上健全體現君臣上下的禮制，發揚「四維」，以便形成良好的社會風習。

【注釋】❶慮 大抵；大率。❷不動於耳目 視而不見，聽而不聞。❸時 是。❹適然 當然；理應如此。❺等上下 上下分等。《荀子・成相》：「貴賤有等明君臣。」❻六親 說法不一。一般以父、母、兄、弟、妻、子為六親。❼紀 綱紀；倫理次序。❽弗為不立不植則僵 建本作「弗為持此則僵」。植，立。僵，倒下。❾乖 背。❿攘 排斥。⓫僇 辱。⓬離畔 離心背叛。畔，通「叛」。⓭十三歲 此指秦始皇在位十三年。⓮社稷為墟 指國家滅亡。墟，丘墟；土堆。⓯冀幸 心存非分之想，圖謀犯上作亂。⓰經制 常制；不變的制度。⓱業 事業。指定經制。⓲持循 依托遵循。⓳維 繩索。⓴楫 船槳。㉑中流 河流當中。㉒豫具 預先作好準備。

【語譯】根據我個人的看法，官吏們大多視而不見，聽而不聞，認為這種情況是理所當然的。看來移風易俗，使天下人都回心轉意歸向於道（四維）的大事，似乎不是一般官吏所能做成的啊！皇上又不對此事耽憂，我替皇上感到痛惜。國家建立君臣，上下分等，使父子關係符合禮的規定，六親有人倫的次序，這並不是上天所安排的，都是人們自己設立的啊。既然都是人設立的，那麼不去做就不能樹立，不樹立就會倒下，不去遵循就會荒廢而失去禮制倫理的作用。秦代的滅亡，就是由於「四維」沒有發揚。所以君臣相違，互相排斥，上下紊亂僭越，弄得等級無別；父子六親之間，也遭殃受辱而喪失他們正常的關係；壞人同時起來作亂，天下百姓離心背叛。總共只經過十三個年頭，秦代就滅亡了。當今「四維」的內容還是沒有得到完備施行，所以壞人常懷僥倖的心理，下面廣大的群眾就心存疑慮而困惑不解了。難道當今確定法制，讓君主作君主，臣子作臣子，上下有等，父子六親，各自處於相宜的地位，壞人沒有僥倖的想法，群眾以誠信對待皇上，就無疑慮困惑了啊。法制一旦確定，世世長安，以後的人就有了可供掌握遵循的根據了。假如法制不定，這就好像要渡江河卻沒有繫船的繩索和船槳，船到河中如果遇上風波，是必然會翻船的。可悲啊！防範措施事前沒有做好準備啊，能夠不明察嗎？

時變

事勢

【題解】本篇著重揭露了西漢初年世風侈靡的情況，並引秦倫理德義喪亡、遭到國家滅亡的教訓作為漢代的借鑑。文中指出漢代不重視倫理德義，有錢的就可以作官，犯人也「攘臂而為政」。大家都以富豪相競，「非有權勢，吾不與婚姻；非貴有戚，不與兄弟；非富大家，不與出入」。同時不為姦作惡還被人責罵嘲笑，「富民不為姦而貧為里罵，廉吏釋官而歸為邑笑；居官敢行姦而富為賢吏，家處者犯法為利為材士」。這些顛倒的看法已成了一種社會風習。文中指出秦從商鞅變法起，就只注意事業的功利，而倫理德義一天天喪亡，因而秦代只維持十三年，秦的天下就轉而為漢的天下了。這是不知「守成之數」造成的。問題很現實，這對於漢文帝來說的確具有發聵披聾的作用。「時變」是「世風變化」的意思。

秦國失理❶，天下大敗。眾揜❷寡，知欺愚，勇劫❸懼❹，壯凌❺衰；工擊奪者為賢，善突盜者為哲❻；諸侯設諂而相飭，設輹而相紹者為知❼。天下亂至❽矣！是以大賢❾起之，威振海內，德從天下❿。曩⓫之為秦者，今轉而為漢矣。

【章　旨】此段概述秦代失敗的原因。

【注　釋】❶理　治。❷揜　即「掩」字，襲擊。❸劫　劫持；劫奪。❹懼　指膽小的人。有本作「懦」。❺淩　侵犯。❻工擊奪者為賢二句　工，原作「攻」，「善」字上原有「貴人」二字，哲，原作「忻」，均據《諸子平議》改訂。工，善於。突盜，凶暴；欺淩。哲，明。❼諸侯設諂而相飭二句　此兩句難明。按譚本作「諸侯設諂而相輹，飾詐而相紹」，「設諂」與「飾詐」，即逢應、欺詐，意思相近；「相輹」與「相紹」，都有糾纏的意思。因而，這兩句的意思是指，諸侯間以爾虞我詐來表現他們的智慧。譯文從譚本。諸侯，秦滅六國後未封諸侯，這裏當指地方郡縣。漢代諸侯的地位相當於郡，賈誼是漢初人，可能是以漢制套秦制。《諸子平議》：「諸侯二字未詳，疑衍字。」諂，阿諛討好。飭，整治。輹，古代車子連接車軸與車身的組件。紹，纏繞。❽至　極。❾大賢　指劉邦。❿從天下　令天下服從。⓫曩　昔日。

【語　譯】秦國治理國家失誤，天下大亂。人多勢眾的攻擊人少的，勇敢的劫奪膽小的，強壯的侵犯衰弱的；善於劫奪的就是賢人，善於欺淩的就是明哲；諸侯間把爾虞我詐的當作智慧。天下已是亂極了。因此偉大賢能的人起來收拾殘局，用威力震撼天下，以德行使天下的人服從。曾經是秦代的天下，現在轉而成為漢代的天下了。

今者何如？進取❶之時去矣，并兼❷之勢過矣。胡❸以孝弟❹循順❺為❻？善書❼而為吏❽耳；胡以行義❾禮節為？家富而出官耳。驕恥❿偏⓫而為祭尊⓬，黥劓⓭者攘臂⓮而為政。行⓯惟狗彘也，苟家富財足，隱机盱視⓰而為天子耳。唯⓱

告罪昆弟⑱，欺突⑲伯父，逆⑳於父母乎，然錢財多也，衣服循也㉑，車馬嚴㉒也，走犬良也。矯誣㉓而家美，盜賊而財多，何傷？欲交，吾擇貴寵者而交之；欲勢，擇吏權者㉔而使之。取㉕婦嫁子㉖，非有權勢，吾不與婚姻；非貴有戚，不與兄弟㉗；非富大家，不與出入。因何也？今俗侈靡，以出倫踰等㉘相驕，以富過其事㉙相競。今世貴空爵㉚而賤良㉛，俗靡㉜而爭姦㉝。富民不為姦而貧為里㉞罵，廉吏釋㉟官而歸為邑笑；居官敢行姦而富為賢吏，家處者犯法為利為材士㊱。故兄勸㊲其弟，父勸其子，則俗之邪至於此矣。

【章　旨】此段具體揭露西漢初期因家富財足而引起的社會風習敗壞的情況。

【注　釋】❶進取　指攻取天下。❷并兼　指統一天下。❸胡　何。❹孝弟　孝悌。尊敬父母叫「孝」，尊敬兄長叫「悌」。❺循順　順從。❻為　呢，語末助詞。❼善書　能抄抄寫寫。❽吏　辦事員。❾行義　德義。❿驕恥　指驕橫無恥之徒。⓫偏　猶說「偏偏」，卻。⓬祭尊　祭酒。祭祀時主持獻酒於神的人，須由德高望重的人擔任。⓭黥劓　兩種刑罰，在臉上刺字和割鼻。⓮攘臂　捋袖現臂，得意的樣子。⓯行　德行。⓰隱机盱視　坐觀形勢，伺隙而動的意思。隱机，憑靠在几上。盱視，張目而視。⓱唯　發語詞。⓲昆弟　兄弟。⓳欺突　侵犯。⓴逆　反對。㉑循　善美。此句下舊有「我何妨為世之基公唯愛季母妻公之接女乎」十八字，盧文弨認為是「妄人竄入，去之，文氣一片」。㉒嚴　整肅。㉓矯誣　陷害人；詐稱、誣陷。㉔吏權者　有權的官吏。㉕取　「娶」的初文。㉖嫁子　嫁女。㉗兄弟　指稱兄道弟，如兄弟之親。㉘出倫踰等　超越同等同類。倫，類。㉙富過其事　指顯示富豪、耗費錢財，超出辦事的需要。㉚空爵　不實際的爵位，漢初為鼓勵有錢的人捐出資助，給他們以爵位。晁錯〈論貴粟疏〉：「今募天下入粟縣官（天子），得以拜爵」，「爵者，上之所擅，出於口而亡窮。」㉛良　指良家，善營生以致富、家聲清白的人。㉜俗靡　習俗敗壞。㉝姦　指做壞事。㉞里　鄉里。㉟釋　放置；拋棄。㊱材士　有才德的人。《斠補》疑為「壯士」之訛。㊲勸　鼓勵。

【語譯】現在是怎樣的形勢呢？打仗的時代已經過去了，兼併的形勢已經過去了。按他們的看法，為什麼還要遵循孝悌倫理呢？只要善於抄抄寫寫就可以在政府部門做點事了。為什麼還要德義禮節呢？家裏富足就可以出來作官罷了。驕橫無恥的人偏偏被尊為德高望重，受過黥、劓刑罰的人趾高氣揚地要求從政。行徑像是豬狗一般的人，只要家富財足，靠在几上，眼睜睜等著為天子重用。你說他們誣告兄弟，欺凌伯父，不順從父母；然而他們錢財多啊，衣服美啊，車馬氣魄啊，獵犬優良啊。雖有誣陷之罪而家聲仍然美好，有盜賊之行而錢財很多，有什麼妨礙呢？想結交朋友，我就選擇尊貴高位的人結交；想顯示權勢，選擇有權的官吏來使喚；要娶媳嫁女，不是權勢的人家，我不同他通婚姻；不是尊貴的親戚，我不同他稱兄道弟；不是大富的財主，不同他交往。這是什麼原因呢？當今世風奢侈，以超越等級來自豪，以耗費超過事實的需要來比奢侈。當今世風重視虛名的爵位而輕視家風清白的人，習俗敗壞而爭著為非作歹。有錢的人不為非作歹，變貧窮了被鄉里責罵；清廉的官吏棄官而去，回家被邑人恥笑。做官敢於為非作歹而變富的被當作好官，待在家裏犯法牟利的被稱為才德之士。所以兄鼓勵弟，父鼓勵子去為非作歹，世風的不正竟然到了這種地步！

商君❶違禮義，棄倫理❷，并心於進取，行之二歲，秦俗日敗。秦人有子，家富子壯則出分❸，家貧子壯則出贅❹。假❺父耰❻鉏杖彗❼耳，慮❽有德色❾矣；母取瓢椀❿箕箒⓫，慮立誶⓬語。抱哺其子，與公⓭併踞⓮；婦姑⓯不相說⓰，則反脣⓱而睨⓲。其慈子嗜利而輕簡⓳父母也，念罪⓴非有倫理也，其不同禽獸僅焉耳㉑。然猶并心而赴時㉒者，曰功成而敗義㉓耳。蹶㉔六國，兼天下，求得矣，然不知反㉕廉恥之節、仁義之厚，信并兼之法，遂㉖進取之業，凡十三歲而社稷為墟㉗。不知守成㉘之數㉙、得之㉚之術也，悲夫！

【章旨】此段說明商鞅的主張有違禮義，背棄倫理，敗壞社會風習，後來秦的失敗與此有關。

【注釋】❶商君　即商鞅，以軍功封於商、於，故稱商鞅。衛國人，又名衛鞅。秦孝公任用他為左庶長，實行變法，為秦的發展奠定了基礎。孝公死，他被誣陷，車裂而死。❷倫理　即五倫。❸出分　分家而居。❹出贅　到妻家作婿，今所謂招郎。❺假　借。❻耰　鋤一類的農具。❼杖彗　掃帚。❽慮　大抵；大率。❾德色　施恩的神色。❿椀　同「碗」。⓫箕箒　畚箕、掃帚。⓬誶　訊問。⓭公　公公，即丈夫的父親。⓮併踞　並排坐著。⓯婦姑　媳婦與婆婆。⓰說　通「悅」。⓱反脣　吵架。⓲睨　斜眼看人。⓳輕簡　凌辱。⓴念罪　指想到愛子的罪過。《斠補》認為「念罪」當作「慮」。㉑僅焉耳　僅僅如此罷了。焉，如是。㉒赴時　追趕時風。㉓功成而敗義　事業成功了而倫理大義卻敗壞了。義，代替「五倫」。㉔蹶　倒下；顛覆。㉕反　通「返」。

恢復。㉖遂　成。㉗社稷為墟　指國家滅亡。墟，土丘。㉘守成　保守已成之業。㉙數　策略；辦法。㉚得之指鞏固成果。

【語　譯】商鞅為秦孝公變法，違背禮義，拋棄倫理，專心追求取得功業，實行這種政策只有兩年，秦國的習俗便一天天敗壞。按商鞅之法，秦人有了男孩，富家的男孩成年就要分家，貧戶的男孩成年就得出贅他家。把鋤頭、掃帚之類的用具借給父親，大抵還有施恩的神色；母親借用一下瓢、碗、箕、帚，大抵還要立即問個明白。媳婦給小兒餵奶，與公公並坐一排；婆媳不和睦，則瞪目頂嘴。他們的愛子由於貪利而侵侮了父母，這才認為缺乏倫理道德。他們不同於禽獸的地方也僅僅在此罷了。然而他們還是專心追隨這種腐敗的時風，他們回答說：只要可以取得成功，就算德義敗壞也值得。秦滅了六國，兼併了天下，所追求的可以說是得到了，然而不懂得恢復人們廉恥的節操、仁義的厚道，只相信透過兼併的方法，來完成攻取天下的事業，因而只有十三年國家就變成了廢墟。這是由於不懂得守成的道理、鞏固既得利益的辦法啊。可悲啊！

瑰瑋事勢

【題　解】本篇論述兩種對立的治政方法。一種是所謂「瑰政」，讓百姓從事工商，飾智用巧，結果卻使他們貧寒受苦，因姦邪而觸犯法網。一種是所謂「瑋術」，讓百姓從事農桑，工商游食之民都歸向農業自食其力，這樣會使他們富足逸樂，安守本分，而不致犯罪取禍。但是當時已由「瑰政」形成了世風淫侈，「君臣相冒，上下無別，天下困貧，姦詐盜賊並起，罪人蓄積無已」的危局，賈誼認為只有建立制度實行「瑋術」，才能挽救天下。本篇體現了賈誼繼承先秦崇本抑末的思想。「瑰」、「瑋」，都是奇異的意思。

天下有瑰政❶於此：予❷民而民愈貧，衣民❸而民愈寒，使民樂而民愈苦，使民知❹而民愈不知避縣網❺，甚可瑰也！今有瑋術❻於此：奪民而民益富也，不衣民而民益煖❼，苦民而民益樂，使民愚而民愈不罹❽縣網，陛下無意少聽其數❾乎？

【章　旨】此段指出「瑰政」與「瑋術」的不同社會效果。

【注　釋】❶瑰政　奇異的政治。瑰，本為類似玉的石頭，有奇異美好的意思。❷予　給予。❸衣民　給民衣穿。❹知　同「智」。❺縣網　懸掛的羅網。這裏指法網。❻瑋術　奇異的治民辦法。瑋，本為玉名，有奇異美好的意思。❼煖　同「暖」。❽罹　遭遇。❾數　道理。

【語譯】天下有這樣一種奇異的政治：給百姓錢財，百姓卻更加貧困；給百姓衣穿，百姓卻更加寒冷；讓百姓快樂，百姓卻更加痛苦；讓百姓聰明，百姓卻更加不知避開法網。真是十分奇異的政治啊！如今還有一種奇異的治民辦法：不給百姓錢財，百姓更加富裕；不給百姓衣穿，百姓更加溫暖，使百姓經受痛苦，百姓更加快樂，使百姓愚笨，百姓更不會陷入法網。皇上不想稍微聽聽這種治國的道理嗎？

夫雕文❶刻鏤❷周❸用之物繁多，纖微苦窳❹之器日變而起，民棄完堅❺，而務雕鏤纖巧以相競高❻。作之宜❼一日，今十日不輕❽能成；用之宜一歲，今半歲而弊❾。作之費日挾巧❿，用之易弊。不耕而多食農人之食，是天下之所以困貧而不足也。故以末⓫予民，民大貧；以本⓬予民，民大富。

【章旨】此段指出提倡雕文刻鏤的工藝末技會導致人民的貧困。

【注釋】❶文　花紋。❷鏤　刻。❸周　《諸子平議》：疑「害」字之誤。譯文據此。❹苦窳　粗劣。❺完堅　完好結實。❻競高　比高低。❼宜　應該。❽輕　輕易。❾弊　壞。❿挾巧　倚仗技巧。《諸子平議》

認為「挾巧」二字當移在下文「不耕」之前。⓫末 指商業。⓬本 指農業。

【語譯】如果那些雕刻花紋不便使用的器物太多，那麼細微粗劣的器物就會不斷出現，百姓拋棄完好耐用的器物，而去專力追求雕刻細小工巧的器物來爭強比高。本來製作應該一天之內完成的，如今卻用十天的時間還不能輕易完成；本來花了一年時間製作的，可是用了半年就壞了。製作起來拖延時日是倚仗他有技巧，用起來卻容易壞，他們不耕種卻比農民吃的要多，這是天下之所以貧困不足的原因。所以如果讓百姓學會末業小技，百姓就會十分貧困；如果讓百姓從事農業生產，百姓就會十分富裕。

黼黻❶文繡❷纂組❸害女工❹。且夫百人作之，不能衣一人；方且萬里不輕能具天下之力❺，勢安得不寒？世以俗侈❻相耀，人慕其所不如❼，悚迫❽於俗；願其所未至，以相競高，而上非有制度也。今雖刑餘❾鬻妾❿下賤，衣服得過諸侯、擬⓫天子，是使天下公得冒主⓬而夫人⓭務侈⓮也。冒主務侈，則天下寒而衣服不足矣。故以文繡衣民而民愈寒；以褫民⓯，民必煖而有餘布⓰帛⓱之饒⓲矣。

【章旨】此段指出，提倡繡花織錦工藝末技會致使百姓衣不禦寒。

【注釋】❶黼黻 古代禮服上所繡的緣邊花紋。❷文繡 繡花。❸纂組 編織的絲帶。❹女工 即女紅。指女子的紡織、刺繡等事。❺方且萬里不輕能具天下之力　此句或有脫誤。盧文弨說「萬里」字訛。按「天下之力」四字可能在「不輕能具」之上。意思是說：當今中國的地域將上萬里，即使用天下的人力來織錦繡刺，恐未必能供應上。方，周圍。❻俗侈　奢侈的風俗。❼不如　不及；趕不上。❽悚迫　懼怕壓力。❾刑餘　犯法受過肉刑的人。❿鬻妾　賣妾。⓫擬　比。⓬公得冒主　公然冒犯主上。此指服飾越等。⓭夫人　這些人。⓮務侈　致力於奢侈生活。⓯褫民　奪民。指不讓百姓穿文繡。褫，奪去衣服。⓰布　麻織品。⓱帛　絲織品。⓲饒　多。

【語　譯】繡花織錦太費婦女的功夫。而且，一百人繡織，也不能滿足一個人的穿著需要；國家版圖將近萬里，不能輕易集中天下的人力來繡織，這種形勢怎能不令百姓受寒呢？世人以奢侈之風互相炫耀，羨慕別人超過自己的地方，害怕世俗的壓力，都想追求不曾達到的目標來爭高比強；國家對此卻沒有制度規定啊。當今即使是卑賤的刑餘之人，或是買賣的小妾等地位低下的人，他們的穿著卻能超過侯王、比擬天子，這就會使天下人公然冒犯君主而人人致力於奢侈享受啊。冒犯主上，追求奢侈，那麼天下人就要受凍了，衣服不夠穿了。所以讓百姓穿繡著錦而百姓更加受寒，除掉百姓身上的繡錦，百姓卻能一身暖和，而有多餘的布帛。

夫奇巧末技❶、商販游食之民❷，形佚樂❸而心縣愆❹，志苟得❺而行淫侈❻，則用不足而蓄積少矣，即遇凶旱，必先困窮迫身，則苦饑甚焉。今驅民❼而歸之農，皆著於本❽，則天下各食於力。末技、游食之民轉而緣❾南畝❿，則民安性勸業⓫而無縣愆之心，無苟得之志，行恭儉蓄積⓬而人樂其所矣。故曰「苦民而民益樂」也。

【章　旨】此段說明只有讓游食之民都歸於農業生產，百姓才能得其所樂。

【注　釋】❶奇巧末技　指前面說的「雕文刻鏤」等從事工藝巧技的人。❷游食之民　即游民，游惰無業的人。❸佚樂　安逸愉樂。❹縣愆　不安。縣，同「懸」。愆，失所；無處安身。❺苟得　非分之得。❻淫侈　過分奢侈。❼驅民　驅趕百姓；促使百姓。❽皆著於本　指讓百姓依附土地。《漢書．食貨志》：「理民之道，地著多本。」著，附著。本，指農業。❾緣　循；從事。❿南畝　泛指田畝、農田。古時以山南向陽的土地作為農田。⓫勸業　指努力從事農耕。勸，勉勵；努力。⓬蓄積　《斠補》認為下缺「足」字。

【語　譯】那些奇工巧技、商販以及游食之民，他們形體享受安樂而內心卻忐忑不安，懷著非分之想而行為又奢侈無度，那麼財用不足而蓄積很少是必然的了。假如遇上凶年天旱，他們必然首先為困窮所迫，從而遭受深重的饑餓之苦呢。如今促使百姓歸於農業，都在農業上安身立命，那麼天下百姓都能做到自食其力。工技、商販以及游食之民轉向農業生產，那麼百姓就會安於本性，努力農耕，無不安的心理，不懷非分之想，行為恭儉，蓄積饒多，人人都會安居樂業了。所以說「讓民痛苦而民更享受安樂」啊。

世淫侈矣，飾知巧❶以相詐利❷者為知士，敢犯法禁昧❸大姦者為識理❹。故邪人務❺而日起，姦詐繁而不可止，罪人積下❻眾多而無時已❼。君臣相冒❽，上下無辨，此生於無制度也。今去淫侈之俗，行節儉之術，使車輿有度❾，衣服器械各有制數❿。制數已定，故君臣絕尢⓫而上下分明矣。擅退則讓⓬，上僭⓭者誅，故淫侈不得生，知巧詐謀無為⓮起，姦邪盜賊自為止，則民離罪遠矣。知巧詐謀不起，所謂愚。故曰：「使民⓯愚而民愈不罹縣網。」

此四者⓰，使君臣相冒，上下無別，天下困貧，姦詐盜賊並起，罪人蓄積無已者也，故不可不急速救也。

【章　旨】此段指出建立制度是消除淫侈風氣、教民遠罪的辦法。

【注　釋】❶飾知巧　用智慧機巧裝飾。❷詐利　用欺詐取利。❸昧　隱藏。❹識理　知理；懂道理。❺務　專力從事。❻積下　積累於下。❼已　止。❽冒　冒犯。指臣犯君。❾有度　合乎等級標準。❿制數　制度。⓫絕尢　無過。尢，偏曲不正的樣子。疑為「尤」字，過錯。⓬讓　責備。⓭僭　超越本分。⓮為　因。⓯民　原無此字，據周、何本補。⓰此四者　指首段瑰政四方面的內容：「予民」、「衣民」、「使民樂」、「使民知」。自「此四者」以下三十八字，盧文弨以為「文義不甚相聯屬」，將它刪去，今補。

【語　譯】世風已經奢侈無度了，憑著智巧來欺詐取利的人被認為是智慧之士，敢於違法犯禁、庇護大姦的人被認為懂得道理。所以，邪惡的人盡力為非作歹，並且日有發生，姦詐的事紛紛出現，而且無法禁止，在下面犯罪的人越積越多無有盡時。臣子冒犯君主，上下沒有區別，這些都是由於沒有制度造成的啊。如今應當去掉過分奢侈的習俗，實行節儉的政策，讓車馬的使用有等級，衣著、服飾、器械各有制度。當制度一旦確定，君臣上下的關係沒有不正而且等級分明了。擅自謙退就要受到責備，僭越分位就要受到誅殺，所以過分奢侈的風氣不會出現，利用智巧進行欺詐的想法無緣萌生，姦邪盜賊的為非作歹自會停止，那麼百姓就不會犯罪了。利用智巧進行欺詐的事情不會萌生，這就是所謂「愚」。所以說「使百姓愚笨，而百姓會更加不會觸犯法網」。

以上說的「予民」、「衣民」、「使民樂」、「使民智」這四種「瑰政」，致使臣子冒犯君主，上下沒有區別，弄得天下困貧，姦邪欺詐盜賊同時出現，罪犯積累越來越多，無有止時，這種危局不能不急速搶救啊。

孽產子事勢

【題　解】本篇揭露當時富人驕奢的危害，並批判保持「無為」以治天下的說法。文中指出富商大賈的奢侈享受已經超過了天子、皇后，長此下去會大量出現姦邪盜賊，可是獻計的人卻還說「無動為大」，這是令人嘆息的事情。「夫百人作之，不能衣一人也，欲天下之無寒，胡可得也」等語至為精闢。「孽產子」是指庶妾奴僕之子。本文只是以「孽產子」引入話題。

民賣產子❶，得為之繡衣編❷經履❸，偏諸❹緣❺，入之閑❻中，是古者天子后之服也，后之所以廟❼而不以燕❽也，而眾庶得以衣孽妾❾。白縠❿之表⓫，薄紈⓬之裏⓭，緁⓮以偏諸，美者黼⓯繡，是古者天子之服也，今富人大賈召客者得以被牆⓰。古者以天下奉一帝一后而節適⓱，今貴人大賈屋壁得為帝服，賈婦優倡⓲下賤產子得為后飾⓳，然而天下不屈⓴者，殆㉑未有也。且帝之身，自衣皂綈㉒，而靡㉓賈侈貴，牆得被繡；后以緣其領，孽妾以緣其履；此臣之所謂踳㉔也。

【章　旨】此段揭露富商大賈的奢侈超過了天子、后妃。

【注　釋】❶產子　指奴僕及奴僕的子女。❷編　織。❸經履　絲織的鞋子。《漢書》作「絲履」。❹偏諸　飾物名，沿邊的一種牙形花紋。❺緣　邊。❻閑　木柵欄。❼廟　指祭祖廟。❽燕　指燕居；安居。❾孽妾　指一般的僕妾。孽，眾庶，嫡子以外的眾子稱「孽子」。❿縠　皺紗。⓫表　衣面。⓬紈　素絲綢。⓭裏　衣裏。⓮緁　同「緝」。縫綴。⓯黼　斧形的花紋。⓰今富人大賈句　潭本、建本、長沙本作「今貴富人大賈者喪資若兄弟召客者得以被牆」，疑誤。召客，吸引客人。被牆，裝飾牆壁。被，通「披」。⓱節適　節制適度。⓲優倡　演唱的藝人，地位卑賤。⓳后飾　帝后的裝飾。⓴屈　窮竭。㉑殆　可能。㉒皂綈　黑色絲綢。皂，黑色。綈，厚而粗的光滑絲織品。㉓靡　奢侈。㉔踳　乖背；相反。

【語　譯】百姓賣奴婢，定得給她們準備繡衣，編織絲鞋，並且加上偏諸的花紋邊，把她們關在柵欄中，她們所穿戴的是天子皇后的服飾啊，並且還是皇后祭祀時穿而平日不穿的服飾啊。可是一般人卻拿來給婢妾穿。白縐的衣面，薄綢的衣裏，還縫滿花邊，華美的還用斧紋的繡邊。這是古代天子的服飾啊，現在富人大商為了招引客人卻把它懸在牆上。古代天下的人只奉養一個天子一個皇后，而且還有適度的節制，當今貴人富商房屋的牆壁都是天子的服飾作裝飾，富商的妻子、樂工伶人以及地位低下的奴僕都能使用皇后的服飾，這樣下去天下財源還不枯竭，恐怕是沒有的事情。況且作為帝王，身穿皂綈，而那些奢侈的商賈、貴人，牆上懸掛繡衣；皇后裝飾衣領的邊緣，而僕妾卻用來裝飾鞋子。這就是我所說的上下顛倒了啊。

且試觀事理：夫百人作之，不能衣一人也，欲天下之無寒，胡可得也？一人耕之，十人聚而食之，欲天下之無饑，胡可得也？饑寒切於民之肌膚，欲其無為姦邪盜賊，不可得也。國已素屈❶矣，姦邪盜賊特❷須❸時爾，歲❹適❺不為❻，如雲而起耳。若夫不為見室滿❼，胡可勝❽撫❾也？夫錞❿此而有安上⓫者，殊未有也。

【章旨】此段說明姦邪盜賊興起的原因在於饑寒交迫。

【注釋】❶素屈　窮竭。❷特　只。❸須　等待。❹歲　收成。❺適　遇上。❻不為　不成；無收。❼見室滿　此三字意不明。❽勝　任；擔負。❾撫　慰撫。❿錞　遭際；遇上（從盧文弨說）。⓫安上　使君上安心。

【語譯】況且試了解一下事情發生的道理。百人製作衣服，不足以供給一人來穿啊，想要天下人不受寒凍，怎麼能行呢？一人耕種，十人聚集吃飯，想要天下人不饑餓，怎麼能行呢？饑寒與百姓的身體關係密切，想要他們不作姦邪盜賊，是不可能的啊。國家財源已經窮竭了，姦邪盜賊的出現，只是等待時機罷了。如果年成遇上失收，姦邪盜賊就會像雲湧般地出現。假如失收，怎麼能擔負起撫慰的任務呢？遇上這種情況而又能使君主安心，那是絕對沒有的事啊。

今也平居❶則無茈施❷，不敬而素寬❸，有故必困。然而獻計者類❹曰「無動為大❺」耳。夫「無動」而可以振❻天下之敗❼者，何等也❽？曰：為大治❾可也，若為大亂，豈若其小❿。悲夫！俗至⓫不敬也，至無等也，至冒其上也，進計者猶曰「無為⓬」，可為長太息者此也。

【章旨】此段駁斥「無為」的說法。

【注釋】❶平居　安處在家。❷芘施　藩籬；防衛。盧文弨解釋為「藩籬」。❸素寬　平素執法寬緩。❹類　大都。❺無動為大　不要採取措施是上策。無動，無為；不採取措施。大，指上策。❻振　整治。❼敗　指衰敗的習俗。❽何等也　按此句意義難明，試將「何等」理解為「何須」，還等待什麼呢，然「等」解為「須」，先秦中未見。❾大治　天下太平。❿小　指下策，與「無動為大」的「大」對言。⓫至　最。⓬無為　文帝時崇尚黃老無為之術，賈誼說的「無為」可能與此有關。《諸子平議》以為當作「無動為大」才能與上文相應。

【語譯】如今平安無事就不需要什麼防衛，臣下對君上有不敬的事也素來寬緩不苛，但是真正遇上事變，必然會遭受困窘。然而出謀劃策的人大都說「以不動為上策」罷了。如果「不動」卻可以整治天下的敗困，那還等待什麼呢！我說：如果不動使得天下大治，倒是好事啊；如果弄得天下大亂，可能連下策也不如。可悲啊！世風已經發展到最不敬啊，最無尊卑等級啊，最輕易冒犯君上啊，出謀劃策的人還說什麼「無為」，令人深為嘆息的也就在這裏啊。

銅布

【題解】本篇論述銅流布到民間的危害以及由國家壟斷收銅的好處。漢文帝五年曾發布「除盜鑄錢令」，允許私人採銅鑄錢。結果不但使農業荒廢，而所鑄的錢幣又雜以鉛鐵，信用降低，同時也使犯罪的人日益增多。賈誼認為這都是銅流布到民間所造成的。因此他主張「上收銅勿令布下」，認為銅由政府壟斷可以收到七個方面的功效。例如國家可以掌握鑄錢大權，可以控制金融，可以調節貨物的多寡等等，體現了賈誼深刻的經濟思想。「銅布」即銅的流布。

銅布❶於下❷，為天下菑❸。何以言之？銅布於下，則民鑄錢者，大抵必雜呂❹鉛❺鐵焉，黥❻罪日繁，此一禍也。銅布於下，偽錢無止，錢用不信，民愈相疑，此二禍也。銅布於下，采銅者棄其田疇❼，家鑄者損其農事，穀不為則鄰❽於饑，此三禍也。故不禁鑄錢，則錢常亂，黥罪日積，是陷阱❾也。且農事不為，有❿疑⓫為菑，故民鑄錢不可不禁止。上禁鑄錢，必以死罪。鑄錢者禁，則錢必還重⓬；錢重則盜鑄錢者起，則死罪又復積矣，銅使之然也。故銅布於下，其禍博矣。

【章旨】此段論述銅流布民間產生的不良影響。

【注釋】❶布　流布；散布。❷下　指民間。❸菑　即「災」字。❹目　同「以」字。舊本作「石」，據《漢書》改。❺鈆　即「鉛」字。❻黥　給罪人臉上刺字再塗上墨的一種刑罰，又稱「墨刑」。❼疇　耕地。❽鄰　近。❾陷阱　坑，用以捕捉野獸，因有坑害的意思。❿有　又。⓫疑　恐怕。⓬還重　指提高幣值的分量。

【語譯】銅流布到民間，是天下的災難。根據什麼這樣說呢？銅流布到民間，那麼民間鑄錢的，大概都用鉛鐵來摻假，這樣因犯法而判處黥刑的人會日益增多，這是第一種災禍。銅流布到民間，造假錢幣的不能被制止，錢幣失去信譽，百姓更會產生疑慮，這是第二種災禍。銅流布到民間，採銅的人放棄他的耕地，在家裏鑄錢誤了農事，糧食沒有收成，就將受饑挨餓，這是第三種災禍。所以不禁止民間鑄錢，錢幣總是混亂，判處墨刑的日益增多，這是陷阱啊。況且放棄農事，又可能造成災害，所以民間鑄錢不可不禁止。國家禁止私人鑄錢，違犯者要判以死罪；鑄錢得到禁止，那麼錢的幣值就會提高份量；提高份量盜鑄的又會出現，那麼判處死罪又將增多了，這都是銅造成的啊。所以銅流布到民間，它造成的災禍已是很大了。

今博禍可除，「七福」可致。何謂「七福」？上收銅勿令布下，則民不鑄錢，黥罪不積，一。銅不布下，則偽錢❶不繁，民不相疑，二。銅不布下，不得采銅，不得鑄錢，則民反❷耕田矣，三。銅不布下，畢歸於上，上挾❸銅積，以御❹輕重❺，錢輕則以術斂❻之，錢重則以術散❼之，則錢必治，貨物必平矣，四。挾銅之積，以鑄兵器，以假❽貴臣，小大多少❾，各有制度，以別貴賤，以差❿上下，則等級明矣，五。挾銅之積，以臨⓫萬貨，以調盈虛⓬，以收奇羡⓭，則官必富而末民⓮困矣，六。挾銅之積，制吾⓯棄財⓰，以與匈奴逐爭⓱其民，則敵必壞矣。此謂之七福。

故善為天下者，因⓲禍而為福，轉敗而為功。今顧⓳退「七福」而行博禍，可為長太息者此其一也。

【章旨】此段論述銅由國家控制的好處。

【注釋】❶偽錢　指民間盜鑄的假錢。❷反　同「返」。❸挾　控制。❹御　駕馭。❺輕重　指幣值的輕重。❻斂　收聚。❼散　指使貨幣流通。❽假　借；給予。❾小大多少　指鑄成兵器的規格。❿差　等級。此句意思是使上下等級分明。⓫臨　居高臨下；控制。指控制百貨的交易。⓬盈虛　指貨物的充足和短缺。⓭奇羡　特別多餘的。奇，原作「倍」，據程本改。羡，多餘。⓮末民　指工商之民。⓯吾　指國家。⓰棄財　閑置不用的資財。⑰逐爭　競爭。⑱因　憑藉。⑲顧　只是。

【語　譯】當今大禍可以免除，「七福」可以得到。什麼叫做「七福」呢？國家把銅收歸國有，不讓它流布到民間，那麼百姓就不可能鑄錢，判處黥刑的人也不會增多了，此其一。銅不流布到民間，那麼摻假的錢幣就不會多了，百姓不再對錢幣產生疑慮，此其二。銅不流布到民間，百姓私人不能採銅，不能鑄錢，那麼百姓就會返回農耕的工作了，此其三。銅不流布到民間，全部歸於國家，國家就可以控制大量的銅，以調劑幣值的高低，幣值低就採取措施讓貨幣回籠，幣值高就採取措施使錢在市場流通，那麼錢幣亂的現象就得到整頓，物價就能保持穩定，此其四。國家控制大量的銅，用來鑄兵器，用來賜予貴臣，兵器小大多少的規格，都有制度，以此來分別貴賤、上下等級，那麼等級就分明了，此其五。國家控制大量的銅，用來管理百貨，調節多寡，回收盈餘，那麼官府就會富足而商賈就會困頓了，此其六。國家依靠大量的銅，利用我們閒置的資財，以爭取匈奴民眾的歸順，那麼敵人必將失敗了。這就是「七福」。

所以，善於治理天下的，能夠憑藉禍患而造福，轉失敗為成功，若是斥退七福而招來大禍，實在是令人深為嘆息的一件事啊。

壹通

【題解】本篇主旨在於建議文帝割地定制，使諸侯國都有明確的疆界，同時撤除關隘，讓天下交通暢通無阻。這樣，既可以行兼愛無私之道，以顯示天下一家；亦便於直接控制諸侯及野心家的叛亂，管理好犬牙交錯的直屬郡縣。「壹通」是一切通行無阻的意思。

所謂❶建武關❷、函谷❸、臨晉關❹者，大抵為備山東❺諸侯也。天子❻之制❼在陛下，今大諸侯多其力，因建關而備之，若秦時之備六國也。豈若定地勢❽使無可備之患❾？因行兼愛❿無私之道，罷關⓫一通，天下無以區區⓬獨有關中⓭者。所為⓮禁游宦⓯諸侯及無得出馬關⓰者，豈不曰⓱諸侯得眾則權益重，其國眾車騎則力益多？故明為之法，無資⓲諸侯。於臣之計⓳，疏⓴山東，孽㉑諸侯，不令似一家者，其精㉒於此矣。豈若一定地制㉓，令諸侯之民，人騎二馬不足以為患，益以萬夫不足以為害。今不定大理㉔，數起禁㉕不服人心，害兼覆㉖之義，不便。

【章　旨】此段說明與其建立關隘防止諸侯叛亂，不如割地定制，讓天下通行無阻。

【注　釋】❶謂　為。❷武關　在今陝西商縣境。❸函谷　指函谷關，在今河南省靈寶縣東北。❹臨晉關　在今陝西省大荔縣東。❺山東　指戰國時殽山以東的六國諸侯。❻天子　《斠補》疑為「天下」之誤。❼制　建立制度。❽定地勢　指確定地域疆界。❾無可備之患　即無患可備。❿兼愛　普遍的愛；一視同仁。⓫罷關　撤除關隘。⓬區區　形容小。⓭關中　指函谷關之內。⓮為　舊本作「謂」。⓯游宦　在外奔波求官的人。宦，官。⓰出馬關　從函谷關輸出馬匹。⓱曰　為；是。⓲資　助。⓳於臣之計　在我個人的想法。⓴疏　疏遠。指疏遠了朝廷與諸侯王的關係。㉑孽　庶孽。指嫡子以外的眾子。此有歧視的意思。㉒精　善。㉓定地制　指確立土地分配的制度，大致是〈五美〉所說的「割地定制」，〈藩彊〉所說的「眾建諸侯而少其力」。㉔理　法制。㉕數起禁　屢次發布禁令。㉖兼覆　全部覆蓋。指君上對天下臣民的普遍愛撫，無不包容。

【語　譯】秦時所以建立武關、函谷關、臨晉關的原因，大抵為了防備六國諸侯的進攻啊。天下建立制度的權力在皇上，如今大的諸侯在擴展它的力量，因此建立關隘防備，就好像秦時防備六國一樣啊。這樣做難道比得上確定地域，使無患可備嗎？藉此實行兼愛無私的大道，撤除關隘，一切暢通無阻，以顯示天下並不只有小小的關中啊。所為禁止關中的士人到諸侯國作官以及不准馬匹輸出函谷關的原因，難道不是怕讓諸侯得到民眾而權勢就更大？他的國家得到很多車馬而力量就更強？所以才明確制訂法令，不准資助諸侯。根據我個人的想法，上面那種辦法，會與諸侯王的關係疏遠，會造成對諸侯王的歧視，使他們感到好像不是一家人，說那種辦法的「優越」也不過就是這些了。難道比得上確立土地制度的優越？如果確立土地制度，即使諸侯國的百姓，每人騎兩匹馬也不足以構成禍患，即使增加上萬的人，也不足以構成災害。現在還不確立大的制度，以致屢次發布禁令弄得不服民心，損害了天子普遍撫慰人民的大義，對國家是不利的。

天子都長安❶，而以淮南❷東南邊為奉地❸，彌道❹數千，不輕❺致輸❻。郡或乃❼越諸侯而有免侯之地❽，於遠方調均發徵❾，又且必同。大國包小國為境，小國闊大國而為都❿，小大駮躒⓫，遠近無衰⓬。天子諸侯封畔⓭之無經⓮也，至無狀⓯也。以藩國⓰資彊敵，以列侯⓱餌⓲篡夫⓳，至不得⓴也。陛下奈何久不正㉑此？

【章旨】此段論述遠方郡縣與諸侯領地交錯，不便控制，應該確立土地制度。盧文弨以為此段與〈益壤〉意義相同，與前段不相承接。他認為舊本連前段為一篇是不對的。

【注釋】❶長安　西漢的都城。❷淮南　漢初淮南王黥布所屬地域，包括今安徽南部、江西北部以及湖南東部廣大地域。❸奉地　領地。淮南屬王劉長謀反以後，其地可能有部分直屬於漢，奉地即指此。❹彌道　遠道。❺輕　易。❻致輸　盧文弨以為誤倒，應作「輸致」，運送物資到長安。❼或乃　有的是。❽免侯之地　有的諸侯被免，原來的封地歸屬於郡。郡得到這些「免侯之地」，中間又被諸侯國隔開，無法管理，更無法給長安運輸物資。❾調均發徵　意指調節均輸徵賦運送。❿大國包小國為境二句　意思是大國包容小國，小國靠近大國。闊，盧文弨以為當作「廓」，邊界的意思。⓫駮躒　交錯。駮，同「駁」。⓬衰　等次。⓭封畔　邊境。⓮經　界。⓯狀　善。⓰藩國　天子的保護國。古天子所封諸侯，都是藩國。⓱列侯　諸侯。⓲餌　食餌。⓳篡夫　野心家。⓴得　恰當。㉑正　糾正。

【語　譯】天子在長安都城，卻把淮南東南邊遼遠的地方作為朝廷的領地。路程數千里，物資不易運輸。有的郡越過諸侯國，來管理原來侯國的領地，遠距離調節均輸徵賦運送，必將存在同樣困難。大國包容小國，小國靠近大國，小大交錯，遠近沒有等次。天子與諸侯的邊境沒有界限的標誌，最不好啊。拿藩國來資助強敵，把列侯作為野心家的食餌，最不恰當啊。皇上為何長久對此不加以糾正呢？

屬遠事勢

【題解】本篇陳述漢之邊民長途跋涉輸送賦稅、調遣徭役的痛苦。文中指出按古制給天子輸賦服役，距離不遠，百姓安居樂業。秦則一反古制，百姓深為痛苦。至於漢代，邊民為朝廷送賦服役，衣服穿破，草鞋不更換多雙不能到達，因而都不想直屬於漢，希望能新立諸侯。賈誼似乎有支持新立諸王的意思。「屬遠」是屬領的上地遼遠的意思。

古者天子地方千里❶，中之❷而為都❸，輸將❹繇使❺，其遠者不在❻五百里而至；公侯地百里，中之而為都，輸將繇使，其遠者不在五十里而至。輸將者不苦其勞❼，繇使者不傷❽其費。故遠方人安其居，士❾民皆有驩❿樂其上，此天下之所以長久也。

【章旨】此段陳述若按古制輸稅服役就不致煩擾士民。

【注釋】❶天子地方千里　《禮記．王制》：「天子之田方千里，公侯田方百里，伯七十里，子男五十里。」方，指周圍。❷中之　設在中間。❸都　都城；京都。❹輸將　運送。指運送貢賦如糧食之類。將，送。❺繇

使　指派遣傜役。繇，同「傜」。❻在　盧文弨以為當作「出」，下同。❼不苦其勞　指不以運送的勞累為苦。❽傷　愁。❾士　指官吏。❿驩　同「歡」。

【語譯】按照古代的禮制，天子擁有地方千里，都城設在中間位置，運送賦稅調遣傜役，它最遠的距離不超過五百里就能到達；公侯擁有地方百里，都城設在中間位置，運送賦稅調遣傜役，它最遠的距離不超過五十里就能到達。這樣運送的人不以他的勞累為辛苦，服傜役的人不為他路上的花費而發愁。所以，遠方的人平安過活，官員和百姓都擁戴他們的君上，這就是天下所以能長治久安的原因啊。

及秦而不然❶，秦不能分尺寸之地❷，欲盡自有之耳。輸將起海上❸而來，一錢之賦耳，十錢之費，弗輕❹能致也。上之所得者甚少，而民毒苦❺之甚深，故陳勝❻一動而天下不❼振。

【章旨】此段寫秦違反古制，百姓痛苦，以致產生陳涉起義。

【注釋】❶不然　不如此。指不效法古代分封。❷分尺寸之地　指不分封，全部設立郡縣直屬中央。❸起海上　走水路。❹輕　輕易。❺毒苦　痛苦。❻陳勝　見〈過秦論〉上。❼不　《諸子平議》以為衍文，「天下振者，天下為之振動也」。

【語譯】到了秦代卻不是如此，秦代不能給子孫分封尺寸土地，企圖全部自己佔有。運送賦稅從水路而來，一錢的賦稅，花上十錢的費用，真是不容易送到啊。政府得到的很少，而百姓又非常痛恨，所以陳涉一旦揭竿而起，天下就為之振動了。

今漢越❶兩諸侯❷之中分❸，而乃以廬江❹之為奉地❺，雖秦之遠邊，過此不遠矣。今此不輸將、不奉主❻，非奉地義也，尚安用❼此而久縣其心❽哉！若今此如奉地之義，是復秦之迹❾也，竊以為不便。夫淮南窳民❿貧鄉也，繇使長安者，自悉以補⓫，行中道⓬而衣、行勝⓭已贏弊⓮矣，彊⓯提荷⓰弊衣而至。慮⓱非假貸⓲自詣⓳，非有以所聞⓴也。屨蹻㉑不數易㉒不足以至，錢用之費稱此㉓，苦甚，竊以所聞㉔。縣令丞㉕相歸休者，慮非甚彊㉖也，不見㉗得從者。夫行數千里絕㉘諸侯之地，而縣屬漢㉙，其勢終不可久。漢往者㉚家號泣而送之，其來繇使者㉛家號泣而遺之，俱不相欲也。甚苦屬漢而欲王㉜，類㉝至甚也。逋遁㉞而歸諸侯者，類不少矣。陛下不如蚤㉟定，毋㊱以資奸人。

【章旨】此段說明漢代亦走秦的老路，邊遠百姓為運送服役而痛苦，希望建立諸侯而不直屬朝廷。

【注　釋】❶越　超越。❷兩諸侯　指梁王劉勝及淮陽王劉武的領地，在今河南及安徽北部一帶。❸中分　中間。❹盧江　在今安徽境內。❺奉地　領地。❻奉主　供養皇上。❼用　因。❽縣其心　使不放心。縣，同「懸」。❾復秦之迹　走秦的老路。❿窳民　指貧民。窳，弱。⓫自悉以補　耗盡家產供給路費。悉，盡。⓬中道　半路。⓭行勝　盧文弨疑似當作「行滕」。滕，綁腿布。《戰國策・秦策》：「羸滕履蹻。」⓮羸弊　破敗不堪。⓯彊　同「強」。勉強。⓰提荷　提負著；披掛著。⓱慮　大抵。⓲假貸　借貸。⓳詣　《諸子平議》認為當從潭本作「儲」，積儲。⓴以有聞　《諸子平議》以為此三字是衍文。㉑屨蹻　草鞋。㉒數易　多次換新。㉓稱此　與此相同。㉔所聞　指所聽到的百姓為勞役而痛苦的事。㉕縣令丞　縣令縣丞。㉖彊　同「強」。得力。㉗見　《諸子平議》疑為衍文。㉘絕　隔絕。㉙縣屬漢　即直屬漢的縣。㉚漢往者　指朝廷派往盧江去的人。㉛來繇使者　指來到長安服徭役的人。㉜欲王　指欲統屬於諸侯王。㉝類　大都。㉞逋遁　逃跑。㉟蚤　通「早」。㊱毋　莫。

【語　譯】現在朝廷超越兩個諸侯國的中間，卻把盧江作為領地，即使是秦到邊遠地區，也比這遠不了多少了。如果盧江既不交稅，也不供奉，就失去了領地的意義，還何必因管理這塊地方來長期操心呢？假使讓它如同領地一樣盡職，這是走秦代的老路啊，我以為不恰當。淮南民困鄉貧，到長安服徭役的，往往是耗盡家產來補償不足，走到路途中間衣服、綁腿都破了，勉強披掛著一身破衣來到長安。他們大抵不依靠借貸和自己儲積費用，是不可能服役的啊。他們穿的草鞋經多次換新都不能到達，所耗的錢財費用與此相同，非常痛苦，我已有所聞了。道路遙遠，邊民不願前往服役，而將退休回家的縣令縣丞，大都不是強有力的，邊民不會聽從他們。行走數千里，為諸侯的領地所隔，而以縣直屬朝廷，那種形勢是不可長期維持下去的。長安派往盧江的人，家人號哭著送行，那些來長安服役的人，家人也號哭著送行，都是不情願的啊。他們大都以直屬朝廷而感到痛苦，認為朝廷在盧江建立諸侯，是非常迫切的事。目前逃跑歸向諸侯的人，大概不少了。皇上不如趁早下定決心採取措施，莫讓它資助了壞人。

親疏危亂事勢

【題　解】本篇主要借史事說明無論異姓侯王還是同姓侯王都曾經造成對漢代天下的危亂，奉勸漢文帝保持清醒的頭腦。文章採用對比寫法，將高祖與文帝的條件進行比較，突出文帝時局勢的嚴峻，以使文帝認識到「疏必危，親必亂」的道理。「親疏危亂」意思是異姓與同姓諸王造成的危亂。

陛下有所不為❶矣，臣將不敢不畢陳事制❷。假令天下如曩❸也，淮陰侯尚王楚，黥布王淮南，彭越王梁，韓信王韓，張敖王趙，貫高為相，盧綰王燕，陳豨在代❹，令六七諸公❺皆無恙，案❻其國而居，當是時，陛下即天子之位，試能自安乎哉？臣有以❼知陛下之不能也。天下殽❽亂，高皇帝與諸侯❾併肩而起，非有側室❿之勢以豫⓫席⓬之也。諸侯率⓭幸⓮者乃得為中涓⓯，其次僅得為舍人⓰。高皇帝南面⓱稱帝，諸公皆為臣，材⓲之不逮⓳至遠也。高皇帝五年⓴即天子之位，割膏腴之地㉑以王㉒有功之臣，多者百餘城，少者乃三四十縣，德至渥㉓也。然其後十年之間，反者九起㉔，幾㉕無㉖天下者五六。陛下之與諸公也，非親角材㉗而臣之㉘也，又非身㉙封王之也。自高皇帝不能以是一歲為安，陛下獨安能以是自安也？

【章　旨】此段陳述漢高祖時異姓侯王造成的危亂。

【注　釋】❶有所不為　指文帝在諸侯王反叛的問題上態度不堅決。❷事制　指形勢。❸曩　昔時。❹淮陰侯等八人　淮陰侯指韓信，連同黥布、彭越、韓王信、盧綰、陳豨，都是漢初功臣。張敖，漢初趙王張耳的兒子，嗣立為趙王，劉邦的女婿。貫高，張敖的相，因謀反案自殺。以上諸人見本書〈藩彊〉及〈制不定〉注釋。❺諸公　《諸子平議》以為當作「公諸」。❻案　據有。❼以　因；理由。❽殽　混亂。❾諸侯　《斠補》以為當作「諸公」。❿側室　謂立嫡子之外的庶子以為輔佐，其輔佐之官稱「側室」。《左傳・桓公二年》：「卿置側室。」按古制，卿才有資格立「側室」為輔。此處「側室」之義，係指輔佐、助手。劉邦初起時沒有得力的輔佐可以依靠。⓫豫　同「預」。⓬席　憑藉。⓭率　大率；一般。⓮幸　僥倖。⓯中涓　管理君主內舍事務的官員。⓰舍人　君主左右侍從。⓱南面　古時天子上殿堂聽政，其位座北朝南，因此「南面」就有稱帝的意思。⓲材　才能。⓳逮　及。⓴五年　指劉邦與項羽經過了五年的楚漢戰爭取勝。㉑膏腴之地　肥沃的土地。㉒王　使之作王；分封。㉓渥　厚。㉔反者九起　指臧荼、利几、韓王信、貫高、陳豨、韓信、彭越、黥布、盧綰先後反叛。㉕幾　差不多。㉖無　失去。㉗角材　較量才能。㉘臣之　使之臣服。㉙身　親自。

【語　譯】皇上在對待諸侯王的問題上有些猶豫不決，我將不敢不全部把形勢陳述清楚。假如天下如同昔日一樣，韓信還在作楚王，黥布作淮南王，彭越作梁王，韓王信作韓王，張敖作趙王，貫高作趙相，盧綰作燕王，陳豨在代地，假令這六七公都無恙而健在，他們擁有的國家十分安定，當此時，假如皇上坐上天子的寶座，自己能夠有安全感嗎？我有理由判斷皇上是辦不到的啊。秦末天下混亂，高祖與諸公併肩而起，沒有輔佐的力量來作為憑藉啊。異姓諸侯大致幸運的才得授一個中涓的官，次一等的只能作舍人。高祖登上帝位，諸公皆是臣子，才能不及高祖而相差很遠啊。高祖與項羽經過五年的楚漢之爭，取得勝利就天子之位，分割肥美的土地封給有功的臣子，多的得到百餘城，少的三四十縣，德澤可說最厚啊。然而後來十年之中，反叛的竟有九起之多，高祖差不多有五六次幾乎失去天下。皇上與高祖功臣之間的關係，並非親自同他們較量才使他們臣服的，又不是親自給他們封王的。從高祖起都不能憑此（指親自較量和分封）得到一年的安定，皇上怎麼能憑此得到安寧呢？

然尚有可諉❶者，曰「疏」❷。臣請試言其「親」❸者。假令悼惠王❹王齊，元王❺王楚，中子❻王趙，幽王❼王淮陽，共王❽王梁，靈王❾王燕，厲王❿王淮南，六七貴人皆無恙，各案其國而居，當是時，陛下即天子之位，能為治⓫乎？臣又竊知陛下之不能也。諸侯王雖名為人臣，實皆有布衣昆弟之心⓬，慮無不宰制⓭而天子自為⓮者。擅⓯爵人，赦死罪，甚者或戴黃屋⓰，漢法非立，漢令非行也。

雖⑰離道⑱如淮南王者，令之安肯聽！召之焉可致！幸而至，法安可得尚⑲！動一親戚，天下環視而起，天下⑳安可得制㉑也！陛下之臣雖有悍如馮敬㉒者，乃㉓啟㉔其口，匕首已陷㉕於胸矣。陛下雖賢，誰與領㉖諸侯，此所謂「親」也者。

【章　旨】此段說明同姓侯王必反的道理。

【注　釋】❶諉　推託。❷疏　指上面異姓諸王。❸親　指同姓諸王。❹悼惠王　劉肥，高祖之子。❺元王　劉交，高祖弟。❻中子　指趙王劉如意。高祖共有八子，如意排行四，故稱「中子」。中子，原作「中山王」，據《漢書》改。❼幽王　劉友，高祖子。❽共王　劉恢，高祖子。❾靈王　劉建，高祖子。❿厲王　劉長，高祖子。⓫為治　達到天下太平。⓬布衣昆弟之心　指諸王只視文帝為兄弟，不作天子看待。布衣，指百姓。昆弟，兄弟。⓭宰制　主宰控制。宰，潭本作「帝」。⓮天子自為　自為天子。⓯擅　專斷；隨意。⓰戴黃屋　乘用天子車。黃屋，天子所乘的車以黃繒為車蓋之裏，故稱「黃屋」。⓱雖　無義。⓲離道　背離為臣之道。據《漢書・淮南衡山濟北王傳》載：淮南王劉長「廢先帝法，不聽天子詔，居處無度，為黃屋蓋儗天子，擅為法令，不用漢法」。⓳尚　加。⓴天下　《讀諸子札記》說當作「天子」。㉑制　控制。㉒馮敬　文帝時御史大夫。㉓乃　才。㉔啟　開。㉕陷　指刺進。㉖領　治。「領」下「諸侯」二字及「此」下「所謂親也者」五字，原刪，今補。

【語　譯】然而還有可以推託的，說這些諸侯王都是異姓的疏遠之族。那麼我就說說那些同姓的親族吧。假使悼惠王劉肥作齊王，楚元王劉交作楚王，排行居中的劉如意作趙王，幽王劉友作淮陽王，共王劉恢作梁王，靈王劉建作燕王，厲王劉長作淮南王，這六七位貴人都健在，都擁有自己的封國平安生活，當時皇上坐上天子寶座，能夠達到天下太平嗎？我又知道皇上是辦不到的。因為諸侯王雖然都是臣子，實際上都有平民百姓兄弟的一般心理，大致沒有不想主宰控制天下而自己作天子的。他們隨意以爵封人，赦免叛死罪的罪犯，更厲害的是有人還乘坐規定只能天子乘坐的車子，漢的法令在封國不能確立，漢的命令不能在封國施行。背叛上下尊卑之道的如淮南王這些人，對他們下命令何肯聽從！招他們進京怎麼會來！即使僥倖招來，又怎能對他們施以漢法！懲罰一個親屬，他所有的親屬都會從四周起來反叛。天下怎能得到控制呢？皇上的大臣即使有像馮敬一樣勇敢的人，才開口說話，匕首就已經刺進他的胸了。皇上雖然賢能，同誰來治理諸侯，這就是所謂同姓的親屬。

故疏必危，親必亂。陛下之因❶今以為治安❷，奈何知其必且❸危亂也！然且吟齘❹而堅控守之，為何如制，以纚相懸❺。

【章　旨】此段作出「疏必危，親必亂」的結論。文多訛誤，頗難解釋清楚。

【注　釋】❶因　憑藉。❷治安　太平。❸且　將。❹吟齘　盧文弨疑當作「噤齘」，發怒、奮力的意思。❺以纚相懸　下原刪「臣能令知亂，如今利百金」十字，盧文弨認為「皆傭書無知小人所為」，從盧說刪。纚，同「躧」。行貌。懸，古用「縣」字，繫。

【語　譯】所以無論疏遠的異姓侯王，還是親近的同姓侯王，都必然會造成國家的危亂。皇上憑著當今的表面平靜，就以為實現了天下太平，殊不知必然會出現危亂啊！然而姑且奮力控制防守，至於採取怎樣的控制手段，懸繫在那兒靜觀其變吧！

憂民 事勢

【題解】本篇論述積貯糧食的重要。賈誼引用古代王者之法，說明積貯是立國之本。然而漢興以來，國家積貯甚少，如果沒有收成，富人不借貸，貧民就遭饑餓；發生天災，就會「賣爵鬻子」，可見積貯的重要性。賈誼還從備邊的角度來認識積貯的意義。假如國內大旱，邊境不安，兵旱相承，就會無法應付。因此建議文帝重視這一問題。「憂民」是耽憂百姓饑餓的意思。本篇與《漢書・食貨志》所載〈論積貯疏〉部分雷同。

王者❶之法，民三年耕而餘一年之食，九年❷而餘三年之食，三十歲而民有十年之蓄。故禹水九年，湯旱七年，甚也！野無青草，而民無饑色，道無乞人，歲復❸之後，猶禁陳耕❹。古之為天下，誠有具❺也。王者之法：國無九年之蓄謂之不足，無六年之蓄謂之急❻，無三年之蓄曰國非其國❼也。

【章旨】此段說明古代王者對積貯糧食的重視。

【注釋】❶王者　指古代的聖王，堯、舜、禹、湯等人。❷九年　建本作「八年」。本書〈無蓄〉作「九年」，從潭本。❸歲復　指天旱過去，恢復正常年歲。❹陳耕　久耕；連年耕作。古時為保護地力，實行休耕，故稱禁陳耕。陳，久。❺具　備。❻王者之法以下三句　又見《禮記・王制》。急，指處於緊急狀態。❼國非其國　國家就不是他的國家，國家易主。

【語譯】根據古代聖王的制度，百姓耕種三年，要有一年的糧食積貯，耕種九年就有三年的積貯，耕種三十年百姓就有十年的糧食積貯。所以夏禹王遇上九年水災，商湯王遇上七年旱災，災害非常厲害啊，野外連青草都不生，可是百姓沒有饑色，路上沒有乞丐，等到年歲恢復之後，還不讓百姓連年耕作。古代聖王治理天下，真正有準備啊！聖王制度規定，國家沒有九年的糧食積貯就稱之為糧食不足，沒有六年的糧食積貯就稱之為糧食緊迫，沒有三年的糧食積貯就認為國家將易主了。

今漢興三十年❶矣，而天下愈屈❷，食至寡也，陛下不省❸邪？未獲年❹，富人❺不貸，貧民且饑，天時❻不收，請賣爵鬻子❼，既或聞耳❽。曩頃❾不雨，令人寒心；一雨爾，慮若更生❿。天下無蓄若此，甚極⓫也，其在王法⓬謂之何？必須困至乃慮，窮至乃圖⓭，不亦⓮晚乎！竊伏念之，愈使人悲⓯。

【章旨】此段陳述漢興以來糧食無積、百姓饑困的境遇。

【注釋】❶漢興三十年　從漢元年到文帝即位共二十八年，至賈誼寫此疏時，大約是三十多年。❷屈　指財力窮盡。❸省　明白。❹年　指收成。❺富人　潭本作「當今」。❻天時　指遇上天災。《斠補》認為應作「失時」。❼賣爵鬻子　以官爵和子女換取富人的糧食。賣爵，指朝廷賣官爵。鬻子，指百姓賣子女。❽既或聞耳　意謂上面這些情況皇上可能已經有所聞了。既，已。或，可能。❾曩頃　過去不久。❿更生　重新獲得生命。⓫甚極　太厲害。⓬在王法　指用聖王之法來衡量。⓭圖　謀劃。⓮不亦　不。亦，無義。⓯竊伏念之二句　盧文弨以為此八字係後人妄增，刪去。今補。伏，伏在地下，恭敬之意。臣下對君主行文常用的謙敬詞。

【語譯】漢朝的建立到當今已經三十年了，可是天下財力愈來愈窮盡，糧食積貯也最少啊，難道皇上還沒有察覺嗎？沒有收成，富人不借貸，貧苦百姓就將挨饑受餓，遇上天災無收，以致朝廷靠賣官爵、百姓靠賣子女來換取糧食，這些情況皇上可能已經有所聞了。稍過一段時間不下雨，就令人耽心受怕；一旦下雨，都好像是重新獲得生命。天下沒有糧食積貯到這種地步，問題是太嚴重了，用聖王之法來衡量又能對這種現象作何解釋呢？一定等到困難到來才考慮，窮苦到來才謀劃，豈不晚了嗎？我想到這事，就更令人悲痛。

然則，所謂國無人者何謂也❶？有天下而欲其安者，豈不在❷於陛下者哉？上弗自憂，將以誰偷❸？五歲小康❹，十歲一凶❺，三十歲而一大康❻，蓋❼曰大數❽也。自人人相食，至於今若干年矣❾！即不幸有方二三千里之旱，天下何以相救？卒❿然邊境有數十萬之眾聚⓫，天下將何以饋⓬之矣？兵旱相承⓭，民填溝壑⓮，剽⑮盜攻擊者與繼而起⑯，中國⑰失救，外敵必駭⑱，一日而及，此之必然⑲。且用事之人未必此省⑳，為人上弗自憂，魄然㉑事困，乃驚而督㉒下曰：「此天也，可奈何？」事既無如之何㉓。及方今始秋㉔，時㉕可善為，陛下少閒，可使臣㉖從丞相㉗御史㉘計之。

【章旨】此段建議文帝警惕出現「兵旱相承」的危急形勢。

【注釋】❶所謂國無人句　此句似破空而來，前兩段並未談及「國無人」的問題。❷不在　他本俱脫此二字，盧本從舊校本增。❸偷　《諸子平議》讀為「輸」，推委的意思。❹小康　指小的豐收年景。唐，《斠補》以為當作「歉」，饑荒的意思。❺凶　指饑荒。❻大康　大的豐收年景。❼蓋　表不定的詞。如「大概」、「可能」等。❽數　自然氣數；規律。❾自人人相食二句　原刪，今補。人相食的事，《漢書·食貨志》有載，〈論積貯疏〉中亦載「罷夫羸老易子而齩其骨」。❿卒　同「猝」。⓫數十萬之眾聚　指發生戰爭。⓬饋　指供應糧食。⓭承　接。⓮填溝壑　指死。壑，溝。⓯剽　劫奪。⓰與繼而起　不斷發生。⓱中國　古指中原地區。⓲駭　驚動。⓳一日而及二句　盧文弨以為妄竄不可讀。按此可勉強解為：外敵趁機侵擾，一天之中就可深入內地，這是事之必然。⓴此省　省此；明白這點。㉑魄然　安定貌。㉒督　督促。㉓無如之何　無奈之何；無辦法。「無如」下建本有「憂」字。㉔始秋　始至秋季收穫之時。㉕時　指抓住時機。㉖可使臣　其下建本、潭本有「議」字。㉗丞相　西漢最高行政長官。㉘御史　御史大夫，負責行政監察。又此句下有「臣議詔所自用，秩二千石上，雖幸使議計，勿厚疏殆無傷也，有時矣」二十六字，盧文弨皆以為「雜湊不成語」刪去。

【語　譯】那麼所謂國家無人重視積貯的事是什麼意思呢？擁有天下而想使它得到安定的，難道不在皇上一人嗎？皇上自己不為此事耽憂，將又把它推給誰呢？本來五年當中就會有一次小的糧食豐收，十年當中就會有一次大的饑荒，三十年當中就會有一次大的糧食豐收。這大概是自然規律啊。自漢朝的建立，饑荒中發生人相食的情況，到現在已出現若干年了。現在如果在二、三千里的地域之內發生不幸的旱災，國家憑什麼來賑救呢？如果倉猝之間邊境聚眾數十萬人準備打仗，國家又憑什麼供應他們呢？如果戰爭和旱災接連不斷，百姓餓死，盜賊搶劫的事不斷興起，國家無法自救，外敵必然蠢蠢欲動，一天之中就可深入內地，這是事情的必然。況且掌權的人未必懂得這個道理，皇上自己也不知為此事耽憂，平平靜靜地讓事態變得困難，才驚慌失措地指令下屬說：「這是天意啊，可怎麼辦呢？」事情發展到這種地步，本已是沒有辦法了。趁今正當秋熟，抓住時機還可補救，皇上稍微有閒，可以派我跟丞相、御史共同商討此事。

解縣

【題解】本篇主要陳述如何解除匈奴對漢的威脅。西漢初年，漢與匈奴的矛盾是當時的社會危機之一。匈奴恃其強大，不斷對漢侵擾，西北邊境不得安寧，以致「斥候者望烽燧而不敢臥，將吏戍者或介胄而睡」，而漢往往是採取妥協措施，或者納貢，或者和親。賈誼認為漢天子與匈奴應是上下關係，現在卻成了「倒縣」，賈誼希望漢文帝能聽從自己的計謀，把這種顛倒了的關係顛倒過來，所以題目叫做「解縣」。至於賈誼打算用怎樣的計謀，本篇卻未具體談及，可參看本書〈威不信〉、〈勢卑〉、〈匈奴〉等篇。

天下之勢方❶倒縣❷，竊願陛下省❸之也。凡天子者，天下之首也，何也？上也。蠻夷❹者，天下之足也，何也？下也。蠻夷徵令❺，是主上之操❻也；天子共貢❼，是臣下之禮也。足反居上，首顧❽居下，是倒縣之勢也。天下倒縣莫之能解，猶為國有人乎？非特❾倒縣而已也，又類躄❿，且病痱⓫。夫躄者一面病，痱者一方痛。今西郡、北郡⓬，雖有長爵⓭不輕得復⓮，五尺⓯已上不輕得息，苦甚矣！

中地⑯左戍⑰，延行⑱數千里，糧食餽饟⑲至難也。斥候⑳者望烽燧㉑而不敢臥，將吏戍者或介冑而睡㉒，而匈奴欺侮侵掠，未知息時於焉㉓，望信威㉔廣德㉕難。臣故曰「一方病矣」，醫能治之，而上弗肯使也。天下倒縣甚苦矣，竊為陛下惜之。

【章　旨】此段陳述匈奴恃勢欺侮侵掠，與漢關係形成「倒縣」之勢。

【注　釋】❶方　好比。❷倒縣　像一個人被倒掛著。縣，同「懸」。❸省　考察明白。❹蠻夷　古代中原對四周少數民族的蔑稱。東方稱「夷」，西方稱「戎」，南方稱「蠻」，北方稱「狄」，謂之「四夷」。這裏以「蠻夷」代「四夷」。❺徵令　發號施令。❻操　掌握。❼共貢　供奉貢賦。❽顧　反而。❾特　只。❿躄　跛足。⓫痱　浮腫病。⓬今西郡北郡　指與匈奴接壤的西部北部諸郡。此句「今」下，舊本尚有「西為上流，東為下流，故隴西為上，東海為下，則北境一倒也」二十三字，盧文弨以為是妄竄，刪去。⓭長爵　高的爵位。指地廣人多的封國。⓮復　除。指免服傜役。⓯五尺　指小孩。《孟子．梁惠王上》：「雖使五尺之童入市，莫之或欺。」⓰中地　內地。⓱左戍　閭左之戍。住閭門左邊的是窮人。戍，守邊。⓲延行　長行；遠行。⓳餽饟　供給糧食。⓴斥候　偵察候望。指哨兵。㉑烽燧　古時傳遞警報的設施。由邊境到內地每隔一段距離築一土臺，敵有動靜即點燃柴火傳遞情報。㉒介冑而睡　穿甲戴盔睡覺。說明形勢緊張。介，甲衣。冑，頭盔。㉓於焉　在何。㉔信威　伸張威力。信，通「伸」。㉕廣德　發揚德行。

【語　譯】現在天下的形勢好比一個人被倒掛起來，希望皇上加以考察啊。所謂「天子」，好比天下的頭。為什麼呢？因為處在上位啊。所謂「蠻夷」，是天下的腳，為什麼呢？因為處在下位啊。現在蠻夷反倒在發號施令，這本是天子掌握的權力啊；天子倒在向蠻夷納貢，這本是臣下應盡的禮節啊。腳反而居於上，頭倒還居於下，這就是倒懸的形勢啊。天下這種倒懸的形勢不能加以解脫，還能說國家有人材嗎？天下不僅是倒懸呢，又類似一個跛腳而且患浮腫病的人。那跛腳只是局部的病，浮腫只是局部的痛，還有辦法醫治。可現在西方和北方的邊郡，即使大的封國，也不能輕易免除徭役，連五尺之童也不能輕易得到休息，痛苦極了。內地派去的貧民守邊，遠行幾千里，糧食供給也非常困難啊。哨兵望著烽燧而不敢安臥，戍守的將士有的穿甲戴盔睡覺，匈奴對漢的欺侮侵掠，不知道到什麼時候才能停止呢！在這種情況下，皇上想要伸張威力發揚德行也是很困難的。我所以說「天下一個局部的地方患病了」，即使如此，還是有醫生能治好的，可是，皇上不願這樣做啊。天下倒懸已經很痛苦了，我替皇上惋惜這件事。

進諫者類❶以為是困❷不可解也，無具❸甚矣。陛下肯幸聽臣之計，請陛下舉❹中國之禍而從❺之匈奴，中國乘其歲❻而富彊，匈奴伏其辜❼而殘亡❽，係❾單于❿之頸而制其命⓫，伏⓬中行說⓭而笞⓮其背，舉匈奴之眾唯上之令⓯。殺之乎，生之乎，次也⓰。陛下威憚⓱大信⓲，德義廣遠，據天下而必固，稱高號⓳誠所宜⓴，俛㉑視中國，遠望四夷㉒，莫不如志矣。然後退齋㉓三日，以報㉔高廟㉕，令天下無㉖愚智男女，皆曰皇帝果大聖㉗也。胡忍以陛下之明，承㉘天下之資㉙，而久為戎人欺傲若此，可謂國無人矣。

【章旨】此段表明希望得到文帝的重用，聽從自己的計謀以解決匈奴侵擾的問題。

【注釋】❶類　大都。❷是困　此困。困，《漢書》作「固」。❸具　材具；才能。❹舉　將。❺從　同「縱」。放。❻歲　指豐收年。《諸子平議》說是「威」之誤。❼伏其辜　服其罪。❽殘亡　殘破、亡國。❾係　綑綁。❿單于　匈奴王的稱呼。⓫制其命　掌握他的性命。⓬伏　降服。⓭中行說　人名，文帝時宦官，奉命護送公主赴匈奴和親，投降匈奴。⓮笞　用竹板打。⓯唯上之令　唯上是令，即只聽皇上的命令。⓰殺之乎八字　原刪，今補。意思是對待投降的匈奴人殺死他，或讓他活，都是次要的。⓱威憚　威嚴。⓲信　通「伸」。⓳稱高號　稱揚崇高的名號。⓴誠所宜　確實相宜。潭本作「所誠宜」。㉑俛　同「俯」。俛視。猶說駕陵中國，治理中國。㉒四夷　指中原四周的少數民族。㉓退齋　退居齋宮齋戒，表示誠心潔身。㉔報　報告。㉕高廟　漢高祖劉邦的祭廟。㉖無　無論；不分。㉗大聖　大聖王。㉘承　秉持。㉙資　財貨。這裏當指天子之位。

【語譯】向皇上進諫的人大都以為這種倒懸的局勢不可解除，這些人真是非常無用了。如承蒙皇上聽從我的計謀，請皇上將全中國的災禍都轉嫁給匈奴，中國乘豐收年歲富強起來，匈奴必然服罪殘破而亡國，那時繫著單于的頸，掌握他的性命，降服中行說，並鞭打他背脊，全匈奴的民眾只聽從皇上的處理。至於是殺死他們，還是讓他們活下來，都是次要的了。皇上的威嚴大大伸張，德義廣遠傳播，據守天下，必然牢固，用尊號來稱頌，確實相宜，皇上君臨中國，遙控著四夷，沒有不如意的了。然後，退居齋宮齋戒三天，把勝利的消息報告給高廟，讓天下無論智者愚者男人女人，都說皇上果真是大聖王啊。現在怎麼忍心憑著皇上的明智，秉持著天子之位，卻長久任戎人欺侮、傲慢到這種地步，我們國家可以說沒有傑出的人才了。

威不信事勢

【題解】本篇仍然談漢與匈奴的關係。文中指出漢文帝趕不上漢高祖的威望，匈奴不僅不歸服，而且對漢大不敬，形成倒植的形勢。賈誼認為是「可為流涕」的事情。本篇內容與〈解縣〉重複，而且部分語句也相同，或者本是一篇。「威不信」是威令不能得到伸張的意思。信，通「伸」。

古之正義❶：東西南北，苟舟車之所達❷，人迹之所至，莫不率❸服，而後云❹天子；德厚焉，澤❺湛❻焉，而後稱帝；又加美❼焉，而後稱皇❽。今稱號甚美，而實不出長城❾。彼非特❿不服也，又大不敬⓫。邊長不寧，中⓬長不靜，譬如伏虎，見便⓭必動，將何時已。昔高帝起布衣⓮而服九州⓯，今陛下杖⓰九州而不行⓱於匈奴。竊為陛下不足，且事有甚逆⓲者焉。其義⓳尤要。

【章旨】此段指出文帝不能威服匈奴。

【注釋】❶正義　指正確合宜的規定。義，宜。❷舟車之所達　指水陸的疆域。❸率　相率；率領。❹云　稱。❺澤　恩德。❻湛　深厚。❼加美　更完美無缺。❽皇　有大而美的意思，故用來為帝的名號。❾不出長

城　不能超越長城。意思是皇帝的美名不能揚於匈奴。❿特　但；僅。⓫大不敬　漢時多稱違逆帝旨，得罪了皇帝為「大不敬」，此指匈奴肆意侵擾。⓬中　指內地。⓭便　利。⓮布衣　指平民百姓。⓯服九州　指統一全國。九州，有多種說法，按《尚書．禹貢》九州指冀州、兗州、青州、徐州、揚州、荊州、豫州、梁州、雍州。實際漢所屬疆域超過了九州的地域。⓰杖　持；擁有。⓱不行　指威令不行。⓲逆　背逆；不順利。⓳義　指前「古之正義」。

【語譯】古代的正確合宜的規定：東西南北，只要是舟車所能到達的地方，人所走過的地方，沒有不相率而服從的，而後才可稱為「天子」；道德厚，恩澤深，而後才能稱為「帝」；又更加完美無缺，而後才能稱為「皇」。現在的皇帝名號很美，而實際上美名卻不能超越長城，不能到達匈奴。匈奴不但不服從漢天子，對漢天子又非常不恭敬。邊境長期不得安寧，內地長期不得平靜，匈奴好像一隻伏虎，伺察有利可圖就發動侵擾，將在何時才能停息。昔日漢高祖從平民中崛起而統一中國，現在皇上擁有天下，威令卻不能在匈奴通行。我為皇上感到遺憾，事情將會出現很不順利的局勢。所以作為天子，履行古代正確合宜的規定最為重要。

天子者天下之首也，何也？上也。蠻夷者，天下之足也，何也？下也。蠻夷徵令，是主上之操也；天子共貢，是臣下之禮也。足反居上，首顧居下，是倒植之勢也。天下之勢倒植❶矣，莫之能理❷，猶為國有人乎？德可遠施，威可遠加，舟車所至，可使如志。而特❸捫然❹數百里，而威令不信，可為流涕者此也。

【章　旨】此段指漢與匈奴地位倒植不合理。

【注　釋】❶倒植　同「倒縣」。植，立。❷理　治。❸特　只是。❹捫然　意義不明，盧文弨疑為「撊然」。《左傳・昭公十八年》：「今執事撊然授事授兵登陴。」撊然，服虔解為「猛貌也」，亦不合文意。按「捫然」，撫摸得到的樣子，似是說與匈奴距離很近。

【語　譯】所謂天子，好比天下的頭啊，為什麼呢？因為處在上位啊。所謂蠻夷，好比天下的腳啊，為什麼呢？因為處在下位啊。現在蠻夷倒在發號施令，這本是天子掌握的權力啊；天子倒在向蠻夷納貢，這本是臣下應盡的禮節啊。腳反而居於上，頭倒還居於下，這是倒立的形勢啊。天下的形勢既然倒立了，就不能對它進行治理，還能說國家有人材嗎？本來作為天子，恩德可以施加到遠方，威力也可施加到遠方，只要舟車能到達的地區，都能使自己的志向實現。現在對只有數百里遠的匈奴，卻不能伸張威令，這真是令人流涕的事。

匈奴事勢

【題　解】本篇論述對待匈奴的策略。總的策略是所謂「耀蟬之術」和「厚德懷服」，即實行懷柔和引誘的政策。具體辦法是所謂「三表」、「五餌」。「三表」是指漢天子對匈奴給以「信」、「愛」、「好」，即信任匈奴，寵愛匈奴，喜好他們的技藝。「五餌」是指給匈奴人以目、口、耳、腹、心的種種享受，達到「壞其目」、「壞其口」、「壞其耳」、「壞其腹」、「壞其心」的目的。並在邊關開放市集，以漢人的物質文明引誘民眾，用榮顯的爵位來招引匈奴貴人，使匈奴上下分崩離析，不要多久匈奴就會走向滅亡。本篇《漢書》未予摘錄，訛誤頗多。可與〈威不信〉、〈解縣〉、〈勢卑〉諸篇參照閱讀。

竊料匈奴控弦❶大率六萬騎❷，五口而出介卒❸一人，五六三十，此即戶口三十萬耳，未及漢千石大縣❹也，而敢歲言侵盜，屢欲亢禮❺，妨害帝義❻，甚非道也。陛下何不使能者一試理此，將為陛下以耀蟬之術❼振❽之。為此立一官，置一吏，以主❾匈奴。誠能此者，雖以千石居之❿可也。陛下肯聽其事，計令中國日治，匈奴日危；大國大富，匈奴適⑪亡。乇⑫犬馬行，理勢⑬然也。將必以匈奴之眾為漢臣民，制之⑭令千家而為一國⑮，列處⑯之塞⑰外，自隴西⑱延至遼東⑲，各有分地⑳以衛邊㉑，使備月氏㉒、灌窳㉓之變㉔，皆屬之直郡㉕。然後罷戎休邊㉖，民天下之兵㉗。帝之威德，內行外信㉘，四荒㉙悅服，則愚臣之志快矣。不然，帝威不遂㉚，心與嘿嘿㉛。竊聞匈奴當今遂羸㉜北㉝，此其示武㉞昧利㉟之時也，而隆義渠㊱、東胡㊲諸國，又頗來降。以臣之愚，匈奴且動，疑將一材㊳而出奇㊴，厚贄㊵以責㊶，漢不大興，不已。旁午㊷走急數十萬之眾，積於北方，天下安得食而饋㊸之？臨事而重困，則難為工㊹矣。陛下何不蚤㊺圖？

【章　旨】此段提出對待匈奴的總策略——「耀蟬之術」，即用捕蟬的辦法來引誘匈奴。

【注　釋】❶控弦　開弦射箭。❷六萬騎　按匈奴騎兵恐不止此數。漢初，「冒頓縱精兵四十萬騎，圍高帝於白登」。參見《史記·匈奴列傳》。騎，指騎兵。❸介卒　披甲的士兵。介，甲衣。❹千石大縣　大縣的縣令、縣長的年俸一千石。漢制一石即穀一斛。千石月俸九十斛，這是縣令一級最高的俸祿。❺亢禮　行平等之禮，即平起平坐，不分尊卑。❻帝義　稱帝的道理。指君臣上下之分。❼耀蟬之術　用光亮引誘捕蟬的辦法。《淮南子·說山》：「耀蟬者，務在明其火，所以耀而致之也。」這裏具體所指是下面的「三表」、「五餌」等辦法。

❽振　動。❾主　主持；主管。❿千石居之　指讓主持匈奴事務的官居於千石的高位。⓫適　歸。⓬吒　同「叱」。大聲呵斥。⓭理勢　自然趨勢。⓮制之　規定它。⓯千家而為一國　漢無此制，是賈誼根據匈奴地廣人稀的特點，設想千家建立一個縣。按《漢書．百官公卿表第七上》：「列侯所食縣曰國」，因此縣也可稱之為「國」，實際上相當縣，所以下面稱「皆屬之直郡」。⓰列處　安排。⓱塞　邊塞。⓲隴西　約今甘肅西部一帶，秦漢置隴西郡。⓳遼東　約今遼寧西部一帶，秦漢置遼東郡。從隴西到遼東係與匈奴、東胡等族接壤的邊界線。⓴分地　領地。指給這些塞外小國劃分領地。㉑衛邊　指為漢保衛邊疆。㉒月氏　西域國家，原居今甘肅、青海境。漢文帝時遷往今新疆伊犁河上游一帶。㉓灌窳　盧文弨疑當作「窳渾」。《史記．匈奴傳》有「渾庾」國，及《漢書．匈奴傳》有「渾窳」國。窳渾，當時北方的一個小國，在今山西省東北部。漢武帝時併入朔方郡。㉔變　叛亂。㉕屬之直郡　指讓這些小國歸直屬郡統領。㉖罷戎休邊　停止邊境的戰爭。㉗民天下之兵　使天下的兵恢復為民。民，使為民，用作動詞。《斠補》說當作「泯」。㉘信　通「伸」。㉙四荒　四邊極遠的地方。㉚遂　成；實現。㉛心與嘿嘿　指心中沉悶，口中無語。嘿，同「默」。㉜羸　弱。㉝北　敗。據潭本補。㉞示武　炫耀威力。㉟昧利　貪利。㊱隆義渠　《賈誼集校注》疑當作「義渠」，古西戎國名，秦時滅以為北地郡，在今甘肅省境內。㊲東胡　東北邊境胡族，秦以前散布於河北東北部、遼寧北部、內蒙東部一帶，在匈奴之東，故稱東胡。㊳材　指有才能的人。㊴出奇　出奇兵。㊵贄　禮品。㊶責　求。㊷旁午　交錯。㊸饋　指供應糧食。㊹工　同「功」。㊺蚤　通「早」。

【語　譯】我斷定匈奴大約有六萬騎射之士，按照五人當中有一人從軍的比例，五六三十，這就是說只有戶口三十萬罷了，還趕不上漢設置千石縣令的大縣啊。他們卻敢於連年侵擾偷盜，每每與漢分庭抗禮，有違臣子對天子應盡的禮義，很不符合為臣之道啊。皇上何不派遣才能之士對此試加治理，我將為皇上用捕蟬的辦法來動搖他們。我認為應專設一位官員來主持匈奴的事。果真能夠這樣做，即使用年俸千石的待遇安排他都是值得的。皇上如果願意這樣做，我想會讓中國一天天安定，匈奴一天天危險；作為大國的漢會極為富裕，匈奴一天天走向滅亡。漢對待匈奴就像呵斥犬馬行走一樣，自然趨勢就是如此啊。將來定會把匈奴的群眾作為漢的臣民，規定讓他們每千戶建立一個小國，安排在邊境之外，自隴西綿延到遼東，給這些小國以領地來保衛漢的邊境，讓他們防備月氏、灌窳的變亂，都歸於直屬郡來統領。然後，退兵停戰，讓天下兵士都恢復為民。那時皇帝的威望和德行，在境內受人仰慕，在境外得以伸張，使四方邊遠地區的人心悅誠服，那麼我的心就很高興了。如果不採取這樣的措施，皇帝的威望就不能建立，臣子們的心情也會沉重不已。我聽說匈奴當今已經衰弱，這就是他們耀武揚威、貪利圖存的時候，隆義渠、東胡這些國家，有很多來歸降的。我個人的淺見，匈奴將會發動侵擾，朝廷可能會要派出一個有才能的人出奇計，並以重禮送給匈奴以要求停止侵擾。在漢朝還未十分強盛以前，這種辦法不能取消。否則交錯奔走數十萬人，屯積在北方邊境，天下怎能為他們供應糧食呢？事到臨頭才重視困難，那就很難取得功效了。皇上為什麼不提前考慮呢？

建國❶者曰：匈奴不敬，辭言不順❷，負❸其眾庶❹，時為寇盜，撓❺邊境，擾中國，數行不義，為我狡猾，為此奈何？對曰：臣聞彊國戰智，王者戰義❻，帝者戰德❼。故湯祝網❽而漢陰❾降，舜舞干羽❿而南蠻⓫服。今漢帝⓬中國也，宜以厚德懷服⓭四夷，舉明義⓮博示遠方⓯，則舟車之所至，人力之所及，莫不為畜⑯，又孰敢忿然⑰不承⑱帝意？

【章　旨】此段提出厚德懷服的辦法。

【注　釋】❶國　《讀諸子札記》說是「圖」字之誤。建圖者即出謀劃策的人。❷順　恭順。❸負　倚仗。❹庶　多。❺撓　攪亂。❻戰義　講道理。義，合宜。❼戰德　用德行感化。❽湯祝網　事見《史記‧殷本紀》：「湯出，見野張網四面，祝曰：『自天下四方皆入吾網。』湯曰：『嘻，盡之矣！』乃去其三面，祝曰：『欲左，左。欲右，右。不用命，乃入吾網。』諸侯聞之曰：『湯德至矣，及禽獸。』」❾漢陰　商朝小國，在今陝西省安康縣西。❿舜舞干羽　干、羽本都是兵器，舜卻把它視為舞蹈道具。說明舜不用武力而重教化。《尚書‧大禹謨》：「舞干羽於兩階。」《韓非子‧五蠹》：「執干戚舞。」干，盾。羽，翳蔽兵器的鳥羽。⓫南蠻　指南方部族三苗。⓬帝　稱帝。⓭懷服　安撫使之歸順。⓮舉明義　意思是高舉表現大義的旗幟。⓯博示遠方　廣博地昭示遠方。⓰畜　撫養；統治。⓱忿然　忿怒的樣子。⓲承　接受。

【語　譯】出謀劃策的人說：匈奴對漢不恭敬，言辭不謙遜，倚仗他們人多，經常進行搶劫偷盜，攪亂邊境，侵擾中國，屢次做出不義的事，對我大漢狡詐多端，對這些情況怎麼辦呢？回答說：我聽說過強國比智力，聖王比道理，聖帝比德行。所以商湯王對獵戶祝網詞發出感嘆，漢陰諸侯就投降了，舜拿著兵器作舞蹈的道具跳舞，三苗族就歸服。現在漢在中國稱帝，應該用深厚的德行來安撫四夷，標舉明白的義理廣博地昭示遠方，那麼舟車所通行的地方，人力所能到達的地方，沒有不被安撫的，又有誰敢不服氣而不順從皇上的意旨呢？

臣為陛下建三表❶，設五餌❷，以此與單于爭其民，則下匈奴猶振槁❸也。夫無道之人，何宜敢捍❹若此其久？陛下肯幸用臣之計，臣且以事勢諭❺天子之信❻，使匈奴大眾之信陛下也。為通言耳，必行而弗易。夢中許人，覺且不背其信；陛下已諾，若日出之灼灼❼。故聞君一言，雖有微遠❽，其志不疑；仇讎❾之人，其心不殆❿。若此則信諭矣，所圖莫不行矣，一表。臣又且以事勢諭陛下之愛。令匈奴之自視也，苟⓫胡面⓬而戎狀⓭者，其自以為見⓮愛於天子也，猶弱子之遌⓯慈母也。若此則愛諭矣，一表。臣又且諭陛下之好⓰。令胡人之自視也，苟其技之所長⓱與其所工⓲，一⓳可以當⓴天子之意。若此則好諭矣，一表。愛人之狀，好人之技，人道㉑也；信為大操㉒，帝義也。愛好有實㉓，已諾㉔可期㉕，十死一生㉖，彼必將至。此謂三表。

【章　旨】此段提出建立「三表」的內容。

【注　釋】❶表　標；原則。❷餌　食餅，用以引誘匈奴。❸振槁　搖動枯樹。❹悍　強悍；凶悍。原作「捍」，下無「若」字，據《讀諸子札記》訂補。❺諭　告諭。❻信　原作「言」，據《讀諸子札記》改。❼灼

灼　鮮明的樣子。❽微遠　指內容隱微深遠，不易理解。❾仇讐　仇恨。❿殆　通「怠」。懈怠。⓫苟　只要。⓬胡面　匈奴人的面貌。⓭戎狀　匈奴人的樣子。戎，本指西方的少數民族，此指匈奴。⓮見　被。⓯遻　遇見。⓰好　喜好。⓱長　指專長。⓲工　善。⓳一　都。⓴當　合。㉑人道　人的情理。㉒操　節操。㉓實　指實際表現。㉔諾　承諾；答應的事情。㉕期　待。㉖十死一生　指極其危亡之境。

【語　譯】我為皇上建立「三表」，設置「五餌」，用這些辦法來與單于爭奪民眾，那麼挫敗匈奴就好像搖動枯樹一樣啊。那些無道的人，怎麼竟敢這麼長時間的凶悍？皇上如願實行我的計策，我將根據事態形勢讓匈奴明白天子說的話，使匈奴大眾相信皇上啊。為了溝通語言，彼此打交道，必須實現做了的事就不要反悔。夢裏向人承諾的事，醒來尚且不違背，皇上已經承諾的事情，就像太陽出來那麼鮮明光亮一樣。所以聽到國君一句話，雖然道理隱微深奧，他們的思想也不會懷疑；懷有仇恨的人，他的心裡也不會懈怠。像這樣，那麼皇上的信譽就被匈奴知曉了，皇上的意圖沒有行不通的了。這算一表。我又將根據事態形勢向匈奴曉諭皇上對他們的仁愛。讓匈奴人自己能看到，所有胡人的面貌、戎人模樣的人，都自以為會被天子所愛，就好像小孩遇上慈母一樣啊。像這樣，那麼皇上的仁愛之心就被匈奴知曉了。這算是一表。我又將把皇上的喜好曉諭匈奴。讓胡人自己看到，只要他們有一技之長與他們擅長做的事，都可以適應天子的心意。像這樣，那麼皇上對技藝的喜好就被匈奴知曉了。這算是一表。喜愛別人的狀貌，喜好別人的技藝，這符合人之常情啊；信任是一個人最大的節操，這符合帝王之大義啊。喜愛和喜好都有實際的表現，已經承諾的事情可以期待，那麼即使如何危險，他們也會投奔大漢的。這就叫做「三表」。

凡賞於國者，此不可以均。賞均則國窾❶，而賞薄不足以動人。故善賞者踔❷之，駮轢❸之，從而時厚之。今視之足見也，誦❹之足語也，乃可傾❺一國之心。

陛下幸聽臣❻之計，則臣有餘財。

匈奴之來者，家長❼已上固必衣繡，家少❽者必衣文錦，將為銀車❾五乘，大雕畫之，駕四馬，載綠蓋❿，從⓫數騎，御驂乘⓬，且雖單于之出入也，不輕都⓭此矣。今匈奴降者時時得此而賜之耳。一國聞之者、見之者，希心⓮而相告，人人冀幸，以為吾至亦可以得此，將以壞其目⓯，一餌。

匈奴之使至者，若⓰大降者也。大眾之所聚也，上必有所召賜食焉。飯物故四五盛⓱，美胾⓲膹⓳炙⓴，肉具醯㉑醢㉒。方數尺㉓於前，令一人坐此。胡人欲觀者，固百數在旁。得賜者之喜也，且笑且飯，味皆所嗜㉔而所未嘗得㉕也。令來者時時得此而饗㉖之耳。一國聞之者、見之者，垂涎而相告，人悇憛其所自㉗，以吾至亦將得此，將以此壞其口，一餌。

降者之傑也，若使者至也，上必使人有所㉘召客焉，令得召其知識㉙，胡人之欲觀者勿禁。令婦人傅白㉚墨黑㉛，繡衣而侍其堂者二三十人，或薄㉜或揜㉝，為其胡戲㉞以相㉟飯。上使樂府㊱幸假㊲之但樂㊳，吹簫鼓鞀㊴，倒挈㊵面㊶者更㊷進，舞者、踰㊸者時作，少間擊鼓，舞其偶㊹人。昔㊺時乃為戎樂㊻，攜手胥㊼遛㊽上客之後，婦人先後扶侍之者固十餘人，使降者時或得此而樂之耳。一國聞之者、見之者，希盱㊾相告，人人伋伋㊿唯恐其後來至也，將以此壞其耳，一餌。

凡降者，陛下之所召幸，若所以約致(51)也。陛下必時有所富(52)，必令此有高堂邃(53)宇(54)，善(55)廚處(56)，大囷京(57)，廐有編馬(58)，庫有陣車(59)，奴婢、諸嬰兒(60)、畜生具(61)。今此時大具，召胡客，饗胡使，上幸令官助之具(62)，假之樂。今此其居處樂虞(63)、囷京之畜(64)，皆過其故王(65)，慮出其單于，或時時賜此而為家耳。匈奴一國傾心而冀，人人伋伋惟恐其後來至也，將以此壞其腹，一餌。

於來降者，上必時時而有所召幸(66)，拊循(67)而後得入官，夫胡大人(68)難親也，若上於胡嬰兒(69)及貴人子好可愛者，上必召幸大數十人，為此繡衣好閑(70)，且出則從，居則更侍。上即(71)饗(72)胡人也，大觳抵(73)也，客胡使也，力士(74)武士(75)固近侍傍，胡嬰兒得近侍側，胡貴人更進得佐酒前(76)，上乃幸自御此薄(77)，使付酒錢(78)，時人偶(79)之。為間(80)則出繡衣，具帶服(81)，賓餘(82)，時以賜之。上即幸拊胡嬰兒，擣遒(83)之，戲弄之，乃授炙幸自啗之(84)，出好衣閑，且自為贛(85)之。上起，胡嬰兒或前或後，胡貴人既得奉酒(86)，出則服衣佩綬(87)，貴人而立於前。今數人得此而居(88)耳，一國聞者、見者，希盱而欲，人人忣忣惟恐其後來至也，將以此壞其心，一餌。

故牽(89)其耳、牽其目、牽其口、牽其腹，四者已牽，又引其心，安得不來？下胡抑(90)抎(91)也。此謂五餌。

【章　旨】此段提出「五餌」的具體措施。

【注　釋】❶窾　空處。❷踔　踰；超越。❸駮轢　雜而不齊，或作「駮樂」。❹誦　稱頌。❺傾　使服從。❻臣　沈本作「國」，當是。❼家長　可能是匈奴基層的頭目，如後來的滿、蒙族有「十家長」、「五十家長」一樣。❽家少　可能指家長的子女。❾銀車　可能指用銀作裝飾的車。❿蓋　車的頂蓋。⓫從　跟隨。⓬驂乘　陪乘。驂，本為三匹馬的車駕。但此處則為「驂乘」連讀，指銀車既有駕車的御人，又有陪乘以備更換，示威儀莊重。⓭都　美。⓮希心　仰慕。⓯壞其目　使之眼花瞭亂。壞，《斠補》以為是「懷」字之誤。⓰若　及。

(17)四五盛　盛四、五次。(18)胾　大塊的肉。(19)腨　孫詒讓《札迻》以為「臏」之誤。臏，肉塊。譯文從孫說。(20)炙　烤肉。(21)醢　醋。(22)醢　肉醬。(23)方數尺　指席宴之宏大，四方每邊有數尺。(24)嗜　喜好。(25)未嘗得　指未曾吃過。(26)饗　食。(27)悇憛　盧文弨以為當作「憛悇」，貪圖。《淮南子．脩務》：「則雖王公大臣有嚴志頡頏之行者，無不憛悇癢心而悅其色矣。」高誘注：「憛悇，貪欲也。」自，用。(28)所　處所。(29)知識　指認識的人。(30)傅白　塗粉。(31)墨黑　指用墨畫眉。(32)薄　靠近。(33)揜　即「掩」字，隱避。(34)胡戲　匈奴流行的遊戲。(35)相　助。(36)樂府　漢時的音樂官署。(37)假　借。(38)但樂　樂府的樂曲名。(39)鞀　又作「鼗」、「𪔂」，一種手搖小鼓。(40)倒挈　翻跟斗。(41)面　戴假面。(42)更　輪番。(43)踰　跳。(44)偶　木偶。(45)昔　夕；夜晚。(46)戎樂　西方少數民族的樂曲。(47)胥　相。(48)彊　隨。按《詩經．鶉之奔奔》鄭玄箋：「奔奔、彊彊，言其居有常匹，飛則相隨之貌。」彊，取「彊彊」之義。(49)希盱　希望。盱，張目。(50)伋伋　迫切。伋，同「急」。(51)約致　約請到來。(52)富　建本作「官」。(53)邃　深邃。(54)宇　屋簷；居室。(55)善　完善。(56)廚處　廚房。(57)囷京　高大的圓形糧倉。(58)編馬　群馬。(59)陣車　成行列的車。(60)嬰兒　指童僕。(61)具　備；齊全。(62)助之具　資助器物。(63)虞　樂。(64)畜　同「蓄」。積藏。(65)故工　原來的賢王，匈奴在單于之下還有左右賢王。(66)幸　對君主行動的一種敬稱，如召幸，幸拊。(67)拊循　撫摸。拊，同「撫」。循，通「揗」。(68)大人　指成年人。(69)嬰兒　指匈奴子女。(70)閑　似指藏衣的箱櫥之類的東西，不能確解。(71)即　如果。(72)饗　食。(73)觳抵　又作「角抵」，古代一種摔跤的遊戲。(74)力士　有力的人。(75)武士　習兵的勇士。(76)得佐酒前　即得前佐酒。佐酒，勸酒。佐，助。(77)薄　迫近。(78)使付酒錢　令其酌酒於杯。酒錢，當為「酒醆」。醆，酒杯。(79)人偶　慰問。盧文弨說：「乃相偶愛之意。」(80)為閒　過不久。(81)具帶服　備齊衣帶飾物。(82)賓餘　意不詳。從《諸子平議》解為「比余」。意思是「等到餘暇之時」。(83)搗遒　意不明，盧文弨以為「騰倒」，可能是抱著胡人小孩顛倒其身，拍拍打打，逗其歡喜。(84)啗之　使之啗；餵給小孩吃。(85)贛　貢；給。(86)奉酒　指向天子敬酒。(87)佩綬　佩上絲織的帶子。(88)居　居處。(89)牽　牽制。(90)抑　按壓。(91)抎　殞落。

【語　譯】大凡對全國進行賞賜，這是不能普遍的。如果普遍賞賜，國家就會空虛，如果是賞賜很少，也不能打動別人。所以善於賞賜的人，先要對個別的特殊賞賜，要分等級，接著還要經常優待。這種重賞讓別人看就能看得清楚，讓別人稱頌就有實事可說，才可以傾動一國的人心。希望皇上能聽從我的計策，那麼國家自然富足。

從匈奴來的人，身分是家長以上的人就要給他們穿上繡衣，他們的子女也必定穿上花綢之類，還替他們準備銀飾的車子五輛，大大雕畫著花紋，四馬駕車，綠色的車蓋，後面跟著許多騎馬的人，有駕車的和參乘，即使單于進進出出的儀仗，也不會輕易有如此的豪華享受了。讓匈奴投降的人經常能得到這種享受和賞賜。凡匈奴全國聽到和親眼看到過的，都會愉悅相告，人人都懷著僥倖心理，以為自己到漢也可以獲得這種待遇。將用這種辦法弄得他們眼花撩亂。這是一餌。

匈奴派來的使節及大批投降的人，這許多人聚集的地方，皇上必定有所召見和酒宴賞賜。飯食等物必然盛上四五道，有鮮美的肉塊、烤肉，而且還有醋味肉醬。席面寬廣數尺擺在面前，讓一人坐在此處。胡人在旁觀看的，必定有數百人。得到皇上賞賜的非常高興，邊笑邊吃，酒宴的滋味都是他們所喜好而又未曾得到過的啊。讓那些觀看的人時常得到品嚐的機會。匈奴全國聽到和親眼看到的，都垂涎相告，人們都貪圖這些美味，以為自己到漢也將得到這種待遇。將用這種辦法來牽制他們的口味。這是一餌。

投降的人中如有傑出的人以及匈奴的使節到來時，皇上必須派人安排地方接待他們，接待相識的朋友，胡人想觀看的不要禁止。讓婦女撲粉畫眉裝扮，穿著繡衣，在堂上侍奉的有二三十人，有的靠近，有的掩藏，並表演胡戲來助其飲宴。皇上還派樂府藝人為他們演奏「但樂」，吹簫擊鼓，倒翻跟斗、戴假面具，輪番更替，舞的舞，跳的跳，時在進行，不久又擊鼓，表演木偶戲。傍晚，演奏戎樂，大家牽起手來跟隨在皇上客人的身後，婦人前前後後扶持侍奉的保持十餘人，使投降的人不時得到這種享受而使他們愉悅罷了。匈奴全國聽到的和親眼看到的，都高興相告，人人迫切要求，唯恐自己來到得太晚了。將用這種辦法來牽制他們的聽覺。這是一餌。

凡是投降的，皇上所召見的，以及預先約定到來的人。皇上對他們必須給以官爵，必須讓這些人有高堂深房，完備的廚房，高大的糧倉，馬欄裏有成行的馬，車庫裏有成列的車輛，奴婢、僮僕、畜牲都齊備。要他們趁此時準備齊全，接待胡客，用酒食招待胡使，皇上又命令官員資助一些器物，並提供藝人演奏。讓他們居住得愉快，糧食的蓄積，都超過了原來的左右賢王，大抵也超出了單于的享受，有的人還由於經常被賜而建成了家庭。匈奴全國都衷心羨慕，人人都迫切要求歸漢，唯恐來到得太晚了。將用這種辦法來牽制他們的腸胃。這是一餌。

對於那些投降來的，皇上必須時時召見他們，安撫之後還得授予一定官爵。匈奴成年人是很難親近的，對於匈奴小孩以及匈奴貴人的子女，其中長得美麗可愛的，皇上必須召見數十人。準備漂亮的繡衣，皇上外出讓他們跟隨，皇上安居，讓他們輪番更替侍奉。皇上如果賜胡人飲食，就表演摔跤；招待胡使，就派大力士和武士在旁服侍。讓匈奴小孩在近側侍候，讓匈奴貴人在前輪番勸酒。皇上親自臨場，讓他們把酒酌在杯中，不時地慰問他們。過一會兒，皇上命令拿出繡衣和備好的帶綬，按時賜給他們。皇上如果安撫匈奴小孩，就要抱著拍拍打打戲弄他們，於是賜給烤肉並且親手餵給他們吃，再拿出漂亮的繡衣並且親自送給他們。皇上起身，匈奴孩子們有的在前，有的在後。匈奴貴人已經給皇上敬酒，穿上賜給他們的衣服，配上帶綬，站在皇上前面。倘若有幾個匈奴人得到了這種待遇，匈奴全國聽到的和親眼看到的，都盼望而且貪求，人人都迫切要求，唯恐來得太晚了。將用這種辦法來牽制他們的心。這是一餌。

所以牽制他們的耳，牽制他們的眼，牽制他們的口，牽制他們的腹，以上四種已經牽制，又牽制他們的心，怎麼會不來投降呢？這樣征服匈奴就像順勢按壓墜下的東西那麼容易啊！這就是所說的「五餌」。

若夫大變❶之應❷，大約以權❸決❹塞❺，因宜而行，不可豫❻形❼。尊翁主❽，重相室❾，多其長吏❿；眾門大夫皆謀士也，必足之財。且用吾人⓫，且用其尊⓬，觀其限⓭，窺其謀，中外⓮符節⓯適⓰耩拘⓱也。夫或⓲人且安得久悍若此！故三表已諭，五餌既明，則匈奴之中乖⓳而相疑矣，使單于寢不聊⓴寐，食不甘口，揮劍挾弓而蹲穹盧㉑之隅㉒，左視右視以為盡仇也。彼其群臣，雖欲毋走，若虎在後；眾欲無來，恐或軒㉓之。此謂勢然。其貴人之見單于，猶迕㉔虎狼也；其南面㉕而歸漢也，猶弱子之慕慈母也；其眾之見將吏，猶噩㉖迕仇讎㉗也；南鄉㉘而欲走㉙漢，猶水流下也。將使單于無臣之使㉚，無民之守㉛，夫惡得不係頸頓顙㉜，請歸陛下之義㉝哉！此謂戰德。

【章　旨】此段陳述如何離間匈奴君臣上下的關係。

【注　釋】❶大變　大的變亂。❷應　效果。❸權　變。指權變手段。❹決　開。❺塞　堵塞。❻豫　預先。❼形　表明。❽翁主　漢代諸王的女兒稱「翁主」。這裏可能指匈奴賢王的女兒。❾相室　指匈奴上層官員。❿長吏　主持具體事務的人。這裏可能指匈奴地方官員。⓫吾人　可能指匈奴傾向於漢的人。⓬尊　指崇高的地位。⓭限　指匈奴的禁忌。⓮中外　內外。⓯符節　本指表示命令或信任的憑證。這裏指情況吻合。⓰適　才。⓱緧拘　牢固繫住的意思。緧，同「鞲」。拘繫。⓲或　《斠補》以為即「國」字。指匈奴。⓳乖　背離。⓴聊　賴；能。㉑穹盧　帳棚。㉒隅　角落。㉓軒　先。據盧文弨說。㉔迕　遇見。㉕南面　向南。㉖噩　同「愕」。驚愕。㉗仇讐　仇人。㉘鄉　同「向」。㉙走　奔。㉚無臣之使　使無臣；欲驅使而無臣子。㉛無民之守　守無民；要防守而無百姓。㉜頓顙　叩頭觸額。㉝義　大義。

【語　譯】至於要取得大變的效果，大致要用權變手段來打開缺口，依據適宜的形勢而採取行動，不能預先顯現出來。要尊重匈奴賢王的女兒和權要人物，要重視地方官員；各個部門的大夫都是匈奴的謀士，必須讓他們有充足的財用。將用傾向於漢的人，將利用他們的崇高地位，去窺察匈奴的禁忌和謀略，調查的情況要內外吻合，才能牢固繫住他們。匈奴人怎能長久凶悍到這種地步！所以上面說的「三表」他們已經知道，「五餌」已經明白，那麼匈奴內部就會相互背離而且相互懷疑了。讓單于也會因此臥不安寢，食不甘味，時刻握著劍、挾著弓，蹲在帳棚的角落裏戒備著，左顧右盼，以為身旁都是他的仇人啊。那些群臣，雖然不想離開，但好像後面有虎跟著；群眾雖然不想南來，又恐怕別人歸漢走在他們的前面。這都是迫於形勢造成的。那些貴人看到單于，就好像遇上了虎狼一樣；他們向南歸降於漢，就好像是幼兒思念慈母一樣。那些群眾見到將吏，就好像不幸遭遇到仇人；他們向南想逃奔漢，就好像水往下流一樣。這樣將會使單于沒有臣子驅使，沒有百姓防守，又怎麼能不繫頸叩頭，請求歸降皇上的大義呢！這就是所謂「戰德」。

彼匈奴見略❶，且引眾而遠去，連此有數❷。夫關市❸者，固匈奴所犯滑❹而深求也，願上遣使厚與之和，以不得已許之大市❺。使者反，因於要險之所，多為鑿開❻，眾而延❼之，關吏卒使足以自守❽。大❾每一關，屠❿沽⓫者、賣飯食者、美臛⓬炙膹⓭者，每物各一二百人，則胡人著⓮於長城下矣。是王將彊北⓯之，必攻其王矣。以匈奴之饑，飯羹⓰啗⓱膹⓲，嗺⓳潛⓴多飲酒，此則亡竭㉑可立待也。賜大而愈饑，多財而愈困，漢者所希心而慕也。則匈奴貴人，以其千人至者，顯其二三；以其萬人至者，顯㉒其十餘人。夫顯榮者，招民之機㉓也。故遠期五歲，近期三年之內，匈奴亡矣。此謂德勝。

【章　旨】此段言用大開關市給以顯榮的辦法來吸引匈奴群眾。

【注釋】❶見略　被減少。指人口減少。❷連此有數　謂接連不斷。《斠補》以為「此」當從潭本作「比」，「連比猶云頻數」。❸關市　在邊關開設市集貿易。❹犯滑　冒犯、狡滑。指為了貪利，不避冒犯和狡滑。❺大市　古指午後的市集。這裏是泛指。❻鑿開　指放開關隘。❼延　請。❽關吏卒句　指漢守關的吏、卒，只要讓他足以自守就夠了，不必派更多的吏卒。❾大　大致。❿屠　宰豬賣肉的。⓫沽　賣酒的。⓬臛　肉羹。⓭膹　熟肉。⓮著　依附。⓯彊北　指匈奴王強迫百姓向北遷移。⓰飯羹　喝湯。⓱啗　同「啖」字。吃。⓲膹灸　烤肉。灸，同「炙」。⓳嘽　大口。⓴潽　音義不詳。㉑亡竭　全部逃跑。㉒顯　顯榮。指給匈奴降者以尊顯的榮譽，包括授予官爵。㉓機　關鍵。

【語譯】匈奴人口減少，將會引導民眾遠離邊境，而且會接連不斷地離開。在邊境設立市集貿易，本是匈奴人所敢於冒犯、狡猾深求的，希望皇上派遣使者厚賂單于同他們講和，在不得已的形勢下允許他們參加漢人的市集貿易。漢使回國，接著在邊防險要的地方，多多為他們鑿開通道，漢在關口安排很多人接待，要請匈奴人進關，至於關口安排的官吏兵卒數目，足以防守就夠了。大致每一關口的市集，有賣肉的，賣酒的，賣飯食的，賣肉羹和烤肉的，如果每一種食品吸引匈奴一二百人，那麼匈奴人就都會依附在長城腳下了。在這種情況下，匈奴單于將會強迫民眾往北方遷移，這樣一來，民眾必定會攻擊匈奴單于。根據匈奴饑荒的情況，而漢讓他們喝到肉湯，吃到烤肉，大口大口地飲酒，那麼使匈奴的民眾全部叛離的希望，立即就會變成現實。漢賜給他們大量的食品，匈奴反而顯得饑荒；賜給他們更多的財物，匈奴反而顯得貧困。漢本是他們衷心羨慕的啊。那麼匈奴貴人，率領上千人投奔漢的，讓他們有二三人得到尊顯的榮譽；率領上萬人來投奔漢的，讓他們有十多人得到尊顯的榮譽。給予尊顯的榮譽，是招徠匈奴百姓的關鍵。所以長的期限只要五年，短的期限只要三年以內，匈奴就要滅亡了。這就是所謂「以德服人」。

或曰：建「三表」，明「五餌」，盛資翁主❶，禽❷敵國而后止，費至多也，惡得財用而足之？對曰：請無敢費御府❸銖金❹尺帛，然而臣有餘資。問曰：何以？對曰：國有二族❺，方亂天下，甚於匈奴之為邊患也，使上下踳逆❻，天下窾貧，盜賊、罪人蓄積無已，此二族為祟❼也。上去二族，弗使亂國，天下治富❽矣。臣賜二族，使祟匈奴，過❾足言❿者。或曰：天子下臨⓫，人民⓬宦⓭之。曰：苟或非天子民，尚豈天子也？《詩》曰：「普天之下，莫非王土；率土之濱⓮，莫非王臣⓯。」王者，天子也。苟舟車之所至，人迹之所及，雖蠻夷戎狄，孰非天子之所作哉？而慉渠⓰頗⓱率天子之民，以不聽天子，則慉渠大罪也。今天子自為懷其民⓲，天子⓳之理也，豈下臨人之民哉？

【章旨】此段論述實行「三表」、「五餌」的財用來源以及天子與臣民的關係。

【注釋】❶盛資翁主　拿很多的財用給予翁主。這裏「翁主」實際代表了上文所說的「相室」、「長吏」等。

❷禽 同「擒」。❸御府 皇宮財庫；國庫。❹銖金 一點點金錢。銖，西漢的重量單位。❺二族 兩類人。不知所指，就下文看，二族是國家的紊亂、貧困、盜賊之源，大概是指高利貸者和工商之民。❻誖逆 相違背。❼為祟 作怪；為禍。❽治富 安定富足。❾過 超過。❿足言 指說很多空話。⓫天子下臨 指天子在上位體察人民的處境。⓬人民 指匈奴之民。⓭悳 即「悳」字。⓮率土之濱 領有的土地邊緣以內，即普天下的土地。⓯普天之下四句 引自《詩經．小雅．北山》。⓰惛渠 疑應作「休屠」，匈奴的一個部落，在今甘肅省境內。⓱頗 多。⓲懷其民 招徠匈奴的民眾。懷，安撫。⓳天子 潭本無此二字。

【語譯】有人說：建立「三表」，明示「五餌」，厚送翁主，一直要等到擒獲匈奴才停止，耗費太多了啊，哪裏能有如此多的財用充分供給他們呢？我回答說：不敢耗費國庫一點金錢和一尺布帛，然而我有充分的資財。問道：憑什麼呢？回答說：我們國內有兩類人，正在攪亂天下，比匈奴在邊境造成的禍害還要厲害，他們使上下背逆，天下貧困，盜賊、罪人越積越多而不能停止，這都是兩類人造成的災禍啊。如果除掉這兩類人，不使國家紊亂，天下就太平富裕了。我請求皇上把這兩類人送給匈奴去製造災禍，這樣的效果將會超過空談。有人說：天子親自關切匈奴的政事，會引起匈奴人民的恐慌。我認為：如果還有人不是天子的臣民，難道算是天子嗎？《詩經》說：「普天之下所有的土地，都在周王所統治的疆域上，所有的人都是周王的臣民。」王，就是天子啊。只要是舟車所能通行的地方，人的足跡所能到達的地方，雖然是蠻夷戎狄，哪裡不是天子所擁有的呢？可是惛渠這個部落掌握了不少天子的臣民，卻不聽命於天子，那麼惛渠就犯了大罪啊。當今天子只是去安撫自己的百姓，這是作天子理所當然的事，那裡算是治理他人的臣民呢！

勢卑

事勢

【題解】本篇仍然陳述漢與匈奴的形勢。漢文帝時，對匈奴採取「和親」的政策，將漢宗氏女嫁給單于，並每年送給匈奴「金絮繒綵」，漢反而成了匈奴的諸侯。賈誼對此不滿，他希望文帝能任命他主持屬國，用以制服匈奴。本篇節錄在《漢書》中，可與本書〈威不信〉、〈解縣〉、〈匈奴〉諸篇參看。「勢卑」是指漢形勢卑辱的意思。

匈奴侵甚、侮甚❶，遇天子至不敬也，為天下患，至無已也。以漢而歲致❷金絮❸繒綵❹，是入貢職❺於蠻夷❻也。顧❼為戎人❽諸侯❾也，埶❿既卑辱，而禍且不息，長此何窮⓫！陛下胡忍⓬以帝皇之號特居此！

【章旨】此段陳述漢入貢於匈奴的不合理。

【注釋】❶侵甚侮甚　侵略侮辱漢室太過分。❷致　送。❸絮　絲綿。❹繒綵　絲帛織品。❺貢職　納貢盡為臣之職。貢，指進獻的財物。❻蠻夷　指匈奴。❼顧　反。❽戎人　指匈奴。❾諸侯　本為天子所封，以作為天子的藩籬，而這裏是以漢為諸侯，作為匈奴的藩籬。❿埶　同「勢」字。⓫窮　盡。⓬胡忍　何忍；怎麼忍心。

【語譯】匈奴對漢侵略太過分，侮辱太過分，對待漢天子最不恭敬了，成為天下的禍患，最沒完沒了啊。憑著漢這麼個堂堂大國卻每年贈送給匈奴金絮繒綵，這是向蠻夷納貢盡職啊。大漢反而成了戎人的諸侯，漢所處地位又卑下又受辱，禍患又將不會停止，這樣長久下去何時才是盡頭！皇上怎麼容忍以皇帝的尊號，而獨居於這種卑辱的地位呢！

臣竊料匈奴之眾，不過漢一千石大縣❶，以天下之大而困於一縣之小，甚竊為執事❷羞之。陛下有意，胡不使臣一試理❸此？夫胡人於古小諸侯之所銍權❹而服也，奚❺宜敢悍若此？以臣為屬國之官❻，以主匈奴。因幸行臣之計，半歲之內，休屠❼飯失其口矣；少假之閒❽，休屠繫頸以草❾，膝行頓顙❿，請歸陛下之義⓫。唯上財幸⓬。而後復罷⓭屬國之官，臣賜⓮歸伏⓯田廬⓰，不復洿末廷⓱，則忠臣之志快矣。今不獵⓲猛獸而獵田彘⓳，不搏反寇⓴而搏畜菟㉑，所獵得毋小，所搏得毋不急㉒乎？玩細虞㉓，不圖大患，非所以為安㉔。

【章旨】此段賈誼表示願主持與匈奴的事務交往，制服匈奴。

【注釋】❶一千石大縣　按漢制，大縣的縣令最高年俸穀千石。❷執事　主持事務的官員；百官。❸理治。❹銍權　制裁。銍，割禾的小鐮刀。《斠補》以為「權」當作「獲」。❺奚　何。❻屬國之官　即典屬國，專門管理四周附屬國事務交往的官員。此官職秦開始設置，西漢曾沿用，至漢成帝時併入大鴻臚。參見《漢書・百官公卿表上》。❼休屠　匈奴的一個部落，在今甘肅省境。❽少假之閒　意思是稍給我一點兒時間。❾草指草繩。❿頓顙　叩頭。⓫義　大義；正義。⓬財幸　裁決。財，通「裁」。幸，表對君主行動的敬詞。⓭罷撤銷。⓮臣賜　臣請皇上賜予。⓯伏　伏倒；服從。安心的意思。⓰田盧　田舍。指自己的家。⓱污末廷　指自己在朝廷作官是辱了外廷，帶有謙卑的意思。洿，同「污」。末廷，朝廷有內廷和外廷，末廷指外廷，漢世議事多在內廷，外廷不重要，所以司馬遷說自己只是「陪外廷末議」。⓲獦　「獵」的異體字。⓳田彘　野豬。⓴反寇　此指匈奴。㉑畜菟　家養的兔子。㉒急　指緊迫的事。此句諸本「急」上無「不」字。㉓虞　樂。㉔所以為安　使國家安定的辦法。

【語　譯】我個人揣想，匈奴的人口不會超過漢一個千石大縣的人口，以漢堂堂大國，卻被一個小縣所困擾，我深為有關的官員感到羞恥。皇上如果有意解決這個問題，何不派我對匈奴試著整治一番？匈奴在古代一個小諸侯國面前，都可以被隨意制裁而使之服從啊，怎麼竟敢凶悍到如此地步？我請求派我為典屬國，來主持處理與匈奴的關係。如果皇上實行我的計策，不出半年，休屠王就連飯都沒得吃了；再給我一點兒時間，休屠王就會被用草繩牽著頸子，跪行前來叩頭，請求歸服皇上的大義，只聽皇上裁決。這樣以後再撤銷典屬國的官銜，賜我回歸田舍，不再污辱朝廷，那麼我作為忠臣的心情就高興了。如果不去獵取猛獸，卻要獵取野豬，不去捉拿反寇，卻去搏取家兔，所獵取的難道不是太小嗎？而所搏取的難道不是太不迫切了嗎？貪玩細小的娛樂，不去考慮心腹之患，這不是安定國家的做法。

淮難事勢

【題解】本篇是為諫阻漢文帝分封淮南厲王劉長四子而寫的一篇奏疏。淮南厲王劉長於文帝六年（西元前一七四年）勾結閩越、匈奴謀反，事敗被流放蜀地，途中絕食而死。文帝八年，文帝傷於骨肉之情，分封劉長四子為列侯，賈誼知道皇帝下一步必封四子為王，就寫了此奏疏，極言分封之不當。文中歷數了淮南厲王無視漢法的種種行為，並論定「淮南王罪人之身也，淮南子罪人之子也。奉尊罪人之子適足以負謗於天下耳，無解細於前事」。而且認為如果給予分封，將來四人一心，是「假賊兵為虎翼」，不是安邦的良策。本篇在《漢書》中有所節略。「淮難」，淮南；難，患。意即論述淮南之患。

竊恐陛下接王❶淮南王子❷，曾不與如臣者❸孰計❹之也。淮南王來入❺，赴千乘之君❻，陛下為頓顙❼謝罪皇太后❽之前，淮南王曾不誚讓❾，敷留❿之罪無加身者。舍人⓫橫⓬制等室⓭之門，追而赦之，吏曾不得捕。王人⓮於天子國橫行不辜⓯而無譴⓰，乃賜美人多載黃金而歸。侯邑⓱之在其國者，畢⓲徙之佗⓳所。

陛下於淮南王不可謂薄矣。然而淮南王，天子之法咫⑳蹂促㉑而弗用也，皇帝之令咫批傾㉒而不行，天下孰不知？天子選功臣有識者㉓，以為之相吏㉔，王僅不踏蹴而逐耳㉕，無不稱病㉖而走㉗者，天下孰弗知？日接持㉘怨言以誹謗陛下之為，皇太后之餽㉙賜逆拒㉚而不受，天子使者奉詔㉛而弗得見，僵臥㉜以發詔書，天下孰不知？聚罪人奇狡㉝少年㉞，通柴奇㉟之徒、啟章㊱之等㊲而謀為東帝㊳，天下孰弗知？淮南王罪已明，陛下赦其死罪，解㊴之嚴道㊵以為之神㊶，其人自病死，陛下何負㊷？天下大指㊸孰能以王之死為不當？陛下無負也！

【章　旨】此段歷數淮南厲王劉長反漢的不法行為。

【注　釋】❶接王　接著封王。❷淮南王子　指劉長的諸子。文帝八年，封劉安為阜陵侯，劉勃為安陽侯，劉賜為陽周侯，劉良為東城侯。❸如臣者　像我這樣的人。❹孰計　仔細謀劃。孰，同「熟」。❺來入　來朝廷。❻千乘之君　用先秦的說法，千乘之國指諸侯，即打仗有能力出動一千輛兵車的國家。這裏是說把漢文帝當作千乘之君，不行君臣之禮。❼頓顙　叩頭，表示謝罪。❽皇太后　指文帝的母親薄太后。❾誚讓　責怪。「誚」和「讓」都有責備的意思。❿敷留　義不明，可能是拘留治罪的意思。⓫舍人　左右親近的人的通稱。此處泛指家臣。⓬橫　驕橫專制。⓭等室　盧文弨疑為「靜室」，即「清室」。指請罪之室。《札迻》說，當作「寺室」。⓮王人　指淮南王的下屬。⓯不辜　無罪的人。⓰譴　責備。⓱侯邑　侯爵的封邑，相當於縣。⓲畢　全部。

⑲佗　同「他」。⑳咫　則。㉑蹂促　踐踏。促，通「蹴」。㉒批傾　推翻。批，擊。㉓有識者　有見識有才能的人。識，原作「職」，據喬、沈本改。㉔相吏　丞相、官吏。潭本脫以上三句十八字。㉕王僅不踏蹴句　淮南王對朝廷派來的相吏排擠打擊，就只差沒有一腳踢開他們。踏蹴，一腳踢開。㉖稱病　假稱有病。㉗走　逃走。㉘接持　連續不斷。㉙餽　同「饋」。贈送酒食。㉚逆拒　對抗。㉛奉詔　送來詔書。詔，皇帝的命令。㉜僵臥　躺在床上。古代臣下接受詔書要下跪領旨，淮南王卻躺在床上打開詔書，至為不敬。㉝奇狡　非常狡猾。㉞少年　青年人。㉟柴奇　棘蒲侯柴武之子，曾參與劉長的叛亂。㊱啟章　劉長的下屬。㊲等　類。㊳東帝　淮南其地在東，故稱帝則為「東帝」。㊴解　押送。㊵嚴道　蜀郡嚴道縣。原作「金道」，依盧文弨說改。㊶為之神　替他安排生計。神，生；生計。《莊子・大宗師》：「神鬼神帝，生天生地。」章炳麟《莊子解詁》說：「神」與「生」義同。按《漢書・淮南衡山濟北王傳》：「有司奏：『請處蜀嚴道邛郵，遣其子、子母從居，縣為築蓋家室，皆日三食，給薪菜鹽炊食器席蓐。』制曰：『食長，給肉日五斤，酒二斗。令故美人材人得幸者十人從居。』」此為安排生計之證。《斠補》疑「神」為「紲」。紲，用繩索捆綁。㊷負　辜負；對不起。㊸大指　大要；基本看法。

【語　譯】我耽心皇上接著封淮南王諸子為王，卻不同像我這樣的臣子們仔細謀劃這件事情。所以我上了這篇奏疏。淮南王進入朝廷，就好像到諸侯國去一樣，不行為臣之禮，皇上還替他在皇太后面前叩頭謝罪，卻不責備淮南王，不以拘捕之罪加到他頭上。淮南王的門人在等室的門前也橫暴專制，皇上追捕來卻又赦免了罪，吏人不能逮捕。淮南王手下的人，在天子京畿無罪的人當中橫行霸道，卻不受到譴責，還賞賜美人及很多黃金給他們載回封國。為了擴大淮南的領地，將淮南國內原有封侯的領地城邑留給淮南，享有侯爵的人被遷徙到其他的郡另行分封。皇上對於淮南王的待遇不能說微薄了。然而，淮南王對於天子的法制卻加以踐踏而不予執行，對於皇帝的命令卻加以推翻而不聽，淮南王這種態度天下人有誰不知？天子選拔功臣中有見識的人作為淮南國的宰相、官吏，淮南王對他們僅是沒有一腳踢開驅逐出境罷了，宰相官吏沒有不託病而離開的，天下人有誰不知？淮南王不斷發出怨言來誹謗皇上的行為，皇太后對他饋贈的食品抗拒而不接受，天子的使者奉著詔書而淮南王不予接見，躺在床上打開詔書，天下人誰個不知？招集一些罪人和特別狡猾的青年，勾通柴奇、啟章一類的人圖謀立為東帝，天下人有誰不知？淮南王的罪行已經清楚，皇上赦免了他的死罪，押送到蜀郡嚴道，並為他安排生計，他自己病死，皇上有什麼對他不起？天下的輿論有誰認為淮南王的死是不應該的？皇上並沒有對他不起的地方啊！

如是，咫淮南王罪人之身也，淮南子罪人之子也。奉尊❶罪人之子，適❷足以負謗❸於天下耳，無解細❹於前事❺。且世人不以肉為心❻則已，若以肉為心，人之心可知也。今淮南子少壯❼，聞父辱狀，是立咫泣洽衿❽，臥咫泣交項❾，腸至腰肘❿如繆維⓫耳，豈能須臾忘哉？是⓬而⓭不如是⓮，非人也。陛下制天下之命，而淮南王至如此極⓯，其子舍陛下而更安所歸其怨⓰爾。特曰埶未便⓱，事未發，含亂⓲而不敢言。若誠其心⓳，豈能忘陛下哉？白公勝⓴所為父報仇者，報大父㉑與諸伯父、叔父也。令尹子西、司馬子綦皆親群父㉒也，無不盡傷。昔者白公之為亂也，非欲取國代王㉓也，為發憤㉔快志㉕爾，故挾匕首以衝㉖仇人之匈㉗，固為要俱靡㉘而已耳，固非冀生㉙也。

【章　旨】此段說明淮南厲王的兒子必然會為他們的父親報仇。

【注　釋】❶奉尊　尊敬。指分封。❷適　恰好。❸負謗　受誹謗。❹解細　消解減弱。❺前事　指判處淮南厲王遷蜀死於途中事。此事發生後，當時有民謠：「一尺布，尚可縫；一斗粟，尚可舂。兄弟二人，不能相容。」文帝聽到感到不安。❻不以肉為心　非血肉之心，如木石心腸，則無喜怒哀樂。❼少壯　稍長大。❽洽衿　淚水沾濕衣服。洽，濕。衿，衣領。❾項　頸。❿胕　小臂。⓫繆維　糾結。⓬是　這種情況。指連接在一起。⓭而　如果。⓮不如是　不這樣。指前文說的站著也哭，臥著也哭。如，別本作「知」。⓯至如此極　弄到如此極端。指死於遷蜀途中。⓰安所歸其怨　把他們的怨恨指向哪裡。⓱便　利。⓲含亂　包藏禍心。舊本皆訛作「舍」。⓳誠其心　就其真誠的想法。⓴白公勝　春秋末年楚平王的孫子、太子建的兒子。楚平王時，由於太子建的少府費無忌向平王進讒，引起平王和太子之間的不睦，平王欲殺太子建，太子建逃到宋國，後到鄭，為鄭人所殺，其子勝逃到吳國。楚惠王二年，令尹子西召勝回國以為巢大夫，號稱白公。白公武勇而下士，欲為父親報鄭仇。楚惠王八年，晉伐鄭，鄭向楚求援，楚使子西救鄭。白公勝怒，襲殺令尹子西、子綦於朝，並劫持惠王，白公自立為王，後由於葉公援救，殺了白公，楚惠王才得以復位。㉑大父　祖父。指楚平王。㉒群父　指白公勝的父輩子西、子綦。按令尹子西《史記・楚世家》載為「平王之庶弟」，則屬白公勝的叔祖父。子綦《左傳》作「子期」，即楚昭王兄公子結。見《左傳・定公四年》注。㉓代王　建本、潭本作「伐主」，別本作「代主」，盧本改作「代王」。㉔發憤　發洩私憤。㉕快志　使心裏痛快。㉖衝　指刺進。㉗匈　同「胸」。

㉘俱靡　都倒下，同歸於盡。㉙冀生　希望活下來。

【語譯】像這種情況，那麼淮南厲王本身就是個罪人，淮南厲王的兒子本就是罪人的兒子啊。分封罪人的兒子，恰好足以受到天下人的謗議，並不能消滅以前淮南厲王死於遷蜀途中的影響。況且世人的心不是血肉構成的便罷，假如是用血肉構成的心，人們的心是相通的啊。現在淮南厲王的兒子們都逐漸長大成人，他們聽到父親受辱的情況，站著就哭得眼淚沾濕衣領，臥著就哭得眼淚交流頸項，好比一個人從腸到腰、小臂都是連結成一體的，難道能夠有一會兒忘掉嗎？既是連結成一體，如果不是像這樣站著也哭，臥著也哭，那倒不是人了。皇上掌握了命令天下的權力，淮南厲王竟死在遷蜀的途中，他的兒子們除了皇上之外還會把他們的怨憤發洩到誰的頭上呢？目前只是形勢對他們不利，叛亂才未爆發，把亂天下之心包藏起來而不敢說出。按照他們的真實想法，難道能忘掉對皇上的仇恨嗎？白公勝為父親報仇，報仇的對象是祖父與眾伯父和叔父。令尹子西、司馬子綦都是他的親父輩啊，沒有不被傷害的。昔日白公的作亂，並不是想篡奪國家取代王位，是為了發洩私憤讓心裏痛快一下罷了，所以將匕首插進敵人的胸膛，本就打算同歸於盡罷了，本就不抱活命的希望啊。

今淮南土雖小❶，黥布嘗用之❷矣，漢存特❸幸耳。夫擅仇人❹，足以危漢之資，於策安便？雖割而為四❺，四子一心也。豫讓❻為智伯❼報趙襄子❽，五起而不取者，無佗❾，資力❿少也。子胥⓫之報楚也，有吳之眾也；白公成亂也，有白公之眾也。闔閭⓬富故⓭，然使專諸⓮刺吳王僚；燕太子丹⓯富故，然使荊軻⓰殺秦王政⓱。今陛下將尊不億⓲之人，與之眾，積之財，此非有白公、子胥之報於廣都⓳之中者，即疑有專諸、荊軻起兩柱之間⓴，其策安便哉？此所謂假賊兵㉑為虎翼㉒者，願陛下少㉓留意計之。

【章　旨】此段說明即使把淮南一分為四封給劉長的兒子，也不是好的辦法。

【注　釋】❶淮南土雖小　當初淮南王領九江、廬江、衡山、豫章四郡，其實領地不小。❷用之　利用淮南。❸特　但；只。❹擅仇人　指讓仇人擁有淮南。擅，通「禪」。讓。❺割而為四　指把淮南一分為四封給劉長諸子。❻豫讓　春秋時晉國人，曾為智伯家臣。❼智伯　即知瑤。❽趙襄子　即趙無恤，晉六卿之一。趙襄子滅了智伯，豫讓為智伯報仇，曾五次襲擊趙襄子都沒有成功。❾佗　同「他」。❿資力　資本、力量。⓫子胥　伍子胥，楚大夫，其父伍奢為楚平王太子建的太傅。父兄均被平王殺害，子胥奔吳，發動吳攻楚，並一度佔領了郢都，鞭平王屍三百，為父兄報仇。⓬闔閭　春秋時吳國國君。⓭富故　由於富裕的緣故。⓮專諸　吳人，吳王闔閭即位前，曾與其兄吳王僚爭奪君位，闔閭收買專諸刺殺了吳王僚。專諸，潭本作「鱄諸」。⓯燕太子丹　戰國末期燕國太子，他在秦國作人質時，秦王沒有以禮相待，故暗養壯士決意報仇。⓰荊軻　戰國時衛國人。為燕太子丹赴秦報仇，刺殺秦王政，沒有成功。⓱秦王政　即後來的秦始皇。⓲億　安。⓳廣都　大都。⓴起兩柱之間　指在殿堂上楹柱之間行刺。㉑假賊兵　把兵器借予盜賊。㉒為虎翼　為猛虎增添翅膀。㉓少　稍。舊本脫「少」字。

【語 譯】現在淮南王所領的這塊封地雖然很小，黥布卻曾經利用它作為叛亂的根據地，漢能戰而勝之得以生存下來，只是僥倖罷了。把淮南這塊土地讓給仇人掌握，足以成為威脅漢的資本，在決策上怎麼有利呢？即使把淮南分割為四封給劉長的兒子，四個兒子也會一條心啊。豫讓替智伯報趙襄子的仇，五次襲擊趙襄子都沒有成功，沒有別的原因，只是因為資財和力量不夠的緣故。伍子胥報楚平王的仇，有吳國的人眾；白公勝能造成暴亂，有擁護白公的人眾啊。吳王闔閭由於財物充裕，這樣就能收買專諸刺殺吳王僚；燕太子丹由於財物充裕，這樣就能收買荊軻刺殺秦王政。現在皇上將尊敬不安分的人，給與他們民眾，為他們積聚財物，這樣下去不是有如白公勝、伍子胥在大都之中報仇的事出現，就可能有如專諸、荊軻在殿堂兩柱之間行刺的事出現，那樣的決策怎麼有利呢？這種做法就是所說的把兵器借給盜賊、替猛虎增添翅膀，希望皇上稍加留意謀劃這件事。

無蓄 事勢

【題解】本篇陳述糧食積貯的重要。漢文帝時，天下休養生息，農業生產得到一定恢復和發展，但是工商游食之民背本趨末，侈靡無度，影響了生產的發展和糧食的積貯。所以賈誼寫了這篇奏疏要漢文帝重視這個問題。文中指出：「夫蓄積者，天下之大命也。」有了糧食，可以攻，可以守，可以戰，可以防邊，可以備荒，可以招徠百姓。特別是引用管子的話：「倉廩實則知禮節；衣食足則知榮辱。」說明「禮節」、「榮辱」意識只有在物質豐富的基礎上才能建立起來。這些看法都鞭辟入裏，切中時弊，引起了漢文帝的重視。據《漢書．食貨志》載：「於是上感誼言，始開藉田，躬耕以勸百姓。」本文所載與〈食貨志〉所載〈論積貯疏〉大致相同。「無蓄」是講沒有積貯的危害。

禹有十年之蓄，故免九年之水；湯有十年之積，故勝七歲之旱❶。夫蓄積者，天下之大命❷也。苟粟多而財有餘，何嚮❸而不濟❹？以攻則取，以守則固，以戰則勝❺，懷柔❻附遠❼，何招❽而不至？管子❾曰：「倉廩實，知禮節；衣食足，知榮辱❿。」民非足也，而可治之者，自古及今，未之嘗聞。古人曰：「一夫不耕，或⑪為之⑫饑；一婦不織，或為之寒。」生之有時⑬而用之無節⑭，則物力必屈⑮。古之為天下者至悉⑯也，故其蓄積足恃。今背本⑰而以末⑱，食者甚眾，是天下之大殘也⑲；從⑳生㉑之害者甚盛㉒，是天下之大賊㉓也。汰流㉔、淫佚㉕、侈靡㉖之俗日以長，是天下之大祟㉗也。殘賊公行，莫之或止㉘；大命泛敗㉙，莫之振救。何計者也，事情安所取㉚？生之者㉛甚少而靡之者㉜甚眾，天下之埶㉝何以不危！漢之為漢㉞幾㉟四十歲㊱矣，公私之積，猶可哀痛也。故失時不雨，民且狼顧㊲矣；歲惡㊳不入，請賣爵鬻㊴子。既或聞耳矣，安有為天下阽危㊵若此而上㊶不驚者！

【章旨】此段闡明糧食積貯的重要以及當時國家積貯不足的嚴峻形勢。

【注釋】❶禹有十年之蓄四句　傳說禹時遭到大澇，湯時遭到大旱。見《莊子·秋水》。❷命　命脈；根本。❸嚮　通「向」。❹濟　成功。❺以戰則勝　潭本無此四字，《漢書》有。❻懷柔　安撫。❼附遠　使遠人歸順。❽何招　招何；招徠任何人。❾管子　即管仲，春秋前期齊桓公的輔佐大臣。今傳《管子》一書屬後人偽托，但其中當保留了管子的許多資料。❿倉廩實四句　引文本於《管子·牧民》。⓫或　有人。⓬為之　因之。之，代替「一夫不耕」。⓭生之有時　指生產糧食有一定季節。⓮無節　潭本作「無度」。節，節制。⓯屈　窮盡。

⑯至悉　最清楚。⑰本　指農業。⑱末　指商業。⑲是天下之大殘也　此句建本無「之」、「也」二字。潭本無「也」字。殘，害。⑳從　通「縱」。放縱。㉑生　指生產。㉒甚盛　很嚴重。㉓賊　害。㉔汰流　驕縱。㉕淫佚　貪圖安逸。淫，過分。㉖侈靡　奢侈浪費。㉗祟　禍。從「從生之害者」至「大祟也」，盧文弨說：「文多出後人所增竄。《漢書》云：『淫侈之俗日日以長，是天下之大賊也。』無所謂『大祟』，故下云『殘賊公行』，正承上二者而言，無意敷衍，何所取哉！」㉘莫之或止　即「莫或止之」。莫或，沒有人。㉙泛敗　《漢書》作「將泛」。建本、潭本均誤作「貶敗」。泛，覆。㉚何計者也二句　「何計」及「事情」均指讓人們背本趨末。㉛生之者　指生產的人。㉜靡之者　指耗費的人。㉝埶　同「勢」。指國家形勢。㉞漢之為漢　指漢朝建立。㉟幾　近；差不多。㊱四十歲　《漢書·食貨志上》載：「文帝即位，躬修儉節，思安百姓。時民近戰國，皆背本趨末，賈誼說上曰。」據此，則此疏寫於文帝初年，「四十歲」疑為「三十歲」之誤。㊲狼顧　狼多疑，時而回顧，恐人襲擊，此用以比喻失時不雨，百姓疑慮旱災的到來。㊳歲惡　收成不好。㊴鬻　賣。㊵阽危　靠近危險。㊶上　同「尚」。還。

【語譯】夏禹有十年的糧食蓄積，所以免除了九年水災造成的困難；商湯有十年的糧食蓄積，所以戰勝了七年旱災造成的困難。關於糧食蓄積，是天下的大命脈啊。假使糧食充足而財貨有餘，做哪樣事情不會成功？憑著這種條件去進攻敵國，就一定能攻下城邑；憑著這種條件來防守，就能守得牢固；憑著這種條件來作戰，就能戰勝敵人；憑著這種條件安撫，就能使遠方的人歸順。招徠誰，誰會不到來呢？管子說：「倉廩充實，百姓就講究禮節；衣食充足，百姓就懂得榮辱。」如果百姓糧食財貨不充足，卻可以治理好的，從古到今，沒有聽說過的事。古人說：「一個男子不耕種，有人就會因此而挨餓；一個女子不紡織，有人就會因此而挨凍。」生產是有季節限制的，如果耗費沒有節制，那麼國家的物力必定窮竭。古人治理天下，對此十分清楚，所以他們的蓄積有充分保證。當今人們拋棄農業而從事工商業，只吃糧而不生產的人很多，這是天下的一大禍害；對危害生產的情況放縱不管，這是天下的一大禍害；驕縱、安逸、奢靡的風氣一天天滋長，這也是天下的一大禍害啊。禍害已經公開泛濫，沒有人能夠制止；國家的大命脈將要傾敗，沒有人能夠拯救。拋棄農業，這是什麼計策啊，這事又有什麼可取？生產的人很少，可是消費的人很多，天下的形勢怎能不危險呢？漢朝從建立到現在將近四十年了，可是國家和私人的糧食積貯，都是令人哀痛的。因此，老天爺不按時下雨，百姓將會驚疑了；如果一年沒有收成，就會出現賣爵位、賣子女的事情。這些情況已經傳到皇上耳裏了，哪有治理國家而使國家危險到這種地步卻還不驚慌的呢？

世之有饑荒，天下之常也，禹、湯被❶之矣。即❷不幸有方二三千里之旱，國何以相恤❸？卒❹然邊境有急，數十百萬之眾，國何以餽❺之矣？兵旱相乘❻，天下大屈，勇力者聚徒而橫擊❼，罷❽夫羸❾老易子孫而齩❿其骨。政法⓫未畢⓬通也，遠方之疑⓭者並舉而爭起矣。為人上者，乃試⓮而圖之，豈將有及乎⓯？可以為富安天下⓰，而直⓱以為此廩廩⓲也，竊為陛下惜之。

【章旨】此段論述積貯不足的危害性。

【注釋】❶被　遭受。❷即　假如。❸恤　救濟。❹卒　通「猝」。突然。❺餽　同「饋」。贈送食品。

❻乘　因；接連。潭本作「承」，與本書〈憂民〉同。❼橫擊　橫行搶劫。❽罷　通「疲」。❾羸　瘦弱。❿齘　同「咬」。⓫政法　政治法令。⓬畢　全部。建本、潭本作「必」。⓭疑　通「擬」。比；與天子相比擬，謂僭越天子的權力起來造反。⓮試　嘗試。《斠補》謂是「誡」的誤字。誡，通「駭」。⓯豈將有及乎　此句之下，《漢書》尚有「今驅民而歸之農，皆著於本，使天下各食其力。末技游食之民轉而緣南畝，則畜積足而人樂其所矣」數語。此數語大致又見本書〈瑰瑋〉。⓰富安天下　使天下富足安定。⓱直　只是。⓲廩廩　通「懍懍」。害怕的樣子。

【語　譯】社會上出現饑荒，這是天下常有的事，夏禹、商湯時也曾遭受過它的災害。假如不幸遭受二、三千里的旱災，國家用什麼來救濟呢？邊境突然出現緊急的情況，調動數十百萬的兵力，國家拿什麼來供應呢？如果戰爭和旱災接連不斷，天下就會極為貧困，有膽量有力氣的人就會聚集一夥橫行搶劫，疲夫弱老就會交換子孫，咬他們的骨頭來充饑。政治法令沒有完全在全國通行，遠方與朝廷作對的人都會爭相發動叛亂。作為一國之君，事到臨頭才嘗試著考慮這個問題，難道還來得及嗎？本可以做到使天下富足和安定，卻竟然造成這樣危險可怕的局面，我替皇上惋惜。

〈王制〉❶曰：「國無九年之蓄，謂之不足；無六年之蓄，謂之急❷；無三年之蓄，國非其國❸也。」其王制若此之迫❹也，陛下奈何不使吏計所以為此❺。可以流涕者又是❻也。

【章　旨】此段引述古王制對積貯的看法。

【注　釋】❶王制　禮記篇名。此下所引數語又見於本書〈憂民〉。❷急　緊急情況。❸非其國　國易主。❹迫　緊迫；重要。❺所以為此　指王制把積貯看得如此緊迫的原因。❻是　此。此段盧文弨以為「係妄人偽造竄入」刪去，今補。

【語　譯】禮記王制篇說：「國家如果沒有九年的糧食積貯，就稱之為糧食不足，沒有六年的糧食積貯就稱之為糧食緊迫，沒有三年的糧食積貯就認為國家將易主了。」那聖王的制度對積貯看得如此緊迫，皇上為何不派官吏們考慮王制如此重視的原因。這又是令人傷痛流淚的事情啊！

鑄（ㄓㄨˋ）錢（ㄑㄧㄢˊ）

【題解】本篇陳述允許人民自鑄錢的弊端。據《漢書．食貨志下》記載：「漢興，以為秦錢重難用，更令民鑄莢錢，黃金一斤。而不軌逐利之民畜積餘贏以稽市，物痛騰躍，米至石萬錢，馬至匹百金。天下已平，高祖乃令賈人不得衣絲乘車，重稅租以困辱之。孝惠、高后時，為天下初定，復弛商賈之律，然市井子孫亦不得為官吏。孝文五年，為錢益多而輕，乃更鑄四銖錢，其文為『半兩』。除盜鑄錢令，使民放鑄。」漢初放手令民鑄錢，所謂「莢錢」（形同榆莢），越鑄越多，份量越輕。於是漢文帝時又改鑄「四銖錢」（二十四銖為一兩），錢的面值是「半兩」，並且任民私鑄。在這種背景下，賈誼寫了這篇奏疏。文中分析了令民私鑄的多種弊端，諸如：雜以鉛鐵製造假幣，謀取厚利；民私鑄的幣大小不一，引起混亂，不便於流通；採銅冶鎔，耽誤農事；民私鑄錢，犯罪增多，法令無效等等。賈誼希望文帝重視。本篇與本書〈銅布〉意義相關。「鑄錢」是論述私人鑄錢之危害的意思。本篇原文多處無法通讀，盧文弨大加刪夷，今復增補，以尊重原貌。

迺（ㄋㄞˇ）者（ㄓㄜˇ）❶竊（ㄑㄧㄝˋ）聞（ㄨㄣˊ）吏（ㄌㄧˋ）復（ㄈㄨˋ）❷，鑄（ㄓㄨˋ）錢（ㄑㄧㄢˊ）者（ㄓㄜˇ）民（ㄇㄧㄣˊ）人（ㄖㄣˊ）抵（ㄉㄧˇ）罪（ㄗㄨㄟˋ），多（ㄉㄨㄛ）者（ㄓㄜˇ）一（ㄧ）縣（ㄒㄧㄢˋ）百（ㄅㄛˊ）數（ㄕㄨˋ），少（ㄕㄠˇ）者（ㄓㄜˇ）十（ㄕˊ）數（ㄕㄨˋ）。家（ㄐㄧㄚ）屬（ㄕㄨˇ）❸、知（ㄓ）

識❹及吏之所疑，繫囚❺、榜笞❻及犇❼走者，類❽甚不少。僕未之得驗❾，然其形❿必然。抵禍罪者，固乃始耳。此無息時，事甚不少，於上大不便，願陛下幸無忽⓫！

【章旨】此段陳述因鑄錢而犯罪的人增多，希望引起皇上重視。

【注釋】❶迺者　無義，用於語首助詞。❷復　回答。❸家屬　家人親屬，與今義同。❹知識　認識的人。❺繫囚　捆綁關押。❻榜笞　用木棍、竹板抽打。❼犇　同「奔」。❽類　如此。❾驗　證實。❿形　通「刑」。⓫抵禍罪者六句　盧文弨認為必趙宋時人所作，甚不成文理，全部刪去。今補。

【語譯】我聽到獄吏說，私鑄錢的人犯罪，每個縣多的有數百人，少的也有幾十人。犯罪人的家屬、熟人以及獄吏所懷疑的對象，都被捆綁、關押、鞭打，而且波及為他們奔走的人，像這樣的情況不少。我沒有得到驗證，然而那些刑罰必定是如此的。因私鑄犯法獲罪的，本還只是個開頭。估計這種情況沒有停息的時候，今後的事故當很不少，對於皇上大有不利，希望皇上不要忽視這種情況。

法❶使天下公❷得顧租❸鑄錢，敢雜以鉛鐵❹為他巧❺者，其罪黥❻。然鑄錢之情❼，非殽❽鉛鐵及石雜銅也，不可得贏❾；而殽之甚微❿，又易為，無異鹽羹⓫

之易，而其利甚厚。張法⑫雖公鑄銅錫，而鑄者情必姦偽⑬也。名曰顧租公鑄，法也，而實皆黥罪⑭也。有法若此，上將何賴⑮焉？夫事有召禍而法有起姦⑯，今令細民操造幣之勢，各隱屏⑰其家而公鑄作，因欲禁其厚利微姦⑱，雖黥罪日報⑲，其勢不止。民理然也⑳。夫白著㉑法以請㉒之，則吏隨㉓而揜㉔之。為民設阱㉕，孰㉖積㉗於是？上弗蚤圖之，民勢且盡㉘矣！曩㉙禁鑄錢，死罪積下；今公鑄錢，黥罪積下。雖㉚少異㉛乎，末具也㉜。民方陷溺㉝，上且弗救乎？

【章旨】此段說明民私鑄錢容易弄虛作假，法令難禁。

【注釋】❶法 指按法令。❷公 公開。❸顧租 僱工租礦開採。❹雜以鉛鐵 漢之錢幣本為銅鑄，摻進鉛鐵就成了偽幣。❺他巧 別的技巧。❻黥 一種在犯人面額上刺字塗墨的刑罰。❼情 實際情況。❽殽 亂；摻雜。❾贏 利。❿微 隱微。指摻假的手段十分隱祕。⓫鹽羹 把鹽放進湯裏。⓬張法 公布法令。⓭姦偽 弄虛作假。⓮實皆黥罪 指私鑄的人弄虛作假，實際都符合給以黥面的刑罰。⓯何賴 依靠什麼。⓰起姦 縱容壞人。⓱隱屏 隱蔽；躲藏。⓲微姦 暗中做壞事。⓳報 把叛罪的結論上聞天子稱「報」。⓴民理然也 百姓的本性就是如此。理，道理。這裏可理解為本性。㉑白著 明白；弄清楚。㉒請 謁見。㉓隨 接著。㉔揜 蒙蔽。㉕阱 陷阱，捕獸用。㉖孰 誰。指因鑄錢而犯罪的人。㉗積 積累。㉘民勢且盡 指百姓犯罪的趨勢將會達到極點。勢，趨勢。盡，極。㉙曩 昔日。㉚雖 即令。㉛少異 稍有不同。㉜末具也 下等辦法。他本作「未甚也」。具，辦法。㉝陷溺　指陷入禍亂當中。溺，沉沒於水。此處指禍亂。

【語譯】按照法令允許天下人公開僱人租銅礦鑄錢，法令規定，誰敢在銅中摻雜鉛鐵玩弄其他技巧的，所犯罪行應處以黥刑。然而，實際情況是，鑄錢不在銅中亂摻雜鉛鐵及石頭，就不能得利；而摻雜這些東西的手段又十分隱蔽，而且能輕易做到，與在湯裏加點鹽那麼容易一樣，而所獲利又很多。公佈的法令雖然只准許用銅錫公開鑄錢，但是鑄錢的人實際上是必定要弄虛作假的啊。名義上說是僱人租礦公開鑄錢，是合法的，而實際上都觸犯了當判黥刑的罪。有如此的法令，皇上將怎麼能依靠它鑄錢呢？有召禍的事情，就有縱容壞人的法令。現在讓小民擁有鑄造貨幣的權力，各自躲藏在家裏鑄錢，想憑著這樣的法令來禁止他們暗中做壞事獲取厚利，即使每天判處黥刑上報，摻假鑄錢的形勢也是不會停止的。按照百姓的道理就是這樣啊。想把這種不當的立法明白地告訴皇上，可是吏人們又接著加以掩蓋。這種法令是設陷阱陷害百姓，哪有比這積累的罪案更多呢？皇上如果不趁早考慮此事，百姓私鑄的這種趨勢就將走向極端。過去禁止私人鑄錢，下面判處死刑的罪案增多；當今准許公開鑄錢，下面判處黥刑的罪案增多。即使稍有不同，也還是最差的辦法啊。百姓正陷於禍亂當中，皇上還不去援救嗎？

且世民用錢，縣異而郡不同：或用輕錢❶，百加若干❷，輕小異行❸；或用重錢❹，平稱❺不受❻。法錢❼不立，將使天下操權族❽，而吏急而一❾之乎，則大煩苛⑩而民弗任⑪，且力不能⑫而勢⑬不可施；縱⑭而弗苛乎，則郡縣異而市肆⑮不同，小大異用⑯，錢文⑰大亂。夫苟⑱非其術⑲，則何嚮⑳而可哉？

【章旨】此段說明民所鑄錢輕重不一，不便流通。

【注釋】❶輕錢　分量不夠的錢，即不夠四銖。❷百加若干　在一百枚四銖錢中，加上若干枚，才能符合規定的重量。❸輕小異行　這類分量不夠的輕錢小錢就有不同的流通辦法。此句盧文弨刪，今補。❹重錢　分量超過四銖的錢。❺平稱　平等相稱交換。按四銖錢交換使用。❻不受　不給予。持重錢者不拿出來使用。受，通「授」。❼法錢　法定標準的錢，符合國家標準的貨幣。❽操權族　意義不明，可能是指壟斷鑄錢的人。盧本刪去「將使天下操權族而」八字。今補。❾急而一　急於統一貨幣。❿大煩苛　太麻煩瑣碎。⓫弗任　不能承受。⓬力　指官吏的力量。⓭勢　指官吏的權勢。⓮縱　放任。⓯市肆　商店。⓰小大異用　輕錢重錢不同的使用標準。⓱錢文　指錢的面值。按文帝時新鑄四銖錢，面值是「半兩」。由於錢的輕重不同，面值又都是「半兩」，實際使用中輕錢則不作「半兩」使用，重錢則超過「半兩」使用。這樣面值就紊亂了。⓲苟　如果。⓳非其術　方法不對。⓴嚮　同「向」。

【語譯】況且世人所使用的錢幣，各縣各郡都不相同：有的使用輕錢，一百枚加上若干枚才足夠分量，輕而小的錢採取不同的辦法流通；有的使用重錢，與輕錢對等使用，持重錢的又不願拿出交易。國家法定的標準錢沒有確立，將使天下形成一夥人壟斷鑄錢，官吏們雖想急於統一錢幣的標準，又太麻煩瑣碎，百姓無法承受，而且官吏們本身的力量權勢都有限，不可能得以施行；如果放縱而不加以干預，那麼各郡縣使用的錢幣就不同，而商店的價格也會不一樣，由於輕錢與重錢有不同的用法，因而幣值也造成大的紊亂。假如上述解決的辦法都不對，那麼如何辦才行呢？

夫農事不為，而采銅日蕃❶，釋❷其耒耨❸，冶鎔爐炭。姦錢❹日繁❺，正錢❻日亡❼。善人怵❽而為姦邪❾，愿民❿陷⓫而之刑僇⓬。黥罪繁積，吏民且日鬪矣。少益於今⓭，將甚不祥⓮，奈何而忽⓯？國知患此⓰，吏議必曰「禁之」。禁之不得其術⓱，其傷必大，何以圉⓲之？今禁鑄錢，錢必還重⓳，四錢之粟，必還二錢耳⓴。重則盜鑄錢如雲而起，則棄市㉑之罪又不足以禁矣。姦不勝㉒而法禁數潰㉓。難言已，大事也。久亂而弗蚤振㉔，恐不稱㉕陛下之明。凡治不得，應天地星辰有動㉖，非小故㉗也。或累王德㉘，陛下不可以怠㉙。方今始伏㉚，望可善圖也！

【章旨】此段說明禁止私人鑄錢必須採取有效的法令手段。

【注釋】❶蕃　多。❷釋　放下。❸耒耨　農具。❹姦錢　偽錢；不合標準的錢。❺繁　多。❻正錢　合標準的四銖錢。❼亡　消失。❽怵　害怕。指怕上當。❾為姦邪　指私鑄錢幣，弄虛作假。❿愿民　老實的人。⓫陷　陷溺於禍害之中。⓬之刑僇　走上受刑戮的道路。僇，同「戮」。⓭少益於今　此四字意義不明。可能指「黥罪繁積」的情況在今天慢慢得到滋長。此句盧本刪，今補。⓮祥　吉利。⓯忽　忽視。⓰患此　以此為患。⓱不得其術　辦法不對。⓲圍　禁止。⓳還重　恢復到標準的重量。⓴四錢之粟二句　是說幣值重，物價就會降低，值四錢的粟，回跌到二錢。㉑棄市　古刑罰。在市上處死犯人並陳屍示眾。㉒勝　盡。㉓法禁數潰　指法令一再行不通而作廢。㉔蚤振　早點拯救。蚤，通「早」。㉕稱　符合。㉖天地星辰有動　指人事方面的不當，會影響到天地星辰的變化，產生反常的現象。這是一種天人感應的觀點。㉗小故　小事。㉘累王德　有損聖王的德行。㉙怠　懈怠；隨便。㉚方今始伏　意義不明。似乎是說當今有人屈服，皇上可以乘勢解決這個問題。

【語　譯】人們放棄農業，採銅鑄錢的日益增多，他們放下鋤頭，從事爐炭冶煉。不合標準的偽錢一天天增多，而合標準的四銖錢一天天消失。善人害怕上當就去為非作歹，誠實的人陷於禍害走向刑戮的道路。受黥刑的繁多，吏人與百姓一天天爭鬥不休了。這種情況在當今慢慢滋長，將對國家十分不利，皇上怎麼能忽視呢？朝廷知道以此為患，官吏商議也定說應禁止私鑄。可是禁止私鑄而不得其法，它所造成的損失必然更大，用什麼辦法來禁止呢？下令禁止私人鑄錢，錢必然恢復到四銖錢的重量，物價也會降低，四錢的粟，會回跌到二錢。但是錢的分量加重，盜鑄錢的人會風起雲湧，那麼棄市的罪罰也不能禁止了。壞人不盡，禁令不能通行而一再作廢，後果就難說了，這是大事啊。長久動亂而不能提前拯救，恐怕與皇上的聖明不相符合。凡屬治理不當，天地星辰也會相應出現反常的變動，這不是小事啊。可能有損皇上的大德，皇上不可以怠慢。現在正是時機，希望皇上好好考慮啊！

傅職連語

【題解】本篇論述天子、太子的傅人的職責。所謂傅人是指三公(太師、太保、太傅)、三少(少師、少保、少傅)以及樂師、太史等人。文中指出了傅人教授天子、太子的內容，並認為非賢者不能勝任傅人職務。然後又就傅人各自的具體職責加以闡述，如果哪方面沒有做好，就是該傅人的失職。本書〈保傅〉、〈容經〉、〈胎教〉諸篇都與傅人內容有關。所謂「連語」大致是把古書有關的記載加以摘錄編輯成篇的意思。

或稱《春秋》❶，而為之❷聳善❸而抑惡❹，以革勸❺其心。教之《禮》❻，使知上下之則❼。或為❽之稱《詩》❾，而廣道顯德❿，以馴⓫明其志⓬。教之《樂》⓭，以疏⓮其穢⓯，而填⓰其浮氣⓱。教之語⓲，使明於上世，而知先王之務明德於民⓳也。教之故志⓴，使知廢興者，而戒懼㉑焉。教之任術㉒，使能紀㉓萬官之職任，而知治化㉔之儀㉕。教之訓典㉖，使知族類㉗疏戚㉘，而隱㉙比馴㉚焉。此所謂學㉛太子以聖人之德者也。

【章旨】此段論述傳人在教育方面的內容。其中心是教以「聖人之德」。

【注釋】❶春秋　儒家的經書之一。孔子所編，從魯隱公元年開始，到魯哀公十四年結束，共記載了春秋各國二百四十二年的歷史，是我國最早的編年史書。❷之　代指春秋各國的君主。❸聳善　揚善；表彰好的國君。❹抑惡　指批評壞的國君。《春秋》行文簡略，前人以為一字一詞都寓有褒貶，含有「微言大義」。❺革勸　革除壞的，鼓勵好的。❻禮　儒家經書之一。指古禮經。今傳有關禮的典籍有「三禮」，即《周禮》、《儀禮》、《禮記》。❼則　法規。❽為　指「教」。❾詩　《詩經》，儒家的經書之一。我國古代第一部詩歌總集，共收入了從西周初年到春秋中期的詩歌三〇五篇，《詩經》本為文學，傳說孔子刪詩，孔子並把它作為童蒙教材，強調它的社會作用，因而後來成了儒家經書。❿廣道顯德　擴大和顯揚《詩經》本身所包含的道理和倫理。韓愈說「『道』與『德』為虛位」，「道」與「德」這兩個概念當根據具體環境來論定。道家對「道」與「德」多從宇宙本體方面來理解，儒家把「道」作為「道理」，把「德」作為德行來理解。《詩經》的內容是很廣博的，孔子認為有「興」、「觀」、「群」、「怨」的功能，無疑其中包含了許多深刻道理和人倫德行，所以用來教育天子和太子。⓫馴　同「訓」。教訓。⓬志　志向，通過讀《詩經》可以培養志向。⓭樂　儒家經典之一，在漢代失傳。古代禮制與音樂是互相配合的，所以「禮別異，樂和同」，禮制分別上下等級，而音樂則令人心情平和一致，具有感染作用。⓮疏　疏導；排除。⓯穢　惡。可能指人暴躁的性格，與下句「浮氣」相應。⓰填　通「鎮」。壓住。⓱浮氣　指言行舉止不凝重的性格。⓲語　可能指《尚書》，儒家經書之一。《尚書》為上古之書，多載上古帝王的文誥及先王的言論。⓳務明德於民　對百姓專施明德。務，專力從事。⓴志　通「誌」。記事。指歷史典籍。《漢書．藝文志》載：「古之王者世有史官，君舉必書，所以慎言行，昭法式也，左史記言，右史記事，事為《春秋》，言為《尚書》，帝王靡不同之。」這裏是指《春秋》、《尚書》以外的那些史籍。㉑戒懼　臨事而懼，謹慎從事。㉒術　方法。指駕馭臣下的方法。㉓紀　序；整理使之有序。㉔治化　治理教化。㉕儀法度。㉖訓典　先王之書。《校註》指世系族譜之類的書冊。㉗族類　同宗族的人。㉘疏戚　疏遠的異姓。㉙隱　審；明白。㉚比馴　和順。㉛學　通「斅」。教。潭本作「教」。

【語譯】有人說《春秋》這部書，是對君土揚善懲惡的，它可以用來革除太子壞的心理，鼓勵好的想法。用《禮》來教授太子，使他懂得上下尊卑等級的規定。有人用《詩經》來教授太子，擴大和發揚《詩經》包含的道理和德行，用它來培養太子的志向。用《樂》來教授太子，用它疏導粗暴的習性和鎮住浮躁的氣質。用《尚書》來教授太子，使他懂得上世和先王都是注重對百姓施以明德的。用歷史記載來教授太子，使他懂得國家廢興的道理，從而戒懼謹慎行事。用駕馭臣下的術道教授太子，使他能分清百官的職責和任務，從而懂得治理和教化的法則。用先王訓誡和典籍來教授太子，使他知道處理好與同姓宗族和異姓疏遠親戚的關係，從而明白和順的道理。這就是所謂的用聖人的德行來教育太子啊。

或明惠施❶以道❷之忠，明長復❸以道之信，明度量❹以道之義，明等級以道❺之禮，明恭儉❻以道之孝，明敬戒❼以道之事，明慈愛以道之仁，明僩❽雅以道之文❾，明除害以道之武，明精直❿以道之罰，明正德⓫以道之賞，明齊肅⓬以道之敬⓭。此所謂教太子也⓮。

【章　旨】此段說明傅人在教導方面的內容。

【注　釋】❶惠施　對人施以恩惠。❷道　通「導」。❸長復　經過長久的時間，所說的話尚能履行，不致食言。❹度量　丈尺叫「度」，斗斛叫「量」。此指法度。❺等級之道　指上下尊卑的規定。❻恭儉　恭敬謙卑。❼敬戒　恭敬戒懼。指臨事而懼。❽僩　同「嫻」。雅。❾文　指文采。❿精直　精明正直。⓫正德　正直的德行。⓬齊肅　恭敬嚴肅。齊，通「齋」。⓭敬　原作「教」，據潭本改。⓮此所謂教太子也　《讀諸子札記》說，當作「此所謂教者也」。

【語　譯】有人向太子講明施加恩惠的道理來教他「忠」，講明長久不食言的道理來教他「信」，講明法度的道理來教他「義」，講明上下尊卑的道理來教他「禮」，講明恭順謙讓的道理來教他「孝」，講明敬慎戒懼的道理來教他「臨事而懼」，講明慈愛的道理教他「仁」，講明溫文爾雅的道理來教他「文」，講明唯害是除的道理來教他「武」，講明精明正直的道理來教他「罰」，講明正直德行的道理來教他「賞」，講明齋戒嚴肅的道理來教他「敬」。以上這些就是所說的引導太子的辦法啊。

左右前後莫非賢人，以輔相之：揔❶威儀以先後❷之，攝❸體貌❹以左右❺之，制義行❻以宣翼❼之，章恭敬❽以監行❾之，勤勞以勸之，孝順以內❿之，敦篤⓫以固⓬之，忠信以發⓭之，德言以揚⓮之。此所謂順⓯者也。

此傅人⓰之道⓱也，非賢者不能行。

【章　旨】上兩段是論述「教」和「導」的內容，此段則論述對太子教訓的內容。

【注　釋】❶揔　即「總」字。❷先後　指先後有序。❸攝　總。❹體貌　禮貌。❺左右　或使之左，或使之右，有支配、調整的意思。❻制義行　制訂合宜的行為規範。義行，潭本作「儀行」，建本作「義德」。❼宣翼　輔助。❽章恭敬　彰明恭敬的德行。❾監行　監督履行。❿內　同「納」。使他接受。⓫敦篤　厚道。⓬固　堅。⓭發　感發。⓮揚　激揚。⓯順　通「訓」。訓也是「教」，不過稍帶有強行的意思。⓰傅人　輔佐的官員，包括「三公」、「三少」、樂師、太史在內。⓱道　指教授內容。

【語　譯】太子、國君的左右前後，都是賢人，一同來輔助他。統管各種威儀使他先後有序，總領各種禮節使他左右有次，制訂合宜的行為規範來輔佐他，彰明恭敬來監督履行，教以勤勞來勸勉他，教以孝順來深入他的內心，教以厚道來穩固他，教以忠信來感發他，教以德言來激揚他。這就是所說的教訓啊。

這些都是傅人教輔的內容，不是賢能的人是不能勝任的。

天子不諭❶於先聖人❷之德，不知君國❸畜民❹之道，不見禮義之正❺，不察應事❻之理，不博❼古之典❽傳❾，不嫻❿於威儀之數⓫，《詩》、《書》、《禮》、《樂》無經⓬，天子學業之不法⓭：凡此其屬⓮，太師⓯之任也。古者齊太公⓰職之⓱。

【章　旨】此段闡明太師的職責。

【注釋】❶諭曉　明白。❷先聖人　古代的聖人。❸君國　作國君，管理國家。❹畜民　養民；治民。❺正　中；標準。❻應事　處理事務。❼博　指廣博了解。❽典　經典。❾傳　解釋經書的稱「傳」。這裏泛指各種典籍。❿僩　同「嫻」。熟悉。⓫數　順序。⓬無經　指不經常學習。經，常。⓭不法　不合乎法度。⓮凡此其屬　猶說「凡此之類」。屬，類。⓯太師　古代「三公」之一，天子的老師，所謂「道之教訓」。⓰齊太公　即姜尚，又稱呂尚。西周初人，為周文王之師。武王克商後，尊姜尚為「師尚父」，受封於齊，故稱「齊太公」。⓱職之　以此為職。意即管理此事。

【語譯】天子不明白先代聖人的德行，不懂得治理國家畜養民眾的道理，不清楚禮義的標準，不清楚處理事務的道理，不博知古代的典籍，不熟悉威儀舉止的順序，不經常學習《詩經》、《書經》、《禮經》、《樂經》，天子的學業不符合規定：以上種種，都是太師的任務啊。古代齊太公擔任這個職務。

天子不恩於親戚❶，不惠於庶民❷，無禮於大臣，不忠於刑獄❸，無經❹於百官，不哀於喪，不敬於祭，不誠❺於戎事❻，不信於諸侯，不誠於賞罰，不厚於德，不彊❼於行。賜予侈❽於左右近臣，吝❾授於疏遠卑賤，不能懲忿❿忘欲⓫，大行、大禮、大義、大道⓬，不從太師之教：凡此其屬，太傅⓭之任也。古者魯周公⓮職之。

【章 旨】此段闡明太傅的職責。

【注 釋】❶親戚 指同姓和異姓的親屬。❷庶民 眾民。❸刑獄 指判定訴訟案件。《大戴禮記・保傅》作「制獄」。❹經 治。❺誡 警戒；重視。❻戎事 戰爭。❼彊 同「強」。❽侈 多。❾恡 同「吝」。吝惜。❿懲忿 節制忿怒。⓫欲 貪欲。⓬大行大禮大義大道 皆冠以「大」，「大」是大節，最高原則的意思。譬如禮，據《禮記・禮器》稱：「禮，有大有小，有顯有微。大者不可損，小者不可益，顯者不可揜，微者不可大也。故經禮三百，曲禮三千，其致一也。」經禮，就是大禮，如冠、昏、喪、祭、朝覲、會同之類。曲禮，就是小禮，如進退、升降、俯仰、揖遜之類。「大行、大禮」等當與下句連讀，是說在大行、大禮等方面不聽從太傅的教導。⓭太傅 古「三公之一」，天子的傅佐，所謂「傅之德義」。位僅次於太師。⓮魯周公 即姬旦，周武王之弟，武王死，成王年幼，周公攝理政事，制禮作樂，建立典章制度，對鞏固西周政權起了很大作用，封於魯，故稱「魯周公」。

【語 譯】天子不對親戚施以恩澤，不對眾民施以德惠，對大臣沒有禮貌，對斷案不以忠心，對百官不能治理，對喪事不寄哀思，對祭祀心不恭敬，對於戰事不加重視，對諸侯不予信任，對賞罰沒有誠心，道德不厚，行事不力，對於左右近臣賜予太多，對於疏遠和卑賤的人卻過於吝嗇，不能節制忿怒、忘卻貪欲，在大德、大禮、大義、大道方面，不聽從太師的教導。凡此種種，都是太傅的職責啊。古代魯周公曾擔任這個職務。

天子處位❶不端❷，受業❸不敬，教誨諷誦❹《詩》、《書》、《禮》、《樂》之不經❺、不法❻、不古❼，言語不序❽，音聲不中律❾。將❿學趨讓進退⓫，即席⓬不以禮，登降⓭揖讓⓮無容⓯，視瞻、俯仰、周旋⓰無節⓱，妄咳唾，數顧⓲趨行，色不比⓳順，隱琴肆瑟⓴：凡此其屬，太保㉑之任也。古者燕召公㉒職之。

【章　旨】此段闡明太保的職責。

【注　釋】❶處位　指坐的姿勢。❷不端　不正。❸受業　從師學習。❹諷誦　誦讀。❺不經　不常。❻不法　不合法度。❼不古　不效法古人。盧文弨、《斠補》皆以「不古」二字為衍文。❽不序　無次序。❾不中律　不合音律。這裏大致是指誦讀、說話的聲音沒有高低快慢的節奏。❿將　當。⓫趨讓進退　指各種禮儀細節。趨，小步快走。讓，揖讓。⓬即席　上筵席。程本作「節度」。⓭登降　指升降殿階。⓮揖讓　恭敬謙讓。⓯容　指容貌舉止的規定。⓰周旋　應酬。⓱無節　無禮節。⓲數顧　行走中屢次回頭看。⓳比　和。⓴隱琴肆瑟　即拋棄琴瑟的意思。按《大戴禮記．保傅》作「隱琴瑟」。《白虎通》說：「琴者，禁也，所以禁止淫邪，正人心也。瑟者，嗇也，閑也，所以懲忿窒慾，正人之德也。故君子無故不去琴瑟。」隱，藏。肆，棄。㉑太保　古代「三公」之一，太保是「保其身體」的意思。㉒燕召公　即姬奭，周文王庶子，封於召，周武王滅商，封於北燕，故稱「燕召公」。

【語　譯】天子坐的姿勢不端正，從師學習的態度不恭敬，不經常教導他誦讀《詩》、《書》、《禮》、《樂》，不合法度，不思古人，說話語無倫次，聲音抑揚快慢不合音律。當學習趨讓進退以及入筵都不按照禮的規定執行，升降揖讓沒有像樣的容貌舉止，視瞻、俯仰、應酬沒有禮節，隨便咳唾，行走中多次回頭，臉色顯得不和順，拋棄琴瑟而不彈奏：凡此種種，都是太保的職責啊，古代燕召公曾擔任這個職務。

天子燕辟廢其學❶，左右之習❷詭❸其師；答遠方諸侯，遇貴大人，不知大雅❹之辭；答左右近臣，不知已諾❺之適❻；僩問❼小誦❽之不博不習❾：凡此其屬，少師❿之任也。古者史佚⓫職之。

【章旨】此段闡明少師的職責。

【注釋】❶天子燕辟句　即不敬其業的意思。燕辟，隨便；不敬。燕，褻。辟，邪。❷習　狎；戲弄。❸詭　違。❹大雅　文雅。❺已諾　否定和肯定。已，止。❻適　標準。❼僩問　《大戴禮記．保傅》、程本作「簡聞」，謂聞於簡策的知識。❽小誦　謂年少時所誦習的書。《禮記．內則》：「十有三年，學樂誦詩。」❾不博不習　《大戴禮記》作「不傳不習」。博，廣博。習，溫習。❿少師　周官「三少」之一，「三少」指少師、少傅、少保，位卑於「三公」。⓫史佚　一作「史逸」，周初史官。

【語譯】天子的行為隨便、邪僻，荒廢了學習，受到左右人的不良習慣的影響，違背了師教；回答遠方諸侯，對待尊貴的人，不懂得使用文雅的言辭；回答左右近臣，不知道否定和肯定的標準；書策上學到的和小時誦讀過的知識不廣博不熟習：凡此種種，都是少師的職責啊。古代史佚擔任這個職務。

天子居處❶出入不以禮，衣服冠帶不以制，御器❷在側不以度，雜綵❸從❹美不以章❺，忿怒說❻喜不以義❼，賦與❽譙讓❾不以節❿，小行、小禮、小義、小道⓫：凡此其屬，少傅⓬之任也。

【章旨】此段闡明少傅的職責。

【注釋】❶居處　指住在宮室裏。❷御器　使用的器物。❸雜綵　謂服色不純。❹從　同「縱」。亂。❺章　章法；規定的文采。❻說　通「悅」。❼義　宜；原則。❽賦與　賜予。❾譙讓　責備。❿節　禮節。⓫小行小禮小義小道　謂行、禮、義、道的細微末節，故冠以「小」。《賈子次詁》、《讀諸子札記》以為此下當有「不從少師之教」六字。⓬少傅　古代「三少」之一。

【語譯】天子居家和出入不遵循禮節，衣服冠帶不依據規定，所用器物不符合法度，服飾色彩雜亂不純沒有一定章法，忿怒喜悅不合於義理，賦予和責備不依循禮節，小行、小禮、小義、小道一些細微末節的規定方面，不聽從少師的教導：凡此種種，都是少傅的職責啊。

天子居處燕私❶，安所易❷，樂而湛❸，夜漏❹屏人❺而數❻，飲酒而醉，食肉而飽，飽而強食，饑而惏❼，暑而暍❽，寒而懦❾，寢而莫宥❿，坐而莫侍⓫，行而莫先莫後⑫，帝自為開戶，自取玩好⑬，自執器皿⑭，亟顧⑮還面⑯，而器御之不舉⑰不臧⑱，折毀喪傷：凡此其屬，少保之任也。

【章　旨】此段闡明少保的職責。

【注　釋】❶燕私　指單獨生活，不參與朝會。燕，褻；私服。❷安所易　安適而隨便。所，《諸子平議》以為「而」之誤。《大戴禮記・保傅》作「安如易」，「如」與「而」義同。❸湛　同「耽」。淫；過分。❹夜漏　夜深。漏，計時器。❺屏人　避開旁人。❻數　指計時。❼林　與「棽」音義同。貪棽。❽暍　中暑。❾懦　怯懦。❿宥　限制。⓫莫侍　指不要人侍候。⓬莫先莫後　無有次序。⓭玩好　指喜愛的玩物。⓮皿　盆子之類。⓯亟顧　屢次回頭看。⓰還面　轉頭四顧。⓱舉　全。⓲臧　善。

【語　譯】天子獨處宮室生活時，舒適而隨便，快樂卻又過分，深夜摒除數計漏器的侍人，飲酒卻又醉倒，食肉卻又過量，過量了還勉強進食，饑餓了卻暴吃一頓，夏天中暑，冬天畏寒，睡覺沒有節制，安坐不要人侍候，走路沒有前後的次序，天了自己開門，自己取來玩好、器皿，每每反覆玩賞，所用器物若有不完備不精良，或有毀壞損傷：凡此種種，都是少保的責任啊。

干戚戈羽❶之舞，管籥❷琴瑟之會❸，號呼❹歌謠❺聲音不中❻律，燕樂❼雅訟❽逆❾樂序❿：凡此其屬，詔工⓫之任也。

【章　旨】此段闡明樂師的職責。

【注　釋】❶干戚戈羽　古有武舞有文舞。這裏皆指武舞的道具。干，盾。戚，斧。戈，古代兵器，用以砍伐。羽，雉羽，野雞羽毛，以為武備的裝飾。❷管籥　管樂器，如笛、籥之類。此是文舞所用樂器。❸會　指舞會。以上均為教太子的內容，「春夏教干戈，秋冬教羽籥」。參見《禮記‧文王世子》陳澔注。❹號呼　叫喊。❺歌謠　唱歌。❻中　合。❼燕樂　宴飲所奏的音樂。❽雅訟　即雅、頌。《詩經》的組成部分。訟，同「頌」。❾逆　違背。❿樂序　樂章的次序。⓫詔工　教音樂的人，猶言樂師。工，樂人。

【語　譯】使用干戚戈羽這些道具的武舞，吹奏管弦樂器的文舞，叫呼唱歌的聲音不合聲律，宴飲的音樂與雅、頌的次序相反：凡此種種，都是樂師的責任啊。

不知日月之不時節❶，不知先王之諱❷與國之大忌，不知風雨雷電之眚❸：凡此其屬，太史❹之任也。

【章　旨】此段闡明太史的職責。

【注　釋】❶不知日月之不時節　言日月運行顯示一定的季節，而天子卻不知。不時節，《大戴禮記》無「不」字。❷諱　忌諱。❸眚　災。❹太史　天子身旁的史官，所謂「君舉必書」，「左史記言，右史記事」。君主的一言一行史官都有責任加以監督。還掌管歷史文獻、天文曆法，司馬遷說的「文史星曆」就是史官主管的事。

【語　譯】天子不曉得日月運行的時序，不知道死去國君的名諱和國家的禁忌，不知道風、雨、雷、電不正常所顯示的災害：凡此種種，都是太史的職責啊。

保傅連語

【題解】本篇論述培養太子的重要。文中以殷、周傳位時間長與秦二世而亡的史事進行對比，認為殷、周時間長是由於：太子年幼時就有「三公」、「三少」作為輔翼，旁邊沒有壞人，看不到惡行；年紀漸長，入於五學（東、南、西、北學及太學），接受了完備的學校教育；太子成人之後又有史官在其身旁加以監督；作了天子後講究禮儀，譬如成王又有聖人輔佐，因此「慮無失記而舉無過事」。文中指出秦則不然：秦不重視禮義辭讓的教育，只教太子以刑獄，不辨忠諫，不法聖智，因此導致二世而亡。所以賈誼認為培養太子應從小做起。本篇《漢書》全文收錄。另《大戴禮記・保傅》與本文相同，只有字句之異。古人認為賈誼取自古禮經。如清王聘珍說：「此篇本《古文禮記》，蓋楚漢間人所為，其人亦七十子後學之流。漢初並在古文二百四篇之中，出自孔壁，故當時即以列於《孝經》、《論語》、《尚書》之類，而進之於君。而賈誼所從而采摭潤色，以成一家之言者，則在外流傳之本。」（《大戴禮記・保傅解詁目錄》）

殷為天子二十餘世❶而周受之，周為天子三十餘世❷而秦受之，秦為天子二世❸而亡。人性非甚相遠也，何殷、周之君有道之長❹，而秦無道之暴❺也？其故可知也。

【章旨】此段提出殷、周傳位久遠而秦二世而亡的問題以引起全篇的論述。

【注釋】❶二十餘世　《大戴禮記》及潭本作「三十餘世」。《漢書・律曆志》：「凡殷世繼嗣三十一王，六百二十九歲。」❷三十餘世　李注《文選》卷十載：「《戰國策》呂不韋云：周凡三十七王，八百六十七年。」見王聘珍《大戴禮記解詁》卷三。❸二世　指秦始皇、胡亥，共十五年。❹有道之長　長久掌握治國的方法。指傳位久遠。之，而。此句潭本「長」下有「也」字。❺暴　短促。

【語譯】殷代在位的天子經過二十多代之後才由周代繼位，周代在位的天子經過三十多代之後才由秦代繼位，秦只有兩代就滅亡了。人的本性相差並不遠，為什麼殷代和周代有道傳位就久遠，而秦代無道傳位就短促呢？這當中一定是有原因可以探究的啊。

古之王者，太子初生，固舉❶以禮：使士負❷之，有司❸齊肅❹端冕❺，見之南郊❻，見于天也。過闕❼則下，過廟❽則趨❾，孝子之道也。故自為赤子❿而教固已行矣。昔者周成王⓫幼在襁⓬褓⓭之中，召公⓮為太保，周公為太傅，太公⓯為太師。保，保其身體⓰；傅，傅之德義⓱；師，道之教訓⓲：三公之職也。於是為置三少，皆上大夫⑲也，曰少保、少傅、少師，是與太子燕⑳者也。故孩提㉑有識㉒。三公、三少，固明孝仁禮義，以道㉓習㉔之，逐去㉕邪人，不使見惡行㉖。於是皆選天下之端士㉗，孝悌㉘博聞有道術㉙者，以衛翼㉚之，使與太子居處出入。故太子初生而見正事，聞正言，行正道，左右前後皆正人也。習㉛與正人居之，不能無正也，猶生長於齊之不能不齊言也；習與不正人居之，不能無不正也，猶生長於楚之不能不楚言也㉜。故擇其所嗜㉝，必先受業，及得嘗㉞之；擇其所樂，必先有習，乃得為之。孔子曰：「少成㉟若天性㊱，習貫如自然。」是殷周之所以長有道也。

【章旨】此段闡明殷、周所以傳位久遠，在於太子初生就有「三公」、「三少」的輔翼以及太子所見都是正人的緣故。

【注釋】❶舉　哺育。❷負　背負。❸有司　主管事務的人。❹齊肅　恭敬莊嚴。齊，通「齋」。一種潔身清心的儀式，表示恭敬。❺端冕　謂玄衣玄冕，卿大夫祭服。端，指禮服。冕，禮帽。❻南郊　京都的南郊，祭天的地方。郊，即祭天的祭祀。❼闕　即「象魏」，宮門外懸掛法令的地方。❽廟　祖廟。❾趨　快步疾行。❿赤子　指新生嬰兒。⓫周成王　周武王子姬頌，西周第二代君主。下面以周成王為例說明太子從年幼起便受到很好的教育。⑫襁 小兒背帶。⑬褓 小兒被。⑭召公 已見上文〈傅職〉。⑮太公 即姜尚，又稱呂尚。西周初人，為周文王之師。武王克商後，受封於齊，尊為太公。⑯保其身禮 《禮記・文王世子》：「保也者，慎其身以輔翼之而歸諸道者也。」太保的職責是謹慎守住太子本身，使之符合「道」的要求。⑰傅之德義 《禮記・文王世子》：「太傅審父子君臣之道以示之。」按此，則見太傅本人應該詳明父子君臣的德義以作為太子的表率，因而〈文王世子〉此下即明指「少傅奉世子以觀太傅之德」。太傅是在德義方面起表率作用的。⑱道之教訓 通過教訓德義來引導。《禮記・文王世子》：「師也者教之以事而喻諸德者也。」太師是教太子所做的每件事情都要體現德義。⑲上大夫 周制，卿以下是大夫，大夫又分上、中、下三等。⑳燕 褻居；平時生活在一起。「三少」要和太子生活在一起，這就與「三公」有所不同。㉑孩提 指幼兒。如二三歲幼兒可以提抱。㉒識 知。㉓道 通「導」。引導。㉔習 練習；使之熟練。㉕逐去 驅走。㉖惡行 壞的行為。㉗端士 正直的人。㉘孝悌 敬父母叫「孝」，敬兄長叫「悌」。㉙道術 猶學問。㉚衛翼 保衛輔佐。㉛習 經常。㉜猶生長於齊四句 以上齊、楚的比喻是一北一南，說明環境不同，人們的習性也不同。但是對楚卻帶有貶義，以「生長於楚」比喻「與不正人居之」。㉝嗜 偏好。㉞嘗 試行。㉟少成 少年養成的品德。㊱天性 自然本性。

【語譯】古代作君王的，當太子初生下來，本就用禮來培育：使士人背著太子，有司嚴肅齋戒，穿上禮服戴上禮帽，抱著太子到南郊祭祀，拜見蒼天。背著太子經過宮闕就要放下示敬，經過祖廟就要疾走，這是履行孝子的規範啊。所以從作赤子起太子的教育就已在進行了。當初周成王年幼還在襁褓之中，就有召公奭作太保，周公旦作太傅，太公望作太師。所謂「保」，就是謹慎守住太子的本身使之合於道的要求；所謂「傅」，就是輔助太子使之歸於德義；所謂「師」，就是通過教訓德義來加以引導：這就是「三公」的職責啊。接著還為太子安排了「三少」，他們都是上大夫的級別，這就是叫做少保、少傅、少師，是與太子平常生活在一起的。所以太子當提抱的兒時便有了知識。「三公」、「三少」，他們本就精於孝、仁、禮、義，用這些倫理道德來引導太子，並要太子反覆練習，驅走太子身邊的壞人，不讓太子見到壞的行為。於是，盡選天下的正直之士，孝順父母、尊敬兄長而又廣聞博見有學問的人，用來作為太子的輔翼，使他們與太子一同居住，一道出入。所以太子初生，見到的是正事，聞到的是正言，所行的是正道，太子前後左右都是一些正直的人。太子經常與正直的人一起生活，太子就不可能不是正直的，就好像生長在齊國，不能不說齊國語言一樣；太子經常同不正直的人生活在一起，太子就不可能做到正直，就好像生長在楚國，不能不講楚國語言一樣啊。所以必須選擇太子所嗜好的，必先加以教導，才能讓他試著去做；選擇太子所喜歡的，必先有一個練習的過程，才能讓他獨立去做。孔子說：「少年培育成的就好像天生成的一樣，習慣養成了就好像自然如此一樣。」這就是殷、周能夠傳位久遠的緣故啊！

及太子少❶長，知好色❷，則入於學❸。學者，所學之官也。《學禮》❹曰：「帝入東學，上親❺而貴仁，則親疏有序而恩相及矣；帝入南學，上齒❻而貴信，則長幼有差而民不誣❼矣；帝入西學，上賢而貴德，則賢智在位而功不遺❽矣；帝入北學，上貴而尊爵❾，則貴賤有等而下不踰❿矣；帝入太學⓫，承師⓬問道，退習而考⓭於太傅，太傅罰其不則⓮而匡⓯其不及，則德智長而治道得矣：此五學者既成於上，則百姓⑯黎民⑰化輯⑱於下矣。」學成治就⑲，是殷、周所以長有道也。

【章旨】此段闡明殷、周所以傳位長久，是由於太子經過了全面的學校教育的緣故。

【注釋】❶少 稍。❷好色 愛女色。《禮記・大學》：「如好好色。」❸學 指學校。❹學禮 《禮》古經五十六篇中的篇名之一。據王聘珍《大戴禮記解詁》卷三注釋。❺上親 即尚親，尊敬父母。❻上齒 即尚齒，尊敬年壽高的人。❼誣 欺騙。❽遺 遺忘。❾尊爵 尊重爵位高的人。❿踰 超越。此指下位僭越上位。以上東、西、南、北四學是根據春、夏、秋、冬四時所設，並依據時序特點確定教學內容。參見《大戴禮記解詁》卷三引盧辯注。⑪太學 古代朝廷設立的最高級的學校。如周代的「東膠」是為太學。⑫承師 指接受太師的教育。⑬考 考核。⑭不則 指不合法的內容。⑮匡 匡正。⑯百姓 指百官。⑰黎民 指老百姓。⑱化輯 被感化而達於和順。輯，和。⑲就 成功。

【語譯】等到太子稍微長大一點，懂得了愛女色，就送進學校接受教育。所謂學校，就是學習的地方。《學禮》說：「天子進入東學，學習崇敬父母和重視仁愛的內容，那麼親疏關係就擺正了先後次序，而且恩澤也能施加到他們身上了；天子進入南學，學習尊敬老年人而且重視信用的內容，那麼長幼就有了等級而百姓就不會相欺了；天子進入西學，學習尊敬賢人和重視德行的內容，那麼賢能聖智之士都在官位而不會有被遺忘的人了；天子進入北學，學習尊敬貴人和有爵位的人，那麼貴賤就有了等級，在下位的就不會僭越在上位的權利了；天子進入太學，承受太師的教導和詢問治國安邦的道理，回到宮舍反覆練習並由太傅進行考核，太傅對天子所學不合法度和學得不夠的，太傅要加以處罰和匡正，那麼天子的德行智慧就有增長，而治國安邦的道理也就學到手了；天子在上位完成這五種學習內容，那麼在下面的百官和老百姓也就被感化而歸於和順了。」學習的內容和治國安邦的道理都學得有成就，這就是殷、周能夠傳位久遠的緣故啊。

及太子既冠❶成人，免於保傅之嚴，則有司直之史❷，有虧膳之宰❸。太子❹有過，史必書之，史之義❺，不得書過則死；而宰收其膳❻，宰之義，不得收膳則死。於是有進善之旌❼，有誹謗之木❽，有敢諫之鼓❾，瞽❿史誦詩，工⓫誦箴⓬諫⓭，大夫進謀，士傳民語。習與智長⓮，故切⓯而不愧⓰；化⓱與心成⓲，故中道⓳若性⓴，是殷、周之所以長有道也。

【章　旨】此段闡明殷周傳位久遠是由於太子成人之後尚有史官等監督的緣故。

【注　釋】❶冠　古時男子二十歲舉行加冠禮，表示進入成年。❷司直之史　掌握秉筆直書的史官。❸虧膳之宰　掌握縮減膳食的官員，太子有過則降低伙食標準。宰，主管的人。❹太子　原作「天子」，據《大戴禮記・保傅》改。❺義　義務；職責。❻而宰收其膳　「而」字上《大戴禮記》有「過書」二字。按此當指收太子之膳。❼進善之旌　意思是設立旌旗作標誌，以表示招引進善言的人提意見。《漢書・賈誼傳》師古注：「進善言者，立於旌下。」❽誹謗之木　意思是設立木牌作標誌，以表示招引批評朝政的人提意見。《漢書》師古注：「譏惡事者，書之於木。」❾敢諫之鼓　設鼓以招引敢於勸諫的人。《漢書》師古注：「欲顯諫者，則擊鼓。」

❿瞽　盲人，古代的樂師。《國語・周語》：「瞽獻曲，史獻書。」⓫工　指樂人。⓬箴　一種寓有勸戒意義的文辭。⓭諫　指勸阻的文辭。⓮習與智長　對學習的事情，能知曉其中的意思，因此有助於智慧的增益。⓯切　切合。指處理事情切合實際。⓰愧　悔。《大戴禮記》作「攘」。⓱化　教化。⓲成　成就。⓳中道　合乎道。⓴若性　如天性。

【語譯】等到太子已經行過冠禮進入成年，脫離了保、傅的嚴格管教，就有主持秉筆直書的史官，有主持縮減膳食的宰夫來負責。太子如有過錯，史官必定加以記載，這是史官的職責，如果不記錄太子的過錯就犯了死罪；如太子有過錯，宰夫就縮減他的膳食，這是宰夫的職責，宰夫如果不縮減膳食也就犯了死罪。同時還設有招引大家進善言的旌旗，立有招引大家評論過錯的木牌，設置有為敢於進諫者所擊的鼓，瞽和史給太子朗誦詩，樂人給太子朗誦箴言、諫言，大夫向太子進獻謀略，士人傳達百姓的意見。學習與智力同時增益，對所處理的問題切合實際而無悔恨；教化與思想都取得成就，想到的事都與道相符，好像天性本來如此。這就是殷、周能夠傳位久遠的緣故啊。

三代❶之禮：天子春朝❷朝日❸，秋暮❹夕月❺，所以明有敬也；春秋❻入學，坐國老❼，執醬❽而親饋❾之，所以明有孝也；行以鸞和❿，步⓫中⓬《采薺》⓭，趨⓮中《肆夏》⓯，所以明有度⓰也；其於禽獸也，見其生不忍其死，聞其聲不嘗其肉，故遠庖廚，所以長恩，且明有仁也。食以禮，徹⓱以樂。失度，則史書之，工誦之⑱，三公進而讀之，宰夫⑲減其膳⑳，是天子不得為非也。《明堂之位》㉑曰：「篤仁㉒而好學，多聞而道㉓順。天子疑則問，應而不窮㉔者謂之道㉕。道者，道天子以道者也，常立於前，是周公也。誠立而敢斷㉖，輔善而相義㉗者謂之輔。輔者，輔天子之意者也，常立於左，是太公也。潔廉而切直㉘，匡㉙過而諫邪者謂之拂㉚。拂者，拂天子之過者㉛也，常立於右㉜，是召公也。博聞強記㉝，捷給㉞而善對者謂之承㉟。承者，承天子之遺忘者也㊱，常立於後，是史佚㊲也。故成王中立㊳聽朝㊴，則四聖㊵維㊶之，是以慮無失計㊷而舉無過事㊸。」殷、周之所以長久者，其輔翼太子有此具㊹也。

【章　旨】此段闡明殷、周傳位之所以長久的原因，還在於天子周圍有聖人輔佐。

【注　釋】❶三代　夏、商、周。❷春朝　春天的早晨。❸朝日　祭日。按古禮，天子在春分這一天早晨祭日於東壇。❹秋暮　秋天的傍晚。❺夕月　祭月。按古禮，天子以秋分這一天傍晚祭月於西壇。以上參見《大戴禮記解詁》卷三。❻春秋　指中春及中秋。❼國老　古退休的卿大夫稱「國老」。❽醬　肉醬。❾親饋　指天子親自贈送食品。贈食叫「饋」。❿行以鸞和　指鸞和之聲與車聲相配合。鸞，指車衡上裝的金屬鈴。和，指車軾上裝的金屬鈴。⓫步　慢行。⓬中　符合。⓭采薺　古詩都可配樂，此處指用來指配此詩的樂章。薺，亦作「茨」。⑭趨　疾行。⑮肆夏　配《肆夏》詩的樂章。⑯度　法度。指行路的快慢節奏。⑰徹　指撤去膳食。⑱工誦之　指樂人朗誦配樂的詩章。⑲宰夫　管理膳食的人。⑳減其膳　縮減天子的膳食。㉑明堂之位　《禮古經》篇名。《大戴禮記解詁》卷三注：「《禮古經》有〈王居明堂禮〉，見〈月令〉及〈禮器〉鄭注。」《禮記》雖有〈明堂位〉一篇，但無此段文字。㉒篤仁　篤好仁道。篤，厚。㉓道　言。㉔應而不窮　對答如流，無有窮盡。㉕道　同「導」。㉖斷　決斷；不猶豫。㉗相義　相以義；以義輔佐。㉘切直　急諫直言。切，急。㉙匡　糾正。㉚拂　通「弼」。矯正錯誤。㉛者　建本、潭本無此字。㉜右　建本作「古者」。㉝強記　強於記憶。㉞捷給　應對敏捷。㉟承　承接。㊱承者二句　意思是把天子因遺忘而說不下去的話接著講下去。㊲史佚　周初史官，也作「史逸」。㊳中立　指立於前導、後承、左輔、右拂的中間。㊴聽朝　治理朝政。㊵四聖　指周公、太公、召公、史佚。㊶維　保護。㊷慮無失計　考慮事情沒有不周。㊸舉無過事　做事沒有過錯。㊹具備。指「四聖」。

【語譯】按照夏、商、周三代的禮制規定：天子每年春分的早晨要祭日，每年秋分的傍晚要祭月，這是表明天子有恭敬之心啊；中春、中秋的日子要到太學，讓國老們坐著，天子親自捧著肉醬贈送給國老，這是表明他具有孝敬之心啊；天子出行，與車上的鸞和鈴聲節奏相應，慢行時應合《采薺》樂章的節奏，快行時應合《肆夏》樂章的節奏，這是表明天子行車也符合法度啊；天子對於禽獸，看到牠活著就不忍心看到牠死去，聽牠被殺時的叫聲就不忍吃牠的肉，所以天子的居室應該遠遠離開廚房，這是用以增進恩德，並且表明有仁慈之心的一種措施啊。天子依據禮節進食，依據音樂撤去膳食。天子如果有過錯，就有史官記載，有樂人誦詩，有三公進書對照誦讀，宰夫也縮減他的膳食，這是使天子不能做錯誤的事啊。〈明堂之位〉記載說：「天子身旁的輔佐，深好仁道而喜好學習，見聞廣博而言詞流暢。天子有不懂的事就詢問，輔佐之臣應對如流而沒有窮盡，這叫做『導』。『導』，就是以正確的道理來教導天子的人，並經常站在天子之位的前面，這就是周公啊。胸懷忠誠而敢於決斷，用善和義來輔佐叫做『輔』。『輔』，是用善義來輔佐天子之心的人，並經常站在天子之位的左側，這就是太公啊。本身廉潔而能直言切諫，糾正天子的過錯，並勸諫天子的邪惡叫做『拂』。『拂』是矯正天子過錯的人，並經常站在天子的右側，這就是召公啊。具有廣博的見聞又有很強的記憶，辭語敏捷而善於應對的叫做『承』。『承』，是承接說出天子遺忘的話的人，經常站在天子之位的後面，這就是史佚啊。所以周成王站在中間來治理朝政，就有四位聖人來扶持他，因此考慮周備而沒有失誤，行動正確而不會做錯。」殷、周傳位所以長久，是因為他們輔佐太子有這些完備的措施啊。

及秦而不然，其俗固非貴辭讓也，所上者告訐❶也；固非貴禮義也，所上者刑罰也。使趙高❷傅胡亥而教之獄❸，所習者非斬❹劓❺人，則夷❻人之三族❼也。故今日即位，明日射人❽，忠諫者謂之誹謗，深為之計者謂之妖言❾，其視殺人若艾❿草菅⓫然。豈胡亥之性惡哉？其所以習道之者非理⓬故也。

【章　旨】此段闡明秦之所以二世而亡，是由於重刑獄而輕禮義的緣故。

【注　釋】❶告訐　告密；揭露別人的隱私。❷趙高　秦始皇時的宦官，任中車府令，精通刑獄，為始皇少子胡亥的傅，曾教以「獄律令法事」。始皇死後，他與李斯合謀矯詔逼死扶蘇，立胡亥為二世皇帝。❸獄　刑法。

❹斬　殺。❺劓　割去罪犯鼻子的酷刑。❻夷　滅絕。❼三族　說法不一；一般指父族、母族、妻族稱為「三族」。❽射人　《史記．李斯傳》：「有行人入上林中，二世自射殺之。」❾妖言　怪言；惑眾之言。❿艾　同「刈」。割。⓫草菅　茅草。⓬理　治。《大戴禮記》作「治」。

【語譯】到秦代就不是如此，當地的風俗本來就不重視辭讓，所推崇的是揭露別人的隱私；本來就不重視禮義，所推崇的是刑罰啊。派遣趙高輔佐胡亥，教導他的是刑獄，胡亥所學習的不是殺人、割鼻的酷刑，就是滅絕犯人的三族啊。所以胡亥今天即位作皇帝，明天就在上林苑中射殺遊人。對他忠心勸諫的稱之為誹謗，認真為他謀劃的稱之為惑眾妖言，他對於殺人的看法就好像割茅草一樣。這難道是胡亥的本性很壞嗎？是由於趙高等人所教育指導的內容不是治理天下的緣故啊。

鄙諺❶曰：「不習為吏，而視已事❷。」又曰：「前車覆而後車戒❸。」夫殷、周之所以長久者，其已事可知也；然而不能從，是不法聖智也。秦之亟❹絕者，其軌迹❺可見也；然而不避，是後車又覆也。夫存亡之反❻，治亂之機❼，其要在是矣。天下之命，縣於太子；太子之善，在於蚤諭教❽與選左右❾。心未濫❿而先諭教，則化易成也；夫開⓫於道術，知義之指⓬，則教之功也。若其服習⓭積貫⓮，則左右而已矣。夫胡越⓯之人，生而同聲，嗜欲不異，及其長而成俗⓰也，累數譯⑰而不能相通，行有雖死而不相為⑱者，則教習然也。臣故曰「選左右、蚤諭教最急」。夫教得⑲而左右正，則太子正矣，太子正而天下定矣。《書》⑳曰：「一人有慶㉑，兆民㉒賴㉓之。」此時務㉔也。

【章旨】此段將殷、周與秦對比，總結出從小教育太子的重要性。

【注釋】❶鄙諺　鄉野俗語。❷不習為吏二句　此二句《漢書・賈誼傳》作「不習為吏，視已成事」。《大戴禮記》作「不習為吏，如視已事」。史，泛指官吏。已事，已成過去的事。❸戒　警戒。《漢書》及《大戴禮記》作「誡」。此句皆無「而」字。❹亟　急疾；很快。❺軌迹　車行的痕跡。指所走過的道路。❻反　相反；兩樣。沈本「反」作「故」，程本作「變」。❼機　樞紐；關鍵。❽諭教　教育。諭，曉告。❾左右　輔佐之臣。❿濫　渙散。建本作「疑」。⓫開　啟發；明白。⓬知義之指　指，意思。此句何本、程本「知義」下有「理」字。⓭服習　從事學習。⓮積貫　積累養成好的習慣。貫，通「慣」。⓯胡越　胡地與越地，一北一南。⓰成俗　養成固定的習俗。⓱累數譯　經過多次輾轉翻譯。⓲不相為　指習俗不能互相交換。⓳教得　教育成功。⓴書　《尚書》，古代儒家經書之一。㉑慶　吉慶的事。㉒兆民　萬民。㉓賴　依靠。㉔時務　當時的急務。

【語　譯】俗語說：「不必學習如何作官，只要善於觀察往事的成敗就夠了。」又說：「前面車子的傾覆，使後面的車子產生戒心。」殷、周之所以傳位長久，他們對往事成敗的原因是清楚的；然而不能吸取經驗教訓的，那就是不效法聖智的天子啊。秦之所以很快滅亡，他走過的道路其教訓是很清楚的；然而不避開這些教訓，這就是後車又遭傾覆啊。殷、周與秦存亡的結局相反，國家治與亂的關鍵，其中的主要原因也在這裏了。天下的命運，寄繫於太子身上；太子走上善道，在於趁早對太子進行教育與選擇左右的輔佐大臣。趁太子的心尚未渙散，就預先進行教育，教化就容易成功；在道術方面加以啟發，使太子知道義理的意思，就是教育的功效。像他所從事的學習和養成的積習，就都是左右的輔佐之臣培養的。北方胡地與南方越地的人，初生下來時聲音相同，嗜好慾望也沒有區別，等到長大而成為習俗，語言雖經過多次輾轉翻譯也不能相通，所做的事即使到死也不會與對方互換，這就是後天的教育學習造成的啊。所以我說「選擇好的左右大臣，提早教育太子是最急迫的事情」。教育成功而且左右輔佐正直，那麼太子也就隨之正直了，太子正直天下也就隨之安定了。《尚書》說：「一人有吉慶的事，萬民都托他的福。」因而這是當務之急啊。

連語

連語

【題解】本篇由幾則歷史故事連綴而成，中心在於說明君主必須守道慎行、寬厚仁愛、慎選左右。例如以商紂王與周武王打仗、大兵紛紛倒戈的史事，說明君主如果背道棄義、與民為敵，就得不到群眾的擁戴，一定遭到滅亡。又如透過魏有疑獄的事，借題發揮，凡薄的東西都不能持久，說明君主必須實行仁政。慎選左右，強調「得善佐則存，不得善佐則亡」，是作者的一貫思想，如〈傅職〉、〈保傅〉都闡明了這個問題。「連語」在本書中本是指明文章類別，這裏又作為獨立的篇名。

紂，聖天子❶之後也，有天下而宜然❷。苟❸背道棄義，釋❹敬慎而行驕肆❺，則天下之人，其離之若崩❻，其背之也不約而若期❼。夫為人主者，誠奈何而不慎哉？紂將與武王戰，紂陳❽其卒，左臆❾右臆，鼓❿之不進，皆還⓫其刃，顧⓬以鄉⓭紂也。紂走還於寢廟⓮之上，身鬭而死，左右弗肯助也。紂之官衛⓯與⓰紂之軀，棄之玉門⓱之外。民之觀者皆進蹴⓲之，蹈其腹，蹷⓳其腎，踐其胏，履其肝。

周武王乃使人帷而守之⑳。民之觀者搴㉑帷而入，提石㉒之者猶未肯止。可悲也！夫執為民主，直㉓與民為仇，殃忿若此。夫民尚踐盤㉔其軀，而況有其民政教㉕乎！臣竊聞之曰：「善不可謂小而無益，不善不可謂小而無傷。」夫牛之為胎也細若鼷鼠㉖，紂損天下自象箸㉗始。故小惡大惡一類也，過敗雖小，皆己之罪也。周諺曰：「前車覆而後車戒。」今前車已覆矣，而後車不知戒，不可不察也。

【章　旨】此段以商紂王的結局為戒，說明君主要守道慎行，不可與民為敵。

【注　釋】❶聖天子　指商湯王。潭本無「聖」字。❷宜然　應該的。❸苟　假如。❹釋　放棄。❺驕肆　驕橫放恣。❻崩　倒。❼若期　好像約定一樣。❽陳　陳列；布置兵陣。❾臆　通「億」。古代以十萬為億。❿鼓　擊鼓。⓫還　掉轉。⓬顧　回頭看。⓭鄉　通「向」。⓮寢廟　古為亡人立廟必立寢。廟用來祭祀，寢為寢舍，象徵亡人起居的地方。《禮記・月令》：「寢廟畢備。」注：「凡廟，前曰廟，後曰寢。」據《史記・殷本紀》記載：「紂兵敗。紂走入，登鹿臺，衣其寶玉衣，赴火而死。」⓯官衛　衛士。⓰輿　車，此作動詞用，用車運載。⓱玉門　指宮闕，宮門。⓲蹴　用腳踢。⓳蹙　用腳踩。⓴帷而守之　設立帷帳守護。㉑搴　揭起。㉒提石　投擲石頭。提，擲。㉓直　只是。㉔踐盤　義不明，可能是反覆踐踏。盤，盤桓，即原地打轉。㉕政教　政治教化。㉖鼷鼠　田鼠。㉗象箸　象牙筷子。《韓非子・喻老》：「昔者紂為象箸而箕子怖。」箕子以為小的奢侈，必將發展到揮霍無度。

【語　譯】商紂王是聖明天子商湯王的後代，他擁有天下是應該的。但是，如果他背離道義，捨棄恭敬謹慎的態度，而表現驕橫放恣的行為，那麼天下的人，就會迅速離開他，好像土崩瓦解一樣，本沒有約定，可就像約定了一樣。作為君主，怎麼如此不謹慎呢？商紂王將同周武王打仗，紂王布置兵陣，左右兵眾成千上萬，可是擊鼓進軍時大家卻不向前衝，都掉轉戈矛，回頭指向紂王。紂王逃回寢廟之上，力戰而死，左右的人都不肯幫助他。紂王的衛士裝載著他的屍體，把他拋到宮門之外。旁觀的百姓都上前用腳踢紂王的屍體，踐踏他的五臟六腑。周武王於是派人用帷帳隔離守住紂王的屍體。可是觀看的百姓揭起帷帳闖入，向他投擲石塊的還不肯罷休。可悲啊！處於君主的地位，卻與百姓為敵，遭到如此的禍殃和忿恨。百姓沒有經受政治教化，尚且愛憎分明而反覆踐踏他的屍體，更何況有了政治教化呢！我個人聽說過這樣的話：「善事不能因為它小就以為沒有益處，壞事不能因為它小就以為沒有害處。」當牛在母胎時，小得像一隻田鼠，商紂王失天下是從使用象箸小的奢侈開始的。所以壞事小的大的都是一樣，過錯和失敗即使很小，但都是自己的罪過啊。周代俗話說：「前車翻了，後車應該產生警覺。」現在前車已經翻了，可是後車還不知道警戒，這種情況不可不明察啊。

梁❶嘗有疑獄❷，半以為當罪❸，半以為不當❹。梁王曰：「陶朱❺之叟❻，以布衣而富侔❼國，是必有奇智。」乃召朱公而問之曰：「梁有疑獄，吏半以為當罪，半以為不當，雖寡人亦疑焉，吾決是奈何？」朱公曰：「臣鄙人❽也，不知當獄。然臣家有二白璧，其色相如也，其徑❾相如也，其澤❿相如也。然其價也，一者千金，一者五百金。」王曰：「徑與色澤皆相如也，一者千金，一者五百金，何也？」朱公曰：「側而視之，其一者厚⓫倍之，是以千金。」王曰：「善。」故獄疑則從去⓬，賞疑⓭則從予⓮，梁國說⓯。以臣誼竊觀之，牆薄咫⓰亟⓱壞，繒⓲薄咫亟裂，器薄咫亟毀，酒薄咫亟酸。夫薄而可以曠日持久者，殆⓳未有也。故有國畜民施政教者，臣竊以為厚之⓴而可耳。

【章　旨】此段以魏國有疑獄為例，說明君主當以寬厚之道治理百姓。

【注　釋】❶梁　即魏國，魏建都大梁（開封）故稱「梁」。❷疑獄　難於判定的訴訟案件。❸半以為當罪　當，判罪。《讀諸子札記》說，句首當有「吏」字。《群書治要》所引句首有「群臣」二字。❹半以為不當　此句有本「當」下有「罪」字，此句下有本又有「雖梁王亦疑」五字，盧文弨從潭本刪。❺陶朱　即范蠡，春秋末人。范蠡助越滅吳，乘扁舟浮於江湖，變易姓名，經商致富，在山東陶地改稱為「陶朱公」。❻叟　老年人的稱呼。❼侔　等同。❽鄙人　鄙陋無知的人。❾徑　直徑。❿澤　光澤。⓫厚　厚度。⓬從去　從免；依照免罪的原則辦。⓭賞疑　是否應該獎賞，不能判斷。⓮從予　依照給予的原則辦。⓯說　通「悅」。⓰咫　則。⓱亟　急速；很快。⓲繒　絲帛。⓳殆　可能。⓴厚之　指以寬厚之道治民。

【語　譯】魏國曾有難於判定的疑案，獄吏中半數人主張判罪，半數人主張不判罪。魏王說：「陶朱公老人憑著平民百姓的身分起家，擁有相當一個國家的財富，這必定有突出的才智。」於是召來陶朱公向他請教說：「魏國有難於判定的疑案，獄吏中半數人主張判罪，半數人主張不判罪。就連我本人也拿不定主意，我當怎麼判決這個案子呢？」陶朱公說：「我是個鄙淺無知的人，不懂得判案的事。然而，我家中有兩塊白璧，它們的顏色相若，大小相近，光澤相似。但是它們的價值，一塊值千金，一塊只值五百金。」魏王說：「大小與色澤都相同，一塊值千金，一塊只值五百金，這是什麼原因呢？」陶朱公說：「從側面看這兩塊玉，其中一塊的厚度是另一塊的兩倍。因此價值千金。」魏王說：「好，我懂得了。」所以凡疑難的案件就應該依據寬厚的原則免去，凡疑難的獎勵就應該依據給予的原則去辦理，結果魏國人人高興。依據我個人的看法，牆壁薄了就很快倒塌，絲帛薄了就很快破裂，器皿薄了就很快毀壞，酒味薄了就很快變酸。一個薄的東西能夠保持久遠的，可能不曾有過啊。所以國君養民施行政治教化，我個人以為施行寬厚之道才是可行的。

抑❶臣又竊聞之曰，有上主者，有中主者，有下主者。上主者可引❷而上，不可引而下；下主者可以引而下，不可引而上；中主者可引而上，可引而下。故上主者，堯、舜是也。夏禹、契❸、后稷❹與之為善則行，鯀❺、讙兜❻欲引而為惡則誅。故可與為善，而不可與為惡。下主者，桀、紂是也，推侈、惡來❼進與為惡則行，比干❽、龍逢❾欲引而為善則誅。故可與為惡，而不可與為善。所謂中主者，齊桓⑩公是也，得管仲、隰朋⑪則九合諸侯⑫，任⑬豎貂⑭、易牙⑮則餓死胡宮⑯，蟲流⑰而不得葬。故材性⑱乃上主也，賢人必合，而不肖⑲人必離，國家必治，無可憂者也。若材性下主也，邪人必合，賢正必遠，坐而須⑳亡耳，又不可勝㉑憂矣。故其可憂者，唯中主爾，又似練絲㉒，染之藍㉓則青，染之緇㉔則黑，得善佐則存，不得善佐則亡，此其不可不憂者耳。《詩》曰：「芃芃㉕棫樸㉖，薪之槱之㉗；濟濟㉘辟王㉙，左右趨㉚之。」此言左右日以善趨也，故臣竊以為練㉛左右急也。

【章旨】此段闡明君主治國應當選擇好的輔佐。

【注釋】❶抑　語首助詞。❷引　牽；引導。❸契　傳說為商代的始祖，帝嚳之子，幫助禹治水有功，被舜任命為司徒，掌管教化。❹后稷　名棄，傳說為周代的始祖，被舜任命為農官。❺鯀　傳說是夏禹的父親，帝顓頊的後代。他奉舜命治水，九年而水不息，被舜囚禁在羽山之野。❻讙兜　四凶之一，傳說他與共工一起作惡，被舜放逐到崇山。❼推侈惡來　夏桀與商紂的佞臣。❽比干　商紂王的父輩，曾向紂王進諫被剖心處死。❾龍逢　即關龍逢，夏桀賢臣，因進諫被殺。❿齊桓　即公子小白，春秋齊國君主，五霸之一。⓫隰朋　也是齊桓公得力的大臣。⓬九合諸侯　齊桓公作霸主後曾多次召集中原諸侯盟會。九，指多次。⓭任　據《讀諸子札記》補。⓮豎貂　一作「豎刁」，齊桓公的佞臣。管仲死後，他和易牙、開方專權，導致齊國大亂。⓯易牙也是齊桓公的佞臣。他長於烹飪，善逢迎，後與豎貂等專權。原作「子牙」，誤。⑯胡宮　寢室。⑰蟲流　指屍體生的蛆爬了出來。齊桓公死，他的一群兒子爭位，死後六十七天才殮屍入棺，蛆蟲已爬到門外。⑱材性　才能、秉性。⑲不肖　不似；不善。⑳須　等待。㉑勝　盡。㉒練絲　白絲。㉓藍　青藍色。㉔緇　黑色。㉕芃芃　茂盛的樣子。㉖棫樸　叢木名。㉗薪之槱之　原意是把柴砍下來，堆積起來以準備祭祀之用。薪，作動詞用，砍柴的意思。槱，堆積。㉘濟濟　莊嚴恭敬的樣子。㉙辟王　君王。辟，君。㉚趨　趨附。以上詩句見於《詩經・大雅・棫樸》。㉛練　選擇。

【語　譯】我又聽說過，有上等君主，有中等君主，有下等君主。上等君主可以引導他向上，卻不能引導他向下；下等君主，可以引導他向下，卻不能引導他向上；中等君主，可以引導他向上，也可引導他向下。上等君主，像堯、舜便是。禹、契、后稷同他一起做好事就同意，鯀、讙兜想引導他做壞事就要受到懲罰。所以在上等君主面前，作臣子的只能同他做好事，不可同他做壞事。下等君主，夏桀王、商紂王便是，推侈、惡來前來同他一道做壞事就同意，比干、龍逢想引導他做好事則遭到殺戮。所以在下等君主面前，作臣子的只能同他一道做壞事，不可同他一道做好事。所說的中等君主，像齊桓公就是，他得到管仲、隰朋這樣的良臣就可以九合諸侯，而任用豎貂、易牙這樣的壞人就被監禁胡宮而餓死，以致屍體蛆蟲爬出門外還得不到安葬。所以才能、秉性是上等君主的，賢能的人一定會前來會合，而不賢的人一定會離開，國家一定大治，沒有什麼值得憂愁的事發生。假如才能、秉性是下等的君主，邪惡的人一定會合，賢能正直的人一定遠離，只能是坐著等待滅亡罷了，憂也不勝其憂啊。所以這三等君主當中最值得耽心的只有中等君主，就好像白絲一樣，用藍顏料染就變成青色，用黑顏料染就變成黑色，中等君主得到好的輔佐就成功，沒有好的輔助就滅亡，這才是不能不令人耽憂的事情啊。《詩經》說：「棫樹樸樹蓬蓬地長，砍起來，堆起來，君王儀態多麼端莊，左右的人們嚮往他。」這是說君主左右人才濟濟，由於君主英明，歸附的人一天比一天多啊。所以我私下認為選擇左右是當務之急啊。

輔佐 連語

【題　解】本篇主旨在於闡明諸大臣的職責，故用「輔佐」命名。前面〈傅職〉、〈保傅〉是從輔佐太子、天子方面闡明有關大臣的職責，此篇則著重從治理朝政方面闡明有關大臣的職責。

大相❶上承大義❷而啟❸治道，總❹百官之要❺，以調❻天下之宜❼；正身行❽，廣教化，脩禮樂，以美風俗；兼領❾而和一之❿，以合治安⓫。故天下失宜，國家不治，則大相之任也。上執正⓬職。

【章　旨】此段闡明大相的職責。

【注　釋】❶大相　指相國、丞相。❷上承大義　對上承受天子的使命。大義，君臣大義。此指臣子對天子應盡的職責。❸啟　開闢。❹總　總領。❺要　指要職。❻調　調節。❼宜　合宜。❽正身行　指端正自身的行為。❾兼領　總領。❿和一之　使和諧一致。⓫治安　太平安定。⓬正　同「政」。

【語　譯】大相對上承受君主的使命並開闢治國的道路，總領百官的重要事務，調節天下秩序使之達於正常；大相要端正自身的行為，擴大對士民的教化，修明禮樂制度，使天下風俗淳美；大相總領百官使之和諧一致，以符合天下太平安定的要求。所以天下秩序不正常，國家不太平，這就是大相的責任啊。這是朝廷中上層官員掌握的政事職務。

大拂❶秉義❷立誠❸，以翼❹上志；直議❺正辭❻，以持❼上行；批❽天下之患，匡❾諸侯之過。令或鬱❿而不通，臣或盭⓫而不義，大拂之任也。中執政職。

【章　旨】此段闡明大拂的職責。

【注　釋】❶大拂　即「大弼」，輔佐君主糾正君主過錯的官員。❷秉義　秉承大義。❸立誠　樹立忠誠之心。❹翼　輔；輔導。❺直議　直率評議。❻正辭　嚴正的辭語。❼持　扶持；輔導。❽批　排除。❾匡　糾正。❿鬱　閉結；阻礙。⓫盭　即「戾」字，乖違；違背。

【語　譯】大拂秉承君主的使命忠心耿耿地執行，以此來輔導君主的心志；大拂進諫直言不諱，辭語嚴正，以此來輔導君主的行為；大拂善於排除天下的憂患，糾正諸侯的過錯。天子有的政令受到阻隔而不能通行，有的臣子違背君主而表現不義，這就是大拂的責任啊。這是朝廷中中層官員掌握的政事職務。

大輔❶聞善❷則以獻，知善則以獻；明號令，正法則，頒❸度量❹，論❺賢良，次❻官職，以時巡循❼，使百吏敬率❽其業。故經❾義不衷❿，賢不肖⓫失序⓬，大輔之任也。下執事職。

【章　旨】此段闡明大輔的職責。

【注　釋】❶大輔　可能指保、傅一類的官員。❷善　指好人好事，好的辦法。❸頒　公佈。❹度量　指長度重量等標準。❺論　評定。❻次　排列等次。❼巡循　巡視。循，義同「巡」。盧文弨以為後人妄增。《諸子平議》據《荀子．王制》，以為是「順脩」之誤。❽率　遵循；從事。❾經　正。❿衷　通「中」。正。⓫不肖　不善而無能的人。⓬失序　失去合宜的等次。

【語　譯】大輔聽到好人好事就把它告訴國君，了解好人好事也把它告訴國君；使號令明確，使法規公正，頒佈度量標準，評論賢良的人材，排定官職的等次，按時巡視督察，使所有辦事的官吏都忠於職守。所以正義不正，賢人與表現不佳的人失去合宜的安排，這就是大輔的責任啊。這是朝廷中下層官員應盡的職責。

道行❶典知❷變化❸，以為規❹是非，明利害；掌僕❺及輿馬之度❻，羽旄旌旗❼之制，步❽驟❾徐疾之節❿，春夏秋冬用之倫色⓫；居車⓬之容，登降⓭之禮，見規⓮宜諭⓯，見過則讕⓰。故職不率⓱義⓲，則道行之任也。

【章 旨】此段闡明道行的職責。

【注 釋】❶道行 掌握君主出行禮儀的官員。❷典知 主管。❸變化 指出行所遇的種種情況。❹規正 規正。❺僕 僕役。❻度 法度;規定。❼羽旄旌旗 指君主外出的儀仗。羽旄,指旗桿頂端的鳥羽、牛尾等飾物。❽步 慢行。❾驟 疾行。❿節 節奏。⓫倫色 顏色的種類。此句指各色的馬四季所用不同。此句潭本「用」作「馬」。⓬居車 坐在車上。⓭登降 升降。指上車和下車。⓮見規 指發現君主的行為合於規定。⓯諭 曉諭。指告訴眾人。⓰調 又作「讕」,進諫。⓱率 循。⓲義 宜;規定。

【語 譯】道行主管君主出行的種種情況,依靠他來確定君主行為的是與非,說明君主行為的利與害;掌握使用僕役及車馬的法規,羽旄旌旗之類的儀仗制度,行走快慢的節奏,春夏秋冬所用馬的毛色類別;還要注意君主坐在車上的儀容,上下車的禮節,見到君主的行為符合規定應該加以宣揚,見到君主行為有錯誤就要勸阻。所以如果職事不遵循合宜的規定,這就是道行的責任啊。

調諫❶典博聞。以掌騶乘❷,領時從❸,比❹賢能;天子出則為車右❺,坐立❻則為位❼。承聖帝❽之德,畜❾民之道,禮義之正❿,應事之理,則職以箴⓫;刑獄之衷⓬,賞罰之誠,已諾之信,百官之經⓭,喪祭之共⓮,戎事⓯之誡,身行之彊⓰,則職以諗⓱;遇⓲大臣之敬,遇小臣之惠⓳,坐立之端⓴,言默㉑之序㉒,音聲之適,揖讓㉓之容,俯仰㉔之節㉕,立事㉖之色㉗,則職以証㉘;出入不從禮,衣服不從制，御㉙器不以度，迎送非其章㉚，忿說㉛忘其義㉜，取予㉝失其節，安易㉞而樂湛㉟，則職以諫。故善不徹㊱，過不聞，侍從㊲不諫，則調辭之任也。

【章　旨】此段闡明調辭的職責。

【注　釋】❶調辭　在君主身旁負責諮詢的官員，因而本身具備廣博的知識。他本「辭」作「訊」。❷駟乘　指車馬。駟、乘，都是指拉車的四匹馬。❸時從　隨行人員。❹比　接近。❺車右　在車子右前方，負責安全保衛的武士。❻坐立　指天子平時起居。❼為位　意不明，可能是列於左右的意思。❽聖帝　古帝王，如堯、舜、禹、湯、文、武等。❾畜　養；治。❿正　標準。⓫箴　勸誡。⓬衷　通「中」。公正。⓭經　治。⓮共　通「恭」。⓯戎事　指戰爭。⓰彊　堅強。⓱諗　深諫。⓲遇　對待。⓳惠　德惠；仁慈。⓴端　端正。㉑言默　說話和緘默。㉒序　順序。指當言則言，當默則默。㉓揖讓　作揖禮讓，表示謙卑。㉔俯仰　低頭和仰頭，猶言一舉一動。㉕節　節制；規矩。㉖立事　成就事業。㉗色　臉色。指喜形於色。㉘証　諫。㉙御　用。㉚章　法。㉛忿說　忿怒和喜悅。㉜義　宜。指合宜的標準。㉝取予　指接受禮物和贈予。㉞安易　安於輕忽、隨便。㉟樂湛　過分享樂。㊱徹　通；通報。㊲侍從　天子周圍的隨從官員。

【語　譯】調辭主管具備天子諮詢的廣博知識。還掌握車駕，帶領隨行侍從，親近賢能的人；天子外出就充當車右，天子平居就列於左右。天子是否效法聖帝的德行，治理人民是否有道，禮義是否合乎標準，處理政事是否有道理諸方面，那麼調辭的職責就是規勸。天子處理案件是否得當，賞罰是否真誠，已承諾的事是否講究信用，百官是否得到治理，喪祭是否恭敬，兵戎是否慎重，自身力行是否堅定諸方面，那麼調辭的職責就是深諫。天子對待大臣是否敬重，對待小臣是否仁慈，坐立是否端正，說話或沈默是否有序，聲音是否適當，揖讓的態度是否恭敬，一舉一動是否有節制，事業有成就是否喜形於色，那麼調辭的職責就是阻諫。天子出入不順從禮儀，衣服不順從制度，所用器物不符合規定，迎來送往沒有章法，喜怒忘掉了適度，取予失去節制，安於隨便過分享樂，那麼調辭的職責就是勸諫。所以天子有好的表現不稟告，有過錯不讓其聽到，侍從官員不勸諫，這都是調辭的責任啊。

典方❶典容儀❷，以掌諸侯、遠方之君，譔❸之班爵❹、列位❺、軌伍❻之約，朝覲❼、宗遇❽、會同❾、享聘❿、貢職⓫之數⓬；辨其民人之眾寡，政之治亂，率意⓭道順⓮，僻淫⓯犯禁之差第⓰；天子巡狩⓱，則先循⓲於其方⓳。故或有功德而弗舉⓴，或有淫僻犯禁而不知，典方之任也。

【章　旨】此段闡明典方的職責。

【注　釋】❶典方　掌管四方外交事務的官員。❷容儀　禮儀。❸譔　敘述；說明。❹班爵　按爵位排定次序。❺列位　排列位置。❻軌伍　義不明。盧文弨注：「五家為軌，五人為伍。」按盧注，「軌伍」則為百姓的基層單位，這裏可能是「行列」的意思。❼朝覲　朝見君主。❽宗遇　會見宗族的人。❾會同　召集諸侯集會。❿享聘　設酒筵招待和慰問。⓫貢職　向君主贈送的貢物。⓬數　順序。⓭率意　《斠補》認為「意」為「德」的訛字。率德，循德。⓮道順　引導至順理。順，理。⓯僻淫　邪僻淫亂。⓰差第　差別等次。⓱巡狩　天子到諸侯國去視察叫做「巡狩」。⓲循　引導。⓳方　指諸侯國。⓴舉　推薦。

【語　譯】典方主管接待四方的禮儀，掌握諸侯和邊遠君主朝見的儀式，說明按爵位等次排定位置、行列的法規及朝見天子、接待宗族、諸侯集會、酒筵聘禮、進納貢物的順序。辨明各國人數的多寡、政治的安定和動亂，循德和順理以及邪僻淫亂違法犯禁的不同情況；天子視察諸侯，典方則先到各諸侯國去巡行。所以諸侯國有時出現大功大德的事卻不向天子推薦，有時出現淫亂邪僻犯法違禁的事卻不讓天子得知，這就是典方的責任啊。

奉常❶典天，以掌宗廟社稷之祀，天神、地祇❷、人鬼，凡山川四望❸國之諸祭，吉凶妖❹祥❺占相❻之事；序❼禮樂喪紀❽，國之禮儀，畢居其宜，以識❾宗室；觀民風俗，審詩商❿，修憲命⓫，禁邪言，息淫聲⓬；於四時之交⓭，有事於南郊⓮，以報祈⓯天明⓰。故歷⓱天時不得，事鬼神不序⓲，經⓳禮儀人倫⓴不正，奉常之任也。

【章　旨】此段闡明奉常的職責。

【注　釋】❶奉常　負責宗廟禮儀的官員。❷祇　地神。❸四望　望四方山川遙祭的禮儀。❹妖　凶的預兆。❺祥　吉的預兆。❻占相　預測未來的卜筮。❼序　安排。❽喪紀　喪事。❾識　記住。❿審詩商　審定詩章的內容。古時君主往往從所收集的民歌中，考察民風的情況，這裏的詩商指民歌。商，章。《漢書‧律曆志》：

「商之為言章也。」⑪修憲命　修訂法令。「修憲」二字據《諸子平議》補。⑫淫聲　不正的音樂，古所謂「鄭、衛之聲」就被當作淫聲。⑬四時之交　指春夏秋冬四季交替的時候。⑭南郊　指祭天，古於城南之郊舉行祭天的儀式。⑮報祈　報答並祈求。⑯天明　天神。⑰歷　選擇。⑱序　順序。⑲經　治理。⑳人倫　人與人之間的次序。朱熹說：「人之大倫有五：父子有親，君臣有義，夫婦有別，長幼有序，朋友有信。」

【語譯】奉常主管祭天，並掌握宗廟社稷的祭祀，天神、地神、人鬼，凡屬山川四望的遙祭以及國家的多種祭祀，包括吉凶妖祥占卜等事；安排禮樂喪事，國家的典禮儀式，一切歸於適宜，以此記住宗室的功德；觀察人民的風俗習慣，審定詩歌的內容，修訂法令，禁止邪僻的言論，平息淫亂不平的音樂；當四季交替的時候，要到南郊去舉行祭天的儀式，用以報答並祈求天神的福佑。所以選擇天時不適宜，侍奉鬼神無順序，治理禮儀人倫不恰當，這就是奉常的責任啊。

祧師❶典春❷，以掌國之眾庶，四民❸之序，以禮義倫理教訓人民；方❹春三月，緩施❺生遂❻，動作百物❼，是時有事于皇祖皇考❽。

【章旨】此段闡明祧師的職責。

【注釋】❶祧師　負責祭祀祖先的官員。❷典春　主管春季三月祭祀的事務。❸四民　指士、農、工、商各類人。❹方　當。❺緩施　指春氣緩慢滋生。漢樂府《孤兒行》：「春氣動，草萌芽。」❻生遂　生成。❼動作百物　百物都活動起來。❽皇祖皇考　指去世的祖父及父親。以下當有大段文字遺佚，略見於《大戴禮記・

千乘》。

【語　譯】祧師主管春季三月的祭祀事務，並掌握國家的百姓，士、農、工、商的順序，用禮義倫理來教訓人民；當春季三月，春氣緩緩發動生成，百物開始活動，這時就要對祖先舉行祭祀的儀式。

問孝（闕）

禮連語

【題　解】本篇集中闡述了禮的意義和作用。文中對禮的定義解釋很多，但是最本質的解釋是：「君臣、上下、父子、兄弟，非禮不決。」「主主臣臣，禮之正也。」就是說，禮是一種確定上下尊卑等級的制度，它是裁決一切事情的標準。文中對禮的作用也談得很多，但是最重要的是：「禮者，所以固國家，定社稷，使君無失其民者也。」就是說，禮作為一種制度是關係到國家、社稷存亡的大事，因此必須遵行。所以本篇關於禮的遵行對各方面都提出了要求：作臣子的應當「順上」，作君主的應當「恤下」，作「聖主」的還應當愛及異類。賈誼強調用禮的等級制來治理國家，前面的〈等齊〉、〈服疑〉、〈審微〉、〈階級〉等篇都貫串了這種思想。

昔周文王使太公望❶傅❷太子發❸。太子嗜鮑魚❹而太公弗與，曰：「禮，鮑魚不登於俎❺。豈有非禮而可以養太子哉？」尋常❻之室無奧宎❼之位，則父子不別；六尺之輿❽無左右之義❾，則君臣不明。尋常之室、六尺之輿處無禮，即上下踳逆❿，父子悖⓫亂，而況其大者乎！故道德仁義，非禮不成；教訓正⓬俗，非禮不備；分爭辨訟⓭，非禮不決；君臣、上下、父子、兄弟，非禮不定；宦學⓮事師⓯，非禮不親；班朝⓰治軍⓱、涖官⓲行法，非禮威嚴不行；禱祠祭祀⓳、供給⓴鬼神，非禮不誠㉑不莊㉒。是以君子恭敬、撙節㉓、退讓以明禮。

【章旨】此段總言禮的意義和作用。

【注釋】❶太公望　即姜尚，也名呂尚，字子牙，號太公望，周初功臣，武王滅紂後，受封於齊。❷傅　輔佐。❸太子發　周文王太子姬發，即後來的周武王。❹鮑魚　乾魚。❺俎　盛食物的祭器。❻尋常　八尺為尋，倍尋（一丈六尺）為常。❼奧宎　指房屋中的尊位。奧，屋的西南角。宎，屋的東南角。古人以為屋的此兩角均有神存在，故可理解為尊位。原作「剽」，據潭本改。❽輿　車。❾左右之義　車的座位左方和右方有尊卑之別，正常是右為上，左為下，而車位則車右為臣位，中央為駕車的僕人，車左為君位。見《禮記・曲禮上》：「奮衣由右上」陳澔注。❿踳逆　顛倒。踳，相背。⓫悖　亂。⓬正　匡正。⓭訟　訴訟案件。⓮宦學　學習作官和六藝。《禮記・曲禮疏》：「宦，謂學仕官之事。學，謂學習六藝。」六藝，此指禮、樂、射、御、書、數。⓯事師　從師學習。⓰班朝　排列朝廷官員的位次。⓱治軍　布署軍隊左右的陣局。⓲涖官　居官。⓳禱祠祭祀　都是祭祀鬼神的儀式，分別說來，禱是告神求福；祠是春祭，以文詞為主；祭是以供養鬼神為主，祀是以安定鬼神為主。⓴供給　指犧牲幣帛一類的祭品。㉑誠　真誠；發自內心。㉒莊　嚴肅，形於外表。㉓撙

節　抑制。以上從「道德仁義」起至「退讓以明禮」，亦見於《禮記・曲禮上》。

【語譯】昔日周文王派太公望輔佐太子姬發。太子喜歡吃乾魚而太公不給，說：「按照禮制的規定，乾魚是不能裝進祭器供奉鬼神的。難道有不合禮制規定的食物可以拿來供養太子嗎？」尋常的小室，如果沒有設立奧宊的尊位，那麼父子的上下就不能分別；六尺的乘輿，如果沒有左右位次的規定，那麼君臣的尊卑就不能明確。尋常的小室、六尺的乘輿，如果不合禮制的規定，就君臣上下顛倒，父子關係紊亂，何況那些更大的事情呢？所以道德仁義，沒有禮作標準就不能實現；施加教訓和匡正風俗，沒有禮作標準就不能完備；分辨爭論和訴訟的事情，沒有禮作標準就不能判決；君臣、上下、父子、兄弟之間的關係，沒有禮作標準就不能確定；向老師學習仕宦和六藝，沒有禮作標準，師生的關係就不會親密；排列朝廷官員的位次和布署軍旅的陣局，以及居於官位執行法紀，沒有禮作標準就缺乏威嚴而不能執行；各種祭祀以及供給鬼神的祭品，沒有禮作標準就不真誠不嚴肅。因此君子應該抱著恭敬、謙抑、退讓的態度以表明符合禮的要求。

禮者，所以固國家、定社稷，使君無失其民者也❶。主主臣臣❷，禮之正❸也；威德❹在君，禮之分❺也；尊卑、大小、強弱有位，禮之數❻也。禮，天子愛天下，諸侯愛境內，大夫愛官屬，士庶❼各愛其家，失愛不仁，過❽愛不義，故禮者，所以守尊卑之經❾、強弱之稱❿者也。禮，天子適⓫諸侯之宮⓬，諸侯不敢自阼階⓭。

阼階者，主之階也。天子適諸侯，諸侯不敢有宮，不敢為主人禮也。君仁臣忠，父慈子孝，兄愛弟敬，夫和妻柔⓮，姑⓯慈婦聽⓰，禮之至⓱也。君仁則不厲⓲，臣忠則不貳⓳，父慈則教，子孝則協⓴，兄愛則友㉑，弟敬則順，夫和則義㉒，妻柔則正㉓，姑慈則從，婦聽則婉㉔，禮之質㉕也。

【章　旨】此段說明禮能發揮鞏固國家，安定社稷、爭取民心的作用。

【注　釋】❶禮者三句　禮的作用的概括。《左傳·隱公十一年》載：「禮，經國家，定社稷，序民人，利後嗣者也。」❷主主臣臣　君君臣臣。作君主的像個君主，作臣子的像個臣子，謹守上下尊卑。❸正　標準。❹威德　猶刑罰和獎賞。韓非子謂之「二柄」，是君主掌握的。❺分　原則；本質。❻數　理。❼庶　庶民。❽過　超越。❾經　常法。❿稱　等級。⓫適　往。⓬宮　室。⓭阼階　東階。按照古禮，賓主相見，迎客而升堂，客人自西階上，主人從東階。此句意思是諸侯是天子所封，亦為天子的臣屬，故不敢以主人的身分自居。⓮柔　柔順。⓯姑　丈夫之母。⓰聽　從。⓱至　最高標準。⓲厲　嚴厲。⓳貳　懷有二心；叛逆之心。⓴協　和諧。㉑友　親近。㉒義　大義。㉓正　正道。㉔婉　和婉。㉕質　本質；實際內容。

【語　譯】禮，是用來鞏固國家政權，安定社稷，使君主不會失去民眾的制度啊。作君主的像君主，作臣子的像臣子，這就是禮的標準；刑罰和獎賞由君主掌握，這就是禮的原則；尊卑、大小、強弱都按等次就位，這就是禮的道理。按照禮的規定，天子應該愛護天下的臣民，諸侯應該愛護國內的臣民，大夫應該愛護自己的官屬，士人百姓應該各自愛護他們的家人，不愛就不仁，過分愛就不義。所以禮是用來維持尊卑的常法、強弱等次的原則啊。按照禮制，天子到諸侯的宮室，諸侯不敢在東階上迎接，因為東階是主人迎客的臺階啊。天子到諸侯巡視，諸侯不敢有自己的宮室，不敢以主人的禮儀來迎接天子啊。君主仁愛、臣子忠厚，父親仁慈、兒子孝順，兄和愛、弟敬重，夫和藹、妻柔順，婆婆仁慈、媳婦聽從，這就是禮的最高標準啊。君主仁愛就不嚴厲，臣子忠厚就不懷二心，父親仁慈就教育有效，兒子孝順就父子和諧，兄和愛就有情誼，弟敬重就會恭順，夫和藹就符合大義，妻柔順就符合正道，婆婆仁慈就順從，媳婦順從就和婉，這就是禮的本質啊。

禮者，臣下所以承❶其上也。故《詩》云：「一❷發五豝❸，吁嗟乎❹騶虞❺。」騶者，天子之囿❻也；虞者，囿之司獸❼者也。天子佐輿❽十乘　以明貴也。貳牲❾而食，以優飽❿也。虞人翼⓫五豝以待一發，所以復中⓬也。人臣於其所尊敬，不敢以節待⓭，敬之至也。甚尊其主，敬慎其所掌職，而志⓮厚盡⓯矣。作此詩者，以其事深見⓰良臣順上之志也。良臣順上之志者，可謂義矣。故其嘆之也長，曰「吁嗟乎」。雖古之善為人臣者，亦若此而已。

【章　旨】此段說明臣子順上是禮的原則。

【注　釋】❶承　受；順。❷一　原文作「壹」，馬瑞辰以為發語詞。❸豝　大豬。或謂小豬。❹吁嗟乎　讚嘆的語氣。❺騶虞　管理苑囿禽獸的人。引詩見《詩經・召南・騶虞》。❻囿　園林。❼司獸　管理野獸。❽佐輿　陪同的車駕。❾貳牲　指兩隻牲畜的肉。❿優飽　指吃得很飽。優，豐饒。⓫翼　意指從兩邊驅趕到中間，以備天子射獵。⓬復中　射獵一中再中。復，《諸子平議》以為「優」字之誤。⓭節待　以節儉對待。⓮志　心意。⓯厚盡　深厚而無所保留。⓰見　通「現」。

【語　譯】禮還包含臣下順從君上的意思，所以《詩經・騶虞》說：「射中五頭大豬，多了不起呀！騶虞！」騶，是天子養禽獸的園林；虞，是管理園林禽獸的官員。天子打獵，陪同的車輛有十乘，是用以表明天子的尊貴啊。天子用餐要上兩隻牲畜的肉食，是用以幫助天子吃得很飽啊。虞人從左右驅趕五隻大豬到中間以備天子射獵，目的是讓天子射獵一中再中。臣子對於他所尊敬的人，不敢以節儉的方式對待，這是最恭敬的啊！十分尊敬他的君主，又恭敬慎重對待他的職責，這樣的心意是深厚而無窮的。寫作這首詩的人，是用實事深刻表現良臣順從君主的心意啊。良臣順從君主的心意，可以說是懂得君臣大義了。所以詩人發出長聲的感嘆，說「多了不起呀」。即令古代善作臣子的，也不過如此而已。

禮者，所以節義❶而沒不還❷。故饗飲❸之禮，先爵❹於卑賤而后貴者始羞❺，殽膳❻下浹❼而樂人始奏。觴❽不下徧，君不嘗❾羞❿；殽不下浹，上⓫不舉樂⓬。故禮者，所以恤下⓭也。由余⓮曰：「乾肉不腐，則左右親⓯；苞苴⓰時有，筐篚⓱

時至，則群臣附；官無蔚藏⑱，腌陳⑲時發，則戴⑳其上。」《詩》曰：「投㉑我以木瓜㉒，報之以瓊㉓琚㉔；匪㉕報也，永以為好㉖也。」上少投之，則下以軀㉗償矣；弗敢謂報，願長以為好。古之蓄其下者，其施報㉘如此。國無九年之蓄，謂之不足；無六年之蓄，謂之急；無三年之蓄，國非其國也㉙。民三年耕，必餘一年之食；九年，而餘三年之食；三十歲相通㉚，而有十年之積㉛。雖有凶旱水溢，民無饑饉㉜。然後天子備味㉝而食，日舉以樂。諸侯食珍㉞不失㉟，鐘鼓之縣㊱可使樂也。樂也者，上下同之。故禮，國有饑人，人主不飧㊲；國有凍人，人主不裘㊳；報囚㊴之日，人主不舉樂。歲凶穀不登㊵，臺扉㊶不塗㊷，榭㊸徹㊹干侯㊺，馬不食穀，馳道㊻不除㊼，食減膳，饗祭㊽有闕㊾。故禮者，自行之義，養民之道也。受計㊿之禮，主所親拜者二：聞生民(51)之數則拜之，聞登穀則拜之。《詩》曰：「君子樂胥(52)，受天之祜。」胥者，相也。祜，大福也。夫憂民之憂者，民必憂其憂；樂民之樂者，民亦樂其樂(53)。與士民若此者，受天之福矣。

【章　旨】此段闡明禮包含有天子體恤臣民的意思。

【注　釋】❶節義　制約大義。首段已明：「道德仁義，非禮不成。」都要受到禮的約束，使無過無不及。❷沒不遝　無不及的意思。遝，及。原作「還」，依《諸子平議》改。❸饗飲　酒宴。❹爵　本意為酒杯，這裏作動詞用。進爵，進酒。❺羞　進獻。❻殽膳　各種菜餚。❼下浹　下屬的人普遍都吃了。浹，周遍。❽觴　酒杯。此指飲酒。❾嘗　嚐。❿羞　美味的食物。⓫上　指君主。⓬舉樂　進行奏樂。⓭恤下　體恤下屬的人。恤，憂；顧。⓮由余　春秋時晉國人，後歸秦，為秦穆公謀伐西戎，益國十二，拓地千里，因而有秦穆公霸西戎的說法。⓯乾肉不腐二句　儲藏的乾肉未腐爛，及時賜給左右的人吃，左右的人就會感謝君主的仁惠而親善。⓰苞苴　包裹，以蘆葦或茅草製成，用以盛魚肉。古以為餽贈的通稱。⓱筐篚　盛玉帛的竹器，方形叫「筐」，圓形叫「篚」。古亦以為餽贈的通稱。⓲蔚藏　豐富的儲藏。蔚，豐茂。⓳腌陳　腌製的和陳積的食物。⓴戴　愛。㉑投　贈送。㉒木瓜　植物名，一種薔薇科灌木所結的果實，味甜可食，也可作藥用。㉓瓊　美玉。㉔琚　佩玉。㉕匪　通「非」。㉖好　親愛；友誼。引詩見《詩經・衛風・木瓜》。㉗軀　身軀。㉘施報　施惠報恩。㉙國無九年之蓄六句　見〈憂民〉、〈無蓄〉二篇。㉚相通　總計。㉛民三年耕六句　見〈憂民〉。㉜饑饉　災荒。穀不熟叫「饑」，菜不熟叫「饉」。㉝備味　食味完備。㉞珍　美好的菜餚。㉟失　錯誤。㊱縣　即「懸」，指懸掛樂器。㊲不飧　不吃晚飯。飧，晚餐。㊳不裘　不穿皮衣。㊴報囚　判決罪犯。㊵登　熟。㊶扉　門。㊷塗　指塗油漆。㊸榭　臺上有屋的叫做「榭」，古以為習武之處。㊹徹　通「撤」。除去。㊺干侯　即豻侯，用豻作箭靶。豻，野犬。侯，箭靶。㊻馳道　天子所行的道路。㊼除　打掃。㊽饗祭　祭祀的食品。㊾闕　通「缺」。㊿計　漢時州郡設有上計吏，於年終向朝廷匯報人口財政收支情況。計，統計。(51)生民　人口。(52)胥　互相；共同。(53)夫憂民之憂者四句　見於《孟子・梁惠王下》。

【語　譯】禮是用來節制大義，各方面沒有不涉及禮的。所以飲宴的禮節規定，在飲宴中首先應向地位卑賤的官員進酒，然後才開始向地位尊貴的官員進酒，要等下面的人普遍吃到菜餚，樂人才開始奏樂。如果下面的人還沒有普遍飲酒，君主是不進食的；如果下位的人還沒有普遍吃到菜餚，君主是不命令奏樂的。所以禮是用來體恤下位臣民的。由余曾經說過：「君主把沒有腐爛的乾肉送給左右大臣，那麼左右大臣就親近君主；魚肉玉帛按時賜予群臣，群臣就會親附；官府沒有豐饒的儲備，腌製的和陳積的食物按時賜予，大家就會愛戴他們的君上。」《詩經》說：「送給我木瓜，我用瓊琚回報；不是為了回報，而是想永遠相親相愛啊！」君主對臣下稍有贈予，那麼臣下就會為君主捐軀報答了。不是為了報答，而是希望長久相親相愛。古代君主治理他的人民，他們施惠和報恩就是這樣。國家糧食沒有九年的蓄積，叫做不足；沒有六年的蓄積，叫做緊迫；沒有三年的蓄積，國家就可能不是他的國家了。百姓三年耕種，必須結餘一年的糧食；九年耕種，必須結餘三年的糧食；三十年的耕種總計起來就有十年的蓄積。即令遇上水旱凶災，百姓也不會遭受饑餓。在這種情況下，天子就可以兼食珍味，每天享受音樂。諸侯吃珍味也不會有缺，並且可以享受鐘鼓的快樂。快樂，君主與臣民都是相同的。所以，按禮的規定，國內有饑餓的人，君主就不吃晚餐；國內有受凍的人，君主就不穿皮衣；君主聽到判決犯人的消息，這天就停止奏樂。災荒之年五穀不熟，亭臺就不加粉飾，演武堂撤去獸靶，不用穀餵馬，馳道不加打掃，吃飯減少菜餚，祭祀的食品不備齊全。所以禮是君主律己的大義，是治民的大道啊。接見上計吏的禮節，君主親自下拜的有兩種情況：聽到人口增殖的數目就下拜；聽到五穀豐收就下拜。《詩經》說：「君子能和百姓共樂，就會得到上天的賜福。」胥，是相互的意思。祜，是大福的意思。君主能擔憂百姓所擔憂的事情，百姓必然會擔心君主所擔心的事情；君主高興百姓所高興的事情，百姓也會高興君主所高興的事情。君主如果與士民的關係這麼密切，就會受到上天的賜福了。

禮，聖王之於禽獸也，見其生不忍見其死，聞其聲不嘗其肉，隱❶弗忍也。故遠庖廚❷，仁之至也。不合圍❸，不掩群❹，不射宿❺，不涸澤❻。豺不祭獸，不田獵；獺不祭魚，不設網罟❼；鷹隼❽不鷙❾，眭❿而不逮⓫，不出穎羅⓬。草木不零落⓭，斧斤⓮不入山林；昆蟲不蟄⓯，不以火田；不麛⓰，不卵，不刳胎⓱，不殀夭⓲，魚育⓳不入廟門，鳥獸不成毫毛不登庖廚。取之有時，用之有節，則物蕃⓴多。湯曰：「昔蛛蝥㉑作罟㉒，不高順㉓、不用命㉔者，寧㉕丁㉖我網。」其憚㉗害物也如是。《詩》曰：「王㉘在靈囿㉙，麀鹿㉚攸伏㉛，麀鹿濯濯㉜，白鳥㉝皜皜㉞。王在靈沼㉟，於㊱牣㊲魚躍。」言德至也。聖主所在，魚鱉禽獸猶得其所，況於人民乎！

【章旨】此段闡明愛及異類也是禮制的要求。

【注釋】❶隱　痛；憐憫。❷遠庖廚　指聖王的居處應該遠遠離開庖廚，以避免聽到廚房殺豬宰羊傳來的叫聲。庖，做飯。廚，廚房。以上數語本於《孟子・梁惠王上》。❸不合圍　指打獵不從四面包圍。❹不掩群　不捕捉獸群。❺宿　歸巢的鳥。❻不涸澤　不把池水放乾捕魚。涸，乾。❼豺不祭獸四句　意思是不到秋末時，不去打獵；不到初春時不捕魚。豺是一種猛獸，每當秋末天寒時，便捕殺大量禽獸以避過冬充饑。牠把捕來的禽獸四周陳列儲藏，好像人們把祭品陳列起來舉行祭祀一樣，因此叫做「豺祭」。獺是一種食魚的動物，每當初春，魚破冰而出，獺就大量捕魚陳列在岸邊，叫做「獺祭」。「豺祭」和「獺祭」的記載均見於《禮記・月令》。罟，魚網。❽隼　如鷹一類的凶猛飛禽。❾鷙　指捕殺鳥類。❿眭　注視。⓫逮　捕捉。⓬罻羅　《諸子平議》以為當作「絓羅」，懸掛的羅網。⓭零落　草衰叫「零」，木落葉叫「落」。⓮斤　斧類的工具。⓯蟄　藏。指冬眠。⓰麛　小鹿。⓱刳胎　剖腹取胎。⓲殀夭　指殺害幼小的動物。⓳魚育　幼魚。⓴蕃　盛多。㉑蛛蝥　蜘蛛。㉒作罟　結網。㉓高順　順高處而飛。㉔用命　聽命。㉕寧　乃；就。㉖丁　遭遇；碰上。㉗憚　畏懼。㉘王　指周文王。㉙靈囿　君主養禽獸的地方。靈，有神、美的意思，用以頌揚君主。㉚麀鹿　母鹿。㉛攸伏　指伏地哺乳。㉜濯濯　肥胖的樣子。㉝白鳥　指白鶴。㉞翯翯　即「皓皓」，潔白的樣子。㉟沼　池。㊱於　發語詞。㊲仞　原本作「牣」，滿。詩句引自《詩經・大雅・靈臺》。

【語　譯】按照禮的要求，聖明君主對於禽獸，見到牠活著就不忍心見到牠死去，聽到牠的叫聲就不忍心吃牠的肉，是因為同情而不忍心啊。所以君主的住處要遠遠避開廚房，這是最高的仁德啊。對於禽獸，不四面包圍捕獵，不捕捉成群的野獸，不射獵正要歸巢止息的鳥類，不抽乾池塘水捕魚。豺不殺野獸，人們就不去打獵；獺不殺魚，人們就不張設很密的魚網；鷹隼不殺小鳥，人們盯著牠也不捕捉，不張設懸掛的羅網。草木不衰敗，就不入山林砍伐；昆蟲不冬眠，就不在田野放火耕種；不殺小鹿，不取鳥卵，不剖獸腹取胎，不殺害小的禽獸，小魚不送進祖廟作祭品，鳥獸不長成毛羽不送進廚房。獵取有季節，食用有節制，那麼萬物就會繁盛增殖。商湯說：「過去蜘蛛結網，祝昆蟲往高飛，不順著高飛，不服從命令的，就碰上了我的網。」他怕傷害萬物到如此地步。《詩經》說：「周文王在園林遊觀，母鹿安然伏地餵子，母鹿肥又胖，白鶴潔又白。周文王在池沼上遊觀，滿池的魚兒蹦蹦跳。」

說的是周文王有最高的德性。聖明的君主所在的地方，魚鼈禽獸尚且各得其所，何況是人民呢！

故仁人行其禮，則天下安而萬理❶得矣。逮至德渥❷澤❸洽❹，調和❺大暢❻，則天清澈❼，地富煴❽，物時熟❾；民心不挾❿詐賊⓫，氣脈⓬淳化⓭；攫⓮嚙⓯搏擊之獸鮮⓰，毒蠚⓱猛蚼⓲之蟲密⓳，毒山不蕃，草木少薄矣⓴。鑠㉑乎大仁之化也。

【章　旨】此段總言實現禮制所達到的最高標準。

【注　釋】❶萬理　萬物的生存之理。❷渥　豐厚。❸澤　恩澤。❹洽　普遍。❺調和　指上下和協。❻大暢　指政令暢通。此句即政通人和的意思。❼澈　清。❽煴　盛。❾時熟　按季節成熟。❿挾　持；倚仗。⓫詐賊　欺詐陷害。⓬氣脈　指人的素質。⓭淳化　化為淳樸。⓮攫　用爪抓。⓯嚙　用嘴咬。⓰鮮　少。⓱蠚　通「螫」。昆蟲尾部的毒刺。指毒蟲。⓲蚼　一作「蚄」，一種昆蟲。⓳密　默；靜。⓴毒山不蕃二句　《諸子平議》以為「毒」字是衍文，「薄矣」二字傳寫誤倒，當作「山不蕃草木少矣，薄鑠乎大仁之化也」。薄，虛詞，無義。㉑鑠　美貌。

【語　譯】所以仁人履行禮制，那麼就會天下太平，萬物得到生存的條件了。等到仁人的道德豐厚，恩澤普施，政通人和，那麼天也會變得清明，地也會顯得富厚，生物按時成熟；民心不倚仗欺詐和陷害，素質變得淳樸；抓咬爭鬥的野獸很少出現，毒螫猛蚼之類的昆蟲也會消失，山不繁殖草木的情況也會少見。真是美好啊！這是大仁君主的感化啊！

容經 連語

【題解】本篇闡明君主舉止容貌語言的常法。「經」的意思是常法。全文分兩部分：頭一部分闡明各種細節的常法，包括心、容、視、言、立、坐、行、趨、跘旋、跪、拜、伏、坐車、立車、兵車等十五類細節規定；後一部分闡明容經的意義以及列舉一些史事、名物說明容經的重要。如說：「明君在位可畏，施舍可愛，進退可度，周旋可則，容貌可觀，作事可法，德行可象，聲氣可樂，動作有文，言語有章，以承其上，以接其等，以臨其下，以畜其民。故為之上者敬而信之，等者輕而重之，下者畏而愛之，民者肅而樂之，是以上下和協而士庶順一。」強調君主一言一行的重大意義。此外，文中提到的「執中履衡」，是堅守中庸的思想；「能與細細，能與巨巨，能與高高，能與下下」，是參與變易的思想。以變而居中，體現了深刻的哲理。

志有四興❶：朝廷之志，淵然❷清以嚴❸；祭祀之志，愉然❹思以和❺；軍旅❻之志，怫然慍然❼精以厲❽；喪紀❾之志，漻然❿憖然⓫憂以湫。四志形中⓬，四色發外。維如⓭。

志色之經⓮

【章　旨】此段闡明四類心情的常法。

【注　釋】❶興　興起；產生。❷淵然　深邃的樣子。❸清以嚴　清明而嚴肅。以，而；又。❹愉然　心情和悅的樣子。❺思以和　掛念而平和。❻軍旅　軍隊。❼怫然慍然　發怒的樣子。❽精以厲　精明而嚴厲。❾喪紀　喪事。❿漻然　寂靜的樣子。⓫湫然　憂愁的樣子。湫，悲涼。⓬形中　在心中形成。⓭維如　此下當有脫文。⓮志色之經　心情和面容的常法。抱經堂本置為另行，以此為上一段的中心標題。下同。

【語　譯】不同心情的出現有四類：在朝廷上的心情是深遠的樣子，清明而又嚴肅；在祭祀中的心情，是和悅的樣子，掛念而又和平；在軍隊中的心情是怒氣沖沖的樣子，精明而又嚴厲；在喪事中的心情，是懷憂沉默的樣子，憂傷而又悲涼。這四種心情在內部形成，就有四種面容表現出來。內外相像。

以上就是「志色之經」。

容❶有四起❷：朝廷之容，師師然❸，翼翼然❹，整❺以敬；祭祀之容，遂遂然❻，粥粥然❼，敬以婉❽；軍旅之容，湢然❾，肅然，固❿以猛；喪紀之容，愀然⓫，懾然⓬，若不還⓭。

容經⓮

【章　旨】此段闡明四類容態的常法。

【注釋】❶容　容態。❷四起　出現四類。❸師師然　相互學習的樣子。❹翼翼然　和順的樣子。❺整　莊嚴。❻遂遂然　相隨的樣子。❼粥粥然　謙卑的樣子。❽婉　和婉。❾湢然　整肅的樣子。❿固　堅定。⓫怮然　憂愁的樣子。怮，憂。據盧文弨注。⓬懾然　懼怕的樣子。⓭不遝　不及。遝，原本作「還」，據《諸子平議》改。⓮容經　容態常法。又以此為全篇標題。

【語譯】容態有四種表現：在朝廷的容態，是虛心而和順的樣子，嚴整而又恭敬；在祭祀中的容態，是隨從而謙卑的樣子，恭敬而又和婉；在軍隊中的容態，是整肅的樣子，堅定而又勇猛；在喪事中的容態，是憂愁懼怕的樣子，好像還沒有辨得很周全。

以上就是「容經」。

視經

視有四則❶：朝廷之視，端流❷平衡❸；祭祀之視，視如有將❹；軍旅之視，固植❺虎張❻；喪紀之視，下流❼垂綱❽。

【章旨】此章闡明視的常法。

【注釋】❶則　準則。❷端流　端正的目光。❸平衡　平視。❹將　送；奉獻。❺固植　固定樹立。指凝視不動。❻虎張　如虎之張眼。❼下流　下視。❽垂綱　下垂至帽繩。古代繫帽的繩子套在頸部。

【語譯】目光有四條準則，在朝廷上的目光，要正眼平視；在祭祀當中的目光，好像進奉祭品一樣；

在軍隊中的目光，目光凝定虎視眈眈；在喪事當中的目光，目光下視看到繫帽的繩子。

以上就是「視經」。

言有四術❶：言敬以和，朝廷之言也；文言❷有序，祭祀之言也；屏氣❸折聲❹，軍旅之言也；言若不足，喪紀之言也。

言經

【章旨】此段闡明語言的四條準則。

【注釋】❶術　方法。❷文言　文飾的言辭。❸屏氣　抑制呼吸。❹折聲　壓低聲音。

【語譯】語言有四條準則：語言恭敬而又和順，這是在朝廷上的語言；語言有文飾而有條不紊，這是祭祀中的語言；語言屏氣低聲，這是軍隊中的語言；語言好像氣力不足，這是辦喪事中的語言。

以上就是「言經」。

固頤❶正視，平肩正背，臂如抱鼓❷，足間二寸，端面❸攝纓❹，端股❺整足。體不搖肘❻曰經❼立，因以微磬❽曰共❾立，因以磬折❿曰肅立，因以垂佩⓫曰卑立。

立容

【章　旨】此段闡明站立的容貌。

【注　釋】❶固頤　指臉部不動。頤，臉的兩頰。❷臂如抱鼓　手臂在胸前作拱（合抱）狀，像抱鼓的姿勢。❸端面　正面。❹攝纓　理正帽帶。❺股　大腿。❻附　小臂。❼經　正。❽微磬　上體稍屈。磬，一種樂器，形狀如鈍角。❾共　通「恭」。❿磬折　折腰如磬。⓫垂佩　佩玉下垂。佩，大帶。大帶有佩巾、佩玉為飾。這種禮儀又超過了磬折，所以叫「卑立」。

【語　譯】頭部不動，兩眼正視，雙肩平衡，背不彎曲，手臂前拱好像抱鼓一樣，兩腳相距二寸，端正兩面，理正帽帶，大腿正直，兩腳正立。身軀附臂不動叫做「經立」，因而身軀稍屈叫做「恭立」，彎腰叫做「肅立」，佩玉下垂叫做「卑立」。

以上就是「立容」。

坐以經立之容，胻不差❶而足不跌❷。視平衡曰經坐，微俯❸視尊者之膝曰共坐，俯首視不出尋常❹之內曰肅坐，廢首❺低肘❻曰卑坐。

坐容

【章　旨】此段闡明坐的容態。

【注　釋】❶胻不差　小腿併齊。胻，小腿。❷足不跌　兩腳不交錯。跌，腳交錯。❸俯　原作「仰」，據《讀諸子札記》改。❹尋常　言其距離不遠。八尺叫「尋」，倍尋叫「常」。❺廢首　低頭。❻低附　兩小臂下垂。

【語　譯】坐的姿勢保持正立時的儀容，小腿併齊，兩腳不交錯。目光平視叫做「正坐」，稍低頭俯視尊長輩的膝蓋叫做「恭坐」，低頭目光注視尋常以內叫做「肅坐」。低頭並兩小臂下垂叫做「卑坐」。

以上就是「坐容」。

行以微磬之容，臂不搖掉，肩不下上，身似不則❶，從容而任❷。

行容

【章　旨】此段闡明行走的儀容。

【注　釋】❶身似不則　身軀似不動。則，《諸子平議》以為通「即」。即，就；行。❷任　隨；隨足而進。

【語　譯】行走保持稍微屈身的儀態，雙臂不擺動，雙肩保持平衡，身軀似乎處於靜態，只是從容緩慢地隨足前進。

以上就是「行容」。

趨❶以微磬之容，飄然❷翼然❸，肩狀若流❹，足如射箭。

趨容

【章　旨】此段闡明疾行的儀容。

【注　釋】❶趨　快步行走。古以徐行為步，疾行為趨。❷飄然　輕快的樣子。❸翼然　趨進的樣子。翼，趩的初文。《論語・鄉黨》：「趨進，翼如也。」然，通「如」。❹肩狀若流　雙肩如釋重負，顯得輕鬆。流，釋。

【語　譯】快步行走保持腰微屈的姿態，顯出輕快而端正的樣子，雙肩如釋重負，兩腳像飛箭般的迅速前進。

以上就是「趨容」。

旋❶以微磬之容，其始動也，穆如驚倐❷；其固復❸也，旄❹如濯絲❺。

跘旋❻之容。

【章　旨】此段闡明轉身的樣子。

【注　釋】❶旋　轉；轉過身來。❷穆如驚倐　意思不明，大致是和美而又輕疾如飄風之旋。穆，和而美。驚，可能是指驚風、驚飈之類。倐，疾速。❸固復　指轉過身來站定的時候。❹旄　《諸子集成》以為當讀成「綢繆」之「繆」，纏綿的意思。❺濯絲　洗濯蠶絲。❻跘旋　即盤旋。指轉身。跘，同「盤」。

【語譯】轉身保持稍微屈身的容態，開始轉身的時候，和美而又如飄風之旋那麼輕疾；當轉過身來站立不動的時候，就好像洗濯的蠶絲那樣膠著難解。

以上就是「跘旋之容」。

跪以微磬之容，揄右❶而下，進左❷而起，手有抑揚❸，各尊❹其紀❺。跪容。

【章旨】此段闡明跪的容態。

【注釋】❶揄右　揄，引。右，右腿。❷進左　左腿前進。❸抑揚　高低。❹尊　通「遵」。❺紀　指規定。

【語譯】跪下保持微屈軀體的容態，先提起右腿下跪，再左腿前進起身，兩手的位置有高有低，各種動作都遵循一定的規定。

以上就是「跪容」。

拜❶以磬折之容，吉事上❷左❸，凶事上右，隨前以舉❹，項衡以下❺，寧❻速無遲❼，背項之狀，如屋之丘❽。

拜容

【章旨】此段闡明下拜的容態。

【注釋】❶拜 拜有二義，一是揖拜，一是跪拜，這裏是指跪拜。跪拜的姿勢是下跪伸出兩臂合掌，頭與手相接。❷上 同「尚」。崇尚。❸左 既指左方，也包括提出左腿。❹隨前以舉 一隻腿向前提起，作下跪的姿態。隨，《諸子平議》認為是「骽」的假借字。骽，腿。❺項衡以下 頸項與身軀保持平衡隨著身軀而下。❻寗 寧願。❼遲 緩慢。❽丘 指屋脊。

【語譯】下拜保持屈體的容態，吉事先動左腿，凶事先動右腿，身軀隨著向前並舉起雙臂，頸項與腰背保持平衡而下，動作寧可迅速不要遲緩，背脊與頸項的樣子好像屋的脊檁一樣。

以上就是「拜容」。

拜而未起。

伏容

【章旨】此段闡明伏倒的容態。

【語譯】保持下拜的姿態不起身。

以上就是「伏容」。（盧文弨以為此條有脫文。）

坐乘❶以經坐之容，手撫式❷，視五旅❸，欲無顧❹，顧不過轂❺。小禮動❻，中禮式❼，大禮下❽。

坐車之容

【章旨】此段闡述乘坐的容態。

【注釋】❶坐乘 坐在車上。❷撫式 手扶車前橫木。式，車前橫木。❸五旅 義不明。盧文弨說「即《曲禮》所云『立視五巂』」。車輪一周叫巂。按此，「五旅」就是車輪的五周，十六步又半的距離。見《禮記・曲禮》陳澔注。❹顧 回頭看。❺轂 承受車軸突出的部分。❻小禮動 行小禮稍動儀容表示敬意。❼中禮式 行中禮憑車前橫木表示敬意。❽下 指下車表示敬意。

【語譯】在車上保持正坐的容態，雙手扶著車前橫木，目光注視五旅的距離，不回頭瞻望，即令回頭，目光也不能越過車轂。行小禮就在車上稍動儀容表示敬意，行中禮要憑著車前橫木表示敬意，行大禮則要下車表示敬意。

以上就是「坐車之容」。

立乘以經立之容❶，右持綏❷而左臂詘❸，存❹劍之緯❺，欲無顧，顧不過轂。小禮據❻，中禮式，大禮下。

立車之容

【章　旨】此段闡明立於車上的容態。

【注　釋】❶立乘　站於車上。❷綏　供人上車牽引和站立扶持的繩索。❸絀　同「屈」。❹存　置。❺緯　《校注》：「絲帶一類的裝飾品。」❻據　憑。

【語　譯】站立在車上保持正立的容態，右手握著綏繩，左臂彎曲，靠近劍柄的絲帶。不願回頭瞻望，即令回頭瞻望，目光也不能越過車轂。行小禮要身子靠著車前橫木表示敬意，行中禮要手扶車前橫木表示敬意，行大禮要下車表示敬意。

以上就是「立車之容」。

禮，介者不拜❶，兵車不式❷。不顧不言，反抑❸式以應❹武容也。

兵車之容

【章　旨】此段闡明立乘兵車的容態。

【注　釋】❶介者不拜　穿甲衣的士兵是不下拜的。因為甲衣堅硬，不能下拜。此句見於《禮記・曲禮上》。❷兵車不式　主帥在兵車上是不扶車前橫木來表示敬禮的。❸抑　按。❹應　合。

【語　譯】按照禮的規定，身穿甲衣的士兵是不行下拜禮的，兵車上的主帥是不扶車前橫木表示敬意的。既不回頭看，也不說話，不撫車前橫木以顯示武勇的容態。

以上就是「兵車之容」。

若夫立而跂❶，坐而蹁❷，體怠懈❸，志驕傲，趮視❹數❺顧，容色不比❻，動靜不以度，妄咳唾，疾言嗟❼，氣不順，皆禁也。

【章旨】此段著重強調屬於禁止的容態。

【注釋】❶跂 踮起腳跟。❷蹁 膝蓋骨。可能指一隻腳架在另一隻腳的膝蓋上。❸怠懈 指姿態鬆弛。❹趮視 以焦躁的目光看人。❺數 屢次。❻比 親切。❼疾言嗟 急速說話和嘆氣。

【語譯】至於站立時踮起腳跟，坐時腳架膝蓋，身體顯得鬆弛無力，心志驕傲自大，用焦躁的目光頻頻回頭看人，容顏不親切，舉止不依規矩，隨便咳嗽吐痰，急速說話和嘆氣，氣度不和順，這些都是被禁止的啊。

古者年九歲入就小學❶，蹍❷小節❸焉，業❹小道❺焉；束髮❻就大學❼，蹍大節❽焉，業大道❾焉。是以邪放❿非辟⓫，無因入之焉。諺曰：「君子重襲⓬，小人無由入；正人十倍⓭，邪辟無由來。」古之人其謹於所近乎！《詩》曰：「芃芃⑭棫樸⑮，薪⑯之槱⑰之；濟濟⑱辟⑲王，左右趨⑳之。」此言左右日以善趨也。

【章　旨】此段闡明君主當重視自身的修養和外界的影響。

【注　釋】❶小學　兒童發蒙讀書的地方，小學的教學內容是禮、樂、射、御、書、數六藝之類。❷蹍　履行；練習。❸小節　指小的禮儀，如揖讓進退之類。❹業　習。❺小道　才藝技能。❻束髮　指成童。古時男孩成童束髮成一髻。❼大學　即太學。❽大節　指大的禮儀，經禮三百之類。❾大道　指儒家的忠、孝、節、義之類。以上六句，《大戴禮記・保傅》作「古者年八歲而出就外舍，學小藝焉，履小節焉；束髮而就大學，學大藝焉，履大節焉」。❿放　放任。⓫辟　邪。⓬重襲　重重，說明君子之多。與下面「十倍」成對文。襲，重。⓭十倍　為邪辟小人之十倍，言正人很多。⓮芃芃　茂盛的樣子。⓯棫樸　叢木名。⓰薪　作動詞用，砍柴的意思。⓱槱　堆積。此句詩的原意是把柴砍下來，堆積起來以準備祭祀之用。⓲濟濟　莊嚴恭敬的樣子。⓳辟　君。⓴趨　趨附；奔走。以上詩句見於《詩經・大雅・棫樸》。

【語　譯】古代天子九歲進入小學學習，練習小節的禮儀，學習小道的內容；到了束髮成年的時期，進入太學學習，練習大節的禮儀，學習大道的內容。因此，一切邪辟放任為非作歹的習染，都沒有途徑侵入。俗語說：「君子重重，小人之輩沒有途徑進入；正人十倍，邪辟之徒沒有途徑進來。」古代的人很重視周圍所接近的人呢！《詩經》說：「棫樹樸樹蓬蓬地長，砍下來，堆起來，君主儀態多麼端莊，左右的人們嚮往他。」這是說君主左右人才濟濟，都由於君主賢能，大家都來歸附啊。

古者聖王居有法則，動有文章❶，位❷執戒輔❸，鳴玉以行。鳴玉者，佩玉❹

也，上有雙珩❺，下有雙璜❻，衝牙❼蠙珠❽，以納❾其間❿，琚瑀⓫以雜之。行以〈采薺〉，趨以〈肆夏〉⓬，步中規⓭，折中矩⓮。登車則馬行而鸞⓯鳴，鸞鳴而和⓰應，聲曰和⓱，和則敬⓲。故《詩》曰：「和鸞雝雝⓳，萬福攸同⓴。」言動以紀度㉑，則萬福之所聚也。故曰：明君在位可畏，施舍可愛，進退可度，周旋可則㉒，容貌可觀，作事可法，德行可象㉓，聲氣可樂，動作有文㉔，言語有章㉕，以承其上，以接其等㉖，以臨㉗其下，以畜㉘其民。故為之上者敬而信之，等者親而重之，下者畏而愛之，民者肅㉙而樂之，是以上下和協而士庶順一。故能宗揖㉚其國以藩㉛衛天子，而行義足法。夫有威而可畏謂之威，有儀而可象謂之儀㉜。富不可為量，多不可為數㉝。故《詩》曰：「威儀棣棣㉞，不可選㉟也。」棣棣，富也。不可選，眾也。言接㊱君臣、上下、父子、兄弟、內外、大小品事㊲之各有容志也。

【章旨】此段闡明君主重視禮容的意義。

【注釋】❶文章　指車服旌旗等儀仗。❷位　居於其位。❸戒輔　不知何物，《校注》稱：「古代祭祀、朝覲時應備的器具。」❹佩玉　即雜佩。朱熹注《詩經・鄭風・女曰雞鳴》「雜佩」：「雜佩者，左右佩玉也，上橫曰珩，下繫三組貫以蠙珠。中組之半，貫一大珠曰瑀，末懸一玉，兩端皆銳曰衝牙，兩旁組半各懸一玉。長博而方曰琚，其末各懸一玉如半壁而內向曰璜，又以兩組貫玉上繫珩兩端。下交貫於瑀而下繫於兩璜，行則衝牙觸璜而有聲也。」❺珩　佩最上的衡玉，用以懸繫雜佩。❻璜　一種玉石，呈半規形。❼衝牙　似三角形兩端尖的一種玉。❽蠙珠　蚌珠。❾納　貫串；纏束。❿間　中間。⓫琚瑀　玉名，琚為方形的玉，瑀為大的玉珠。⓬采薺肆夏　都是《詩經》篇名，此指兩詩原配的樂章節奏。⓭步中規　潭本「步」作「旋」。轉身時旋轉而行動合於圓規。⓮折中矩　曲行合於方矩。如由北向南，先必向東行。以上兩句《禮記・玉藻》作「周還中規，折還中矩」。⓯鸞　懸於車衡的鈴。⓰和　懸於車軾的鈴。⓱聲曰和　指鸞和的聲音和諧。曰，為。⓲和則敬　和諧的聲音則表現了對人的敬意。⓳雝雝　指車鈴聲。⓴攸同　所聚。兩句引自《詩經・小雅・蓼蕭》。㉑紀度　法規。㉒進退可度二句　皆指禮儀行動。則，法。㉓象　效法。㉔文　有文采。㉕章　指有文采。㉖等　同等級地位的人。㉗臨　自上視下；治理。㉘畜　養。㉙肅　敬。㉚宗揖　聚集。《諸子平議》以為「宗」為「安」字之誤。揖，通「輯」。聚。㉛藩　籬笆；屏障。㉜儀　原作「文」，依潭本改。㉝富不可為量二句　皆指禮儀之豐饒。㉞棣棣　富備貌。《毛詩・正義》釋此句：「又有儼然之威，俯仰之儀，棣棣然富備其容狀。」㉟選　毛傳訓「數」，計數。賈誼訓「眾」，近於「數」義。按原詩，當從聞一多《風詩類鈔》：「選，巽。屈撓退讓也。」詩句引自《詩經・邶風・柏舟》。㊱接　交接；會見。㊲品事　各個等級的事情。

【語　譯】古代的聖王安居有法則，行動有儀仗，居朝執有戒輔，行走應合佩玉之聲。鳴玉就是佩玉，佩玉最上有一對衡玉，下有一對璜玉，中間有衝牙、蚌珠貫串，還間雜串以琚、瑀。門內緩行用〈采薺〉的節奏，門外疾行用〈肆夏〉的節奏。旋轉符合圓規，曲行符合方矩。行車六馬緩行，鸞鈴有聲，鸞鈴之聲與和鈴之聲相應，聲音和諧，和諧聲中表現了對人的敬意。所以《詩經》說：「和鸞鈴聲雝雝響，萬種福分有所聚。」說的是聖王行動就符合法度，那麼萬福就聚集了。所以說：聖明的君主在位威儀令人可畏，施予恩惠令人親近，進退可以度量，周旋可為法則，容貌令人觀賞，做事令人模仿，德行令人效法，聲氣令人愉悅，動作富有文采，言語富有章法。用這種禮儀可以拜見上司，可以會見同列，可以治理下屬，可以養育百姓。所以作上司的人敬愛並信任他，同輩親近重視他，屬下畏懼愛護他，百姓敬重悅服他，因此上下關係和諧，士民歸順，步調一致。所以他能團結國家的士民來保衛天子，履行君臣大義足以讓人效法。有威力而令人可畏叫做「威」，有儀態令人效法叫做「儀」。威儀豐富而不可以衡量，繁多而不可以數計。所以《詩經》說：「威儀是那麼繁富，簡直數也數不清啊。」「棣棣」，是繁富的意思；「不可選」，是多得數不清的意思。這說明交接君臣、上下、父子、兄弟、內外、大小不同等級的事都各有不同的容態和心態啊。

子贛❶由其家來，謁❷於孔子。孔子正顏❸，舉杖磬折而立，曰：「子之大親❹毋乃❺不寧❻乎？」放杖而立，曰：「子之兄弟亦得無恙❼乎？」曳杖❽倍下❾而行，曰：「妻子家中得毋病乎？」故身之倨❿佝⓫，手之高下，顏色聲氣，各有宜稱，所以明尊卑，別疏戚也。

【章　旨】此段以孔子重禮容為例，說明禮容的重要。

【注　釋】❶子贛　同「子貢」。姓端木，名賜，字子贛。孔子弟子。❷謁　拜見。❸正顏　端正容顏，表示恭敬。❹大親　指父母。❺毋乃　莫是。❻寧　安。❼恙　病。❽曳杖　拖著杖。❾倍下　位置更低。❿倨　腰微屈。⓫佝　彎腰。

【語　譯】子贛從家中來拜見孔子。孔子端正容顏，舉起手杖，屈身站立，說：「你的父母沒有不安康的情況嗎？」又放下手杖站立，說：「你的兄弟也沒有生病嗎？」拖著手杖位置更低，邊走邊問：「你的妻兒和家中的其他人沒有生病嗎？」所以身軀的彎腰程度，手高下的位置，面上的容顏和說話的聲音，各有適宜的標準，這是用來明確尊卑、分別親疏的辦法啊。

子路❶見孔子之背，磬折舉褎❷，曰：「唯由也見。」孔子聞之，曰：「由也，何以遺亡❸也。」故過猶不及❹，有餘猶不足也。

【章　旨】此段以子路禮敬孔子為例，說明講究禮儀應適度，過猶不及。

【注　釋】❶子路　名仲由，字子路。孔子弟子。❷褎　「袖」的異體字。❸遺亡　忘記。全句指在尊長者背後不必行「磬折」之禮。❹過猶不及　做得過分了如同沒有做到一樣。此語已成格言。見《論語・先進》。

【語　譯】子路在孔子背後拜見，彎著腰，舉著袖說：「仲由拜見老師。」孔子聽到，說：「仲由，你為什麼忘掉了禮儀的規定呢？」所以做得太過了，如同沒有做到一樣；有多餘的，如同欠缺一樣啊。

語曰：「審❶乎明王，執中❷履衡❸。」言秉❹中適❺而據乎宜。故威❻勝德❼則淳❽，德勝威則施❾。威之與德，交❿若繆纆⓫，且畏且懷⓬，君道正矣。「質勝文則野，文勝質則史，文質彬彬，然後君子。」⓭

【章旨】此段說明禮儀應該執中履衡，做得平正合宜。

【注釋】❶審　明。❷執中　掌握中道，不偏不倚。❸履衡　保持平衡，不高不低。❹秉　掌握。❺中適　適中。❻威　指用威嚴的措施治國。❼德　指用施以德惠的措施治國。❽淳　《諸子平議》說當讀為「憝」，怨的意思。❾施　周本作「弛」，鬆弛的意思。《諸子平議》說，「施」是「弛」的假借字。❿交　結合。⓫繆纆　捆著的繩索。⓬懷　念。⓭質勝文則野四句　見《論語．雍也》。質，質樸。文，外表的文采。野，鄙俗。史，浮誇。彬彬，物相雜而顯得勻稱的樣子。

【語譯】有人說：「精明啊聖明的君主，處理問題中正公平。」言語要掌握中正之道而依據合宜的準則。所以威嚴超過德惠就有人埋怨，德惠超過威嚴就顯得鬆弛。說明威嚴與德惠就像繩索緊纏在一起，既令人敬畏，又令人懷念，這樣君道就走上正路了。孔子說：「質樸超過文采就顯得鄙俗，文采超過質樸就顯得浮誇。要文采與質樸均衡，做到這樣才是個君子。」

龍也者，人主之辟❶也。亢龍❷往而不返❸，故《易》曰：「有悔❹。」悔者，凶也。潛龍❺入而不能出，故曰：「勿用❻。」勿用者，不可也。龍之神❼也，其惟飛龍乎，能與❽細細❾，能與巨巨❿，能與高高⓫，能與下下⓬。吾故曰：龍變無常，能幽⓭能章⓮。故至人⓯者，在小⓰不寶⓱，在大⓲不窕⓳。狎⓴而不能作㉑，習㉒而不能順；姚㉓不惛㉔，卒㉕不妄；饒裕㉖不贏㉗，迫㉘不自喪㉙；明是審非，察中㉚居宜。此之謂有威儀。

【章　旨】此段以龍為喻，說明君主應該與物變化，察中居宜，才能保持威儀。

【注　釋】❶辟　譬喻。❷亢龍　指居於極高地位的君主。亢，極高。❸往而不返　指君主堅持上進，不知謙退。❹悔　指可追悔的事。《周易・乾卦》：「上九，亢龍，有悔。」❺潛龍　潛伏的龍，比喻人君尚處於無所作為之時。❻勿用　不要有所作為。《周易・乾卦》：「初九，潛龍，勿用。」❼神　神奇。❽與　與物；根據情況。❾細細　物細亦細。❿巨巨　物巨亦巨。⓫高高　物高亦高。⓬下下　物下亦下。⓭幽　隱藏。⓮章　顯現。⓯至人　道德修養最高的人。⓰小　指位卑。⓱寶　《讀諸子札記》說乃「塞」之誤。⓲大　指位尊。⓳窕　放肆。以上兩句意義難明。⓴狎　親近。㉑作　用。㉒習　熟悉。㉓姚　寬遠的意思。《斠補》認為當作「佻」，舒緩的意思。㉔惛　迷亂。㉕卒　通「猝」。倉卒。㉖饒裕　富裕。㉗贏　滿。㉘迫　窘迫。㉙喪　沮喪。㉚察中　審察不偏不倚。

【語　譯】龍這種神物，是用作君主的比喻啊。亢龍繼續進取而不知克制，所以《易經》說：「將有追悔的事。」悔，就是遭凶的意思。潛龍潛藏而不能出，所以《易經》說：「不能有所作為。」不能有所作為，就是不能行動的意思。龍這種神物，難道只是表現在能飛嗎？它還能隨同外物的變化而變化，外物細亦細，外物巨亦巨，外物高亦高，外物低亦低。所以我說：龍的變化是沒有一定的，能隱藏也能顯露。所以道德修養達於最高境界的人，居於卑位心情舒暢，居於高位行無放縱；即使親近的人也不能任用，即使熟悉的人也不能順從；舒緩而不迷亂，倉卒而不妄為；富裕不以自滿，窘困不自沮喪。是非分明，洞察中道居於適宜之位。這就叫做具備威儀。

古之為路輿❶也，蓋❷圜❸以象❹天，二十八橑❺以象列星，軫方❻以象地，三十輻❼以象月。故仰則觀天文❽，俯則察地理❾，前視則覩鸞和之聲、四時之運❿。此輿教⓫之道也。

【章　旨】此段闡述天子乘輿的意義。

【注　釋】❶路輿　天子的車。路，同「輅」。天子車。❷蓋　車頂。❸圜　同「圓」。❹象　象徵。❺橑　車蓋的椽條。❻軫方　車後的衡木。❼輻　車輪的輻條。❽天文　天的文采。指日月星。❾地理　大地的文理。指山川。❿四時之運　春夏秋冬的交替運行。⓫輿教　天子之車所包含的教育意義。

【語　譯】古代為天子造車，車蓋圓形用來象徵上天，車蓋二十八根椽條用來象徵二十八宿，車後衡木用來象徵大地，車輪三十根輻條用來象徵月亮。所以坐在車上，仰頭可以觀察天文，低頭可以察看地理，向前可以聽到鸞和的鈴聲，知道四季的變化。這就是天子之車所包含的教育意義啊！

人主太淺❶則知❷闇❸，太博❹則業厭❺，二者異□同敗❻，其傷❼必至。故師傅之道，既美其施❽，又慎其齊❾；適疾徐❿，任⓫多少；造⓬而勿趣⓭，稍⓮而勿苦⓯；省⓰其所省，而堪⓱其所堪。故力不勞而身大盛⓲，此聖人之化也。

【章　旨】此段闡明師傅的意義。

【注　釋】❶太淺　指知識膚淺。❷知　同「智」。❸闇　糊塗。❹博　指知識廣博而雜。❺厭　滿足；驕傲。❻二者異□同敗　《春秋繁露．玉杯》作「二者異失同貶」。意思是無論知識的多寡都有所失。❼傷　憂患。❽施　指施教。❾齊　通「劑」。調節。❿適疾徐　進度快慢適宜。⓫任　負任；承受。⓬造　始。⓭趣　通「促」。⓮稍　漸。⓯苦　急。⓰省　了解。⓱堪　能。⓲盛　指收效大。

【語　譯】君主的知識太膚淺就智力糊塗，太博雜又事業自滿。兩者雖然相反，卻同樣招致失敗，憂患必至。所以太師、太傅等人的教學方法，既重視施教，又重視依據實情進行調節；教學進度的快慢適宜，可承受任務的多少恰當；開始時不要催促，漸進而不求急成；讓他了解所能了解的知識，做到所能做到的事情。所以教學不勞累卻使君主身受大益，這就是聖人的教化之道啊。

春秋連語

【題解】本篇選輯了歷史上的一些遺聞軼事來總結經驗教訓，以供天子借鑑。如楚惠王寧可把螞蟥吞下也不加罪於庖人，鄒穆公不用糧食飼鵝，晉文公自省五罪，齊桓公重禮守信，孫叔敖埋蛇，他們都以仁惠的德行受到臣民的愛戴，因而在事業上有所成就；又如衛懿公好鶴，宋康王射天笞地，楚懷王矜驕，秦二世不禮群臣，他們都以喪仁敗義失去臣民的擁護，因而遭致滅國喪身的結局。每則故事都有簡明評語，愛憎分明。「春秋」，本為魯國史書的名稱，後來孔子因魯史而作《春秋》、左丘明也有《左氏春秋》；在漢代有的仍以「春秋」命名，如陸賈的《楚漢春秋》、趙曄的《吳越春秋》等。「春秋」既為史書，本篇皆為史事輯錄，故以名篇。

楚惠王❶食寒葅❷而得蛭❸，因遂吞之，腹有疾而不能食。令尹❹入問曰：「王安得此疾？」王曰：「我食寒葅而得蛭，念譴❺之而不行其罪乎，是法廢而威不立也，非所聞也❻；譴而行其誅，則庖宰❼、監食者❽法皆當死，心又弗忍也。故吾恐蛭之見❾也，遂吞之。」令尹避席再拜而賀曰：「臣聞『皇天無親❿，惟德是輔⓫。』王有仁德，天之所奉⓬也，病不為傷⓭。」是昔⓮也，惠王之後⓯而蛭出，故其久病心腹之積皆愈。故天之視聽⓰不可謂不察。

【章　旨】此段敘述楚惠王寧可吞下螞蟥也不加罪於庖人，體現了仁愛的德性。

【注　釋】❶楚惠王　春秋末期楚國的君主。❷寒菹　酸醃菜之類的菜。❸蛭　螞蟥。❹令尹　楚官名。相當於宰相。❺譴　責問。❻非所聞也　此句原本刪，今補。❼庖宰　廚師。❽監食者　監督御廚的官吏。❾見　通「現」。❿親　偏愛。⓫惟德是輔　只輔助那些有德行的人。以上引文見於《尚書・周書・蔡仲之命》。⓬奉　助。⓭傷　妨害。⓮昔　夜。⓯之後　往後宮。⓰視聽　《論衡・福虛》作「親聽」。

【語　譯】楚惠王食酸醃菜發現其中有螞蟥，接著就吞了下去，以致腹中生病而不能進食。令尹進宮問道：「王怎麼會得了這種病？」王說：「我食酸醃菜發現了螞蟥，我想責問這件事，若不給予治罪嘛，就會造成法令失效而威信不能確立，這是從未聽說過的；一旦責問就要進行懲罰，那麼廚師和監食的官員都會被判處死罪，心中又有些不忍啊。所以我恐怕螞蟥被人發現，於是就吞了下去。」令尹離開席次拜了又拜，祝賀說：「我聽說過『皇天是沒有偏愛的，只是輔助那些有德行的人。』王有仁愛的德行，這是皇天輔助的對象啊，腹病不會有什麼妨害。」這天夜裏，楚惠王到後宮就吐出了螞蟥，因此他長久積累起來的心腹之病都痊癒了。所以皇天對下民的視聽不能說不清楚。

衛懿公❶喜鶴，鶴有飾以文繡而乘軒❷者，賦斂繁多而不顧其民，貴優❸而輕大臣。群臣或❹諫，則面叱❺之。及翟❻伐衛，寇挾❼城堞❽矣，衛君垂泣而拜其臣民曰：「寇迫矣，士民其❾勉之❿。」士民曰：「君亦使君之貴優，將⓫君之愛鶴，以為君戰矣。我儕⓬棄人⓭也，安能守戰？」乃潰門⓮而出走。翟寇遂入，衛君奔死⓯，遂喪其國。故賢主者，不以草木禽獸妨害人民，進忠正⓰而遠邪偽⓱，故民順附而臣下為用。今釋⓲人民而愛鳥獸，遠忠道而貴優笑，反甚矣。人主之為人主也，舉錯⓳而不僨⓴者，杖㉑賢也。今背其所主㉒而棄其所杖㉓，其僨仆㉔也，不亦宜乎！語曰：「禍出者禍反㉕，惡㉖人者人亦惡之。」管子㉗曰：「不行其野，不違其馬。」㉘此違其馬者也。

【章旨】此段敘述衛懿公喜歡玩鶴，由此招來滅國喪身的故事。

【注釋】❶衛懿公　春秋前期衛國的國君。他的國家被狄滅後，在宋桓公及齊桓公的幫助下，才由黃河北岸遷到黃河南岸重新建國。❷軒　大夫所乘坐的車。❸優　俳優；唱戲逗樂的藝人。❹或　有人。❺叱　責罵。❻翟　周代北方的民族，一作「狄」。❼挾　逼近。《諸子平議》讀為「接」。❽城堞　城上短牆。❾其　表希冀語氣的副詞。❿勉之　指努力抗敵。⓫將　率領。⓬儕　輩。⓭棄人　被拋棄的人。⓮潰門　衝破城門。⓯奔死　奔赴抗敵而死。⓰忠正　指忠心正直的人。⓱邪偽　姦邪虛偽的人。⓲釋　放；棄。⓳舉錯　行動；

所行措施。錯，通「措」。⑳僨　倒下。義同「仆」。㉑杖　通「仗」。倚靠。㉒所主　指人民。㉓所杖　指賢臣。㉔僨仆　倒下。㉕禍出者禍反　給別人製造禍亂的人，禍亂也會回到自己頭上。㉖惡　憎恨。㉗管子　管仲，字夷吾，齊桓公的輔佐大臣。今本《管子》為後人所托，其中當保留了管仲不少言論和思想。㉘不行其野二句　比喻衛懿公不打仗時就忘記了士民。違，背離。指背離養馬之道。此二句見《管子・形勢二》。

【語　譯】衛懿公喜歡玩鶴，甚至有的鶴用文繡裝飾乘上大夫所坐的車。他徵稅繁多而不顧惜百姓，重視唱戲逗笑的藝人而輕視朝中大臣。群臣有的向他進諫，他就當面斥罵。等到翟人攻伐衛國，敵寇已經迫近城上的短牆了，衛君才哭泣著恭請他的甲士們說：「敵寇已經迫近了，甲士們希望努力以赴。」甲士們說：「國君當派您尊貴的藝人，率領您心愛的鶴，用他們來替您作戰罷了。我輩是被拋棄的人啊，怎麼能夠防守作戰呢？」於是衛破城門逃走了。翟寇於是進了城，衛君奔赴戰死，國家也就滅亡了。所以賢能的君主，不因為癖好花草樹木、珍禽異獸來損害人民，能進用忠心正直的人，疏遠姦邪虛偽的人，百姓就歸附，臣下就為他所用。如果人君拋棄百姓，好玩鳥獸，疏遠忠道之臣而重視逗樂的藝人，方向則相反了。國君之所以是個國君，所行措施不會失誤，依靠的是賢臣啊。現在背離他的百姓，拋棄他的賢臣，那麼他的跌倒，不是應該的嗎？有這樣的話說：「製造禍亂的人，禍亂會落到他自己的頭上；憎恨別人的人，別人也會憎恨他。」管子說過：「即使不騎馬到野外去，也不要背離他的馬。」衛懿公就是背離他的馬的人。

鄒穆公❶有令，食❷鳧❸鴈❹者必以粃❺，毋敢以粟。於是，倉❻無粃而求易於民❼，二石粟而易一石粃。吏請曰：「以粃食雁，為無費也，今求粃於民，二石粟而易一石粃，以粃食雁，則費甚矣。請以粟食之。」公曰：「去！非而❽所知也。夫百姓煦❾牛而耕，曝❿背而耘，苦勤⓫而不敢惰者，豈為鳥獸也哉？粟米，人之上食也，奈何其以養鳥也？且汝知小計而不知大計⓬。周諺⓭曰：『囊⓮漏貯⓯中⓰』，而獨弗聞歟？夫君者，民之父母也，取倉之粟移⓱之與民，此非吾粟乎？鳥苟⓲食鄒之粃，不害鄒之粟而已。粟之在倉與其在民，於吾何擇？」鄒民聞之，皆知其私積之與公家為一體也⓳。

【章　旨】此段敘述鄒穆公重民貴粟。

【注　釋】❶鄒穆公　春秋時鄒國君主。鄒國在今山東省鄒縣一帶。❷食　通「飼」。❸鳧　野鴨。❹雁　鴻雁。❺粃　糠、穀殼之類。❻倉　指太倉，國家的糧倉。❼求易於民　向百姓交換。❽而　你。❾煦　養。《藝文類聚》卷八五引作「餉」。❿曝　太陽曬。⓫苦勤　勞苦。⓬計　《藝文類聚》卷八五引作「害」。⓭周諺　周代的俗語。⓮囊　指倉庫中的糧袋。⓯貯　積。⓰中　指倉中。⓱移　交。⓲苟　如果。⓳皆知其私句　此句下何本尚有「此之謂知富邦也」七字。

【語　譯】鄒穆公下令，餵養野鴨和鴻雁必須用粃糠作飼料，不准用粟米。在這種情況下，倉裏沒有粃糠就同百姓交換，用二石粟米換一石粃糠。手下吏人勸諫說：「用粃糠飼養鴻雁，是為了少耗費。現在向百姓徵求粃糠，用兩石粟米換一石粃糠，用換來的粃糠飼養鴻雁，就太耗費了。請用粟米飼養吧。」穆公說：「走開！這不是你所能明白的事情。百姓養牛耕田，曬背耘苗，勞苦經營不敢怠惰的原因，難道是為了飼養鳥獸嗎？粟米，是人吃的上等食品，怎麼可以用來養鳥呢？況且你只知道打小算盤卻不知道算大帳。周代的俗語說：『倉裏的糧袋漏粟米，粟米乃落在倉中。』你難道沒有聽說過嗎？作為國君，是百姓的父母啊，把太倉中的粟米交給百姓，它就不是我的粟米了嗎？鳥如果吃了鄒國的粃糠，並不損害鄒國的粟米。粟米在太倉與在百姓手中，對於我來說有什麼區別呢？」鄒國的百姓聽到了這件事，都懂得了他們私人積貯的糧食，與國家積貯的糧食是同一回事啊。

楚王欲淫鄒君❶，乃遺❷之技樂❸美女四人。穆公朝❹觀，而夕❺畢以妻❻死事之孤❼，故婦人年弗稱❽者弗蓄❾，節於身❿而弗眾⓫也。王輿⓬不衣皮帛⓭，御馬⓮不食禾菽⓯，無淫⓰僻之事，無驕熙⓱之行，食不眾味，衣不雜采⓲，自刻⓳以廣民⓴，親賢以定國，親民如子。鄒國之治，路不拾遺，臣下順從，若手之投㉑心。是故以鄒子㉒之細㉓，魯、衛不敢輕，齊、楚不能脅。鄒穆公死，鄒之百姓若失慈父，行哭㉔三月。四境之鄰於鄒者，士民鄉㉕方而道哭，抱手㉖而憂行。酤家㉗不讎㉘其酒，屠者罷列㉙而歸，傲童㉚不謳歌㉛，舂築㉜者不相杵㉝，婦女抉㉞珠瑱㉟，丈夫釋玦㊱靬㊲，琴瑟無音，期年㊳而後始復㊴。故愛出者愛反，福往者福來。《易》曰：「鳴鶴在陰，其子和之㊵。」其此之謂乎！故曰：天子有道，守在四夷；諸侯有道，守在四鄰㊶。

【章旨】此段敘述鄒穆公刻己愛民，死後百姓哀傷。

【注釋】❶淫鄒君　使鄒君放縱淫欲。❷遺　贈送。❸技樂　歌伎音樂。❹朝　早晨。❺夕　晚上。❻妻　嫁。❼死事之孤　死於國事之人的孤兒。❽年弗稱　指不到一定年齡。稱，合。❾蓄　指入為宮女。❿節於身　節制本身。⓫弗眾　指不多納妻妾。⓬輿　車乘。⓭不衣皮帛　指不用毛皮和絲帛作車衣。⓮御馬　君主的馬。⓯禾菽　指糧食。禾，穀類。菽，豆類。⓰淫　荒淫邪僻。⓱驕熙　驕縱嬉戲。⓲雜采　多種色調。⓳自刻　自己刻苦。⓴廣民　寬厚待民。㉑投　合。㉒子　鄒君為子爵，五等諸侯中的第四等。㉓細　指鄒子所擁有的鄒國細小。㉔行哭　邊走邊哭。㉕鄉　通「向」。㉖抱手　恭敬的樣子。㉗酤家　酒店。㉘讎　通「售」。㉙罷列　停市。㉚傲童　遊玩的小孩子。㉛謳歌　唱歌。謳，不合樂而唱。㉜舂築　舂米。築，擣。㉝相杵　送杵聲，助舂擣的號子。相，助。《禮記・曲禮》：「鄰有喪，舂不相。」㉞抉　挑出。㉟瑱　懸在冠上塞耳的玉飾。㊱玦　即「決」，用以扣住弓弦的鉤子。㊲靬　弓衣。㊳期年　一周年。㊴復　恢復正常。㊵鳴鶴在陰二句　出自《周易・中孚》，意思是說老鶴叫，幼鶴也隨著叫，以表示相和。這裏用鶴的和鳴來比喻善有善報。㊶天子有道四句　出自《左傳・昭公二十三年》。意思是如果天子、諸侯都有道，那麼受感化的四夷及四鄰都會歸順而成為保衛者。四夷，古代指中原地區以外的少數民族，東夷、西戎、南蠻、北狄，謂之「四夷」。四鄰，四面的鄰國。

【語譯】楚王想讓鄒穆公迷戀女色，於是就送他擅長音樂的四個美女。穆公早晨看到了美女，晚上便把美女全部配給為國犧牲之人的孤子作妻子。所以他規定婦女年齡不達標準，不送進宮庭畜養，他節制自身的欲望，不肯多娶妻妾。王車不用毛皮絲帛做車衣，御馬不用糧食飼養，沒有淫亂邪僻的事情，沒有驕縱嬉戲的行為，吃飯不必很多菜餚，穿衣不求很多色調。刻苦自己而寬厚百姓，親近賢能以安定國家，愛護百姓像對待自己的子女一樣。鄒國社會安定，過路的人不拾遺物，臣下都聽從君主的話，好像手聽從心的指使一樣。因此憑著鄒君的這個小國，魯國、衛國也不敢輕視，連齊國、楚國也不能威脅。鄒穆公死，鄒國的百姓好像失去慈愛的父親一樣，為他痛哭三月之久。鄒國周圍的鄰國，士民們向著鄒國的方向在道路痛哭，抱著雙手憂愁地行走。賣酒的人也不賣酒，屠夫停業而歸，遊玩的孩子不唱歌，舂米的不發聲助杵，婦女把頭上的裝飾取下，男人解下弦鉤弓套，琴瑟停奏，等了一周年後才恢復正常。所以對別人友愛的人，也會得到別人友愛的回報；給別人幸福的人，也會得到別人幸福的回報。《周易》說：「老鶴在樹蔭處鳴叫，小鶴也隨著鳴叫。」那就是說的這件事吧！所以說：天子如有道德，四夷都會為天子守衛；諸侯如有道德，四鄰都會為諸侯守衛。

宋康王❶時，有爵❷生鸇❸於城之陬❹，使史❺占❻之，曰：「小而生大，必伯❼於天下。」康王大喜。於是滅滕❽、伐諸侯❾，取淮北之城，乃愈自信，欲霸之亟⑩成。故射天⑪笞地⑫，伐⑬社稷⑭而焚之，曰威服天地鬼神；罵國老⑮之諫者為無頭之棺⑯，以視有勇；剖傴者⑰之背，斫朝涉⑱之脛⑲，國人大駭⑳。齊王聞而伐之，民散城不守。王乃逃於郳侯㉑之館㉒，遂得㉓而死。故見祥㉔而為不可㉕，祥反為禍。

【章　旨】此段敘述宋康王的暴虐無道。

【注　釋】❶宋康王　即宋偃王，戰國中期宋國的君主。據《史記・宋微子世家》記載：「君偃十一年自立為王。東敗齊，取五城；南敗楚，取地三百里，西敗魏軍，乃與齊、魏為敵國。盛血以韋囊，縣而射之，命曰『射天』。淫於酒婦人，群臣諫者輒射之。於是諸侯皆曰『桀宋』。」❷爵　通「雀」。麻雀。❸鸇　鷹鷂一類的猛禽。❹陬　隅；角落。❺史　史官，掌文、史、星、曆，包括占卜之責。❻占　問卜。❼伯　通「霸」。打著仁的旗號，用武力征服天下叫「霸」。❽滕　古國名，在今山東省滕縣西南。❾諸侯　《新序・雜事四》作「薛」。❿亟　急。⓫射天　康王用皮囊盛血以射，他稱之「射天」。⓬笞地　鞭打大地。⓭伐　斫。⓮社稷　指社稷神位。⓯國老　古時指告老退職之有威望的大臣。⓰無頭之棺　意義不明，可能是指破棺材。《戰國策・宋策》作「無顏之冠」。⓱傴者　駝背的人。⓲朝涉　指早晨涉水。⓳脛　小腿。⓴駭　驚。㉑郳侯　郳國的君主。郳，為春秋時的一個小國。㉒館　舍。㉓得　程本下有「病」字。㉔祥　吉兆。㉕為不可　做壞事。

【語　譯】宋康王時，有麻雀在城牆的角落生下一隻大鸇，要史官占卜這件事。卜辭說：「小能生大，必定會稱霸天下。」康王大喜。於是，他滅掉滕國，攻伐其他諸侯，並取得淮水以北的城邑，在這種情況下更加自信，想急於成為霸主。所以他射天鞭地，砍破並焚燒社稷神位，意思是要用威力讓天地鬼神服從；罵進諫的國老是破棺材，以表示自己有勇氣，解剖駝背人的背脊，斫斷早晨涉水人的小腿，國人大為驚駭。齊王聽到這些情況派兵攻伐，宋國的百姓逃散不願守城，康王逃到郳侯的館舍，於是被俘而死。所以雖有吉祥的徵兆卻做一些不好的事，吉祥反而會化為凶禍。

晉文公❶出畋❷，前驅❸還白❹，前有大蛇，高若堤，橫道而處❺。文公曰：「還車而歸。」其御❻曰：「臣聞祥❼則迎之，妖❽則凌❾之。今前有妖，請以從吾者❿攻之。」文公曰：「不可。吾聞之曰：天子夢惡則脩道，諸侯夢惡則脩政，大夫夢惡則脩官，庶人夢惡則脩身。若是，則禍不至。今我有失行⓫，而天招以妖我⓬，我若攻之，是逆天命。」乃歸。齊⓭宿而請於廟⓮曰：「孤實不佞⓯，不能尊道，吾罪一；執政不賢，左右不良，吾罪二；飾政⓰不謹，民人不信，吾罪三；本務⓱不修，以咎⓲百姓，吾罪四；齊肅⓳不莊⓴，粢盛㉑不潔，吾罪五。請興賢㉒遂能㉓而章德㉔行善，以導百姓，毋復前過。」乃退而修政。居三月而夢天誅大蛇，曰：「爾何敢當明君之路！」文公覺，使人視之，蛇已魚爛㉕矣。文公大說㉖，信其道而行之不解㉗，遂至於伯㉘。故曰：見妖而迎以德，妖反為福也。

【章旨】此段敘述晉文公有德行，因而化妖為福。

【注釋】❶晉文公 即公子重耳，春秋時晉國國君，五霸之一。❷畋 打獵。❸前驅 打先鋒的騎士。❹白 告。❺處 居。❻御 指駕車的人。❼祥 吉兆。❽妖 怪異；凶兆。❾淩 侵；擊。❿從吾者 我們這些跟隨的人。吾，《讀諸子札記》說乃「君」字之誤。⓫失行 行為有失。⓬招以妖我 用妖異招示我。招，示意。⓭齊 通「齋」。齋戒。古時一種淨心潔身的儀式，如不飲酒、不吃葷、獨宿等。⓮廟 祖廟。⓯佞 才。⓰飾政 治政。飾，通「飭」。⓱本務 古以農業為本務。⓲咎 禍。⓳齊肅 齋戒。肅，通「宿」。⓴莊 慎重。㉑粢盛 祭祀的食品。㉒興賢 起用賢人。㉓遂能 進用有才能的人。㉔章德 表彰有道德的人。章，同「彰」。㉕魚爛 像魚一樣腐爛。㉖說 同「悅」。㉗解 同「懈」。懈怠。㉘伯 通「霸」。

【語譯】晉文公一次打獵，前面開路的人回報說，前面有大蛇，高得像一道堤防，橫躺在道路中間。文公說：「調轉車頭回去吧。」替文公駕車的人說：「我聽說遇到吉祥就迎面前進，遇上妖異就給予迎擊。現在有妖異在前，請讓我們跟隨的人消滅牠吧。」文公說：「不可。我聽說過這樣的話：天子夢見凶兆就修治自己的德行，諸侯夢見凶兆就修治國家的政事，大夫夢見凶兆就修治自己的職事，眾民夢見凶兆就修治自身的行為。像這樣，災禍就不會到來。現在我有過錯，上天招示妖異來阻擋我，我若對牠攻擊，這是違反天命的。」於是文公一行回頭走了。經過齋戒向祖廟稟告說：「我實是不才，不能遵循為君的大道辦事，這是我的第一條罪行；掌握政權的人不賢，左右大臣不良，這是我的第二條罪行；治理政事不慎重，百姓不信任，這是我的第三條罪行；對於農業欠缺管理，給百姓帶來禍害，這是我的第四條罪行；齋戒不莊重，祭品不清潔，這是我的第五條罪行。請求上天允許我起用賢能的人而彰明德行多行善事，以此來引導百姓，不重犯過去的錯誤。」於是退下治理政事。過了三月，夢見上天責罰大蛇，說：「你怎敢擋住明君的道路！」文公醒來，使人查看，蛇已像魚一樣腐爛了。文公大喜，堅信他的治國之道，並且努力不懈，終成霸主。所以說，見到妖異用道德來對待它，妖異反而會變成吉祥啊。

楚懷王❶心矜❷好高人，無道而欲有伯❸王之號。鑄金❹以象諸侯人君，令大國之王編而先馬❺，梁王❻御❼，宋王驂乘❽，周、召、畢、陳、滕、薛、衛、中山❾之君皆象使❿隨而趨⓫。諸侯聞之，以為不宜，故興師而伐之。楚王見士民為用之不勸⓬也，乃徵⓭役萬人，且⓮掘國⓯人之墓。國人聞之振動，晝旅⓰而夜亂。齊人襲之，楚師乃潰。懷王逃適⓱秦，克尹⓲殺之西河⓳，為天下笑。此好矜不讓⓴之罪也，不亦羞乎？

【章旨】此段敘述楚懷王矜驕不讓的教訓。

【注釋】❶楚懷王　戰國時楚國的國君。❷矜　驕傲。❸伯　通「霸」。❹鑄金　鑄成銅人。❺編而先馬　編列隊形站在前面牽馬開路。❻梁王　魏王。❼御　駕車。❽驂乘　陪乘。車右；負責保衛。❾周召畢陳滕薛

衛中山　都是周代曾出現過的一些小國。如召、畢為西周的封國，楚懷王時已不復存在。❿使　役人。⓫隨而趨　跟隨著跑。⓬不勸　不努力。⓭徵　徵集。⓮且　將。⓯國　指楚國郢都。⓰旅　編隊。⓱適　往。⓲克尹　人名，不詳。⓳西河　黃河在西部地區南北流向的一段。⓴讓　謙讓；謙遜。

【語譯】 楚懷王驕傲喜好高人一等，沒有治國的本事，又想得到霸主的名號。他照各國君主的模樣鑄成銅人，把大國的君主編在隊伍的前面牽馬開道，魏王駕車，宋王作陪乘，周、召、畢、陳、滕、薛、衛、中山諸國的君主皆像僕役跟隨在後面奔跑。各國君主聽到這事，以為不應該，所以派兵攻伐楚國。楚王見士民為他服役不夠積極，就徵集上萬的役人，將挖掘京城人的墳墓。京城的人聽到這個消息大為震驚！白天編好的隊伍夜晚就逃散了。齊國派兵襲擊，楚軍潰敗，懷王逃往秦國，在西河被克尹所殺，成為天下人的笑柄。這是喜好驕傲而不謙遜造成的罪過啊，不是太可恥了嗎？

齊桓公❶之始伯也，翟❷人伐燕❸，桓公為燕北伐翟，乃至於孤竹❹，反❺而使燕君復召公之職❻。桓公歸，燕君送桓公，入齊地百六十六里。桓公問於管仲❼曰：「禮，諸侯相送，固❽出境乎？」管仲曰：「非天子❾不出境。」桓公曰：「然則燕君畏而失禮也，寡人恐後世之以寡人為存燕而欺之也。」乃下車而令燕君還車❿，乃割燕君所至⓫而與之，遂溝以為境⓬而後去。諸侯聞桓公之義，口不言而心皆服矣。故九合諸侯⑬，莫不樂聽；扶興天子⑭，莫不勸⑮從。誠退讓，人孰弗戴⑯也。

【章　旨】此段敘述齊桓公善於退讓，民心歸服。

【注　釋】❶齊桓公　春秋時齊國君主，五霸之一。❷翟　翟族，北方少數民族。一作「狄」。❸燕　古諸侯國，地處今北京西南。❹孤竹　殷時諸侯國，故城在今河北省盧龍縣一帶。❺反　同「返」。❻復召公之職　指恢復當初召公的職事。召公，召公奭，西周初的輔佐大臣，封於燕。❼管仲　齊桓公的輔佐大臣。❽固　指本來規定。❾非天子　如果不是送天子。❿還車　指回轉車。⓫割燕君所至　意思是燕君已送入齊境，為了符合不出境的禮儀，把燕君所到的地方全部歸燕。⓬溝以為境　開一條溝作為國界。⓭九合諸侯　多次召集諸侯開會結盟。九，指多數。⓮扶興天子　周惠王死，由於惠王子叔帶之難，太子鄭未立，齊桓公在首止召集諸侯開會立太子鄭，是為周襄王。事見《左傳・襄公七年》。出定襄王是桓公成霸的一大功績。⓯勸　勉勵；樂於。⓰戴　愛戴；擁護。

【語　譯】齊桓公剛建立霸業的時候，翟人攻伐燕國。桓公為救援燕國北伐翟人，一直攻到孤竹。返回，使燕君恢復了召公遺留下來的職事。桓公回國時，燕君送桓公，進入齊地一百六十六里。桓公問管仲說：「按照禮制的規定，諸侯國君相送，規定可以超越本國的邊境嗎？」管仲說：「不是送天子不得超越本國的邊境。」桓公說：「這樣，那麼燕君是畏懼齊國才違禮遠送的，我恐怕後世的人以為我是為了保存燕國有功來欺侮燕君啊。」於是下車要燕君回車，割下燕君所經過的齊地送給燕國，就命人開出一條壕溝作為邊境，然後離去了。諸侯各國知道了桓公懂得大義，口中即使不說，心裏也都歸服了。所以桓公多次召集諸侯盟會，沒有不悅意聽從的；扶持復興天子的權位，沒有不勉勵跟隨的。桓公誠心謙讓，人們誰不愛戴呢？

二世胡亥❶之為公子，昆弟❷數人，詔❸置酒饗❹群臣，召❺諸子❻賜食先罷❼。胡亥下陛❽，視群臣陳❾履❿狀善者，因行踐敗⓫而去。諸侯聞之，莫不大息⓬。及二世即位，皆知天下之棄之⓭也。

【章旨】此段敘述秦二世無道的行為。

【注釋】❶胡亥　秦二世，秦始皇少子。❷昆弟　兄弟。❸詔　令。❹饗　饗宴；以酒食給人吃。❺召　叫。❻諸子　指二世的兄弟們。❼罷　歸。❽陛　殿下階級。❾陳　放置。❿履　鞋。⓫踐敗　踩壞。⓬大息　嘆氣。大，通「太」。⓭棄之　厭棄他。

【語譯】秦二世胡亥作公子的時候，有兄弟數人，一次秦王下令設酒宴招待群臣，召諸子賜酒食後令他們提前回家。胡亥走下殿階，見到群臣放置的樣子好看的鞋子，把它踩壞才離開。諸侯聽說了，沒有不嘆氣的。等到二世即位，大家都知道天下的人都不會擁戴他啊。

孫叔敖❶之為嬰兒也，出遊而還，憂而不食。其母問其故，泣而對曰：「今日吾見兩頭蛇❷，恐去死無日矣。」其母曰：「今蛇安在？」曰：「吾聞見兩頭蛇者死，吾恐他人又見，吾已埋之也。」其母曰：「無憂，汝不死。吾聞之，有陰德❸者，天報以福。」人聞之，皆諭❹其能仁也。及為令尹❺，未治而國人信之。

【章　旨】此段敘述孫叔敖埋蛇的故事。

【注　釋】❶孫叔敖　春秋時楚國的令尹。❷兩頭蛇　傳說中有兩個頭的蛇。古人以為見此蛇的人必定不吉利。❸陰德　不讓人知道的德惠。❹諭　明白。❺令尹　相當於宰相的職務。

【語　譯】孫叔敖還是小孩時，出遊回家，憂愁得吃不下飯。他的母親問他何故，他哭著回答說：「我今日見到了兩頭蛇，恐怕離死的日子不遠了。」他的母親說：「現在蛇在哪裏？」他說：「我聽說見到兩頭蛇的人會死，我怕別人又見到，已經把牠埋掉了。」母親說：「不要發愁，你不會死。我聽說，積陰德的人，老天爺會用福來回報的。」後來別人聽到這件事，都知道孫叔敖能夠做到仁愛啊！等到他作令尹，還沒有動手治理，國人就已經信賴他了。

先醒 連語

【題解】本篇賈誼把君主分為先醒者、後醒者、不醒者三類，並分別舉出楚莊王、宋昭公、虢君為典型代表。先醒的君主能預察國家的存亡，所以以「先醒」為標題。本篇由於有「懷王問於賈君曰」，有人懷疑不是出於賈誼之手，可能是由他的弟子所記述，但是絕大部分應該都是賈誼的議論，也可視同賈誼的作品。

懷王❶問於賈君曰：「人之謂知道❷者先生❸，何也？」賈君對曰：「此博號❹也，大者❺在人主，中者在卿大夫，下者在布衣之士❻，乃❼其正名，非為先生❽也，為先醒❾也。彼世主❿不學道理，則嘿⓫然惛⓬於得失，不知治亂存亡之所由，忳忳然⓭猶醉也。而賢主者學問不倦，好道不厭，銳然⓮獨先達乎道理矣。故未治也知所以治⓯，未亂也知所以亂，未安也知所以安，未危也知所以危。故昭然先寤⓰乎所以存亡⓱矣。故曰『先醒』。辟⓲猶俱醉而獨先醒也。故世主有先醒者，有後醒者，有不醒者。

【章旨】此段總述君主可分先醒、後醒、不醒三等。

【注釋】❶懷王　指梁懷王劉揖，又名劉勝，漢文帝的少子。賈誼於文帝七年（西元前一七三年）任梁懷王太傅，於文帝十二年（西元前一六八年）卒。可知本篇當寫於這個時期。❷道　道理。指人事、物理各方面的學問。❸先生　指年長者兼有德業學識的人。❹博號　普通的稱號。❺大者　指地位高的。❻布衣之士　指下屬士人。布衣，平民。❼乃　若。❽先生　與下面「先醒」對舉，當指先出生的年長者。❾先醒　先醒悟。❿世主　君主。古君主世代相傳。⓫嘿　同「默」。糊塗的樣子。⓬惛　迷。⓭忳忳然　愚笨的樣子。⓮銳然　精明的樣子。⓯知所以治　預知形成太平的原因。⓰寤　醒悟；明白。⓱所以存亡　存亡的原因。⓲辟　同「譬」。

【語譯】梁懷王向賈誼求教說：「人們稱精通道理的人為先生，是什麼意思呢？」賈誼回答說：「這是個普通的稱號，高而至於國君可稱先生，中而至於卿大夫可稱先生，下而至於一般士人也可以稱先生。至於它的準確的名號，並不是稱先生，而是稱先醒啊。那些不學道理的君主，就糊塗地在得失追求中弄得惛迷，不知道國家安定與動亂、生存與毀滅的原因，愚笨得像喝醉了酒一般。而賢能的君主則求教不知疲倦，喜學治道不知滿足，因而思想精明獨能預察世務，通達物理了。所以未太平就知道達於太平的原因，未動亂就知道釀成動亂的緣故，未安定就知道達於安定的原因，未危亡就知道釀成危亡的因素。所以他能清楚地預先醒悟國家存亡的道理。所以叫做『先醒』。譬如大家都喝醉了，只有他一人先從醉中醒來一樣。所以君主當中有先醒的，有後醒的，也有不醒的。

「昔楚莊王❶即位，自靜❷三年，以講❸得失。乃退僻邪❹而進忠正❺，能者任事而後在高位，內領國政，辟草而❻施教，百姓富，民恒一❼，路不拾遺，國無獄訟❽。當是時也，周室壞微❾，天子失制❿，宋、鄭無道，欺昧⓫諸侯。莊王圍宋伐鄭，鄭伯⓬肉袒⓭牽羊，奉簪⓮而獻國。莊王曰：『古之伐者⓯，亂則整之，服則舍⓰之，非利之也。』遂弗受。乃南與晉人戰於兩棠⓱，大克⓲晉人，會諸侯於漢陽⓳，申⓴天子之辟㉑禁，而諸侯說㉒服。莊王歸，過申侯㉓之邑。申侯進飯，日中而王不食。申侯請罪曰：『臣齋㉔而具㉕食甚潔，日中而不飯，臣敢請罪。』莊王喟然㉖歎曰：『非子之罪也！吾聞之曰：其君賢君也，而又有師㉗者王；其君中君也，而有師者伯㉘；其君下君也，而群臣又莫若㉙者亡。今我下君也，而群臣又莫若不穀㉚，不穀恐亡無日也。吾聞之，世不絕賢。天下有賢，而我獨不得，若吾生㉛者，何以食為？』故莊王戰服大國，義從㉜諸侯，戚然憂恐，聖知在身，而自錯不肖㉝，思得賢佐，日中忘飯，可謂明君矣。此之㉞謂『先寤所以存亡』，此先醒者㉟也。

【章　旨】此段以楚莊王為例，說明什麼是「先醒」的君主。

【注　釋】❶楚莊王　春秋時楚國君主，五霸之一。❷靜　退而自省。❸講　調和。❹退僻邪　斥退姦邪的人。❺進忠正　任用忠誠正直的人。❻辟草而　原作「治而外」，據潭本改。辟草，開闢荒野之地。❼民恒一　民心不變。❽獄訟　泛指各種案件。❾壞微　敗壞衰微。❿失制　失去控制。⓫欺昧　欺騙蒙蔽。⓬鄭伯　鄭國的君主。鄭為伯爵。⓭肉袒　退衣露體以示順從。⓮奉簪　手捧簪以獻。⓯伐者　討伐別人之國者。⓰舍　置；放下。⓱兩棠　古地名。⓲克　攻下。⓳漢陽　漢水之北。⓴中　中明。㉑辟　法。㉒說　通「悅」。㉓申侯　申國的君主。申，春秋時小國，在今河南省境。㉔齋　齋戒。㉕具　準備。㉖喟然　歎氣聲。㉗師　師傅；輔佐大臣。㉘伯　通「霸」。㉙莫若　意思是不如下君。㉚不穀　君主自稱。㉛生　活著。㉜從　服。㉝戚然憂恐三句　《斠補》引《說苑・君道》作「戚然憂恐，聖智不在乎身，自惜不肖」，認為「在」上脫「不」字，「錯」乃「惜」訛。戚然，憂愁的樣子。《荀子・堯問》：「楚莊王謀事而當，群臣莫逮，居有憂色。」錯，同「措」。放置。不肖，不似。指不像一個國君該有的表現。㉞此之　據《群書治要》補。㉟者　據《讀諸子札記》補。

【語　譯】「昔日楚莊王即君位，自己靜心思考三年，用以忘懷個人得失。於是斥退姦邪的人，進用忠心正直的人，有才能的通過任用而後提拔到高的官位，對內治理國家政事，並開闢荒野，施行教化，百姓富足，專一務農，道不拾遺，百姓相安無事。當此時，周王室已經衰敗，天子對諸侯失去控制，宋國、鄭國無道，欺蒙諸侯，楚莊王圍宋伐鄭，鄭國君主肉袒牽羊表示服罪，捧簪散髮獻出國家。楚莊王說：『古代討伐別國，暴亂的國家就加以整治，歸順的國家就赦免，不是要從那裏獲取利益啊。』於是不接受鄭國君主的奉獻。接著往南與晉國在兩棠之地交戰，大勝晉人，召集諸侯在漢水之北開會結盟，申明天子的法令，從而使諸侯悅服。莊王回國，經過申侯的都邑。申侯進獻飯食，一直延到中午楚王還不進食。申侯謝罪說：『我經過齋戒準備的飯食很潔淨，王延遲到中午還不進食，我冒昧向您謝罪。』莊王喟然嘆息說：『不是你有什麼罪過啊！我聽說過這樣的話：如果國君是個賢君，並且又有師傅輔佐的，就可以統一天下；如果國君是個中等的君主，並且有師傅輔佐的，就可以成為霸主，如果國君是個下等君主，並且群臣又不如這個國君的，國家就要滅亡。現在我是個下等君主啊，並且群臣連我都不如，我恐怕離滅亡的日子不遠了。我聽說過，賢人世世代代都是有的。既然天下存在賢人，可是我卻得不到他們的輔助，像我這樣活著，怎麼還值得吃飯呢？』所以楚莊王用武力征服了大國，又用大義歸順了諸侯，還憂愁恐懼，自身已是聖明之君，卻認為自己居於不肖君主的行列，想得到賢明的輔佐，以致到中午都忘記進食，這可稱之為明君了。這就是一般所說的『預先醒悟知道國家存亡道理的君主』，這就是先醒的國君啊！

「昔宋昭公❶出亡至于境，喟然嘆曰：『嗚呼！吾知所以亡矣！吾被❷服而立，侍御者❸數百人，無不曰吾君麗者；吾發政舉事❹，朝臣千人，無不曰吾君聖者。吾外內不聞吾過，吾是以至此，吾困宜矣。』於是革心易行❺，衣苴布❻，食䊢❼餕❽，晝學道而夕講❾之。二年，美❿聞於宋。宋人車徒⓫迎而復位，卒為賢君，謚⓬為昭公。既亡矣，而乃寤所以存，此後醒者也。

【章　旨】此段以宋昭公為例，說明什麼是「後醒」的君主。

【注　釋】❶宋昭公　宋有兩昭公，一為宋成公之少子杵臼，無道而國人不附，被宋襄公姊王姬所殺，在位只有九年。一為繼宋景公位的公子特，殺太子自立，是為昭公，在位四十七年。此昭公則當在戰國初年。此篇的宋昭公或為後者。此上見《史記・宋微子世家》。❷被　同「披」。❸侍御者　手下的侍從僕役。❹發政舉事　興辦政事。❺革心易行　改變思想、行為。❻苴布　麻布。❼⿰豆粦　音義不明。盧文弨「疑當是豆食之餘屑」。❽餕　殘剩的飯食。❾講　練習；實踐。❿美　指好的德行。⓫車徒　駕車的僕役。⓬謚　依據死人在世的表現給予的名號。謚法：「昭德有勞曰昭。」

【語　譯】「昔日宋昭公逃到邊境，喟然嘆息說：『嗚呼！我知道逃亡的原因了！過去我披服站立，侍從的僕役數百人，沒有不說我們的國君漂亮的；我辦理政事，朝臣上千人，沒有不說我們的國君聖明的。我在朝廷內外聽不到有人說我的過錯。我因此就落到這種地步，我遭受危困是應該的啊。』於是，昭公改變錯誤的思想行為，穿麻布衣，吃殘羹剩飯，白天學習為君的德行，晚上加以練習。經過兩年，美好的名聲傳遍宋國。宋人派車隊及軍士迎回恢復君位，終於成為賢君，死後以『昭』公作為謚號。宋昭公在逃亡以後，才醒悟知道如何圖存，這就是後醒的君主啊！

「昔者虢君❶驕恣❷自伐❸，諂諛親貴，諫臣詰❹逐❺，政治踳❻亂，國人不服。晉師伐之，虢人不守，虢君出走。至於澤中，曰：『吾渴而欲飲。』其御乃進清酒。曰：『吾饑而欲食。』御進腶脯❼、粱糗❽。虢君喜曰：『何給也？』御曰：

『儲之久矣。』曰：『何故儲之？』對曰：『為君出亡而道饑渴也。』君曰：『知寡人亡邪？』對曰：『知之。』曰：『知之，何以不諫？』對曰：『君好諂諛而惡至言❾，臣願諫，恐先虢亡。』虢君作色而怒。御謝❿曰：『臣之言過⓫也。』為閒⓬，君曰：『吾之亡者，誠何也？』其御曰：『君弗知耶？君之所以亡者，以大⓭賢也。』虢君曰：『賢，人之所以存也。乃亡，何也？』對曰：『天下之君皆不肖⓮，夫疾⓯吾君之獨賢也，故亡。』虢君喜，據式⓰而笑曰：『嗟，賢固若是苦耶！』遂徒行⓱而於山中居，饑倦，枕御膝而臥。御以塊⓲自易，逃行而去。君遂餓死，為禽獸食。此已亡矣，猶不寤所以亡，此不醒者也。

【章旨】此段以虢君為例，說明什麼是不醒的君主。

【注釋】❶虢君　虢國的君主，虢為春秋時的小國，有東虢、西虢、北虢之分，此為北虢，其地當今河南陝縣一帶，西元前六五五年晉再次假道於虞以滅。❷恣　放肆。❸伐　誇耀。❹詰　斥責。❺逐　趕走。❻踖　背逆。❼腶脯　乾肉之類。❽粱糗　乾糧的一種。❾惡至言　討厭至理之言。至言，最有理的話。❿謝　謝罪；道歉。⓫過　錯。⓬為閒　過了一會兒。閒，通「間」。⓭大　同「太」。《韓詩外傳》作「太」。⓮不肖　不似。指不像一個國君該有的表現。⓯疾　同「嫉」。嫉妒。⓰式　通「軾」。車前橫木。⓱徒行　徒步行走。⓲塊土塊。

【語譯】「昔日虢國君主驕縱自誇，親近重視諂媚阿諛的人，大臣勸諫遭到斥責驅逐，政治違逆紊亂，國人不服。晉國派兵討伐，虢人不願防守，虢君出奔。逃入沼澤，虢君說：『我口渴，想喝點水。』為他駕車的僕人就獻上清酒。虢君說：『我餓了，想吃點東西。』僕人就獻上乾肉、乾糧。虢君高興地說道：『哪來這些東西？』僕人說：『我儲存很久了。』虢君說：『為何要儲存這些東西？』僕人回答說：『因為君主出逃在路上饑渴的緣故。』虢君說：『你知道我會逃亡嗎？』回答說：『知道。』虢君說：『既知道，為什麼不勸阻？』回答說：『君王喜歡諂媚阿諛的話而討厭別人說真話，我是想勸阻，但怕比虢國還先滅亡。』虢君變臉失色怒氣沖沖。僕人謝罪說：『我說的話錯了。』過了一會兒，虢君說：『我之所以逃亡，當真是什麼緣故？』僕人說：『君王不知道嗎？君王之所以逃亡的原因是由於太賢能了。』虢君說：『賢能，是人們生存的條件，卻遭到逃亡的厄運，這是什麼原因呢？』回答說：『天下的君主都不善良，他們嫉妒我們國君獨獨賢能，所以您才遭到逃亡的厄運。』虢君聽了高興，倚著車軾笑著說：『唉，賢能的人本就當像這樣受苦嗎？』於是步行到山中躲藏，餓了，疲倦了，就靠在僕人的膝上睡覺。僕人用土塊自代而逃走了。虢君終於餓死，被禽獸所食。這就是已經遭到滅亡，但還不明白滅亡的原因，這就是不醒的君主啊！

「故先醒者，當時而伯❶；後醒者，三年而復❷；不醒者，枕土而死，為虎狼食。嗚呼！戒之哉！」

【章　旨】此段總結全文。

【注　釋】❶伯　通「霸」。❷復　恢復君位。

【語　譯】「所以先醒悟的君主，當時就可成為霸主；後醒悟的君主，三年之後可以恢復君位；不醒悟的君主，枕著土塊而死，被虎狼所食。嗚呼！大家應以此為鑑戒啊！」

耳痺　連語

【題解】本篇以伍子胥為父報楚平王仇以及吳、越鬥爭成敗的故事，說明自身行為不可倒行逆施，應依道而行，持謹慎態度。如楚平王枉殺伍子胥的父親，終遭禍國鞭屍之辱；伍子胥心狠行虐，報仇過分，亦投水身亡；吳王夫差不用子胥忠言，國亦滅亡；越王句踐背信負約，最後也憂愁悲憤而死。儘管賈誼把以上諸例都歸之於天命，但都體現了「倍道則死」的真理。「耳痺」是聽覺麻木，聽不進道理的意思。

竊❶聞之曰：目見正而口言枉❷則害，陽言❸吉，錯❹之民而凶則敗，倍❺道則死，障❻光則晦❼，誣❽神而逆人❾則天必敗❿其事。

【章旨】此段說明倒行逆施、倍道則死的道理。

【注釋】❶竊　表謙遜之詞，意思是「我」。❷枉　不正。❸陽言　表面說。❹錯　通「措」。放置；對待。❺倍　通「背」。❻障　蔽。❼晦　暗。❽誣　欺騙。❾逆人　與人作對。❿敗　壞。

【語譯】我聽說過，眼中見到正確的事實，卻從口中說出不正確的事實，他就會遭到災禍；表面上說這是件吉祥的事，可是實行在百姓身上卻又變成凶災，他的事業一定會遭到失敗。違背了道理就會死亡，遮蔽了光亮就變成黑暗；欺騙神靈，與人為敵，上天必定敗壞他的事業。

故昔者楚平王❶有臣曰伍子胥❷，王殺其父而無罪，奔走而之❸吳，曰：「父死而❹不死，則非父之子也；死而非補❺，則過計❻也；與❼吾死而不一明❽，不若舉天地❾以成名。」於是紓身❿而不□⓫，適⓬闔閭⓭，治味⓮以求親。闔閭見而安⓯之，說⓰其謀，果⓱其舉⓲，反⓳其聽⓴，用㉑而任㉒吳國之政也。民保命而不失，歲時熟㉓而不凶㉔，五官㉕公而不私，上下調㉖而無尤㉗，天下服而無㉘御㉙，四境靜而無虞㉚。然後，忿心㉛發怒，出凶言，陰必死㉜，提邦㉝以伐楚。五戰而五勝，伏屍數十萬。城㉞郢㉟之門，執高兵㊱，傷五藏㊲之實㊳，毀十龍之鐘㊴，撻㊵平王之墓，昭王失國而奔，妻生虜㊶而入吳。故楚平王懷陰賊㊷，殺無罪，殃既至乎此矣。

【章　旨】此段敘述伍子胥輔佐吳王闔閭為父報楚平王之仇的故事。

【注　釋】❶楚平王　春秋時楚國君主。❷伍子胥　名員。他的父親伍奢及兄伍尚被楚平王殺害，遂奔吳。他與孫武共佐吳王闔閭伐楚，五戰五勝而攻入郢都。子胥掘平王墓，並鞭其屍。後來又輔佐闔閭子吳王夫差大敗越軍，越請和，子胥力諫不可，夫差聽信讒言，迫子胥自殺，屍體盛入皮囊拋於江中。❸之　往。❹而　如果。❺非補　無益。❻過計　想錯了辦法；打錯了主意。❼與　與其。❽不一明　一點也沒有洗雪。明，彰明。指昭雪冤屈。❾舉天地　整個天地間。❿紆身　屈身。⓫而不□　按此空一字疑作「發」。潭本「不」下空一字；喬本、沈本「而不」作「而乃」，連下句「適」字。⓬適　往。⓭闔閭　春秋末年吳國君主，名光。他利用專諸刺殺吳王僚而自立。在位時，曾一度攻入楚國郢都，因申包胥求秦兵救援，及其弟夫概逃歸自立為王，才引兵而歸。後來在吳越交戰中被越王句踐射死。一說闔閭為春秋五霸之一。⓮治味　調理志趣。⓯安　如意。⓰說　同「悅」。⓱果　肯定。⓲舉　行為。⓳反　《讀諸子札記》以為「及」字之誤。及，宜。⓴聽　治事。㉑用　因。㉒任　委託。㉓歲時熟　年成按時成熟。㉔凶　災荒。㉕五官　指司徒、宗伯、司馬、司寇、司空。見《周禮．春官》。此處泛指百官。㉖調　和諧。㉗尤　過錯。㉘無　原作□，據《諸子平議》補。㉙御　讀為「牾」，違逆的意思。㉚慮　憂。㉛忿心　心情憤恨。㉜陰必死　暗裏下定必死的決心。㉝提邦　指調動全國的軍隊。㉞城　周本作「入」。㉟郢　楚國都城。㊱執高兵　《斠補》引《淮南．泰族》云：「闔閭伐楚，五戰入郢，燒高府之粟，破九龍之鐘。」以為「執高兵」當作「爇高庫之兵」。爇，燒。㊲五藏　五庫。㊳實　財物。㊴十龍之鐘　〈泰族〉高注：「楚為九龍之虡以縣鐘也。」則此句的「十龍」亦是懸鐘的架子，大約其上有十龍作為裝飾。㊵撻　鞭打。㊶生虜　被活捉。㊷陰賊　陰險害人。

【語　譯】因此昔日楚平王有個臣子名叫伍子胥，平王殺了他無辜的父親，他逃跑到吳國，說：「父親死了，如果兒子不死，就不是父親的兒子啊；兒子死了如果對父親毫無補益，那就打錯主意了啊；與其我死而一點也不能為父親昭雪，不如在整個天地間成就大名啊。」在這種情況下，他委屈自身而不爆發，去投靠吳王闔閭，順著闔閭的志趣以求得親近。闔閭見到子胥很滿意，喜歡他的謀略，肯定他的行為，同意他的治理，因而把吳國的政事也委託給他。他治理得很好，百姓保住性命而沒有喪亡，五穀按季節成熟而沒有災荒，百吏奉公而不圖私利，上下協調沒有過錯，天下歸服而沒有違抗，邊境安定而沒有憂患。這樣之後，子胥舒發憤怒，宣示惡言，暗中下定必死的決心，調動吳國的兵力討伐楚國，結果五戰五勝，殺死楚人數十萬，進入郢都的城門，燒掉高府的兵器，搗毀五庫的財物，毀壞十龍虡架的大鐘，鞭撻平王的墳墓。楚昭王拋棄郢都而往外逃，妻子被活捉到吳國。所以楚平王心險狠毒，殺戮無辜，災禍已經蔓延到這種地步。

子胥發鬱❶冒忿❷，輔闔閭而行大虐❸。還❹十五年，闔閭沒❺而夫差❻即位，乃與越人戰江上，棲之會稽❼。越王❽之窮❾，至乎吃山草，飲腑水❿，易子而食。於是，履躄戴璧⓫，號唫⓬告毋⓭罪，呼皇天，使大夫種⓮行成⓯於吳王。吳王將許，子胥曰：「不可！越國之俗，勤勞而不慍⓰，好亂勝⓱而無禮，谿徼⓲而輕絕⓳，俗⓴好詛㉑而倍㉒盟。放㉓此類者，鳥獸之儕徒㉔，狐狸之醜㉕類也，生之為患，殺之無咎，請無與成。」大夫種拊心㉖嗥啼㉗，沫泣㉘而言信，割白馬而為犧㉙，指九天㉚而為證，請婦人為妾，丈夫為臣，百世名寶㉛因閒官為積㉜，孤身㉝為關內諸侯㉞，世為忠臣。吳王不忍，縮師㉟與成㊱，還謀而伐齊。子胥進爭不聽，忠言不用。越既得成，稱善㊲累德㊳以求民心。於是，上帝降禍，絕吳命乎直江㊴，君臣乖㊵而不調㊶，置社稷而分裂，容㊷臺榭㊸而掩㊹敗；犬群嘷㊺而入淵㊻，彘㊼銜菹㊽而適㊾奧㊿，燕雀剖而虮(51)虵(52)生；食蘆菹(53)而蛭(54)口，浴清水而遇蠆(55)。伍子胥見事之不可為也，何籠而自投水(56)，目抉(57)而望東門(58)，身鴟夷(59)而浮江。懷賊(60)行虐(61)，深報(62)而殃不辜(63)，禍至乎身矣！越於是果逆謀負約(64)，襲(65)剉(66)夫差，兼吳而拊(67)。事濟功成，范蠡(68)負室(69)而歸五湖(70)，大夫種繫領(71)謝室(72)，渠如(73)處車裂(74)回泉(75)。自此之後，句踐不樂，憂悲荐(76)至，內崩(77)而死。

【章　旨】此段敘述伍子胥輔佐吳王夫差，最後自己落得投水自殺的結局。

【注　釋】❶發鬱　產生憂愁。❷冒忿　發洩憤恨。❸大虐　指暴政。❹還　復。❺沒　同「歿」。❻夫差　闔閭之子。闔閭死，夫差嗣立，誓為父報仇，大敗越軍於夫椒。越王句踐求和，經過十年生聚十年教訓，趁著夫差與晉爭霸的機會，大敗吳兵，遂滅吳，夫差自殺。句踐滅吳以後成為霸主。❼會稽　山名，在今浙江省紹興縣東南。❽越王　指句踐。❾窮　盡；困。❿腑水　即腐臭之水。《諸子平議》以為腑，即「腐」字。⓫履甓戴璧　立庭頂壁表示虔誠的樣子。甓，磚；宮庭中的路用磚鋪蓋，因而履甓即行路的意思。戴，頂。⓬號唫　呼號呻吟，意思是叫喊。唫，通「吟」。⓭毋　通「無」。⓮種　即文種，越國大夫，與范蠡同輔越王句踐滅吳，范蠡勸其引退，不聽，後為句踐賜劍自殺。⓯行成　求和。⓰慍　怒。⓱好亂勝　好作亂且好勝人。《斠補》

以為「勝」是衍文。⑱谿徼　義不明。或謂「谿」有「空虛」義，「徼」有「徼幸」義。谿徼，心懷僥倖的意思，見《校注》。⑲輕絕　把絕交看得隨便。⑳俗　《斠補》以為衍字。㉑詛　詛咒；發誓。㉒倍　通「背」。㉓放　如。㉔儕徒　同類。儕，輩；類。㉕醜　眾。㉖拊心　捶胸。㉗嗥啼　號哭。㉘沫泣　滿臉流淚。沫，洗臉。㉙犧　指盟誓所用的牲口。㉚九天　古人認為天有九重，即蒼天，皇天。㉛百世名寶　傳國之寶。㉜因閒官為積　請以越國百世之名寶，因吳國館舍之空虛者而以為積。《國語·越語上》：「請句踐女女於王，大夫女女於大夫，士女女於士，越國之寶器畢從。」閒官，《諸子平議》以為即「閒館」，謂館舍之空虛者。㉝孤身　指句踐一人。㉞關內諸侯　《斠補》：「關內侯猶言境內諸侯。」㉟縮師　退兵。㊱成　和解。㊲稱善　發揚善行。㊳累德　積累德行。㊴直江　《斠補》疑為「胥江」之誤。胥江，位於今浙江省北部，為越人大敗吳兵之處。㊵乖　背逆。㊶不調　指君臣不和。㊷容　裝飾。㊸臺榭　臺上有屋叫「榭」，無屋叫「臺」，皆為歌舞之處。㊹掩　盡。㊺嗥　嚎叫。㊻淵　水深叫淵。㊼彘　豬。㊽菹　草。《斠補》疑作「蓐」。㊾適　往。㊿奧　室之西南隅；屋角。(51)虮　盧文弨以為即「虺」字。虺，蝮蛇。(52)虵　即「蛇」字。(53)蘆菹　蘆，盧文弨疑為「蘆」的異體字。蘆菹，可能是蘆根。(54)蛭　螞蟥。《斠補》以為「蛭」上當脫一字，前人從□以表缺字，後又倒乙，非口耳之口。(55)蠆　蝎子一類的毒蟲。(56)何籠而自投水　《斠補》以為「何」訓為「揭」，「投」乃「殺」之誤，「水」衍文。何籠，指負重物以利於沉水。何，通「荷」。負。(57)目抉　把眼睛挖出。(58)望東門　意思是把我兩眼懸掛吳都東門，看著越兵滅吳。據《國語·吳語》載：「伍員將死時說：『而縣吾目於東門，以見越之入、吳國之亡也。』遂自殺。王慍曰：『孤不使大夫得有見也。』乃使取申胥之尸，盛以鴟夷，而投之於江。」(59)身鴟夷　屍體被裝進皮囊。鴟夷，皮革作的袋子。(60)賊　害。(61)虐　暴。(62)深報　指報平王之仇，掘墓鞭屍。(63)殃不幸　殃及無罪的人。(64)逆謀負約　背叛盟約。(65)襲　襲擊。(66)剉　折傷。(67)拊　同「撫」。撫恤；領有。(68)范蠡　越王句踐的輔佐大臣，越滅吳後，棄官變易姓名，在陶稱為陶朱公，以經商致巨富。(69)負室　拋開家室。《吳越春秋》載：「越王乃收其妻子，封百里之地。有敢侵之者，上天所殃。」可為負室之證。

(70)五湖　即太湖。(71)繫領　被囚；用繩索套在頸上。(72)謝室　監獄。(73)渠如　即皋如，越國大臣，《吳越春秋》作「句如」。(74)車裂　一種酷刑。(75)回泉　歸陰；死掉。(76)荐　多次。(77)內崩　五臟崩壞。

【語　譯】伍子胥為抒發憂憤，輔佐闔閭施行暴虐。經過十五年，闔閭喪命，又輔佐夫差即位。與越國在江上作戰，越人大敗，棲居在會稽山。越王句踐走投無路，以致用山中的野草充饑，用腐臭的髒水解渴，交換子女殺死充饑。在這種情況下，句踐立庭頂璧，號叫大呼皇天，我沒有罪！派遣大夫文種到吳國向吳王求和。吳王將要同意時，伍子胥說：「不可！越國的風俗，人民勤勞而不慍怒，喜好作亂爭勝而不講禮貌，心懷僥幸而輕於斷絕交往，喜好發誓又輕易背叛盟約。像這類人，是鳥獸之輩，是狐狸之類，活在世上有害，殺掉他無罪，請不要同他們講和。」大夫文種拍胸嚎哭，哭得淚水洗面表示誠信，殺白馬發誓，指蒼天作為憑證，願以婦人為妾，以男人為僕役，百代傳國的寶器借吳國的館舍積藏，句踐願孤身一人作吳王的屬臣，世世代代作吳國的忠臣。吳王見此情此景心有不忍，於是退兵與越達成和約，回頭謀劃討伐齊國。子胥諫阻吳王不聽，忠言不被吳王所用。越王已經與吳和議，在國內發揚善行、積累善德以求爭取民心。於是，上帝給吳國降下災禍，在胥江讓越國滅了吳國，吳國君臣背離而不協調，所置社稷四分五裂，所飾臺榭全遭毀滅；群犬嚎叫著跳進深淵，彘豬銜草而闖進室內，燕雀剖腹生出毒蛇；人們吃下蘆根卻咽下螞蟥，用清水洗澡卻遇上毒蝎。凡此種種，伍子胥感到吳國再不能有所作為了，就負荷重籠投水自盡，並交代挖出眼珠懸於東門以觀越人侵犯，吳王把他的屍體盛入皮囊投於江中漂浮。伍子胥心胸殘忍，行為暴虐，復仇過度，殃及無辜，終於災禍降臨到自己的身上。於是越國果然違反盟約，襲擊剉傷夫差，兼併了吳人而加以安撫。等到滅吳成功，范蠡離開家室隱於五湖，大夫文種不知功成身退而被囚繫監獄，渠如被車裂亡命。從此以後，越王句踐心懷不樂，憂愁悲痛接連不斷，終於五臟崩裂而失去性命。

故天之誅伐，不可為❶廣虛❷幽閒❸，攸遠❹無人，雖重襲❺石中而居，其必知之乎！若誅伐順理而當辜❻，殺三軍而無咎；誅殺不當辜，殺一匹夫❼，其罪聞皇天。故曰：天之處高，其聽卑，其牧芒❽，其視察。故凡自行，不可不謹慎也。

【章旨】此段總結在上有皇天監臨，一個人的行為不可不謹慎。

【注釋】❶為　謂。❷廣虛　廣闊而虛無。❸幽閒　幽暗的空間。❹攸遠　長遠。❺重襲　重重包圍。❻辜　罪。❼匹夫　普通人。❽其牧芒　《諸子平議》以為「牧」是「狀」字之誤。「言天之處雖高，而其聽則甚卑；其狀雖若芒芒然，而其視則甚察也」可從。

【語譯】所以上天的懲罰，下民不可認為廣闊虛無而幽暗的天空，距離遙遠而沒有人監視，即使躲在重重包圍的石室居住，所作所為必定也會被上天知道的。如果懲罰順理與罪相稱，即令殺了三軍也是沒有錯誤的；如果誅殺與罪不相稱，即令殺一個普通百姓，他的罪過也會被皇天知道的。所以說：皇天雖然很高，他的聽覺卻很低；他的狀貌雖然茫茫昧昧，他的視覺卻明察秋毫。所以凡屬一個人的行為，不可不謹慎啊。

諭誠　連語

【題解】本篇輯錄了古代君主五則歷史故事，說明君主以誠心待民，就會得到人民的信任和擁護。「諭誠」是把誠心曉諭於民的意思。

湯❶見設網❷者四面張，祝❸曰：「自天下者，自地出者，自四方至者，皆罹❹我網。」湯曰：「嘻！盡之矣！非桀❺其孰能如此？」令去三面，舍❻一面，而教之祝曰：「蛛蝥❼作網，今之人循緒❽，欲左者左，欲右者右，欲高者高，欲下者下。吾請受其犯命❾者。」士民聞之，曰：「湯之德及禽獸矣，而況我乎！」❿於是下親其上。

【章旨】此段敘述商湯王德及禽獸的故事。

【注釋】❶湯　商代的開國君主。❷網　捕獵禽獸的羅網。❸祝　祈禱。❹罹　遭遇；碰上。❺桀　夏代最後的一個君主，暴虐無道。據《史記．夏本紀》載：「桀不務德而武傷百姓，百姓弗堪。」❻舍　置。❼蛛蝥　蜘蛛。❽循緒　繼承餘緒。緒，餘緒；傳統。❾犯命　違抗命令。❿湯之德二句　湯祝網的故事見於《呂氏春秋・異用》、《史記・殷本紀》、《新序・雜事五》、《帝王世紀》等及本書〈禮〉，文字略有不同。

【語譯】商湯看到獵人四面設置羅網捕獵禽獸，獵人祈禱說：「從天上落下來的，從地上跑出來的，從四方聚攏來的，都要碰上我的網。」湯王說：「唉！把禽獸全部網羅盡了！除了夏桀還有誰會這樣做呢？」命令獵人拆除三面的網，只留一面，並告訴獵人祈禱說：「蜘蛛首先做網，現在的人效法它，禽獸們想往左邊的就往左邊去，想往右邊的就往右邊去，想往高處去的就往高處去，想往低處去的就往低處去。我請求只接受那些違抗命令的。」士人百姓聽到這些話，說：「商湯王的恩德已廣施到禽獸身上了，何況是我們呢？」於是，下位的士人百姓都親愛君上。

楚昭王❶當房而立❷，愀然❸有寒色，曰：「寡人朝饑時，酒二䣉❹，重裘❺而立，猶憯然❻有寒氣，將奈❼我元元❽之百姓何？」是日也，出府❾之裘以衣寒者，出倉之粟以振❿饑者。居二年，闔閭⓫襲郢，昭王奔隨⓬。諸當房之賜⓭者，請還⓮致死於寇⓯。闔閭一夕而五徙臥⓰，不能賴⓱楚，曳⓲師而去。昭王乃復，當房之德也。

【章旨】此段敘述楚昭王思及百姓的故事。

【注釋】❶楚昭王　春秋時楚國的君主。❷當房而立　立於朝房。房，朝房，即朝廷。按《禮記・曲禮》：

「天子當宁而立。」宁，即「佇」，指門與屏之間，人君視朝佇立等待群臣的地方。❸愀然　憂愁貌。❹酣　《諸子平議》以為即「觛」字。觛，同「觶」。酒器。❺重裘　兩層皮衣。❻憯然　痛心的樣子。❼奈……何　把……怎麼樣。❽元元　人民。❾府　府庫。❿振　通「賑」。救濟。⓫闔閭　春秋末期吳國君主。闔閭在伍子胥的協助下於定公四年（西元前五〇六年）五戰五勝，攻入郢都。楚昭王出逃至隨，後來由於秦的救援及闔閭弟夫概的反叛，昭王才得以反攻復國。⓬隨　春秋時小國，其地當今湖北隨縣南。⓭諸當房之賜　指楚昭王當朝曾受到恩賜的人。⓮還　回轉。何本、程本下有「戰」字。⓯致死於寇　與敵寇拚死命。⓰五徙臥　五次轉移住宿的地方。⓱賴　取得。⓲曳　引；率領。

【語譯】楚昭王站在朝廷上，憂愁的樣子顯得有些寒冷，他說：「我早晨饑餓時喝上兩杯酒，穿上雙層的皮袍站立在朝廷上，還感到寒氣襲人，將怎能讓平民百姓生活下去啊！」就在這一天，昭王把府庫的皮衣送給寒冷的人穿，開放倉庫的糧食賑濟饑餓的人。過了兩年，吳王闔閭襲擊郢都，昭王逃到隨國。許多受到朝廷賞賜的人，請求回轉與吳兵拚死一戰。使得闔閭一晚五次轉移睡覺的地方，感到不能攻取楚國，率師離去。楚昭王能夠回國，是他臨朝的仁德所致啊。

昔楚昭王與吳人戰。楚軍敗，昭王走，屨決眥❶而行失之，行三十步，復旋❷取屨。及至於隨，左右問曰：「王何曾❸惜一踦屨❹乎？」昭王曰：「楚國雖貧，豈愛❺一踦屨哉？思與偕反也❻。」自是之後，楚國之俗無相棄者。

【章　旨】此段敘述楚昭王不棄隻鞋的故事。

【注　釋】❶屨決眦　鞋面破裂。眦，本指眼眶，此指鞋面與底相接的邊緣。❷旋　回轉。❸曾　乃；卻。❹踦屨　單獨一只鞋。踦，本為一隻腳的意思，引申為單獨。❺愛　吝惜。❻思與偕反也　他本作「惡與偕出弗與偕反也」。反，同「返」。

【語　譯】昔日楚昭王與吳人作戰。楚軍戰敗，昭王逃走，由於鞋面破裂，有一隻鞋脫掉了，昭王走了三十步，又回頭取那隻鞋。到了隨國，左右的人問他說：「君王為何吝惜一隻鞋呢？」昭王說：「楚國雖然貧窮，難道吝惜一隻鞋嗎？我是想同它一道返國啊。」從此以後，楚國的民間再沒有相互拋棄的事情發生了。

文王❶晝臥❷，夢人登城而呼己曰：「我東北陬❸之槁骨❹也，速以王禮葬我。」文王曰：「諾。」覺，召吏視之，信有❺焉❻。文王曰：「速以人君禮葬之。」吏曰：「此無主❼矣，請以五大夫❽。」文王曰：「吾夢中已許之矣，奈何其倍❾之也？」士民聞之，曰：「我君不以夢之故而倍槁骨，況於生人❿乎！」於是，下信其上。

【章　旨】此段敘述周文王不違背夢中承諾的事情。

【注釋】❶文王　周文王姬昌，周武王之父。❷晝臥　白天睡覺。❸陬　角落。❹槁骨　枯骨。❺信有　確實存在。指槁骨確有其事。❻焉　之。❼無主　指無主槁骨，無人管理。❽五大夫　周代的官名。❾倍　通「背」。❿生人　活人。

【語譯】周文王白天睡覺，夢見有人登上城牆呼叫自己說：「我是城牆東北角落的枯骨，趕快用君王逝世的禮儀來安葬我。」文王說：「好吧。」文王醒來，叫吏人來察看，確實存在枯骨。文王說：「趕快用君王逝世的禮儀安葬他。」吏人說：「這樣做法對君主不太尊重，請用五大夫的禮儀安葬就夠了。」文王說：「我在夢中已答應他了，怎麼能違背諾言呢？」士人百姓聽到這件事，說：「我們的君王不因為是夢中的事就違背對枯骨的承諾，何況對我們活人呢？」於是，下位的人都信任君上。

豫讓❶事中行之君❷，智伯❸滅中行氏，豫讓徙❹事智伯。及趙襄子❺破智伯，豫讓剺面❻而變容，吞炭而為噎❼，乞❽其妻所而妻弗識，乃伏❾刺襄子，五起而弗中。襄子患之，食不甘味，一夕而五易臥，見❿不全身。人謂豫讓曰：「子不死中行而反事其讎，何無恥之甚也？今必碎身麋軀⓫以為智伯，何其與前異也？」豫讓曰：「我事中行之君，與帷⓬而衣之，與關⓭而枕之，夫眾人⓮畜⓯我，我故眾人事之。及智伯分吾以衣服，餡⓰吾以鼎實⓱，舉被⓲而為禮。夫國士⓳遇我，我故國士為之報⑳。」故曰「士為知己者死，女為悅己者容」㉑，非冗言㉒也，故在主㉓而已。

【章　旨】此段敘述豫讓為報效智伯刺趙襄子的故事。

【注　釋】❶豫讓　春秋戰國間晉人。曾事晉范昭子吉射及中行文子荀寅，無所知名，改事智伯得到尊寵。智伯被趙襄子與韓、魏謀滅，豫讓遁逃山中，誓為智伯報仇刺趙襄子，他藏廁塗泥、漆身毀容，吞炭為啞、伏藏橋下多次暗刺都沒有成功，最後趙襄子任其擊刺衣服象徵復仇，才伏劍自殺。❷中行之君　指荀寅，晉六卿之一。❸智伯　智瑤，晉六卿之一。❹徙　轉。❺趙襄子　即趙無恤，晉六卿之一。他與韓、魏瓜分智伯之地，從此晉國只剩下韓、趙、魏三家。❻劑面　以刀削面。❼噎　咽喉堵塞，不能發聲。別本作「啞」。❽乞　討乞。❾伏　暗。❿見　同「現」。⓫糜軀　義同「碎身」。糜，同「靡」。碎；爛。⓬帷　帷帳一類的粗布，蔽體而已。⓭闒　門閂。⓮眾人　普通人。⓯畜　養；待。⓰餡　同「啗」。吃。⓱鼎實　鼎中食物。⓲被　《讀諸子札記》以為「袂」字之誤。袂，衣袖。⓳國士　全國推崇的人。原本此句「夫」上有「大」字，據《諸子平議》刪。⓴報　報答。㉑士為知己者死二句　為當時俗語，先秦士人大都以此作為士節的標準。容，修飾容貌。㉒冗言　多餘的話。㉓在主　在於主人的態度如何。

【語　譯】豫讓原來侍奉中行氏，智伯消滅了中行氏，豫讓轉而侍奉智伯。等到趙襄子攻滅智伯，豫讓毀面變容，吞炭變啞，到他妻子處行乞，連妻子也不認識他。於是躲藏起來刺殺趙襄子，結果五次行刺都沒有刺中。趙襄子很害怕，連吃飯也無味，一個夜晚要改換五個地方睡覺，露面的時候也常常遮遮掩掩。人們對豫讓說：「你不為中行氏而死，反而侍奉他的仇人，怎麼無恥到這種地步呢？現在一定要粉身碎骨來為智伯報仇，為什麼與過去不同了呢？」豫讓說：「我侍奉中行氏的時候，給我的衣服蔽體而已，給我門閂木頭作枕頭。把我當作普通人看待的，我就用普通人的態度來回報他。等到我侍奉智伯，他分給我衣服穿，分給我鼎中美味吃，舉起衣袖以禮相待。他把我當作國士看待，我就用國士的態度報答他。」所以說「士人為尊重自己的人獻出生命，女子為喜歡自己的人修飾容顏」，這不是多餘的話啊，所以全在於主子的態度如何罷了。

退讓 連語

【題解】本篇也是透過一些古人的軼事來諷諭現實，說明「報怨以德」以及不爭豪華、安於儉樸都是一種好的品德。「退讓」就是謙退不爭的意思。

梁❶大夫宋就❷者，為邊縣令，與楚鄰界。梁之邊亭❸與楚之邊亭皆種瓜，各有數❹。梁之邊亭劬❺力而數❻灌，其瓜美。楚窳❼而希❽灌，其瓜惡❾。楚令固以梁瓜之美，怒其亭瓜之惡也。楚亭惡梁瓜之賢己❿，因夜往竊搔⓫梁亭之瓜，皆有死焦⓬者矣。梁亭覺之，因請其尉⓭，亦欲竊往，報搔楚亭之瓜。尉以請，宋就曰：「惡⓮！是何言也！是構怨⓯召禍之道也。惡！何稱之甚也！若⓰我教子⓱，必每暮⓲令人往，竊為楚亭夜善灌其瓜，令勿知也。」於是，梁亭乃每夜往，竊灌楚亭之瓜。楚亭旦而行瓜⓳，則此⓴已灌矣。瓜日以㉑美，楚亭怪而察之，則乃梁亭也。楚令聞之，大悅，具㉒以聞。楚王聞之，惄然㉓醜㉔以志自惛㉕也，告吏㉖

曰：「微㉗搔瓜，得無他罪乎？」說㉘梁之陰讓㉙也，乃謝以重幣㉚，而請交於梁王。楚王時則稱說，梁王以為信㉛，故梁、楚之歡由宋就始。語曰：「轉敗而為功㉜，因㉝禍而為福。」老子曰：「報怨以德㉞。」此之謂乎。夫人既不善，胡㉟足效㊱哉？

【章旨】此段敘述梁楚邊亭種瓜「報怨以德」的故事。

【注釋】❶梁　即魏國。❷宋就　魏大夫。❸亭　戰國、秦漢設亭，《漢書・百官公卿表》載：「十里一亭，十亭一鄉，亭有亭長。」亭長掌管治安捕盜。❹數　數目。❺劬　勞累。❻數　屢次；多次。❼窳　懶惰。❽希　通「稀」。少。❾惡　醜；不好。❿賢己　比自己好；超過了自己。⓫搔　刮；掐斷。⓬死焦　枯死。⓭尉　可能指亭裏的尉，協助亭長管理治安的人。⓮惡　表驚訝不安的歎詞。先秦用之甚多，如《荀子・法行》：「孔子曰：惡！賜！是何言也！」⓯構怨　結怨仇。構，原作「講」。⓰若　語首助詞，無義。⓱子　你。⓲每暮　原作「誨莫」，據《新序・雜事四》改。⓳行瓜　巡視其瓜。⓴此　《讀諸子札記》以為是「皆」的壞字。㉑以　因。㉒具　備；詳盡。㉓恕然　明白的樣子。㉔醜　恥；慚愧。㉕惛　悶。㉖吏　指楚吏。《讀諸子札記》疑上脫「梁」字。㉗微　無。㉘說　通「悅」。㉙陰讓　暗中退讓。㉚幣　禮品。㉛信　誠。㉜功　成功。㉝因　依據。㉞報怨以德　用德惠回報怨恨自己的人。此句見於《道德經・六十三章》。㉟胡　何。㊱效　效法。段末盧文弨注：「此條潭本全脫，別本所載亦甚略，今悉依建本。」

【語譯】梁國的大夫宋就，作邊境縣令，與楚國邊境相鄰。梁國的邊亭與楚國的邊亭都種瓜，對於瓜的多少，各自心中有數。梁國邊亭的人勞苦用力，多加澆灌，因而他們的瓜長得很好。楚國邊亭的人懶惰，很少澆灌，因而他們的瓜長得不好。楚國邊境縣令本就因為梁亭的瓜種得很好，對楚亭的瓜種得不好非常不悅。楚亭的人嫉妒梁亭的瓜比自己好，趁著黑夜前往，偷偷地掐斷了梁亭的瓜，因而梁亭的瓜都枯死了。梁亭的人發現，於是向亭尉請示，也想偷偷前去報復，掐斷楚亭的瓜。亭尉於是向縣令請示，宋就說：「唔！這是什麼話啊！這是結怨招禍的辦法啊。唔！為什麼說得這樣過分啊！我告訴你，一定要每個夜晚派人前去，偷偷替楚亭好好澆灌他們的瓜，不要讓他們知道。」於是，梁亭的人就每夜前去偷偷澆灌。楚亭的人清早到瓜田巡視，都已經澆灌了。因而瓜一天天長得好，楚亭的人感到奇怪，就去暗中察看，知道是梁亭的人澆灌的。楚縣令聽說了，大為歡喜，把這事全部上報。楚王聽說，感到慚愧而且心裏納悶，告訴楚吏說：「除了掐斷了瓜，還有別的對不起梁國的事嗎？」楚王對梁國暗中退讓感到高興，用很貴重的禮品表示歉意，請求與梁王結為朋友。楚王經常稱道這件事，梁王認為他很真誠。所以梁國和楚國的友好關係從宋就開始促成。俗語說：「把失敗轉變為成功，把災禍轉變為幸福。」老子說：「以施恩德的方式來回報怨恨自己的人。」就是說這種情況吧！別人已經有了不好的行為，怎麼還能效法呢？

翟❶王使使至楚。楚王欲夸之，故饗❷客於章華之臺❸上。上者三休❹而乃至其上。楚王曰：「翟國亦有此臺乎？」使者曰：「否。翟，窶❺國也，惡❻見❼此臺也？翟王之自為室也，堂❽高三尺，壤陛❾三累❿，茆茨⓫弗翦⓬，采椽⓭弗刮。

且翟王猶以作之者大⑭苦，居之者大佚⑮，翟國惡見此臺也！」楚王愧。

【章　旨】此段敘述翟王使者介紹翟王尚儉樸，不與楚王爭豪華的事跡。

【注　釋】❶翟　通「狄」。戰國時的翟國在今山東省高青縣東南。❷饗　食；以酒食招待。❸章華之臺　楚宮室名。據《左傳·昭公七年》：「為章臺之宮。」杜預注：「章臺，南郡華容縣。」《水經注·沔水》：「臺高十丈，廣十五丈。」❹三休　休息三次。❺窶　窮。❻惡　何。❼見　《諸子平議》以為當作「得」。❽堂　指堂的地基。❾壤陛　土築的階級。❿三累　三級。⓫茆茨　用茅草蓋成的屋頂。茆，通「茅」。茨，疊蓋。⓬翦　通「剪」。⓭采椽　櫟木椽條。⓮大　同「太」。⓯佚　安逸。

【語　譯】翟王派使者到楚國。楚王想在使者面前誇耀自己，所以在章華臺上宴請客人。爬上章華臺，途中要休息三次才能到達。楚王說：「翟國也有這樣的樓臺嗎？」使者回答說：「沒有。翟國是個窮困的國家，怎能有這樣的樓臺呢？翟王自己的宮室，地基只有三尺高，土築的階級也只有三等，茅草編蓋的屋頂不用修剪，櫟木椽條不用刮削。而且翟王還以為修建的人太勞苦了，居住在裏面太安逸了。翟國怎能有這樣的樓臺啊！」楚王聽了使者的話感到慚愧。

君道 連語

【題解】本篇以周文王為君主的典範，說明國君應該「反求之己」，加強自身的德義修養，才能受到士民的擁護和愛戴。所以標題叫做「君道」，即論述為君之道。

紂❶作梏❷數千，睨❸諸侯之不諂❹己者，杖❺而梏之❻，文王桎❼梏囚於羑里❽，七年而後得免。及武王克殷，既定，令殷之民投撤❾桎梏而流之於河❿。民輸⓫梏者，以手撤之，弗敢墜也；跪之入水，弗敢投也。曰：「昔者文王獄常擁此。」故愛思文王，猶敬其梏，況于其法教⓬乎！

【章旨】此段敘述百姓敬重文王被囚禁時用過的桎梏，說明文王教澤深遠。

【注釋】❶紂　商紂王，商代最後的一個君主。❷梏　木製的手銬。❸睨　斜視；看到。❹諂　諂媚；討好。❺杖　用作動詞，杖打。❻梏之　給他戴上手銬。❼桎　腳鐐。❽羑里　古地名，一作「牖里」，今河南省湯陰縣北有牖城，即其地。❾投撤　撤卸拋棄。❿流之於河　使之在河中漂流。⓫輸　搬運。⓬法教　政教。

【語譯】商紂王製作了數千只腳鐐手銬，看到諸侯們有誰不討好自己的，就用杖拷打，然後用手銬套起來。周文王曾被他用腳鐐手銬囚禁在羑里，囚禁了七年才放出來。等到周武王攻克了殷朝，已經安定下來，命令殷民把腳鐐手銬撤卸拋到河裏。運輸這些刑具的民眾，用手撤卸後，不敢讓它墜落到地下；跪著把它沉入水中，不敢投擲。他們說：「昔日周文王被囚禁時曾戴過這種東西。」所以由於民眾愛戴想念文王，連他戴過的刑具也尊敬，何況是他的政教影響呢！」

《詩》曰：「濟濟多士，文王以寧。」❶言輔翼❷賢正，則身必安也。又曰：「弗識弗知，順帝之則。」❸言士民說其德義，則效❹而象❺之也。文王志之所在，意之所欲，百姓不愛其死，不憚其勞，從之如集❻。《詩》曰：「經始❼靈臺❽」，「庶民❾攻❿之，不日成之。經始勿亟⓫，庶民子來⓬。」文王有志為臺，令匠規⓭之，民聞之者裹糧⓮而至，問業⓯而作⓰之，日日以眾。故弗趨⓱而疾⓲，弗期⓳而成。命⓴其臺曰靈臺，命其囿㉑曰靈囿，謂其沼㉒曰靈沼，愛敬之至也。《詩》曰：「王在靈囿，麀㉓鹿攸伏㉔，麀鹿濯濯㉕，白鳥皜皜㉖。王在靈沼，於仞魚躍㉗。」文王之澤㉘下被㉙禽獸，洽㉚于魚鼈，故禽獸魚鼈攸若㉛攸樂，而況士民乎！

【章旨】此段引詩說明文王受到士民的擁戴。

【注釋】❶濟濟多士二句　引於《詩經・大雅・文王》。濟濟，威儀貌。多士，百官。古已構成一個名詞。寧，安。❷輔翼　指輔佐的大臣。❸弗識弗知二句　引自《詩經・大雅・皇矣》。意思是指文王無主觀私見，一切順從上帝的法則辦事，為後來道家無為思想的發端。識，見識。知，同「智」。帝，上帝。則，法則。❹效　效法。❺象　模仿。❻如集　如趕集一樣。集，指市集。❼經始　創建。❽靈臺　西周臺名。靈，善。王應麟《三輔黃圖》：「在長安西北四十里，高二十丈，周四百二十步。」❾庶民　眾民。❿攻　作；建。⓫亟　急。⓬子來　朱熹注：「如子趨父事，不招自來。」⓭規　規劃；設計。原作「境」，據《諸子平議》改。⓮裹糧　自帶口糧。⓯問業　詢問修建靈臺的事。業，事。⓰作　動工。⓱趨　通「趣」。催促。⓲疾迅速。⓳期　約定期限。⓴命　命名。㉑囿　苑囿；養禽獸的林苑。㉒沼　池塘；沼澤。以上「靈臺」、「靈囿」、「靈沼」都冠以「靈」字，「靈」有「善」、「美」的意思，表示對周文王的贊頌。㉓麀　母鹿。㉔攸伏悠閒地臥著。㉕濯濯　獸肥胖而高興的樣子。㉖鰞鰞　同「皓皓」。潔白的樣子。㉗於仞魚躍　朱熹注：「魚滿而躍，言多而得其所也。」以上詩句引自《詩經・大雅・靈臺》。於仞，同「於牣」。於，虛詞，無義。牣，滿。㉘澤　恩德。㉙被　披；加。㉚洽　霑溉；潤澤。㉛攸若　攸，語首助詞。若，順利；自在。

【語　譯】《詩經》說：「有了威儀濟濟的眾多人才，文王的國家就因此安寧。」這是說周文王的輔佐官員賢能正直，那麼文王本人必能安寧啊。又說：「好像不識不智，順著上帝的法則。」這是說士人百姓喜歡文王的德義，大家便效法和模仿文王啊。文王心中所想到的，思想所追求的，百姓不惜生命，不畏勞苦，好像是趕市集般地踴躍奔走。《詩經》說：「開始要建靈臺」，「人民動手來做它，不到幾日便完成它。開始工作並不要求急迫，人民像兒子一樣來幹活。」周文王有意建臺，要工匠規劃，知道這個消息的百姓帶著糧食趕來，問清工程就動手做起來，人數一天天增多。所以文王要創建的靈臺不用催促也十分迅速，不用約期也能如期完成。把他的臺叫做「靈臺」，把他的苑囿叫做「靈囿」，把他的池沼叫做「靈沼」，這是表示愛戴尊敬到了極點啊！《詩經》說：「文王在靈囿休息，母鹿就在這裏睡著，母鹿嬉遊濯濯，白鳥肥澤皜皜。文王在靈沼遊覽，沼中魚滿而跳躍。」周文王的恩德往下施及禽獸，濡染到魚鼈，所以禽獸魚鼈都自在高興，更何況士人百姓呢？

《詩》曰：「愷悌君子，民之父母。」❶言聖王之德也。《易》❷曰：「鳴鶴在陰，其子和之。」❸言士民之報也。《書》❹曰：「大道❺亶亶❻，其去身不遠❼，人皆有之，舜獨以之❽。」夫射而不中者，不求❾之鵠❿，而反⓫修⓬之於己。君國子民者⓭，反求之己，而君道備矣。

【章旨】此段說明君主如能「反求之己」，君道就能完備。

【注釋】❶愷悌君子二句 見於《詩經．大雅．泂酌》。愷悌，字亦作「豈弟」，和樂平易的樣子。君子，按毛傳：「召康公戒成王。」君子則指周成王。❷易 儒家經書之一。❸鳴鶴在陰二句 見《周易．中孚》。陰，同「蔭」。子，指小鶴。和，應和著叫。❹書 《尚書》，儒家經書之一。❺大道 本指大路，這裏則帶有哲學意義，是指一種普遍的真理、主張或方法。與《禮記．禮運》「大道之行也，天下為公」的「大道」相同。❻亶亶 誠信。❼去身不遠 每個人都可以掌握大道這種普遍真理。去身，距離自身。❽舜獨以之 指舜以大道來治天下。以，用。以上引文不見今本《尚書》。❾求 責備。❿鵠 箭靶的中心。⓫反 回頭。⓬修 練習。⓭君國子民者 指君主。

【語　譯】《詩經》說：「和樂平易的君子，是百姓的父母。」這是說聖王具備道德啊。《周易》說：「老鶴在樹蔭鳴叫，小鶴也應和著叫。」這是說士人百姓報答君主的恩德啊。《尚書》說：「大道是誠信的，它距離每個人都不遙遠，人人都可以擁有它，可只有舜才能利用它。」射箭射不中的人，不去責備靶心不好，而是回頭練習自己的射技。一個君主，能回頭在自己身上找原因，為君之道就會趨於盡善盡美了。

官人 連語

【題解】本篇論述君主對百官的要求和任用。賈誼把官人分為師、友、大臣、左右、侍御、廝役六等，規定各類官員應具備的條件，並主張君主應該親近和重用足以為師、友的賢良來治理國家，不要親近阿諛讒佞之臣。「官人」是任人為官的意思。

王者官人有六等❶：一曰師，二曰友，三曰大臣，四曰左右❷，五曰侍御❸，六曰廝役❹。知❺足以為源泉❻，行足以為表儀❼；問焉則應，求焉則得；入人之家足以重人之家❽，入人之國足以重人之國者，謂之師。知足以為礱礪❾，行足以為輔助，仁足以訪議❿；明於進賢，敢於退不肖⓫；內相⓬匡正⓭，外相揚美⓮者，謂之友。知足以謀國事，行足以為民率⓯，仁足以合上下之驩⓰；國有法則退而守之，君有難則進而死之；職之所守，君不得以阿私⓱托⓲者，大臣也。脩身正行不怍⓳於鄉曲⓴，道語㉑談說不怍於朝廷；知能不困於事業，服一介㉒之使，能合兩君之驩；執戟㉓居前能舉君之失過，不難以死持之㉔者，左右也。不貪於財，不淫於色，事君不敢有二心，居君旁不敢泄君之謀；君有失過，雖不能正諫㉕以其死持之，憔悴㉖有憂色，不勸㉗聽從者，侍御也。柔色㉘傴僂㉙，唯諛㉚之行，唯言之聽，以睚眦㉛之間事君者，廝役也。故與師為國者帝㉜，與友為國為王㉝，與大臣為國者伯㉞，與左右為國者彊，與侍御為國者若存若亡㉟，與廝役為國者亡可立待也。

【章　旨】此段說明官人六等各自應具備的條件，並指出君主應該親賢遠佞。

【注　釋】❶官人有六等　指按六等加以分別授職。❷左右　指君主的近臣。❸侍御　侍從官。❹廝役　僕人。❺知　同「智」。❻源泉　指智慧豐富，如源源不斷的泉水，永不枯竭。❼表儀　表率。❽家　大夫的機構。❾礲礪　研究。礲、礪都是磨石。❿訪議　訪問評議。⓫不肖　不似；不善的人。⓬相　偏指君主。⓭匡正　指改正君主的錯誤。⓮揚美　指宣揚君主的美德。⓯率　表率。⓰驩　古「歡」字。⓱阿私　私情。阿，私。⓲托　請托。⓳怍　愧。⓴鄉曲　窮鄉之地。曲，偏僻。㉑道語　說話。㉒一介　一個。㉓執戟　指持戟的衛士。戟，一種兵器。㉔以死持之　用犧牲生命來堅持。㉕正諫　忠言直諫。㉖憔悴　形容困病的樣子。㉗勸　努力。㉘柔色　和悅的表情。㉙傴僂　彎腰屈背。㉚諛　阿諛；奉承。㉛睚眦之間　指眼神的表情。睚眦，眼眶。㉜帝　為古代人君最尊的稱號。《白虎通・號》：「德象天地稱帝。」㉝王　能用德行統一天下的君主。《孟子．公孫丑上》：「以德行仁者王。」㉞伯　通「霸」。諸侯的領袖。打著仁的旗號，使用武力征服諸侯的君主叫「霸」。《孟子．公孫丑上》：「以力假仁者霸。」㉟若存若亡　生存與滅亡之間。

【語　譯】聖王授官予人有六等：第一等叫做師，第二等叫做友，第三等叫做大臣，第四等叫做左右，第五等叫做侍御，第六等叫做廝役。智慧豐富如源泉流之不盡，行為能夠為人的表率；提出問題就能夠回答，向他請求就有收穫；進入大夫之家，就能使大夫之家得到尊重，進入人君之國，就能使人君之國得到尊重。這樣的人就稱之為師。智慧能夠用來共商朝政，行為能夠作為君主的輔佐，仁德能夠接受君主的訪問和評議；善於推薦賢人，敢於斥退不肖的人；在朝廷之內能匡正君主的錯誤，在朝廷之外能表揚君主的善行。這樣的人就稱之為友。智慧能夠謀劃國事，行為能夠作百姓的表率，仁德能夠取得上下的喜悅；國家有了法令就能夠退朝執行，君主遭受禍難就能夠前去拼死救援；忠於職守，君主不能接受私人請托。這樣的人就是大臣啊。修養自身的品德和端正自身的行為，不使鄉黨慚愧，說話談論不使朝廷慚愧；才智能力不被職事所困，擔任一個使者，能使兩國的君主和好；有執戟的衛士在前，也敢指出君主的錯誤，甚至不難於用犧牲生命來堅持自己的意見。這樣的人就是左右近臣啊。不貪財貨，不好女色，侍奉君主不敢懷有二心，在君主身旁不敢洩露君主的計謀；君主有錯誤，雖然不能直接勸阻以致用犧牲生命來堅持自己的意見，但是應該為此擔心而表現出憂愁的容顏，不要鼓勵順從君主的錯誤意見。這樣的人就是侍御啊。和顏悅色卑躬屈膝，只表現出奉承的行為，一昧聽君主的話，根據君主的面色來侍奉君主，這樣的人就是廝役啊。所以同師一道來治理國家的，國家就可以稱帝；同友一道來治理國家的，國家就可以稱王；同大臣一道來治理國家的，國家就可以稱霸；同左右近臣一道來治理國家的，國家就可以強盛；同侍從官員一道來治理國家的，國家若存若亡；同僕役一道來治理國家的，國家立即就會滅亡啊。

取師之禮，黜位❶而朝之。取友之禮，以身先❷焉。取大臣之禮，以皮幣❸先焉。取左右之禮，使使者先焉。取侍御之禮，以令至焉。取廝役之禮，以令召矣。師至，則清朝❹而侍，小事不進。友至，則清殿而侍，聲樂❺技藝❻之人不並見。大臣奏事❼，則徘優❽侏儒❾逃隱，聲樂技藝之人不並奏。左右在側，聲樂不見。侍御者在側，子女❿不雜處。故君樂雅樂⓫，則友、大臣可以侍；君樂燕樂⓬，則左右、侍御者可以侍；君開北房⓭從薰服之樂⓮，則廝役從。清晨聽治⓯，罷朝⓰而論議，從容⓱澤燕⓲。夕時開北房，從薰服之樂。是以聽治論議，從容澤燕，矜莊⓳皆殊序⓴，然後帝王之業可得而行也。

【章　旨】此段說明君主對待六等人應處的正確態度。

【注　釋】❶黜位　廢除君主之位。指離開君位。❷身先　指親身帶領人。先，居於前列。❸皮幣　指禮品。皮，毛裘之類。幣，繒帛之類。❹清朝　潔除朝廷以示敬意。❺聲樂　唱歌和演奏。❻技藝　雜技之類。❼奏事　向君主陳述。❽徘優　徘諧優伶；說笑話和唱戲的藝人。徘，通「俳」。❾侏儒　身材矮小、逗樂的人。

❿子女　指君主的子女。⓫雅樂　正樂。指祭祀朝會典禮儀式所用的樂。⓬燕樂　平居饗宴所用的樂。⓭北房　宮室北堂在右的房。⓮薰服之樂　指徘優演奏之樂。⓯聽治　上朝聽取群臣意見，處理政事。⓰罷朝　退朝。⓱從容　從容不迫。⓲澤燕　猶言賜宴。澤，恩澤。燕，通「宴」。⓳矜莊　態度矜持莊重。⓴殊序　不同的次序。殊，不同。

【語　譯】任用師的禮儀，君主應離開君位向師拜見。任用友的禮儀，君主本人應率領群臣走在前面迎接。任用大臣的禮儀，將皮裘禮品陳列在前面迎接。任用左右近臣的禮儀，派使者上前迎接。任用侍從官員的禮儀，下一道命令讓他前來。任用僕役的禮儀，依據命令召喚而已。師到來，就潔掃朝廷侍奉，當時朝廷不處理小的政事。友到來，就潔掃殿堂侍奉，音樂歌伎之類的藝人不一道出現。大臣向君主陳述政事，徘諧優伶侏儒一類逗樂的人就得迴避，音樂歌伎之類的藝人不一道進見。左右近臣在君主身旁，音樂歌伎不出現。侍從官員在君主身旁，君主的子女不坐在一起。所以當君主欣賞雅樂時，友及大臣就可以在旁侍奉；當君主欣賞燕樂時，左右近臣及侍從官員就可以在旁侍奉；當君主打開北房欣賞薰服之樂時，廝役就可以跟隨。清晨上朝處理政事，退朝參與朝政得失的議論，而後從容地賜予大臣官員饗宴。晚上打開北房，欣賞薰服之樂。因此上朝處理政事，退朝議論得失，從容地賜予饗宴，君主的態度矜持莊重，都有不同的次序，這樣之後帝王的事業就可以實現了。

勸學連語

【題解】本篇論述了學習中勤勉態度的重要性。標題「勸學」就是勉勵門人努力學習的意思。盧文弨依據本篇首句「謂門人學者」，認為本篇屬賈誼門人所記，並以此為依據斷定《新書》皆為其門人所記（見《重刻賈誼新書序》）。僅就本篇而言，其說可從。前二段是記載賈誼對門人的說教，後二段則為其門人通過賈誼與老聃的比較對賈誼進行頌揚，並表示應該掌握時機努力學習，從而達到勸學的目的。《讀諸子札記》則認為，盧序以此篇為賈君語其門人，然篇中「今夫子之達，佚乎老聃」云云，必非賈君之語，自「昔者南榮跦」以下是後人以他人書竄入。與盧說不同，今錄以備參考。

謂門人學者❶：舜❷何人也？我❸何人也？夫啟耳目❹，載心意❺，從立❻移徙❼，與我同性。而舜獨有賢聖之名、明君子❽之實❾，而我曾❿無鄰里之聞⓫、寬徇⓬之知者，獨何與？然則舜僶俛⓭而加志⓮，我儃僈⓯而弗省⓰耳。

【章旨】此段為賈誼教育門人弟子，重視勤勉的治學態度。

【注 釋】❶謂門人學者　當為「夫子謂門人學者」。門人，指學生。❷舜　即虞舜，傳說中的「五帝」之一。古人都把舜作為道德完美的古帝王之一。《孟子・滕文公上》：「舜何人也？予何人也？」❸我　賈誼自謂。❹啟耳目　即長有耳目。啟，開。❺載心意　存在心意。載，裝載。❻從立　直立。從，通「縱」。❼移徙　行走。❽明君子　明達的君子。❾實　實質。❿曾　乃；卻。⓫聞　名。⓬寬徇　寬裕通達。⓭僶俛　亦作「黽勉」，盡力自勉的意思。⓮加志　留意；用心。⓯僈僈　放縱。亦作「澶漫」。⓰省　反省。

【語 譯】賈子對門人弟子說：大舜是什麼人呢？我又是什麼人呢？都長有耳朵和眼睛，都具備大腦會想事情，都能站立和行走，大舜與我的本性相同。可是大舜偏偏有賢聖的名聲，有通達君子的內質，我在鄉里卻沒有什麼名聲，也不具備充裕而通達的智慧，偏偏又是怎麼回事呢？這樣看來，大舜就在於盡力自勉而有意堅持，我卻放縱自己而不自我反省罷了。

夫以西施❶之美而蒙❷不潔，則過之者莫不睨❸而掩鼻。嘗試傅白❹黛黑❺，榆鋏陂❻，雜芷若❼，蚉虻視❽，益❾口笑，佳態❿佻志⓫，從容為說⓬焉。則雖王公大人，孰能無悇憛⓭養心⓮而巔⓯一視之？今以二三子⓰材，而蒙⓱愚惑⓲之智，予恐過之有掩鼻之容也。

【章 旨】此段為賈誼教育門人弟子，懂得發蒙解惑的道理。

【注 釋】❶西施　春秋末期越國民間美女，越王句踐為了救亡圖存，把她送給吳王夫差以惑亂其政。❷蒙遭受。按：此二句本於《孟子·離婁下》。❸睨　斜視。❹傅白　塗擦白粉。❺黛黑　把眉毛畫黑。黛，畫眉墨。❻揄鋏陂　文有脫誤，盧文弨疑「揄鋏」是「陝輸」，流視貌；游目而觀的樣子。陝輸陂，指目光流動不定而且邪視。陂，偏邪。❼芷若　兩種香草，即白芷、杜若。❽䖟虱視　不明何義。䖟、虱，為兩種吸血的昆蟲。❾益　充滿。❿佳態　美好的姿態。⓫佻志　美好的心志。佻，通「姚」。美好。⓬從容為說　說話從容。⓭悇憛　懷憂貌。按《校注》：「疑當作『憛悇』。憛悇，愛好，貪圖。《淮南子·脩務》：『則雖王公大人有嚴志頡頏之行者，無不憛悇痒心，而悅其色矣。』注：『憛悇，貪欲也。』」今從《校注》。⓮養心　即癢心，心中發癢。⓯巔　傾倒。⓰二三子　你們幾個人，即諸位。這種稱呼用於長輩對晚輩。⓱蒙　承受。指先天生成。⓲愚惑　愚蠢。

【語譯】像西施這樣的美女如果沾染上一些污穢的東西，那麼經過她身旁的人沒有不斜視掩鼻的。假如西施擦上白粉畫上黑眉，目光流轉偏邪看人，雜佩著白芷和杜若這樣的芳草，䖟虱視，口角充滿著笑容，姿態和心態都美好，說話從容不迫，那麼即使是王公大人，誰能不心中企慕發癢而傾倒一觀呢？現在像你們幾個人的才能又蒙受愚鈍的智力，我恐怕經過你們身旁的人也會有掩鼻的姿態啊。

昔者南榮趎❶醜❷聖道之忘乎己❸，故步陟❹山川，坌冒❺楚棘❻，彌❼道千餘，百舍❽重繭❾，而不敢久息。既遇老聃❿，噩⓫若慈父，雁行⓬避景⓭，夔立⓮蛇進⓯，而后敢問。見⓰教一高言⓱，若饑十日而得大牢⓲焉，是達⓳若天地，行⓴生㉑後世。

【章旨】此段為賈誼門人弟子引用南榮跦向老聃求教的故事，說明聖道高言的重要。

【注釋】❶南榮跦　《莊子・庚桑楚》作「南榮趎」。庚桑楚的弟子。他擔著糧食，走了七日七夜，至老子的居所求教。❷醜　恥。❸忘乎己　被自己忘掉。此句意思是南榮跦因自己背離了聖人之道而感到羞愧。❹步陟　《斠補》認為是「跋涉」的訛字。跋涉，即跋山涉水。❺坌冒　冒著。坌，蒙受。❻楚棘　荊棘。❼彌滿。❽百舍　比喻旅途之長。古日行軍三十里叫舍。❾重繭　層層硬皮。繭，通「趼」。指腳底磨出的硬皮。❿老聃　或謂李耳，春秋時楚國人，道家學派的創始人，亦稱「老子」。⓫噩　嚴肅的樣子。⓬雁行　如雁飛行，整齊恭敬的樣子。⓭避景　避開日光。指背光面北拜見。⓮夔立　併腳而立，以示恭敬。夔，古時傳說中只有一隻腳的怪獸。⓯虵進　如蛇之伏地爬行而進。虵，即「蛇」字。⓰見　被。⓱高言　高深的言論。⓲大牢　即太牢，祭祀所用的牲畜，指牛、羊、豕。⓳達　指心裡通達，學問廣博。⓴行　德行。㉑生　育。

【語譯】昔日南榮跦由於自己背離了聖人之道而感到慚愧，所以跋山涉水，冒著荊棘，經過上千里的路程，腳底磨出厚厚的硬繭，不敢長久休息。當遇上老聃，發現他嚴肅得好像慈父一樣，南榮跦恭敬地北面拜見，併腳而立，如蛇伏地前進，然後才敢向老聃請教。接受老聃一句高深的言論，就好像饑餓了十天的人突然享受太牢一樣，使人思想通達好像天地那麼廣闊，他的德行培育了後來世世代代的人。

今夫子❶之達佚❷乎老聃，而諸子❸之材不避❹榮跦，而無千里之遠、重繭之患。親與巨賢❺連席❻而坐❼，對膝❽相視，從容談語❾，無問不應，是天降大命❿

以達吾德⓫也。吾聞之曰：「時難得而易失也。」學者勉之乎⓬！天祿⓭不重⓮。

【章　旨】此段為門人弟子對賈誼的頌揚，並表示盡力自勉治學的決心。

【注　釋】❶夫子　弟子對老師的稱呼。❷佚　超過。❸諸子　弟子自稱。❹不避　不讓；可比得上。❺巨賢　大賢人。指賈誼。❻連席　古時坐在席子上，席子相連，距離很近。❼坐　指安坐，屈膝下跪，臀部坐在腳後跟上。❽對膝　與老師膝蓋相對，言其距離很近。❾從容談語　指老師說話從容不迫。❿天降大命　上天降下的偉大使命。⓫達吾德　使我們的德行臻於完善。達，通達；周全。⓬學者勉之乎　弟子相約，表示決心。意為：有這麼好的老師，我們弟子應當自勉。⓭天祿　天賜之福。⓮重　復；再。

【語　譯】現在老師學識的廣博已經超過了老聃，我們弟子的才幹也不會比南榮跦低下，我們沒有千里跋涉的勞苦和百舍重繭的憂患，親自與大賢師坐在一起，對膝相見，老師談話從容不迫，沒有問題不能回答，這是上天的偉大使命造就我們完善的德行啊。我聽說過這樣的話：「機遇難於得到也容易失去啊。」我們作弟子的應當自勉啊！上天賜的福祿不會再來。

道術 連語

【題解】本篇對古代兩個重要哲學概念「道」和「術」作了精確闡釋，從而激勵人主正確地利用「道」、「術」來治理國家，作一個聖明的君主。文中提到的「道」是指人主所持的治國總原則。這個「道」，就其實質來說是虛無的、精微難窺的、素樸（平素）無為（無設施）的，好像一面鏡子那樣客觀如實地反映事物而又任物自然。從此規定性來看，無疑是繼承了老子關於「道常無為」的屬性。文中提出的「術」是指方法，即治國的具體措施。人主根據無為之道的總原則，在措施上自己要做到仁、義、禮、信、守法、舉賢使能、周聽明察、稽驗考實等等，這些措施再不是虛無，而是實際起作用的，所以稱為「制物」之「術」。這種「術」與法家的「術」相近，與黃老的君逸而臣勞相彷彿。這無疑受到了漢初黃老思想的直接影響。為了給人君提供借鑑，賈誼一連提出了五十六對矛盾的概念，這些概念大致屬於倫理性的，它不僅對這些倫理概念作了定義性解釋，也從文字訓詁上作了定義性解釋。本篇可能是賈誼回答弟子的質疑，故以問答形式表述。

曰：「數❶聞道❷之名矣，而未知其實❸也，請問道者何謂也？」對曰：「道者，所從❹接物❺也，其本❻者謂之虛，其末者謂之術❼。虛者，言其精微❽也，平素❾而無設施❿也；術也者，所從制物⓫也，動靜之數⓬也。凡此皆道也。」

【章旨】此段對「道」、「術」作總的闡釋。

【注釋】❶數　屢次；常常。❷道　這個字的含義寬廣，最原始的含義是《爾雅》解釋的「一達之謂道」，即有一個固定方向能直接達到的叫做「道」，有叉路者則不得稱「道」。「道」是有條理的，所以有「道理」的稱法，再引申開去就是原則、主張、規律等等。同時老子還創造了本體的「道」，根據這個道的特性可以演化為規律性的「道」，所謂認識了「道」，得了「道」，就是懂得了「道」的特性和規律。這裏說的「道」是指治國的原則。這種原則是抽象的，所以認為它是「虛」，按照這種原則辦事，不要人們強為造作，所以叫做「無設施」。因此可以理解為人主的根本治國之道。❸實　實質；本質；內容。❹所從　所自。❺接物　與物相交接，即與世人打交道。物，包括人類萬物，這裏主要指人類。❻本　基礎。「本」與「末」是古人常用的一對概念。「本」，指樹下部，「末」，指樹梢。樹下部比樹梢當然重要，所以「本」可以理解為基礎或者主要的，「末」可以理解為終端或者次要的。這裡強調道的重要，所以把道比作「本」；這是一種原則，是抽象的，所以稱之為「虛」。❼術　指具體的辦法、措施，它是由道這個「本」滋生出來的，所以稱之為「末」。❽精微　細微。指道視而不見，聽而不聞，摶之不得。❾平素　素樸。❿設施　作為。⓫制物　制裁萬物。⓬數　理；道理；規律。

【語譯】有人問道：「屢次聽說道的名稱，但不知道它的實質，請問道究竟是什麼?」回答：「『道』這個東西，是用來與人類萬物打交道的，它的基礎是虛無的，它的終端叫做『術』。所謂『虛』，是說它顯得精微難以看清，同時又素樸而無所作為。所謂『術』這個東西，是用來制裁萬物的，是人君行動的規律。凡此種種都是『道』的內容。」

曰：「請問虛之接物何如？」對曰：「鏡儀而居❶，無執不臧❷，美惡❸畢至，各得其當；衡❹虛無私，平靜而處❺，輕重畢懸❻，各得其所。明主者，南面而正❼，清虛❽而靜，令名自宣❾，命物自定❿，如鑑⓫之應，如衡之稱。有釁和之，有端隨之⓬，物鞫⓭其極，而以當⓮施之。此虛之接物也。」

【章旨】此段解釋道以虛接物的意思，即說明道是以任物自然的辦法來與人類萬物打交道的。

【注釋】❶鏡儀而居　人照鏡必將鏡子偏斜放著。儀，偏斜。《諸子評議》讀為「俄」，偏斜。❷無執不臧　不執持不隱藏，不懷私意，順任自然。《莊子・應帝王》：「至人之用心若鏡，不將不迎，應而不藏。」執，執持；選取。臧，通「藏」。隱藏、捨棄的意思。❸美惡　美醜。❹衡　稱桿。衡稱物沒有私心，是多重就是多重。❺處　安處。❻輕重畢懸　不管輕的重的東西都可以拿到稱上去稱。懸，掛。❼正　通「政」。聽政。❽清虛　清明空虛，胸無成見。❾令名自宣　自己是什麼名份，讓自己認定。令，使。自宣，自己宣布。❿自定　自己確定自己。以上兩句都是任物自然的意思。《斠補》依據《韓非子・主道篇》云：「令名自命也，令事自定也。」認為當作「令名自命，令物自定」，才能一韵，也才能與下兩句相對稱。此說錄以備考。⓫鑑　鏡子。⓬有釁和之二句　指一切隨和，不與物爭。釁，同「舋」。指人與人之間的隔閡。有端隨之，指誰開了個頭，就順隨著走。端，首事。⓭物鞫　事物演變到窮途末路。鞫，窮盡。⓮當　恰當的措施。

【語　譯】有人問道：「請教道的虛無是怎樣與事物打交道的？」回答說：「好比把鏡子偏斜著照，不執持不隱藏，美好的醜惡的都可以反映到鏡裏來，各自都能得到恰當如實的反映；好比稱桿沒有成見沒有偏私，平靜安處，不論輕重都可懸掛，各自得到恰當如實的重量。聖明的君主，上朝處理政事，思想清明虛靜，讓各人自己認定名目，讓事物自己確定性質，好比鏡子中的如實反映，好比稱桿的如實稱物，遇上隔閡對它加以調和，遇上事端跟隨它就是了，事物窮盡到達極點，就用恰當的辦法施以影響。這就是道用虛無的辦法來與事物打交道啊。」

曰：「請問術之接物何如？」對曰：「人主仁❶而境內❷和矣，故其士民莫弗親也；人主義❸而境內理矣，故其士民莫弗順也；人主有禮❹而境內肅❺矣，故其士民莫弗敬也；人主有信❻而境內貞❼矣，故其士民莫弗信也；人主公❽而境內服矣，故其士民莫弗戴❾也；人主法❿而境內軌⓫矣，故其士民莫弗輔⓬也。舉賢⓭則民化善⓮，使能⓯則官職治⓰；英俊⓱在位則主尊⓲，羽翼⓳勝任⓴則民顯㉑；操㉒德而固㉓則威㉔立，教順㉕而必㉖則令行；周聽㉗則不蔽㉘，稽驗㉙則不惶㉚；明好惡㉛則民心化，密事㉜端㉝則人主神㉞。術者，接物之隊㉟。凡權重者必謹於事，令行者㊱必謹於言，則過敗㊲鮮㊳矣。此術之接物之道也。其為原㊴無屈㊵，其應變㊶無極㊷，故聖人尊之。夫道之詳㊸，不可勝㊹述也。」

【章　旨】此段論述道術接物的意思，即說明術是怎樣制裁萬物的。

【注　釋】❶仁　仁愛。❷境內　國內。❸義　宜，做事合宜叫做「義」。❹人主有禮　即君主按照禮制辦事。禮，禮制。❺肅　嚴整。❻信　守信約；言而有信。❼貞　正；正直。❽公　公平。❾戴　愛戴；擁護。❿法　守法。指人主帶頭守法，不違法。⓫軌　循法。⓬輔　助。⓭舉賢　任用賢能的人。⓮化善　變成好人。⓯使能　使用能幹的人。⓰職治　本職工作做得好。治，理。⓱英俊　傑出的有才能的人。⓲主尊　君主尊貴。⓳羽翼　指輔佐大臣。⓴勝任　才能足以承擔職事。㉑民顯　百姓光彩。㉒操　守。㉓固　牢固。㉔威　威信確立。㉕教順　教訓。順，通「訓」。㉖必　堅決。㉗周聽　全面地聽意見。㉘不蔽　不受蒙蔽。㉙稽驗　考核和驗證。㉚惶　恐慌。㉛明好惡　愛憎分明。㉜密事　隱密的事。《韓非子．說難》：「事以密成，語以泄敗。」「術」是講究密謀的。㉝端　正直。㉞神　神奇；高深莫測。㉟隊　通「隧」。道。㊱令行者　發布命令的人。㊲過敗　錯誤失敗。㊳鮮　少。㊴原　同「源」。源流。㊵屈　窮盡。㊶應變　適應情況的變化。㊷極　盡。㊸詳　詳細；內容豐富。㊹勝　盡。

【語　譯】有人問道：「請教道術是怎樣與外物打交道的呢？」回答說：「君主仁愛國內就融和了，所以他的士民沒有不親近的；君主行義國內就得到治理了，所以他的士民沒有不順從的；君主講禮國內就嚴肅了，所以他的士民沒有不敬重的；君主講信用國內就正直了，所以他的士民沒有不信任的；君主辦事公平國內就心服了，所以士民沒有不擁戴的；君主做事循法國內就循法了，所以國內沒有不盡力輔助的。舉用賢人百姓就都變成好人，使用能人官吏就都把本職工作做好；傑出的人才在官位君主就尊貴，輔佐大臣勝任職務百姓就光彩；德行牢固威信就能建立，教訓堅決法令就能通行；周詳聽取意見就不受蒙蔽，考核驗證就不會恐懼；愛憎分明，百姓的思想就會被感化，祕密謀事正直不阿，君主就顯得神奇莫測。術，就是與事物打交道的辦法。凡屬權力很大的人辦事必定要謹慎，發號施令的人說話必定要謹慎，那麼錯誤和失敗就會不經常出現了。這就是道術與事物打交道的辦法啊。它作為源泉不會窮竭，它隨事應變沒有盡頭，所以聖人都很重視『術』。道的詳細內容，簡直是說不完啊。」

曰：「請問品善❶之體❷何如？」對曰：「親❸愛利❹子謂之慈，反慈❺為嚚❻，子愛利親謂之孝，反孝為孽❼；愛利出中❽謂之忠，反忠為倍❾；心省❿恤⓫人謂之惠⓬，反惠為困⓭；兄敬愛弟謂之友⓮，反友為虐⓯；弟敬愛兄謂之悌⓰，反悌為敖⓱；接遇⓲慎容⓳謂之恭，反恭為媟⓴；接遇肅正㉑謂之敬，反敬為嫚㉒；言行抱一㉓謂之貞㉔，反貞為偽㉕；期果㉖言當謂之信，反信為慢㉗；衷理不辟㉘謂之端㉙，反端為趽㉚；據當不傾㉛謂之平㉜，反平為險㉝；行善㉞決衷㉟謂之清㊱，反清為濁㊲；辭利㊳刻謙㊴謂之廉㊵，反廉為貪；兼覆㊶無私謂之公，反公為私；方直㊷不曲㊸謂之正，反正為邪；以人自觀㊹謂之度㊺，反度為妄㊻；以己量人㊼謂之恕[48]，反恕為荒[49]；惻隱[50]憐人謂之慈，反慈為忍[51]；厚志隱行[52]謂之潔，反潔為汰[53]；施行得理[54]謂之德[55]，反德為怨；放理潔靜[56]謂之行[57]，反行為汙[58]；功遂自卻[59]謂之退，反退為伐[60]；厚人自薄[61]謂之讓，反讓為冒[62]；心兼愛[63]人謂之仁[64]，反仁為戾[65]；行充其宜[66]謂之義，反義為懞[67]；剛柔得適[68]謂之和[69]，反和為乖[70]；合得密周[71]謂之調，反調為戾[72]；優賢不逮[73]謂之寬，反寬為阨[74]；包眾容易[75]謂之裕，反裕為褊[76]；欣熏可安[77]謂之熅[78]，反嚙為鷙[79]；安柔不苛[80]謂之良，反良為嚙[81]；緣法循理謂之軌[82]，反軌為易[83]；襲常緣道謂之道，反道為辟；廣較自斂[84]謂之儉，反儉為侈；費弗過適[85]謂之節，反節為靡；□□[86]勉善謂之慎，反慎為怠；思惡勿道[87]謂之戒[88]，反戒為傲[89]；深知禍福謂之知，反知為愚；亟見寃察[90]謂之慧，反慧為童[91]；動有文體[92]謂之禮，反禮為濫[93]；容服有義[94]謂之儀，反儀為詭[95]；行歸而過[96]謂之順，反順為逆；動靜攝次[97]謂之比[98]，反比為錯[99]，容志審道[100]謂之僩[101]，反僩為野[102]；辭令就得[103]謂之雅，反雅為陋；論物明辯[104]謂之辯，反辯為訥[105]；纖微皆審[106]謂之察，反察為旄[107]，誠動可畏[108]謂之威，反威為圂(109)，臨制不犯(110)謂之嚴，反嚴為軟(111)；仁義脩立(112)謂之任(113)，反任為欺；伏羲誠必(114)謂之節(115)，反節為罷(116)；持節不恐(117)謂之勇，反勇為怯；信理遂惔(118)謂之敢，反敢為揜(119)；志操精果(120)謂之誠，反誠為殆(121)；克行遂節(122)謂之必，反必(123)為怛(124)。凡此品也，善之體也，所謂道也。」

【章　旨】此段提出五十六對倫理性的正反概念提供君主借鑒。

【注　釋】❶品善　好的品類。指人的道德觀念的好壞。❷體　本質。❸親　指父母。❹利　益；好處。❺反慈　與「慈」的意思相反。❻嚚　愚頑。❼孽　不孝之子。❽中　通「衷」。內心。❾倍　通「背」。背叛。❿省　明；懂得。⓫恤　憐憫。⓬惠　惠愛。⓭困　難；對人不予寬惠。⓮友　指兄愛弟。⓯虐　殘暴。原作「𤼵」。盧文弨注：「𤼵字無考，別本作虐。」⓰悌　敬兄長。⓱敖　通「傲」。傲慢。建本作「傲」。⓲接遇　接待賓客。⓳慎容　注意自己的儀容。⓴媟　通「褻」。狎，輕侮；隨便。㉑肅正　嚴肅認真。㉒嫚　同「慢」。傲慢。㉓抱一　守一。㉔貞　誠。同「真」。㉕偽　虛；假。㉖期果　預約的事能實現，說到做到。㉗慢　易；隨便。㉘衷理不辟　擁有正理而不邪僻。衷，正。㉙端　正直。㉚趽　曲脛馬；跛腳馬。引申為不直。㉛據當不傾　佔據恰當的位置不致傾覆。㉜平　平安。㉝險　危。㉞行善　做好事。㉟決衷　處理事情公正。衷，通「中」。中正。㊱清　清明。㊲濁　污濁。㊳辭利　拒絕財利。㊴刻謙　盡力謙讓。㊵廉　隅；方正不苟。㊶兼覆　全面覆蓋，兼愛普施的意思。㊷方直　正直。㊸不曲　不邪。㊹以人自觀　用別人的眼光作自我觀察。所謂用客觀來評論自己更合於實際，所謂返觀即明。㊺度　標準。㊻妄　虛妄不實。㊼以己量人用對待自己的尺度來衡量別人。所謂將心比心。㊽恕　對人寬緩不苛，是儒家倡導的一種倫理觀念。㊾荒　廢棄。既然對人不寬緩，反之則是嚴苛，是拋棄別人。按「荒」之諸義難與「恕」成為恰當的對立概念。㊿惻隱　同情心。51忍　殘忍。52厚志隱行　立意高遠而善行隱伏。53汰　矜驕。54施行得理　實行自己的主張符合道理。55德　古人解釋「德」的本義：「德者得也。」即得到了道的一體就叫做「德」。56放理潔靜　據理行事自身潔靜。放，依據。靜，潔。57行　通行。58污　《諸子平議》引《左傳・隱公三年》服虔注：「水不流謂之污。」字亦作洿。「污」為停積之水，故反行為污。按此則「污」有堵塞的意義。59功遂自卻　大功告成而主動隱退。60伐　居功誇耀。61厚人自薄　就對待財利的態度而言，讓別人豐厚，讓自己菲薄。62冒　貪。63兼愛　普遍的愛。64仁　愛；博愛。65戾　暴。66行充其宜　行為盡量符合「宜」的要求。韓愈《原道》：「行而宜之之謂義。」67懵　亦作「懜」，昏暗；糊塗。68剛柔得適　剛柔結合適度。69和　和順。賈誼認為治政一味的剛或一味的柔都不能達到「和」，只有剛中有柔，柔中有剛這樣才叫「和」，繼承了孔子寬猛相濟的思想。《左傳・昭公二十年》：「寬以濟猛，猛以濟寬，政是以和。」70乖　乖違；背逆。71合得密周　指與人的關係相契合、密切。得，契合。72戾　違背。此與「乖」意義相同。73優賢不逮　思念得到賢能的人唯恐待之不周。逮，及。74阸　狹隘；心胸不寬。75包眾容易　包容群眾及對自己輕慢不禮的人，這樣就顯得氣度裕餘。包，舊本作「色」，盧文弨以意改定。易，輕慢。76褊　小；急。指心胸狹窄褊急。77欣憓可安　盧文弨以為「憓」字無可考，當是和悅的意思。按「欣憓可安」的意思是為人歡欣和悅令人放心。78熅　本指天地中的一種蒸氣，此有溫藉的意思，指給人以溫暖安慰。79鷙　一種能擊殺的兇猛的鳥。此指凶狠。80安柔不苛　性情柔和不暴虐。81嚙　咬。大概也有狠心的意思。82軌　守法。83易　輕；隨便。《斠補》：「易，即邪也。」錄以備考。84廣較自斂　廣泛計較自我約束。85費弗過適　費用不越過適當標準。86□□　諸本異文。建本作「弗勤」，潭本作「□眑」，喬本作「昫銀」，程本作「昫餖」，何、周本改定為「僶勉就善」。譯文姑且從何、周本。87思惡勿道　想到不如意的事也不要說。88戒　備；防。89傲　浮躁。《荀子・勸學》：「不問而告謂之傲。」(90)亟見窕察　觀察敏捷細緻。亟，敏疾。窕，細。(91)童　昏；糊塗。(92)動有文體　一舉一動有文雅的禮容。(93)濫　失；失禮；沒有約束。(94)容服有義　容貌服飾體現威儀。義，威儀。(95)詭　異；不合大眾。(96)行歸而過　即行為歸附而和協。歸，附。過，《諸子平議》以為「和」字之誤。(97)動靜攝次　動和靜都保持次序。攝，持。(98)比　有次序。(99)錯　雜亂。(100)容志審道　容貌和心志都體現道的要求。審，明。(101)僴　雅。(102)野　粗野。(103)辭令就得　言辭符合德的要求。就，成。得，德。「就得」與上「審道」對文。(104)論物明辯　明晰評論事物。辯，善於言辭。(105)訥　不善言辭。(106)纖微皆審　細微的事物都能明察。(107)旄　昏聵不明，通作「眊」。(108)誠動可畏　誠心所至令人畏服。(109)圂　本為豬圈，這裡可能取圂的溷濁污穢為義。(110)臨制不犯　當朝下令不可違抗。制，君主的命令叫「制」。(111)軟　原作「輭」，音義不明。盧文弨以為有的校本改為「軟」，義頗相近。軟，柔。(112)仁義脩立　仁義修治建立，猶實行仁義之道。(113)任　信，與人打交道講信用叫「任」。(114)伏義誠必　保守大義講究信用。伏，守。「誠」與「必」都有「信」的意思。(115)節　節操。(116)罷　通「疲」。疲軟無能。(117)持節不恐　保持節操無所畏懼。(118)信理遂惔　意義難明。臆解：信理，伸明道理，堅持真理。信，伸。遂惔，發揚光大。遂，申；申展發揚。惔，燎；光明。(119)揜　斂藏。(120)志操精果　記住操守專於果斷。志，記。(121)殆　懈怠。(122)克行遂節　克制行為，成就節操。遂，成。(123)必　堅定。(124)怛　驚懼。

【語　譯】有人問說：「請教人倫善惡的品類是如何體現的？」回答：「父母的愛有利於子女的叫作慈，慈的反面就是嚚；子女的愛有利於父母的叫作孝，孝的反面就是孽；這種愛和利是發自內心的叫作忠，忠的反面就是倍；心裏懂得憐憫別人的叫作惠，惠的反面就是困；兄敬愛弟叫作友，友的反面就是虐；弟敬愛兄叫作悌，悌的反面就是傲；接待賓客注意自己儀容叫作恭，恭的反面就是媟；接待賓客嚴肅認真叫作敬，敬的反面就是嫚；言行一致叫作貞，貞的反面就是偽；預約的事能夠實現、說話得宜叫作信，信的反面就是慢；擁有正理而不僻邪叫作端，端的反面就是趽；佔據恰當位置而不傾倒叫作平，平的反面就是險；多做好事處事公正叫作清，清的反面就是濁；辭卻財利盡力謙讓叫作廉，廉的反面就是貪；兼愛普施沒有偏私叫作公，公的反面就是私；為人正直不邪叫作正，正的反面就是邪；用別人的眼光來自我審查叫作度，度的反面就是妄；用對待自己的態度來對待別人叫作恕，恕的反面就是荒；同情憐憫別人叫作慈，慈的反面就是忍；立意高遠而行為隱伏叫作潔，潔的反面就是汰；實行自己的主張符合道理叫作德，德的反面就是怨；據理行事自身潔淨叫作行，行的反面就是污；大功告成主動退隱叫作退，退的反面就是伐；把別人看得重把自己看得輕叫作讓，讓的反面就是冒；心懷博愛之情叫作仁，仁的反面就是戾；行為盡量做到適當叫作義，義的反面就是懆；剛與柔恰當結合叫作和，和的反面就是乖；與人關係契合密切叫作調，調的反面就是戾；優待賢人唯恐做得不夠叫作寬，寬的反面就是阨；包容群眾及對自己輕慢不禮的人叫作裕，裕的反面就是褊；為人歡欣和悅令人放心叫作熅，熅的反面就是鷙；性情柔和而不暴虐叫作良，良的反面就是嗇；依據法令遵循道理辦事叫作軌，軌的反面就是易；因襲常法依據道理辦事叫作道，道的反面就是辟；廣泛計較自我約束叫作儉，儉的反面就是侈；費用不超過適當標準叫作節，節的反面就是靡；自勉向善叫作慎，慎的反面就是怠；想到不如意的事也不說叫作戒，戒的反面就是傲；能深刻認識禍福的根源叫作智，智的反面就是愚；觀察敏銳細緻叫作慧，慧的反面就是童；一舉一動有文雅的禮容叫作禮，禮的反面就是濫；容貌服飾體現威儀叫作儀，儀的反面就是詭；行為歸附而和諧叫作順，順的反面就是逆；動和靜都保持次序叫作比，比的反面就是錯；容貌和心志都體現道的要求叫作僩，僩的反面就是野；言辭符合德的要求叫作雅，雅的反面就是陋；評論事物明晰叫作辯，辯的反面就是訥；細微的事物都能明白叫作察，察的反面就是旄；誠心所至令人畏服叫作威，威的反面就是圂；當朝下令不可違抗叫作嚴，嚴的反面就是軟；實行仁義之道叫作任，任的反面就是欺；保守大義講究信用叫作節，節的反面就是罷；保持節操無所畏懼叫作勇，勇的反面就是怯；堅持真理發揚光大叫作敢，敢的反面就是捹；不忘操守專於果斷叫作誠，誠的反面就是殆；克制行為成就節操叫作必，必的反面就是怚。以上這些品類，都是倫理道德上好壞的本質所在，這就是所說的道啊。」

故守道者❶謂之士，樂道者❷謂之君子，知道者❸謂之明，行道者❹謂之賢，且明且賢，此謂聖人❺。

【章　旨】總結全文。以對道的不同態度來區別人的等次。

【注　釋】❶守道者　謹守道的人。❷樂道者　喜好道的人，比守道更有主動性。❸知道者　了解道的人。❹行道者　實踐道的人。❺聖人　既知道又行道的人，是最明智最賢能的人。

【語　譯】所以恪守道的人叫作士，喜好道的人叫作君子，懂得道的人叫作明，實踐道的人叫作賢，既明智又賢能的人叫作聖人。

六術　連語

【題解】本篇和下篇都是談哲學思想的，這當中包含著宇宙的構成和人類倫理關係的論述。賈誼似乎從中發現了一種規律：宇宙的構成（陰陽、天地、萬物、人類）和人類倫理都體現了「六」的數字。他認為道演化為德以後，德包含的「六理」（道、德、性、神、明、命），在事物內部形成「六法」，顯現於事物外部就形成「六術」，用「六術」來指導人類的行動就形成「六行」（仁、義、禮、智、信、樂）。人們要正確地做到「六行」就要學習先王的「六藝」（詩、書、易、春秋、禮、樂）。再如天地有六合，時令、陰月、陽月各有六月，音樂有「六律」，親屬有「六親」，長度有六法（毫、髮、釐、分、寸、尺），都由六的數字組成。秦代重視「六」這個數字（《史記・秦始皇本紀》：「數以六為紀。」），賈誼深受其影響。但是把這一切歸結為「六」的組合只不過是他的一種想像或者事物表面現象的湊合，甚至近乎文字遊戲，並不能視之為規律。至於本篇的哲學思想則留在下篇一道總結。「六術」是關於「六」的組合方法的論述。

德有六理❶。何謂六理？道、德❷、性❸、神❹、明❺、命❻，此六者德之理也。

六理無不生也❼，已生❽而六神存乎所生❾之內。是以陰陽❿、天地、人盡以六理為內度⑪，內度成業⑫，故謂之六法⑬。六法藏內⑭，變流⑮而外遂⑯，外遂六術⑰，故謂之六行⑱。是以陰陽各有六月之節⑲，而天地有六合⑳之事，人有仁、義、禮、智、信之行㉑，行和㉒則樂與㉓，樂與則六㉔，此之謂六行。陰陽、天地之動也，不失六行㉕，故能合六法；人謹脩㉖六行，則亦可以合六法矣。

【章旨】此段總述「德」所包含的「六」的內容。

【注釋】❶六理　指德所包含的六種特性。理，可以理解為各種事物的規律、原則或特性。❷道德　這裡是從本體論意義上使用的兩個概念。「道」可以理解為宇宙萬物的本源，宇宙萬物由「道」來化生，並且存在於宇宙萬物之中。「德」可以理解為宇宙萬物的原質和特性，散布在宇宙萬物中的「道」就叫做「德」，所以說：「德者，得也。」「道」要通過「德」才能起作用，所以說：「德者，道之功。」❸性　指事物（包括人類）的本性，非人所為。《荀子・正名》：「性者天之就也。」❹神　賈誼指事物變化的特性。〈道德說〉：「康若濼流謂之神。」即豐富得像湖泊的蓄水，長流不盡一樣。所以「神」就是變化的意思。❺明　指表現於外的光輝，包括人的智慧在內。〈道德說〉：「光輝謂之明。」古人是把「明」作為事物的一種普遍具備的特性看待。❻命　命運，古人把無可奈何的一種自然力量叫做「命」。《孟子・萬章上》：「莫之為而為者，天也；莫之致而至者，命也。」以上「六理」，賈誼都把它當作事物的客觀屬性。❼六理無不生也　此句指萬物的出生都離不開「六理」。❽已生　既生。❾所生　指萬物。❿陰陽　指陰氣和陽氣。古人認為宇宙萬物之所以形成，是由於兩類性質對立的基本元素，陰氣和陽氣運動的結果，因此《老子・四十二章》說：「萬物負陰而抱陽。」

⓫內度　事物內在的法度。⓬成業　成功；形成。⓭六法　由「六理」決定的六種法則。「六法」具體為何並不清楚。⓮藏內　隱藏在事物內部。⓯變流　變化流動。⓰遂　形成。⓱六術　六種法則。按下文「六術」就是「六行」。⓲六行　六種行為。指下面所說的仁、義、禮、智、信、樂。仁、義、禮、智、信謂之「五常」，被視為人們與生俱來的倫理行為。⓳六月之節　一年十二個月，古以六個奇數月為陰月，六個偶數月為陽月。節，節候。⓴六合　指上下四方。㉑行　行為。㉒行和　行為和協。㉓樂興　產生音樂。㉔六　樂與前五種合而為六。㉕六行　此指陰陽、天地的六種行為。亦即上面說的仁、義、禮、智、信、樂。㉖謹脩　認真學習。

【語　譯】德有「六理」。什麼叫做「六理」呢？就是道、德、性、神、明、命這六種德的特性。德的「六理」無所不孕生，已經產生之後，「六理」仍然存在於所生的事物之中。因此陰陽、天地、人都是根據「六理」來作為內部法度的。內部法度形成，所以就稱它做「六法」。「六法」隱藏在事物內部，隨著事物的運動不斷變化流行，在事物的內部和外表都逐步形成，在外表形成的叫做「六術」，所以又稱它叫「六行」。因此一年中屬陰六月，屬陽六月，天地有上下四方的情況，人有仁、義、禮、智、信五行，五行和協就產生音樂，五行加上音樂就構成了六，這就叫做「六行」。陰陽、天地的運動也離不開「六行」，所以都能符合「六法」的要求；作為人能認真地學習「六行」，那麼也就可以憑此符合「六法」的要求了。

然而，人雖有六行，微細難識❶，唯先王能審之❷。凡人❸弗能自至❹，是故必待先王❺之教，乃❻知所從事❼。是以先王為天下設教❽，因人所有，以之為訓；

道人之情，以之為真❾。是故內本❿六法，外體⓫六行，以與⓬詩、書、易、春秋、禮、樂六者之術⓭以為大義⓮，謂之六藝⓯。令人⓰緣⓱之以自脩⓲，脩成則得六行矣。六行不正，反合⓳六法。藝之所以六者，法⓴六法而體六行故也。故曰六則備矣。

六者非獨為六藝本也，他事亦皆以六為度。

【章旨】此段論述人們學習「六藝」，就可以達到內本「六法」，外體「六行」的要求。

【注釋】❶微細難識　指人們「六行」的表現不明顯，難於辨識。❷審之　明確辨識「六行」。審，明。❸凡人　普通人。❹自至　自己達到「六行」。❺先王　指儒家理想中的堯、舜、禹、湯、文、武等古代聖王。❻乃　才。❼所從事　所做的事情。❽為天下設教　替天下的人建立教化。❾因人所有四句　先王進行教化的時候，不是憑空說教，而是依據人的本性情志，把它作為教化的標準和實際。因，依據。所有，指人具備的本性。訓，法；標準。道，同「導」。疏導。情，志。真，實際。❿本　依據。⓫體　體現；顯現。⓬與　《諸子平議》認為是「興」的誤字。興，起；產生。⓭術　道術。⓮大義　大的道理。⓯六藝　上面說的《尚書》、《詩經》、《周易》、《春秋》、《禮經》、《樂經》稱為「六藝」，亦稱為「六經」。《樂經》秦時失傳。有人認為本來就沒有《樂經》。⓰令人　使人。⓱緣　依據。⓲脩　學習；修治。⓳反合　不合。⓴法　效法。

【語譯】然而，人們雖然有「六行」存在，但是表現得細小隱微，難於辨識，只有古代的聖王才能辨識清楚。普通的人不能達到辨識「六行」的境界，因此必須經過古代聖王的教育，才懂得所要做的事情。因此古代聖王替天下的人建立教化的制度，依據人們的本性，把它作為教育的法則；疏導人們的情志，把它作為教育的實際。因此在內部依據「六法」，在外部體現「六行」，以興起《詩經》、《尚書》、《周易》、《春秋》、《禮經》、《樂經》六個方面的道術，把這些作為教化的內容，這就叫做「六藝」。要人們根據「六藝」自學，自學成功就懂得「六行」了。「六行」如果不端正，就不符「六法」。「六藝」之所以用「六」來表示，是效法「六法」、體現「六行」的緣故，所以說「六」這個數字完備了。

「六」這個數字不只是「六藝」的根據，其他的事情也都以「六」作為法度。

聲音❶之道以六為首，以陰陽之節❷為度，是故一歲十二月，分而為陰陽，各六月。是以聲音之器十二鍾❸，鍾❹當❺一月，其六鍾陰聲，六鍾陽聲，聲之術❻，律❼是而出，故謂之六律❽。六律和五聲❾之調，以發陰陽、天地、人之清聲❿，而內合六行、六法之道。是故五聲宮、商、角、徵、羽⓫，唱和⓬相應而調和，調和而成理⓭謂之音⓮。聲五也，必六而備，故曰聲與音六。夫律之者，象⓯測⓰之也，所測者六，故曰六律。

【章　旨】此段說明音樂體現「六」的法則。

【注　釋】❶聲音　聲和音古時用法有所區別，聲，就是現在所說的聲音；音，就是現在所說的音樂。這裏主要指音樂。❷陰陽之節　陰月和陽月的節候。❸十二鍾　鍾即鐘，古代的一種金屬樂器。十二鐘的音調高低不同，又稱十二律。律分陰陽，陽六為律，陰六為呂。六律即黃鐘、太簇、姑洗、蕤賓、夷則、無射。六呂即大呂、夾鐘、仲呂、林鐘、南呂、應鐘。❹鍾　每一口鐘。❺當　配合。❻聲之術　五聲的方法。❼律是　受十二律的規定。律，規定。是，此。指十二律。❽六律　實際指六律、六呂。❾五聲　指宮、商、角、徵、羽五個音階。❿清聲　清純的聲音。⓫宮商角徵羽　音樂的五個音階，稱為五聲。加上變徵、變宮。就成了七聲，與現代的八度音程音階相同。⓬唱和　一唱一和。⓭理　文采。⓮音　樂音，即帶有節奏而悅耳的聲音。《禮記・樂記》：「聲成文謂之音。」⓯象　指樂聲的形象或者表現形式。⓰測　測定。

【語　譯】聲音的規律也是首先用「六」體現，用陰陽作為法度。因此一年中十二月，也分成陰陽，各六月。因此樂器有十二鐘，每鐘配合一月，其中六鐘是陰聲，六鐘是陽聲，聲音的規律就是從這裏規定出來的，所以稱它叫「六律」。「六律」與五聲相調和，就表現出陰陽、天地和人的純正的聲音，「六律」、「五聲」內部符合「六行」、「六法」的特點。因此，宮、商、角、徵、羽五聲一唱一和相互照應十分協調，協調成理而有節奏就叫做樂音。聲是五種，它必須有六種才算完備，所以說五聲與樂音合起來就是六種。所謂律，是依據聲音的表象測算出來的，所測算的共是六種，所以叫「六律」。

人之戚屬❶，以六為法。人有六親❷，六親始❸曰父；父有二子，二子為昆弟❹；昆弟又有子，子從❺父而昆弟，故為從父昆弟❻；從父昆弟又有子，子從祖而昆弟，故為從祖昆弟；從祖昆弟又有子，子從曾祖而昆弟，故為從曾祖昆弟；曾祖昆弟又有子，子為族兄弟❼，備於六，此之謂六親。親之始於一人，世世別離❽，分為六親。親戚非六，則失本末之度❾，是故六為制而止矣。六親有次❿，不可相踰。相踰則宗族擾亂，不能相親，是故先王設為昭穆⓫三廟⓬以禁其亂。何謂三廟？上室為昭，中室為穆，下室為孫嗣令子⓭。各以其次，上下更居⓮；三廟以別，親疏有制。喪服⓯稱⓰親疏以為重輕，親者重，疏者輕，故復有麤衰⓱、齊衰⓲、大紅⓳、細紅⓴、緦麻㉑，備六，各服其所當服㉒。夫服則有殊㉓，此先王之所以禁亂也。

【章旨】此段說明關於親戚、廟號、喪服的禮制體現「六」的法則。

【注釋】❶戚屬　親屬。本來「親」指同姓，「戚」指異姓。這裏是就同姓而言。❷六親　說法不一，賈誼此處是一種說法。此外，如《老子》「六親不和」，王弼注：「六親，父、子、兄、弟、夫、婦也。」《左傳》昭公二十五年：「六親」指「父子、兄弟、姑姊、甥舅、昏媾、姻亞」。王先謙《漢書補注》引王先恭說：「六親為同時親屬。六親，諸父一也，諸舅二也，兄弟三也，姑姊四也，昏媾五也，姻亞六也。」❸始　初。❹昆弟　兄、弟。❺從　隨。❻從父昆弟　叔伯兄弟。亦稱堂兄弟。❼族兄弟　同家族的兄弟，六親中的末代。❽別離　分支。❾本末之度　指親疏的規定。❿次　次序。⓫昭穆　父稱「昭」，子稱「穆」。按古禮：天子死後立七廟舉行祭祀。廟的位次，始祖居中，下面按左「昭」右「穆」的次序安排：第二代、四代、六代的廟立在祖廟的左邊，稱之為「昭」，第三代、五代、七代的廟立在祖廟的右邊，稱之為「穆」。這樣分別開來是為了明確親疏次序，是古代宗法制的內容之一。⓬三廟　此下所指則為上室、中室、下室。按古禮：大夫三廟，即一昭一穆，與始祖共三廟。賈誼這裏的提法有所不同。章太炎《春秋左傳讀・僖公篇》：「昭、穆者，即文之昭、武之穆之誼。亦謂生人，非祖也。父為昭，子為穆，上室父為公者居之，中室太子居之，下室適孫當嗣者居之。父沒子代，則父各令其子以次更居在室。」今從章說。⓭孫嗣令子　指繼承「穆」的嫡子。令，善。⓮更居　指父死子代，按次更替居於三室。⓯喪服　死者的親屬在居喪期間所穿的服裝。根據與死者的親疏關係，喪服的種類輕重也有所不同。⓰稱　符合。⓱麤衰　又稱「斬衰」，凡喪服上衣叫「衰」，下衣叫「裳」，用粗生麻布製成而不縫邊的上衣下裳叫「斬衰」，是喪服中最重的一種。麤，即「粗」字。⓲齊衰　指用熟麻布製成而縫邊的上衣下裳，重量輕於「斬衰」。⓳大紅　即「大功」。指用粗略加工織的布所製成的上衣下裳，重量又輕於「齊衰」。⓴細紅　即「小功」，用熟布製成的上衣和下裳，重量又輕於「大功」。㉑緦麻　用緦布製成的上衣和下裳，喪服中重量最輕者。緦布是一種很稀疏的布。以上五種喪服稱為「五服」，按次表示由親而疏的關係。下文中指「備六」可能與古禮不合。㉒所當服　應當配用的喪服。㉓殊　不同。

【語　譯】人們的親屬關係也用「六」作為法則。人有「六親」，「六親」最初的是父親；父親如有兩個兒子，他們就是兄弟關係；兄弟又各有兒子，他們隨從父親成為兄弟，所以是從父兄弟；從父兄弟又各有兒子，他們隨從從祖父成為兄弟，所以是從祖父兄弟；從祖父兄弟又有兒子，他們隨從從曾祖父成為兄弟，所以是從曾祖父兄弟；從曾祖父兄弟又有兒子，他們的關係就是族兄弟，從而具備了「六」的層次，這就叫做「六親」。親戚從一人開始，代代分支，形成「六親」。親戚如果不用「六」的層次加以區別，那麼就失去本末的法則，因此「六」作為一種制度算是完備了。「六親」有次序，不能相互超越。如果超越那麼宗族就會混亂，不能相親，因此先王設立昭、穆三廟來禁止混亂。什麼叫三廟呢？上室就是「昭」，中室就是「穆」，下室就是孫孫子子。各自按照昭、穆的次序，上下更替在三廟中的位次；用三廟來加以區分，親疏次序就有制度可循。喪服也根據親疏關係來確定份量的重和輕，親近的人所用喪服份量重，疏遠一點的所用喪服份量輕，所以又有斬衰、齊衰、大紅、細紅、緦麻的規定，形成六種，各人配用自己所當配用的喪服。喪服有所不同，這是先王為了不使親疏混亂的緣故。

數度❶之道，以六為法。數加於少而度出於小❷，數度之始，始於微細。有形之物，莫細於毫❸。是故立一毫以為度始❹，十毫為髮，十髮為氂，十氂為分，十分為寸，十寸為尺，備於六，故先王以為天下事用❺也。

【章　旨】此段說明長度體現「六」的法則。

【注　釋】❶數度　數量與度量，這裏指長度。❷小　原作「居」，從建本作「小」。❸毫　本為毫毛，定為最小的長度單位。❹度始　指長度的開端。❺事用　應用。

【語譯】數量與度量的標準也是以「六」作為法則。數量是從少的基礎上增加起來的，度量是從小的基礎上發展起來的，數量和度量的最初都是從微小開始的。有形體的東西，沒有比毫毛更細的。因此設立一毫作為長度的開端，十毫成一髮，十髮成一氂，十氂成一分，十分成一寸，十寸成一尺，具備了「六」的結構，所以先王用它來作為天下應用的標準。

事之以六為法者，不可勝數❶也。此所言六，以效❷事之盡以六為度❸者，謂六理，可謂陰陽之六節❹，可謂天地之六法，可謂人之六行。

【章旨】此段總結全文，世間一切都體現了「六」的結構。

【注釋】❶勝數　盡數。❷效　驗證。❸度　法。❹六節　指六月。

【語譯】世間事物以六作為法度的，是數也數不盡的啊。這裏所說的「六」，用以驗證事物都是用「六」作為法度的，可稱為事物的「六理」，可稱為陰陽的「六節」，可稱為天地的「六法」，可稱為人的「六行」。

道德說 連語

【題解】本篇對德的特性做了進一步闡述。賈誼用玉做比喻，具體說明了德所包含的「六理」的特性，同時還指出德除了具備「六理」外，還有「六美」的品質。認為德生出陰陽、天地、人和萬物，都離不開「六理」、「六美」的法則；《書》、《詩》、《易》、《春秋》、《禮》、《樂》所記載的，祭祀、辭辯所體現的，都是德的內容。賈誼闡釋「六理」，是從本體論出發的，即認為「六理」都是客觀事物的屬性，但是在闡釋「六美」時，把一些倫理觀念也說成是客觀事物的屬性，這就混淆了人的意識形態和客觀實在的界限了。標題「道德說」是論述道德的意思。

德有六理。何謂六理？曰道、德、性、神、明、命，此六者德之理也。諸生者❶，皆生於❷德之所生；而能象人德❸者，獨玉也。寫❹德體六理，盡見於玉也，各有狀❺，是故以玉效❻德之六理。澤❼者，鑑❽也，謂之道；腒如竊膏❾謂之德；湛❿而潤⓫、厚⓬而膠⓭謂之性；康若濼流⓮謂之神⓯；光輝⓰謂之明；礐⓱乎堅哉謂之命。此之謂六理。鑑生空竅，而通之以道⓲。德生理，通之以六德⓳之華⓴離狀㉑。六德者，德之有六理㉒。理，離狀也。性生氣㉓而通之以曉㉔。神生變㉕而通之以化㉖。明㉗生識㉘而通之以知㉙，命生形㉚而通之以定㉛。

【章旨】此段用玉來具體地說明關於德「六理」的特性。

【注釋】❶諸生者　眾多的事物。指陰陽、天地、人及萬物。❷生於　《斠補》疑為衍文。❸人德　指上所說「六理」。按賈誼的觀點，「六理」既是自然的屬性，也是人的屬性。此文目的是論人之德，但是整個立論卻是面對整個宇宙的，他認為陰陽、天地、人及萬物都有「六理」。❹寫　盧文弨疑為「象」字之誤。❺各有狀　指「六理」在玉上面都有形狀可見。❻效　仿效；比喻。❼澤　指玉的光澤。❽鑑　鏡子。莊子用鏡子形容得道的至人，「至人之用心若鏡，不將不迎，應而不藏」（《莊子‧應帝王》），一切順任自然，道有此種特性。❾腒如竊膏　義不可解。按「腒」為乾野雞肉。竊膏，大概是竊脂，一種小鳥，又名桑扈。《爾雅‧釋鳥》：「桑扈，竊脂。」郭璞注：「俗謂之青雀，嘴曲，食肉，好盜脂膏，因名云。」以上均難與玉的特性聯繫起來。本篇後面只說「如膏謂之德」，則取其油脂的潤澤之義，此處「竊膏」必然有誤。❿湛　沉重。⓫潤　潤濕不枯。⓬厚　厚實。⓭膠　堅固。⓮康若濼流　言德如湖泊的流水，注之不滿，流之不竭，內涵豐富。但是玉怎麼也有這樣的特性，亦難於理解。康，豐滿的樣子。濼，即古「泊」字。⓯神　賈誼用以指德的變化的特性。⓰光輝　玉有光輝顯現於外，用以比喻德具備明的特性。⓱礐乎堅哉謂之命　德之命好像石山那樣堅定不移。礐，山多大石的樣子。⓲鑑生空竅二句　鏡能夠如實反映人的七竅，就有道在起作用。空竅，空洞竅穴。指人眼、耳、口、鼻七竅。⓳六德　即六理。⓴華　喬本、沈本作「畢」，下同。㉑離狀　附於具體事物之上。離，麗；附著。㉒理　《諸子平議》以為是「畢」之誤。按此，標點則應為：「六德者，德之有六理，畢離狀也。」

㉓性生氣　人依據自然之性生出氣。㉔通之以曉　既有氣，就是活人，有了生機。所以周身都貫串著生機。曉，知覺；生機。㉕神生變　賈誼認為道德所以生出陰陽、天地、萬物、人類來，都是由於它們具有運動的本性，而運動從實質上說就是「神」在起作用。㉖化　轉化。指一種舊的事物通過運動轉化為一種新的事物。㉗明　表現於外的光輝。㉘識　指人的認識能力。㉙知　同「智」。智慧。㉚命生形　命運生出形體。賈誼認為萬物都是有形體的，這也是一種規律性的概括。莊子說：「萬物以形相生。故九竅胎生，八竅者卵生。」（《莊子·知北遊》）命，即命運，是一種客觀的必然性，不以人的主觀意志為轉移。㉛定　固定。萬物各有其狀，這是固定了的。

【語　譯】德有「六理」。什麼是「六理」呢？就是道、德、性、神、明、命。這六種就是德的理啊。眾多的事物，都是從德那裏生出來的；能夠與人承受的德相像的，只有玉石啊。像德所體現的六理，全部可以在玉石中看到，各有自己的形態，因此用玉石來比喻德的六理。玉石光澤的表面，就好像一面鏡子，這就叫做道；玉石似油脂那樣潤澤，這就叫做德；玉石沉重濕潤，厚實而堅固，這就叫做性。玉石豐富得好像湖泊的流水，這就叫做神；玉石顯現的光輝，這就叫做明；玉石像石山那樣堅硬，這就叫做命。這就是所說的「六理」。玉石好像一面鏡子照進人的七竅，這當中貫串著道的屬性。德生出理，六理全部貫串附著在具體事物上。所謂「六德」，就是德的「六理」，全部附著在具體事物上。性生出氣，貫串著知覺；神產生運動，貫串著萬物的轉化。明產生認識能力，貫串著人的智慧。命產生形體，貫串著固定的形態。

德有六美❶。何謂六美？有道、有仁、有義、有忠、有信、有密❷，此六者德之美也。道者，德之本❸也；仁者，德之出❹也；義者，德之理❺也；忠者，德之厚❻也；信者，德之固❼也；密者，德之高❽也。

【章旨】此段闡釋德具備的「六美」。

【注釋】❶六美 六種美德。❷密 周密。❸本 根本；基礎。❹出 產生。❺理 指「六理」。❻厚 厚道。❼固 指守信體現德的牢固不移。❽高 高尚。

【語譯】德具備「六美」。什麼叫做「六美」呢？它們是道、仁、義、忠、信、密。這六種就是「六美」。道，是德的根本；仁，是德產生出來的；義，表示德的「六理」；忠，表示德的厚道；信，表示德的牢固不移；密，表示德的高尚。

六理、六美，德之所以生陰陽、天地、人與萬物也，固❶為所生者❷法❸也。故曰：道此之謂道❹，德此❺之謂德，行此❻之謂行。所謂行此者，德也。是故著此竹帛❼謂之書❽，《書》者，此之著❾者也；《詩》者，此之志❿者也；《易》者，此之占⓫者也；《春秋》者，此之紀⓬者也；《禮》者，此之體⓭者也；《樂》者，此之樂⓮者也；祭祀鬼神，為此福⓯者也；博學辯議⓰，為此辭⓱者也。

【章　旨】此段說明德的「六理」、「六美」體現在「六藝」當中。

【注　釋】❶固　本來。❷所生者　德所生物。指上所謂陰陽、天地、人與萬物。❸法　取法；效法。❹道　遵循。此指「六理」、「六美」，下同。❺德此　指得到了「六理」、「六美」。德，得。❻行此　指實行「六理」、「六美」。❼竹帛　古時記載用竹簡和繒帛。❽書　文字、文辭。❾著　記載。指記載「六理」、「六美」。❿志　記；記載。⓫占　指用《周易》對「六理」、「六美」進行占卜。⓬紀　記載。⓭體　體現。指體現「六理」、「六美」的內容。⓮此之樂　喜愛「六理」、「六美」的內容。樂，喜悅。以上《書》、《詩》、《易》、《春秋》、《禮》、《樂》，古人稱為「六藝」或「六經」。⓯為此福　為「六理」、「六美」而求福。⓰博學辯議　廣泛學習充分辯論。⓱為此辭　為符合「六理」、「六美」而多費言辭。

【語　譯】「六理」和「六美」，是德憑藉它來生出陰陽、天地、人和萬物的法則，本就被它所生的事物所取法。所以說：遵循「六理」、「六美」的叫做道，得到「六理」、「六美」的叫做「德」，力行「六理」、「六美」的叫做行。所謂力行「六理」、「六美」的，也就符合德的要求了。因此把「六理」、「六美」記載在竹帛上的叫做文辭，《尚書》就是記載「六理」、「六美」的著作；《詩經》就是記載「六理」、「六美」的詩歌；《周易》就是為「六理」、「六美」而占卜的典籍；《春秋》就是記載「六理」、「六美」的史籍；《禮經》就是體現「六理」、「六美」的制度；《樂經》就是喜悅「六理」、「六美」的樂章。宗廟祭祀鬼神，就是為實現「六理」、「六美」而求神靈福佑啊；廣泛學習充分辯論，就是為表現「六理」、「六美」而尋求恰當的言辭。

道者無形❶，平和❷而神❸。道物❹有載物❺者，畢以順理❻和適行❼，故物有清而澤❽。澤者，鑑也，鑑以道之神❾。模貫物形，通達空竅，奉一出入為先❿，故謂之鑑。鑑者，所以能見⓫也。見者，目也。道德施物⓬，精微⓭而為目。是故物之始形⓮也，分⓯先而為目，目成也形乃從。是以人及有⓰因⓱之在氣，莫精於目⓲。目清⓳而潤澤若濡⓴，無毳穢㉑雜焉，故能見也。由此觀之，目足以明㉒道德之潤澤矣。故曰：「澤者，鑑也」，「生空竅，通之以道。」

【章　旨】此段闡述道的特性。

【注　釋】❶道者無形　道是宇宙萬物的原始，視之不見，聽之不聞，搏之不得，沒有形體。❷平和　平靜和諧。❸神　指神奇莫測的功能。❹道物　猶言道這種物。道家把道也看作是一種物。如《老子·二十一章》：「恍兮惚兮，其中有物。」《斠補》以為「物」字是衍文。❺載物　道負載萬物。❻順理　指順德之「六理」。❼和適行　指適應德之「六行」。「六行」即《道術》所指的仁、義、禮、智、信、樂六種行為。和，《斠補》以為衍文。❽清而澤　清明光澤。❾以道之神　憑著道神奇的功能。❿模貫物形三句　意思是把道比作鏡子，道能做到無形不照，無微不入，出入無變，不懷任何私心偏見。模貫，模仿貫通。指如實反映事物的形象。通達空竅，指細微的空穴也能反映出來。奉，接受。一出入，出入如一。指道如鏡照物，投入和反射的形象都是一樣的。先，首要。⓫見　盧文弨據下文補。⓬施物　生養萬物。《老子·五十一章》：「道生之，德畜之。」⓭精微　指道德生養萬物的過程中，把道德最精微的部分就塑造成眼睛。⓮始形　開始成形。⓯分　分出道的精微。⓰人及有　人達於有形體。指人的形成。有，同下文「德者離無而之有」的「有」。⓱因　憑藉。⓲莫

精於目　沒有比形成目的氣更精純的。⓳清　清晰。⓴濡　溼潤。㉑毳穢　細小污穢之物。毳，禽獸的細毛。
㉒明　說明。

【語　譯】關於道，它是沒有形體的，平靜和諧而顯得神奇莫測。道這個東西具有負載萬物的功能，都順乎「六理」，適應「六行」，所以道所產生的萬物，都富有清明而光澤的特點。它的光澤，就好比一面鏡子，鏡子憑藉道的神奇，模仿萬物的形象，細微的空穴也能反映，把投入和映出的形貌保持一致作為首事，所以把道比作一面鏡子。鏡了能讓人看到自己的形象，而能看見是眼睛的功能。道德施與萬物孕育人體，其中最精微的部分就長成眼睛。因此人開始成形的時候，道德最精微的部分首先孕育出眼睛。眼睛形成，形體各部分才隨著形成。因此人的形成，所依靠的是氣，沒有比形成眼睛的氣更精純的。眼睛清明潤澤好像沾濕水一樣，沒有細微污穢的東西混雜在中間，所以眼睛能看見外物。從這方面看來，眼睛就能夠說明道德潤澤的特性了。所以說：「道的光澤，就好像一面鏡子」，「它能照映人的五官七竅，其中貫串著道。」

德者，離無而之有❶。故潤❷則腒然濁❸而始形❹矣，故六理發焉。六理所以為變而生也❺，所生❻有理❼。然則物得潤以生，故謂潤德❽。德者，變及物理之所出也❾。夫❿變者，道之頌⓫也。道冰而為德⓬，神⓭載於德。德者，道之澤也。道雖神，必載於德，而頌乃有所因⓮。以發動變化而為變⓯，變及諸生之理⓰，皆道之化也，各有條理以載於德⑰。德受道之化，而發之各不同狀⑱。德潤，故曰：「如膏，謂之德」，「德生理，通之以六德之華⑲離狀。」

【章　旨】此段闡述德的特性。

【注　釋】❶離無而之有　從無狀到有狀是道衍化為德的進程。無，指無狀，是道的屬性。之，往；發展。有，有狀，是德的屬性。❷潤　潤澤；滋潤。❸腒然濁　久久地變得混濁。腒，久。按道本清明而無形，德則有形，由清明到有形中間必須經過混濁的變化階段，才能形成各種有形的事物。❹始形　開始成形。❺六理所以為變而生也　「六理」是在道向德轉化的過程中產生的。❻所生　指萬物。❼理　「六理」。❽潤德　滋潤萬物之德。❾德者二句　一切變化及事物中包含的「六理」都是從德產生的，由於德的作用而產生變化，也由德的作用產生萬物，萬物中包含了「六理」。❿夫　原作「未」，據《諸子平議》改。⓫頌　《讀諸子札記》讀為「容」。⓬道冰而為德　以水與冰來比喻道與德的關係，道經過凝結便成了德。喬本「冰」下有「疑」字。疑，即「凝」。⓭神　指道的神奇功能。⓮因　依據。⓯以發動變化句　道首先發動變化，然後德就具備了變化的功能以化育萬物。盧文弨原注：「自『為德』至『變化而為』共三十三字，譚本、別本皆脫，今從建本補入。」⓰變及諸生之理　德化生萬物時，使萬物具備了「六理」。賈誼在此為強調道具備變化的功能，因此下面總括一句：「皆道之化也。」⓱各有條理句　道的變化都是有條理的，並且都附在德上。條理可能也指六理。⓲德受道之化二句　德承受道的變化功能，產生具備六理的各種形狀的事物。⓳華　據《諸子平議》以為「畢」之誤。

【語　譯】關於德，表明道脫離了沒有形體階段進入到有形體階段。所以經過德的滋潤就慢慢形成混濁狀態開始出現有形體的事物了，「六理」也就在這種衍化的進程中產生出來。「六理」是為了演變出有形的物才產生的，萬物產生都具備「六理」。那麼萬物得到德的滋潤才產生，所以稱德叫做「潤德」。德是產生變化和使萬物具備「六理」的根源。變化紛繁的萬物，其實都是道的表現形式。道凝結便成了德，道的神奇功能也附在德的上面。德，是道的光澤所在啊。但是，道雖然十分神奇，卻必須附在德上，這樣道的表現才有所依據。道首先發動變化，德才能化育萬物，變化達到萬物所具備的「六理」，歸根結蒂都是道的變化啊。這些變化都具備條理，並且通過德表現出來。德承受道的變化功能，從而產生多種不同形狀的萬物。德滋潤了萬物的生長，所以說：「德好像膏脂，所以把它叫做德」，「德產生的『六理』都附著在有形體的萬物上。」

性者，道德造物❶。物有形，而道德之神❷專❸而為一氣，明其❹潤益❺厚矣。濁❻而膠相連，在物之中，為物莫生❼，氣皆集焉，故謂之性。性，神氣❽之所會也。性立，則神氣曉曉然❾發而通行於外矣，與外物之感相應，故曰：「潤厚而膠❿謂之性」，「性生氣，通之以曉。」

【章旨】此段闡述性的特性。

【注釋】❶性者二句　性也是道德所創造的一種物。物，指性。❷神　指道德神奇的功能。❸專　聚集。❹其　指道德。❺益　更。❻濁　不清。指事物形成之初的狀態。❼為物莫生　指作為一種物還未形成之時。

❽神氣　指體現道德神奇功能的氣。❾曉曉然　有生氣的樣子。❿潤厚而膠　光潤厚實而堅固。

【語　譯】關於性，體現在道德創造萬物的過程中。萬物是有形體的，道德的神奇功能聚集在一起，便形成了統一的氣，從而生出萬物的形體，表明道德滋潤萬物是更為深厚的了。氣的初始階段是牢固相連的，含藏在萬物當中，在萬物還未生成的時候，氣都已聚集在這裏了，所以稱它叫性。性，本就是神氣會聚表現出來的。性既確立，那麼神氣就會生機勃勃地發揮出來並在外流行，與外物相互感應，所以說：「潤澤厚實，而又牢固地結合在一起，就稱它叫性」，「性生出氣，氣就貫串著生機。」

神者，道、德、神、氣發於性也❶，康若濼流不可物效❷也。變化無所不為❸，物理❹及諸變❺之起，皆神之所化也，故曰：「康若濼流謂之神」，「神❻生變，通之以化。」

【章　旨】此段闡述神的特性。

【注　釋】❶神者二句　神是道德的神氣，從性當中表現出來的一種變化的功能。簡單說神就是道德的變化。❷不可物效　不可用物來比喻。意思是這種神的變化功能比較抽象，不可用具體事物來加以比喻。效，仿效；比喻。❸變化無所不為　指變化的普遍性。❹物理　事物的「六理」。❺諸變　各種事物的變化。❻神　原作「理」，據《讀諸子札記》改。

【語　譯】關於神，是道德的神氣，從性當中產生並表現出來的變化功能，這種變化功能豐富得像湖泊的流水源源而來，不可用任何事物來加以比喻啊。神促成的變化無處不在，事物的「六理」及紛繁變化的發生，都是神所起的作用啊，所以說：「豐富得像湖泊的流水源源而來，就把它叫做神」，「神產生運動，貫串著事物的更新。」

明者，神氣在內則無光而為知❶，明則有輝於外矣❷。外內通一❸，則為得失❹，事理是非，皆職❺於知，故曰：「光輝謂之明」，「明生識，通之以知。」

【章　旨】此段闡述明的特性。

【注　釋】❶明者二句　說明神氣產生智慧。一個人的智慧並不在外表上表現出來，所以說「在內」。知，同「智」。❷明則有輝於外矣　神氣產生的智慧在外表表現出光輝的，這就是「明」了。這與老子的提法略有不同，老子把含藏於內的智叫做「明」，表現於外的則叫做「光」。老子提倡「明」，反對「光」。❸通一　貫通。❹則為得失　為，《斠補》認為是「象」之誤。則象得失，意為就呈現出事物的優劣來。❺職　主；決定。

【語　譯】關於明，道德的神氣含藏在事物的內部不表現出光輝的，這就是智，明就是光輝表現在外表了。外部和內部貫通，就可發現事物的優劣，一切事物道理的是非，都由智來主管，所以說：「有光輝表現出來的，就叫做明」，「明產生認識，貫串著智。」

命者，物皆得道德之施以生❶，則澤❷、潤❸、性❹、氣❺、神❻、明❼及形體之位分❽、數度❾，各有極量❿指奏⓫矣。此皆所受其道德，非以嗜欲⓬取舍然也。其受此具⓭也，礐然⓮有定矣，不可得辭⓯也，故曰命。命者不得毋⓰生，生則有形，形而道、德、性、神、明因載於物形⓱，故曰⓲：「礐堅謂之命」，「命生形，通之以定。」

【章　旨】此段闡述命的特性。

【注　釋】❶命者二句　道德化生萬物，這是命運決定的。施，給予。❷澤　光澤。❸潤　濕潤；滋潤。❹性　道德產生萬物所賦予的本性，如光澤、滋潤、厚實、堅固等。❺氣　指神氣。❻神　指事物變化的特性。❼明　指智慧。❽位分　位置；地位。❾數度　數量。❿極量　指最大限度。⓫指奏　盧文弨謂「奏」與「湊」音義同。按「湊」，趨。「指湊」則為趨向的意思。⓬嗜欲　嗜好欲望。指人的主觀要求。⓭具　備。指以上澤、潤、性、氣等條件。⓮礐然　固定不移的樣子。⓯辭　拒絕。⓰毋　莫；不。⓱載於物形　附在物的形體之上。⓲曰　原無「曰」字，依各段文例補。

【語　譯】關於命，萬物都得到道德的施予而出生，那麼光澤、滋潤、本性、神氣、變化、智慧及形體的地位、數量，就各有標準和發展的趨向了。這都是從道德那兒接受過來的，並不是因人的主觀愛好取捨形成的。萬物接受了如此完備的條件，各自的形體特性就確定不移了，不可能拒絕，所以叫做命。命是讓萬物不得不生，生下就有形體，有了形體，道、德、性、神、明於是就附在形體上，所以說：「固定不變就叫做命」，「命生出形體，貫串著固定的形態。」

物所道始❶謂之道，所得❷以生謂之德。德之有❸也，以道為本，故曰「道者，德之本也」。德生物又養物，則物安利❹矣；安利物者，仁行❺也。仁行出於德，故曰「仁者，德之出也」。德生理❻，理立則有宜❼，適❽之謂義。義者，理也，故曰「義者，德之理也」。德生物，又養長之而弗離也❾，得❿以安利，德之遇⓫物也忠厚，故曰「忠者，德之厚也。」德之忠厚也，信固⓬而不易⓭，此德之常⓮也。故曰「信者，德之固也」。德生於道而有理，守理則合於道，與道理密而弗離也，故能畜物養物。物莫不仰恃⓯德，此德之高，故曰「密者，德之高也」。道而勿失，則有道矣；得而守之，則有德矣；行有無休⓰，則行成矣。故曰「道此之謂道，德此之謂德，行此之謂行」。諸此言者，盡德變⓱；變也者，理⓲也⓳。

【章旨】此段闡述「六美」的特性。

【注釋】❶道始　引導事物萌生。道，通「導」。❷所得　指物所得到的道。❸有　存在。❹安利　安定而受益。❺仁行　仁愛的行為。❻理　指「六理」。❼宜　合宜；恰當。❽適　宜。與義同。韓愈〈原道〉：「行而宜之之謂義。」行為合宜就叫做義。❾德生物二句　意思是德既生出了物，又從而培養物使之成長，始終不離開物。養長之，培養它使它成長。❿得　通「德」。⓫遇　待。⓬固　牢固。⓭易　變。⓮常　不變叫做常。

指不變的特性或規律。⑮仰恃　仰望依靠。⑯休　止。⑰盡德變　完全是講德的變化。盡，全。⑱理　指「六理」。⑲也　原作「世」，據《讀諸子札記》改。

【語　譯】引導萬物萌生的就叫做道，萬物得到引導而出生的就叫做德。德的存在，以道為根本，所以說「道是德的根本」。德生出萬物又培養萬物，那麼萬物就安定而受到德的益處了；安定而受益，是仁愛的行為。仁愛的行為是從德產生的，所以說「仁愛是德產生的啊」。德生出「六理」，「六理」在萬物中確立而適宜，適宜就叫做義。義就是六理，所以說「義就是德的六理啊」。德生出物，又培養而使之成長並始終不離開物，德因而使萬物安定而受益，說明德對待萬物的態度忠厚，所以說「忠，表現了德的厚道啊」。德的忠厚，固守信用而不改變，這就是德的常態。所以說「信表現了德的固守不移啊」。德從道生出而具備「六理」，固守「六理」就符合道的要求，與道的六理關係密切而不分離，所以能畜養萬物。萬物沒有不依靠德的，這就是德的高尚，所以說「密，表現德的高尚啊」。萬物被引導而不失去，那麼萬物就有道了；萬物得到了道加以固守，那麼萬物就有德了；篤行而不休止，那麼萬物的行為就有所成了。所以說「從這裏引導就叫做道；從這裏得到就叫做德，從這裏篤行不懈就叫做行」。上面說的這些，都是德的變化；所謂變化，它的內容就是「六理」啊。

《書》者，著❶德之理於竹帛而陳❷之令人觀焉，以著❸所從事，故曰「《書》者，此之著者也」。《詩》者，志德之理❹而明其指❺，令人緣❻之以自成❼

也，故曰「《詩》者，此之志者也」。《易》者，察人之循德之理與弗循而占其吉凶❽，故曰「《易》者，此之占者也」。《春秋》者，守往事❾之合德之理與不合而紀其成敗，以為來事❿師法⓫，故曰「《春秋》者，此之紀者也」。《禮》者，體德理而為之節⓬文⓭，成人事⓮，故曰「《禮》者，此之體者也」。《樂》者、《書》、《詩》、《易》、《春秋》、《禮》五者之道⓯備，則合於德矣，合則驩然⓰大樂矣，故曰「《樂》者，此之樂者也」。人能脩德之理，則安利之謂福。莫不慕福，弗能必得，而人心以為鬼神能與於利害⓱，是故具⓲犧牲⓳、俎豆⓴、粢盛㉑、齋戒而祭鬼神，欲以佐㉒成福，故曰「祭祀鬼神，為此福者也」。德之理盡施於人，其在人也，內㉓而難見，是以先王舉㉔德之頌㉕而為辭語，以明其理；陳之天下，令人觀焉；垂㉖之後世，辯議以審察㉗之，以轉相告。是故弟子隨㉘師而問，博學以達其知㉙，而明其辭以立其誠㉚，故曰「博學辯議，為此辭者也」。

【章　旨】此段闡述六藝、祭祀的內容。

【注　釋】❶著　記載。❷陳　公布。❸著　明。❹志德之理　記載德的「六理」。❺指　意義。❻緣　依據；

遵循。❼自成　自己取得成就；自我造就。❽察人之循句　觀察別人遵循德還是不遵循德，占卜他們的吉凶如何。循，原作「精」，據《諸子平議》改。❾守往事　掌握往事。《春秋》是記載歷史的，所以稱「往事」，稱「紀其成敗」。❿來事　未來的事。⓫師法　效法、借鑑的意思。⓬節　節制；精施。⓭文　指禮樂制度，古人以為禮樂都是德所表現的一種文采。朱熹說：「禮者，天理之節文也。」⓮成人事　助成人事。⓯道　道理，指德之「六理」。⓰驩然　喜悅的樣子。驩，同「歡」。⓱與於利害　施予利益或禍害。⓲具　準備。⓳犧牲　祭祀所用的牲口。⓴俎豆　祭祀用以盛菜餚的器皿。㉑粢盛　供祭祀所用的稻粱。㉒佐　助。㉓內　在內；隱藏。㉔舉　言；述說。㉕頌　容貌。㉖垂　流傳。㉗審察　明察；清楚了解。㉘隨　從；向。㉙達其知　智慧通達。知，同「智」。㉚立其誠　建立誠信。

【語　譯】《尚書》將德的「六理」記載在竹帛上，並公佈出來讓人們觀看，以便大家明白所做的事情，所以說「《尚書》是記載德的『六理』的著作」。《詩經》，是記載德的「六理」，並表現「六理」的意義，讓人們遵循其中的「六理」來自我成就，所以說「《詩經》是記載德的『六理』的著作」。《周易》，是了解人們遵不遵循德的「六理」，從而占卜他們的吉凶，所以說「《周易》是為德之『六理』而占卜的典籍」。《春秋》，依據以往的史事是符合不符合德之「六理」，記錄往事的成敗，以作為未來事情的借鑑，所以說「《春秋》是記載德之『六理』的史籍」。《禮經》，是體現德之「六理」，並且為「六理」來精施文采的，是助成人事的，所以說「《禮經》是體現德之『六理』的典籍」。《樂經》，是在《尚書》、《詩經》、《周易》、《春秋》、《禮經》五個方面「六理」都齊備的情況下，就全部符合德的要求了，符合就欣然大為喜悅了，所以說「《樂經》是喜悅德之『六理』的樂章」。人如果能夠學習德之「六理」，就能獲得安定而受益，這就叫做得福。人們沒有不羨慕福的，可是福不一定能夠獲得，人們心中自然以為鬼神能夠施予利益和禍害，因此準備犧牲、俎豆、粢盛，經過齋戒來祭祀鬼神，想通過這些辦法來助成其福，所以說「祭祀鬼神，是替德之『六理』求福啊」。德之「六理」全部施予了人類，「六理」在人身上卻是隱蔽而難得看到，因此先王為說明德的容貌而造出辭語，用以表現德之「六理」；還在天下公佈，讓人們觀看；並流傳到後世，通過辯論來清楚了解它的意思，以便於輾轉相告。因此，弟子有不懂的就向老師請教，通過廣泛學習來讓智慧通達，明白關於「六理」的辭語，以便在思想上樹立對德的誠信，所以說「廣泛學習和辯論，就是為表現『六理』而尋求恰當的言辭」。

德畢施物❶，物雖有之，微細難識。夫玉者，真德象❷也。六理在玉，明而易見也。是以舉玉以諭❸，物之所受於德者，與玉一體❹也。

【章　旨】此段說明用玉來比喻德的原因。

【注　釋】❶德畢施物　德全部施加到萬物和人類之上，每物都得到德的施予。❷德象　德的形象。❸諭　說明。❹一體　指萬物與玉的生存都是德的施予，所以說萬物與玉是一體的。

【語　譯】德全部施加到萬物，萬物雖然都有德，但是隱微細小難於辨識。玉，是真正像德的東西。德的「六理」都在玉上得到體現，明顯而容易看見。因此拿玉來說明萬物都受到德的施予，與玉原是相同的啊。

大政上

【題解】本篇論述了民的重要。重民思想或者民本思想，在先秦是得到充分發展了的。《尚書・五子之歌》提出「民惟邦本，本固邦寧」，《老子・三十九章》指出「貴以賤為本，高以下為基」，都肯定了民的重要地位。先秦諸子中孟子提出「民貴君輕」的有名論斷，則把民本思想推向了高峰。賈誼鑑於秦的滅亡，進一步肯定了先秦民本思想的重要意義，他認為「民者萬世之本」，「國以為本，君以為本，吏以為本」，在決定命運的好壞、政事的成敗、戰爭的勝負諸方面都有舉足輕重的作用。因此君主自身要禁狂惑、慎言行、明賞罰，臣子要「以富樂民為功」，「吏以愛民為忠」。並嚴正指出：「故夫民者，至賤而不可簡也，至愚而不可欺也。故自古至於今，與民為仇者，有遲有速，而民必勝之。」實為至理之言。篇中「戒之哉！戒之哉！」言之再三，諄諄之意表現了作者深沉的感嘆。「大政」是指國家的重大政事。

聞之於政❶也，民無不為本❷也。國以為本，君以為本，吏❸以為本。故國以民為安危，君以民為威侮❹，吏以民為貴賤。此之謂民無不為本也。聞之於政也，民無不為命也❺。國以為命，君以為命，吏以為命。故國以民為存亡，君以民為盲明❻，吏以民為賢不肖❼。此之謂民無不為命也。聞之於政也，民無不為功也❽。故國以為功，君以為功，吏以為功。國以民為興壞，君以民為強弱，吏以民為能不能。此之謂民無不為功也。聞之於政也，民無不為力也❾。故國以為力，君以為力，吏以為力。故夫戰之勝也，民欲勝也；攻之得❿也，民欲得也；守之存⓫也，民欲存也。故率民而守，而民不欲存，則莫能以存矣；故率民而攻，民不欲得，則莫能以得矣；故率民而戰，民不欲勝，則莫能以勝矣。故其民之為其上⓬也，接敵⓭而喜，進而不能止，敵人必駭⓮，戰由此勝也。夫民之於其上也，接而懼，必走去⓯，戰由此敗也。故夫災與福也，非粹⓰在天⓱也，必在士民也。嗚呼！戒之戒之！夫士民之志不可不要⓲也。嗚呼！戒之戒之！

【章　旨】此段總述人民的重要意義。人民對於國家、君主、官吏來說都是根本。都是決定生命存亡和事業成敗的關鍵。

【注　釋】❶政　指治理政事。❷本　根本；基礎。❸吏　本指具體辦事的人，這裡與君相對而言，當指臣子。❹威侮　威強和受辱。❺民無不為命也　在治政當中，沒有不把民看得像自己的生命那樣重要的。命，生命。❻盲明　昏庸和英明。❼不肖　不似。指表現未達正常標準。❽民無不為功也　在治政當中，沒有不依靠民而能取得功績的。功，功績。❾民無不為力也　在治政當中，沒有不依靠民而顯示力量的。力，力量。❿得　指取得敵人的陣地城池等。⓫存　保存。指守得住，敵人攻不垮。⓬為其上　為了他們的君主。⓭接敵　指與敵人交戰。⓮駭　驚。⓯走去　逃跑。⓰粹　通「萃」。聚集。⓱天　指天意。⓲要　考察。

【語　譯】在我所聽過關於治理政事的言論中，沒有不把百姓當作根本的。國家把百姓當作根本，君主把百姓當作根本，官吏把百姓當作根本。所以國家依據是否擁有百姓，來決定局勢是安全還是危險，君主依據是否擁有百姓，來決定自身是有威望還是受到欺凌，官吏依據是否擁有百姓來決定自身是高貴還是卑賤。這就叫做沒有不把百姓當作根本的。我所聽過關於治理政事的言論中，沒有不把百姓視為生命那麼重要的。國家把百姓視為生命，君主把百姓視為生命，官吏把百姓視為生命。所以國家依據是否擁有百姓決定自己是生存還是滅亡，君主依據是否擁有百姓決定自己是昏庸還是英明，官吏依據是否擁有百姓決定自己是賢能還是無用，這就叫做沒有不把百姓視為生命的。我聽過關於治理政事的言論中，沒有不依靠百姓而能取得功績的。所以國家依靠百姓取得功績，君主依靠百姓取得功績，官吏依靠百姓取得功績。國家依據是否擁有百姓決定是興盛還是衰敗，君主依據是否擁有百姓決定是強大還是弱小，官吏依據是否擁有百姓決定是有能耐還是沒能耐。這就叫做沒有不依靠百姓而能取得功績的。聽說關於治理政事，沒有不依靠百姓而能顯現力量的。所以國家依靠百姓顯現力量，君主依靠百姓顯現力量，官吏依靠百姓顯現力量。所以戰爭勝利了，是由於百姓想取得勝利；進攻取得了敵人的陣地，是由於百姓想取得陣地；把陣地守住了，是由於百姓想守住陣地。所以率領百姓防守，假如百姓不想防守，那麼就不能守住了；所以率領百姓進攻，假如百姓不想取得敵人的陣地，那麼就不能取得敵人的陣地了；所以率領百姓作戰，百姓不想取得勝利，那麼就不能取得勝利了。所以假如那些百姓一心為了他們的君主，與敵人一交戰就歡喜，一進軍就不能使他們停下，敵人必定驚慌，戰爭因此就能取得勝利。百姓對待他們的君主，假如不是一心一意，與敵人一交戰就畏懼，必定會逃跑，戰爭因此就會失敗。所以遭到災害和得到福祥，並不由天命決定，必定取決於士人百姓的態度啊。啊！對此要警惕啊！要警惕啊！士人百姓的意志，不可不考慮啊。啊，對此要警惕啊！要警惕啊！

行之善也，粹以為福已矣❶；行之惡也，粹以為災已矣❷。故受天之福者，天不功焉；被天之災，則亦無怨天矣，行❸自為取之也。知善而弗行，謂之不明；知惡而弗改，必受天殃❹。天有常福，必與有德；天有常災，必與奪民時❺。故夫民者，至賤而不可簡❻也，至愚而不可欺也。故自古至於今，與民為仇者，有遲有速❼，而民必勝之。知善而弗行謂之狂❽，知惡而不改謂之惑❾。故夫狂與惑者，聖王之戒也，而君子之愧也。嗚呼！戒之戒之！豈其以狂與惑自為之？明君而❿君子乎，聞善而行之如爭，聞惡而改之如讎，然後禍災可離，然後保福也。戒之戒之！

【章　旨】此段說明君主不可與民為仇，應當改惡行善。

【注　釋】❶行之善也二句　積善成德之意。福己，為自己求福祥。❷行之惡也二句　積惡成災之意。災己，為自己招來災害。❸行　且。❹殃　禍。❺天有常福四句　說明天給予君主的福與禍，都是根據君主對百姓的態度而確定的，這裡仍然強調了百姓的重要。奪民時，耽誤農時。指大興徭役等事。❻簡　怠慢；輕視。❼有遲有速　指時間有快慢、早晚。❽狂　狂妄。❾惑　糊塗。❿而　與。

【語　譯】行為善良，積聚起來便成福祥；行為邪惡，積聚起來便成災禍。所以，得到上天賜福的，並不是天有意賜福；遭受上天降災的，那麼也沒有必要怨天，都是自己的所作所為造成的。知道是善事卻不做，叫做不明；知道是壞事卻不改，必定遭受上天降下的禍殃。上天經常賜福，一定給予有德行的人；上天經常降災，一定給予耽誤農時的人。所以，雖然最卑賤的百姓也不可怠慢，最愚笨的百姓也不可欺騙。所以從古到今，凡與百姓為敵的，或早或晚，百姓一定勝過他們。知道是善事卻不去做叫做狂妄，知道是壞行為卻不去改叫做糊塗。所以那些狂妄和糊塗的人的行為，是值得聖王警惕的，是使君子感到羞愧的。啊！對此應當警惕啊！應當警惕啊！難道他們依靠狂妄與糊塗的行為來保護自己嗎？聖明的君主和君子們啊，聽說是好事，就如同爭先恐後的去做；知道是壞行，就如同對待仇敵一樣立即消除，這樣之後，就可遠離災禍，就可保持福祥。對此應當警惕啊！應當警惕啊！

誅賞❶之慎焉，故與其殺不辜❷也，寧失於有罪❸也。故夫罪也者，疑則附❹之去❺已❻；夫功也者，疑則附之與❼已。則此毋❽有無罪而見誅❾，毋有有功而無賞者矣。戒之哉！戒之哉！誅賞之慎焉，故古之立刑也，以禁不肖，以起⑩怠惰之民也。是以一罪疑則弗遂⑪誅也，故不肖得改也；故一功疑則必弗倍⑫也，故愚民可勸⑬也。是以上有仁譽而下有治名。疑罪從去，仁也；疑功從予，信也。戒之哉！戒之哉！慎其下⑭，故誅而不忌⑮，賞而不曲⑯，不反⑰民之罪而重⑱之，不滅⑲民之功而棄之。故上為非，則諫而止之，以道弼⑳之；下為非，則矜㉑而恕㉒之，道㉓而赦㉔之，柔㉕而假㉖之。故雖有不肖民，化㉗而則之㉘。故雖昔者之帝王，其所貴其臣者，如此而已矣。

【章　旨】此段說明君主在刑賞方面要持疑罪從去，疑功從予的慎重態度。

【注　釋】❶誅賞　懲罰與獎賞。❷不辜　無罪。❸失於有罪　漏掉有罪的人。❹附　依附；歸屬。❺去　取消。❻已　同「矣」。❼與　給予。❽毋　同「無」。❾見誅　被殺。❿起　振作。⓫遂　就；立即。⓬倍　通「背」。拋棄。⓭勸　勸勉；鼓勵。⓮慎其下　對下屬的人施行刑賞要謹慎。下，指下屬。⓯忌　怨恨。⓰曲　不合理；偏私。⓱反　違反。⓲重　指加重刑罰。⓳滅　埋怨。⓴弼　輔佐；糾正。㉑矜　同情。㉒恕　寬恕。㉓道　同「導」。引導。㉔赦　免罪。㉕柔　懷柔；以德感化。㉖假　寬容時日，使之改正。㉗化　感化。㉘則之　使之效法正道。

【語　譯】懲罰和獎賞要慎重，所以與其錯殺無罪的人，不如漏掉有罪的人。所以對於罪行，有疑的就按照無罪來處理；對於功勞，有疑的就按照有功來給予獎賞。這樣做就沒有無罪而被刑殺的，沒有有功而得不到獎賞的了。對此要警惕啊！要警惕啊！懲罰與獎賞慎重，所以古代設置刑法，是用來禁止不賢的人，用來教育怠惰百姓的。因此一個是否有罪的案子定不下來就不立即加以懲辦，所以不賢的人能得到改正的機會；一件是否有功的事定不下來就一定不要拋棄，所以愚笨的百姓就可得到勸勉啊。因此，君主就得到仁愛的讚譽，官吏就有了善治的名聲。罪行有疑問依據無罪來處理，這就是仁愛；功勞有疑問依據有功來獎賞，這就是信用。對此要警惕啊！要警惕啊！對下屬的刑賞持慎重態度，所以懲罰了卻不被忌恨，獎賞了卻不會無理，不偏離百姓的罪行而加重懲罰，不埋沒百姓的功勞而拋棄獎賞。所以，君主做錯了事，下屬就進諫制止他，用正道來糾正他；下屬做錯了事，君主就同情、寬恕他，引導、赦免他，感化、寬容他。所以即使有不賢的百姓，也會受到感化讓他們效法正道。所以即使是古代的帝王，他們重視自己的臣屬，也不過如此罷了。

人臣之道，思善❶則獻之於上，聞善則獻之於上，知善則獻之於上。夫民者，唯君者有之，為人臣者助君理❷之。故夫為人臣者，以富樂民❸為功，以貧苦民為罪。故君以知賢為明，吏以愛民為忠。故臣忠則君明，此之謂聖王。故官有假而德無假❹，位有卑而義❺無卑。故位下而義高者，雖卑、必貴；位高而義下者，雖貴必窮❻。嗚呼！戒之哉！戒之哉！行道不能，窮困及之。

【章　旨】此段說明作臣子的應以愛民為忠。

【注　釋】❶思善　想到好的謀策。❷理　治理。❸富樂民　讓百姓富裕和安樂。❹官有假而德無假　一個人的官職可以由君主賜與，而品德則是原來自身具備的，不能由君主賜與。假，給與。❺義　正義；道理。❻窮　屈；受困。

【語　譯】做臣子的原則是，想到好的計策就獻給君主，聽到好的作為就獻給君主，知道好的事情就獻給君主。百姓，只有君主才能擁有，作臣子的是幫助君主治理他們。所以作臣子的，把讓百姓過富裕安樂的日子作為自己的功勞，把讓百姓過著貧苦的生活作為自己的罪過。所以君主以能識別賢能為英明，作臣子的以能愛護百姓為忠誠。所以臣子忠誠就說明國君英明，這就叫做聖王。所以官職來源於君主賜予而品德卻不能由君主賜予，官位有卑下的而道義卻沒有卑下的。所以官位卑下而道義高尚的人，即使官位卑下也顯得高貴；官位高貴卻沒有道義的人，即使官位高貴也必定受困。啊！對此要警惕啊！要警惕啊！不能按道的原則去做，就會遭遇窘境而走投無路。

夫一出而不可反❶者，言也；一見❷而不可得掩❸者，行也。故夫言與行者，知❹愚之表❺也，賢不肖之別也。是以智者慎言慎行，以為身福；愚者易❻言易行，以為身災。故君子言必可行也，然後言之；行必可言也，然後行之。嗚呼！戒之哉！戒之哉！行之者在身，命❼之者在人，此福災之本也。道者，福之本；祥❽者，福之榮❾也。無道者必失福之本，不祥者必失福之榮。故行而不緣❿道者，其言必不顧義矣。故紂自謂天王也，桀自謂天子也，已滅之後，民以相罵也。以此觀之，則位不足以為尊，而號不足以為榮矣。故君子之貴也，士民貴之，故謂之貴也；故君子之富也，士民樂之，故謂之富也。故君子之貴也，與民以福，故士民貴之；故君子之富也，與民以財，故士民樂之。故君子富貴也，至於子孫而衰，則士民皆曰：「何君子之道衰之⓫數⓬也？」不肖暴者⓭，禍及其身，則士民皆曰：「何天誅之遲也？」

【章旨】此段說明君主慎言慎行的重要意義。

【注釋】❶反　同「返」。收回。❷見　同「現」。❸掩　掩蓋。❹知　同「智」。❺表　標誌。❻易　輕易；隨便。❼命　名；評價。❽祥　吉祥。❾福之榮　福的表現。榮，花。❿緣　遵。⓫之　原作「也」，據《諸子平議》改。⓬數　通「速」。疾。⓭不肖暴者　不賢的和暴虐的。

【語譯】言語是一出口就不能收回的；行為是一顯現就不能掩蓋的，所以發言與行動，是智慧和愚笨的標誌，是賢能與不賢的區別所在啊。因此智慧的人言語和行動都謹慎小心，結果給自身帶來福祥；愚笨的人言語和行動都隨隨便便，結果給自身帶來災禍。所以君子說話必定可以實行，然後才說它；君子做事必定可以說出個道理，然後才去做。啊！對此要警惕啊！要警惕啊！行動在於自己掌握，而行動好壞的評價則在於別人，這是或得福或遭禍的根本道理。道是福的根本；吉祥是福的光彩。無道的人必定失去福的根本，不吉祥的人必定失去福的光彩。所以行動不遵循正道的，他的言語也必定不顧及義的要求了。所以商紂自稱為天王，夏桀自稱為天子，在滅亡之後，百姓都罵他們。由此看來，那麼官位不能憑藉它來獲得尊顯，而名號不能憑藉它來獲得榮耀了。所以君子的尊貴，是士人百姓以他為尊貴，所以叫做尊貴；君子富裕，是士人百姓喜歡他，所以叫做富裕。君子的尊貴，是由於能把福賜給百姓，所以士人百姓才以他為尊貴；君子的富裕，是由於能把財物賜給百姓，所以士人百姓才喜歡他。所以君子的富裕和尊貴，傳到他的子孫就衰微了，士人百姓還說：「為什麼君子的事業衰落得如此迅速啊！」不賢明的和暴虐的，災難落到他們頭上，那麼士人百姓都說：「為什麼上天的懲罰，來得這麼遲緩啊！」

夫民者，萬世之本也，不可欺。凡居於上位者，簡士苦民者是謂愚，敬士愛民者是謂智。夫愚智者，士民命之也。故夫民者，大族❶也，民不可不畏也。故夫民者，多力而不可適❷也。嗚呼！戒之哉！戒之哉！與民為敵者，民必勝之。

君能為善，則吏必能為善矣！吏能為善，則民必能為善矣。故民之不善也，吏之罪也；吏之不善也，君之過也。嗚呼！戒之戒之！故夫士民者，率之以道，然後士民道❸也；率之以義，然後士民義也；率之以忠，然後士民忠也；率之以信，然後士民信也。故為人君者，其出令也，其如聲；士民學之，其如響；曲折❹而從君，其如景❺矣。嗚呼！戒之哉！戒之哉！君鄉❻善於此，則佚佚然❼協❽，民皆鄉善於彼矣，猶景之象形也；君為惡於此，則啍啍然❾協，民皆為惡於彼矣，猶響之應聲也。是以聖王而君子乎，執事❿而臨民者⓫，日戒慎一日，則士民亦日戒慎一日矣，以道先民⓬也。

【章　旨】此段說明君主要作士民的表率，引導士民向善。

【注　釋】❶族　群。❷適　通「敵」。❸道　指循道。❹曲折　猶言一舉一動。《諸子平議》說上有闕文，當有「如形」一喻。《賈子次詁》在「曲折」上補「其為政也，其如形」。❺景　「影」的本字。❻鄉　同「向」。❼佚佚然　輕便的樣子。❽協　協同；跟隨。❾啍啍然　愚笨的樣子。❿執事　指執掌政事的人。⓫臨民者　治理百姓的人。⓬先民　引導百姓。

【語　譯】百姓，是國家世世代代的根本，不可欺侮。凡屬居於上位的人，怠慢勞苦百姓，這就叫做愚笨；尊敬熱愛士人百姓的，這就叫做智慧。所謂愚笨與智慧都是士人百姓給他們認定的。百姓是一個大的群體，不能不令人畏懼。所以百姓的力量之大，不可對抗。啊！對此要警惕啊！要警惕啊！與百姓為敵的，百姓必定能戰勝他。君主能做善事，那麼官吏必定能做善事；官吏能做善事，那麼百姓必定能做善事了。所以百姓的不善，是官吏的罪過；官吏的不善，是君主的過錯啊。啊！對此要警惕啊！要警惕啊！所以士人百姓，用道引導他們，然後他們就遵循道；用義引導他們，然後他們就遵循義；用忠引導他們，然後他們就遵循忠；用信引導他們，然後他們就遵循信。所以作君主的，他發布的命令就像發出的聲音；士人百姓遵照執行，就像聲音的迴響；士人百姓處處緊跟著君主，就像影與形的關係那麼密切了。啊！對此要警惕啊！要警惕啊！假如君主在這裡做善事，百姓就會輕易地跟從，都在那裡做善事，就如同影與形的關係那麼密切；假如君主在這裡做壞事，那麼百姓就會愚蠢地盲從，都在那裡做壞事，就如同迴響與聲音相應和啊。因此聖王和君子，掌政和治民的人，一天天地警惕謹慎，那麼士人百姓也會一天天地警惕謹慎了，這就是用正道來引導百姓啊。

道者，聖王之行❶也；文❷者，聖王之辭❸也；恭敬者，聖王之容也；忠信者，聖王之教也。夫聖人也者，賢智之師也；仁義者，明君之性也❹。故堯、舜、禹、湯之治天下也，所謂明君也，士民樂之，皆即位百年然後崩❺，士民猶以為大數❻也。桀、紂所謂暴亂之君也，士民苦之❼，皆即位數十年而滅，士民猶以為大久也。故夫諸侯❽者，士民皆愛之，則其國必興矣；士民皆苦之，則國必亡矣。故夫士民者，國家之所樹❾而諸侯之本也，不可輕也。嗚呼！輕本不祥，實為身殃。戒之哉！戒之哉！

【章　旨】此段說明士民為國家的根本，君主應該重視士民。

【注　釋】❶行　行為。❷文　指文章。❸辭　言辭。❹仁義者二句　《讀諸子札記》說此二句當在「夫聖人也者」之上。性，指人的性情。古人以為人性善，仁愛之心是人的本性。❺崩　古代稱天子死為崩。❻大數　太快。❼苦之　以之為苦；討厭他。❽諸侯　國君。❾樹　立。

【語　譯】道，是聖王的行為；文，是聖王的言辭；恭敬，是聖王的儀容；忠信，是聖王的教化；聖人是賢者和智者的老師；仁義，是明君的性情。所以唐堯、虞舜、夏禹、商湯，是人們所說的賢明君王，他們治理天下，士人百姓高興，都在位百年然後逝世，士人百姓還認為死得太早了啊。夏桀、商紂是人們所說的暴亂之君，士人百姓討厭他們，都只在位數十年就遭致滅亡，士人百姓還認為活得太久了啊。所以作為君主，士人百姓熱愛他，那麼國家就會興盛；士人百姓討厭他，那麼國家必然遭致滅亡。所以士人百姓，是國家賴以建立、諸侯賴以生存的根本，不可輕視啊。啊！輕視根本是不吉祥的，實際會給自己帶來殃禍。對此要警惕啊！要警惕啊！

大政下

【題　解】本篇在上篇敬士重民的基礎上進一步說明選吏的重要。本篇指出「君功見於選吏，吏功見於治民」，吏選得好，治民就能收到成效。同時還指出選吏必定要民參加：「故夫民者雖愚也，明上選吏焉，必使民與焉。故士民譽之，則上察之，見歸而舉之；故士民苦之，則明上察之，見非而去之。」「故夫民者，吏之程也，察吏在民，然後隨之。」此外，還要考察吏在家庭中的表現，能和協上下、長幼關係的才能任以為吏。還要考察吏人的交往是否賢明，能言道，又能行道的才能任以為吏。這些以民意為轉移的選吏主張，進一步充實了古代民本思想的內容。

易使喜、難使怒者，宜為君。識❶人之功而忘人之罪者，宜為貴❷。故曰：刑罰不可以慈❸民，簡❹泄❺不可以得士。故欲以刑罰慈民，辟❻其猶以鞭狎❼狗也，雖久弗親矣；故欲以簡泄得士，辟其猶以弧❽怵❾鳥也，雖久弗得矣。故夫士者，弗敬則弗至；故夫民者，弗愛則弗附❿。故欲求士必至、民必附，惟恭與敬、忠與信，古今毋易⓫矣。渚⓬澤⓭有枯水⓮，而國無枯士⓯矣。故有不能求士之君，而無不可得之士；故有不能治民之吏，而無不可治之民。故君明而吏賢矣，吏賢而民治矣。故見其民而知其吏，見其吏而知其君矣。故君功見⓰於選吏，吏功見於治民。故觀⓱之其上者由其下，而上睹⓲矣，此道之謂也。故治國家者，行道之謂⓳，國家必寧；信道⓴而不為㉑，國家必空㉒。故政不可不慎也，而吏不可不選也，而道不可離也。嗚呼！戒之哉！離道而災至矣。

【章　旨】此段論述君主及官吏應尊重士民。

【注　釋】❶識　記住。❷貴　貴人。指大臣。❸慈　愛。❹簡　怠慢。❺泄　通「媟」。態度不嚴肅。❻辟　通「譬」。❼狎　親近。❽弧　木製的弓。❾怵　通「訹」。為利所誘。❿附　歸附。⓫易　變。⓬渚　水中小洲。⓭澤　沼澤；水草叢生的地方。⓮枯水　水乾涸。⓯枯士　沒有士人。⓰見　同「現」。⓱觀　考察。原作「勸」，據《斠補》改。⓲睹　讓人看清楚。⓳行道之謂　猶言「謂之行道」。⓴信道　懂得治國之道。信，《諸子平議》說疑「倍」之誤。㉑為　實行。㉒空　窮；困窘。

【語　譯】容易使他喜歡，難得使他發怒的人，適宜作君主。記住別人的功績、不記別人罪過的人，適宜作貴人。所以說，刑罰不能用來愛護百姓，怠慢不恭不能用來接納賢士。想用刑罰愛民，譬如用鞭子使狗親近一樣，即使過了很長時間也不會親近；想用怠慢不恭來得到賢士，譬如用弓箭引誘鳥一樣，即使過了很久也不能得到。所以那些賢士，對他們不恭敬他們就不會到來；那些百姓，對他們不仁愛他們就不歸附。所以想要賢士一定到來，百姓一定歸附，只有用恭敬、忠信的態度對待他們才能實現，這是古今不變的道理。沼澤中的水有時可以乾涸，而國家卻沒有不存在賢士的時候。所以有不能求賢士的君主，卻沒有不能求得的賢士；有不能治理百姓的官吏，卻沒有不可治理好的百姓。所以君主聖明，大臣就賢能，官吏賢能百姓就安定了。所以看到百姓就知道官吏是什麼樣子，看到官吏就知道君主是什麼樣子了。所以君主的功績表現在選擇官吏上，官吏的功績表現在治理百姓上。從下情觀察上情，上情就被看清了，這就是所說的道。治理國家，就是推行道，這樣國家一定安寧；只是表面相信道卻不去實行，國家一定遭到困窘。所以治政不可不慎重啊，官吏不可不選擇啊，道是不可背離的。啊，對此要警惕啊！背離道災禍就來臨了。

無世而無聖❶，或❷不得知也；無國而無士，或弗能得也。故世未嘗無聖也，而聖不得聖王則弗起也；國未嘗無士也，不得君子則弗助也。上❸聖明，則士暗飾❹矣。故聖王在❺位，則士百里而有一人❻，則猶無有❼也。故王者衰，則士沒矣。故暴亂在位，則士千里而有一人❽，則猶比肩❾也。故國者有❿不幸而無明君；君明也，則國無⓫不幸而無賢士矣。故自古而至於今，澤有無水，國無無士。故士易得而難求也，易致⓬而難留也。故求士而不以道，周遍境內⓭不能得一人焉；

故求士而以道，則國中多有之。此之謂士易得而難求也。故待士而以敬，則士必居⑭矣；待士而不以道，則士必去矣。此之謂士易致而難留也。

【章　旨】此段論述求士與待士都要依據道的原則。

【注　釋】❶聖　聖人；道德和智慧極高的人。❷或　有的。❸上　原無此字，據《讀諸子札記》補。❹暗飾　指在家充實自己，以準備任官。❺在　此字下原有「上」字，據潭本刪。❻則士百里而有一人　此句是說士人眾多。❼無有　缺少。指皆被聖王任用。❽則士千里而有一人　士人稀少。❾比肩　肩併肩，形容士人眾多的樣子。說明不被任用。❿有　此字管兩個賓語：有不幸的事，即有無明君。⓫無　此字管兩個賓語：無不幸的事，即無無賢士的情況。⓬致　使之到來；得到。⓭周遍境內　在國內普遍尋求。⓮居　留。

【語　譯】沒有什麼時代不存在聖人，有的只是不能被了解；沒有哪一個國家不存在賢士，有的只是不能得到他們。所以世上未嘗沒有聖人，可是聖人不遇到聖王就不被起用；國家未嘗沒有賢士，可是賢士不遇上君子就不願出力相助。君主聖明，那麼士人就暗中修養充實自己。所以聖王在位重用賢士，賢士即使多至百里就有一人，由於都被任用了，卻好像沒有一樣。聖王衰敗，賢士也就隱沒了。所以暴虐的君主在位不用賢士，賢士即使少至一千里才有一人，由於不被任用，卻好像並肩接踵一樣。國家有不幸的事是沒有聖明的君主；有了聖明的君主，國家就沒有不幸的事，沒有賢士不被重用了。所以自古到今，沼澤有乾涸的時候，國家卻不會沒有賢士的時代。所以賢士容易得到卻難於求訪，賢士容易招致卻難於留住啊。所以訪求士人如果不按照道行事，走遍全國也求訪不到一個賢士；所以訪求賢士如果按照道行事，那麼在國內就能求訪到很多的賢士。這就叫做賢士容易得到卻難於訪求啊。所以如果用恭敬的態度接待賢士，賢士必定留下；如果不依據道的要求對待賢士，那麼士人就離開了。這就叫做賢士容易招致卻難於留住啊。

王者有易政❶而無易國❷，有易吏❸而無易民❹。故因❺是國也而為安，因是民也而為治。故湯以桀之亂氓❻為治，武王以紂之北卒❼為彊。故民之治亂在於吏，國之安危在於政。故是以明君之於政也慎之，於吏也選之，然後國興也。故君能為善，則吏必能為善矣；吏能為善，則民必能為善矣。故民之不善也，失之者吏也；故民之善者，吏之功也。故吏之不善也，失之者君也；故吏之善者，君之功也。是故君明而吏賢，吏賢而民治矣。故苟❽上好之，其下必化之，此道之政❾也。

【章　旨】此段論述選擇官吏的重要。

【注　釋】❶易政　改變政治體制。❷易國　改變國家。賈誼以為一個國家執行怎樣的政治制度，這是可以改變的，而國家卻永遠是這個國家，不能調換。❸易吏　調換官吏。❹易民　調換百姓。作者以為官吏可以任免，而百姓卻不能調換。❺因　依憑。❻亂氓　暴亂的百姓。❼北卒　敗兵。❽苟　如果；只要。❾政　《諸子平議》說當作「謂」。《斠補》說疑為「功」字之誤。

【語譯】作君主的有改換舊政的事，卻沒有改換國家的情況；有改換官吏的事，卻沒有改換百姓的情況。他們同樣可以依靠這個國家，使之達到安定，同樣依靠這些百姓使之得到治理。商湯依靠夏桀的亂民達到大治，周武王依靠商紂的敗兵達到強盛。百姓是安定還是動亂，關鍵在於官吏，國家是安定還是危亡，關鍵在於政治。所以英明的君主對於政治要謹慎，對於官吏要選擇錄用，這樣，國家就會興盛起來。所以，君主能夠做善事，那麼官吏必定能做善事了；官吏能做善事，那麼百姓必定能做善事了。所以百姓不好，錯誤在於官吏；百姓好，是官吏的功勞。所以官吏不好，錯誤在於君主；官吏好，是君主的功勞。因此君主英明官吏就賢能，官吏賢能百姓就得到治理了。所以如果在上位的有所喜好，在他下位的人必定受到感化，這是循道而行的政治啊。

夫民之為言也暝❶也；萌❷之為言也盲❸也。故惟上之所扶❹而以❺之，民無不化也。故曰：民萌。民萌哉，直言其意而為之名也。夫民者，賢、不肖之杖❻也，賢、不肖皆具❼焉。故賢人得焉，不肖者伏❽焉；技能輸❾焉，忠信飾❿焉。故民者積愚⓫也。故夫民者雖愚也，明上⓬選吏焉，必使民與⓭焉。故士民譽之，則明上察之，見歸⓮而舉之；故士民苦之，則明上察之，見非⓯而去之。故王者取吏不妄⓰，必使民唱⓱，然後和⓲之。故夫民者，吏之程⓳也，察吏於民，然後隨之。夫民至卑也，使之取吏焉，必取其愛焉。故十人愛之有⑳歸，則十人之吏也；百人愛之有歸，則百人之吏也；千人愛之有歸，則千人之吏也；萬人愛之有歸，則萬人之吏也。故萬人之吏，選卿相焉。

【章　旨】此段論述讓百姓參加選擇官吏的意義。

【注　釋】❶瞑　昏暗；愚昧。❷萌　同「氓」。民。❸盲　昏暗，也是愚昧。❹扶　持；佐。❺以　用。❻杖　依靠。原作「材」，依《鬻子》改，與程本同。❼具　備；擁有。❽伏　隱藏；消失。❾輸　灌輸；教育。❿飾　同「飭」。整治；教育。⓫積愚　長久形成的愚蠢。⓬明上　英明的君主。⓭與　參與。⓮歸　歸附。⓯非　反對；責難。⓰妄　亂；隨便。⓱唱　通「倡」。首倡；首先提出。⓲和　附和；同意。⓳程　法；考核的標準。⓴有　通「又」。

【語　譯】「民」的意思是「瞑」，「萌」的意思是「盲」。所以，只要在上位的人對他們加以扶持和任用，他們沒有不順從的，所以稱他們叫「民」和「萌」。稱作「民」和「萌」，是為直接表明他們的特點而取的名字。百姓是賢能的人和不肖的人的依靠，賢能的人和不肖的人都可以擁有他們。賢能的人得志，不肖的人就會隱藏起來；就會教給百姓辦事的能力，整治百姓效忠守信。百姓的愚笨是積久形成的。百姓雖然愚笨，英明的君主選擇官吏，卻必須讓百姓參加。所以士人百姓稱讚的官吏，那麼英明的君主經過考察，見到士人百姓歸附就任用他們；士人百姓痛恨的官吏，那麼英明的君主經過考察，見到士人百姓反對就罷免他們。所以作君主的不隨便任用官吏，必定讓百姓先談自己的看法，然後才應和著百姓的看法去做。所以百姓的看法，是考察官吏的標準，讓百姓考察吏人，然後才依隨百姓的看法去任免。百姓地位是最卑微的，讓他們來選取官吏，必定是選擇他們最喜愛的人。所以十人喜愛又歸附的，就是能管理十人的官吏；百人喜愛又歸附的，就是能管理百人的官吏；千人喜愛又歸附的，就是能管理千人的官吏；萬人喜愛又歸附的，就是能管理萬人的官吏。能管理萬人的官吏，就可以選他作卿相了。

夫民者，諸侯之本也；教者，政之本也；道❶者，教之本也。有道，然後教也；有教，然後政治也；政治，然後民勸❷之；民勸之，然後國豐富也。故國豐且富，然後君樂也。忠，臣之功❸也；臣之忠者，君之明也。臣忠君明，此之謂政❹之綱也。故國也者行政之綱，然後國臧❺也。故君之信在於所信，所信不信，雖欲論❻信也，終身不信矣。故所信不可不慎也。事君之道，不過於事父，故不肖者之事父也，不可以事君；事長之道，不過於事兄，故不肖者之事兄也，不可以事長；使下❼之道，不過於使弟，故不肖者之使弟也，不可以使下；交接❽之道，不過於為身❾，故不肖者之為身也，不可以接友；慈民之道，不過於愛其子，故不肖者之愛其子，不可以慈民；居官之道，不過於居家⑩，故不肖者之於家也，不可以居官。夫道者，行之於父，則行之於君矣；行之於兄，則行之於長矣；行之於弟，則行之於下矣；行之於身，則行之於友矣；行之於子，則行之於民矣；行之於家，則行之於官矣。故士則未仕而能以試⑪矣。聖王選舉也，以為表⑫也。問之，然後知其言；謀焉，然後知其極⑬；任之以事，然後知其信。故古聖王、君子不素⑭距⑮人，以此為明察也。

【章　旨】此段論述選擇官吏的辦法，還在於考察他們能否處理好家族成員之間的關係。

【注　釋】❶道　指個人的品德修養和為政治國的原則。❷勸　勸勉；鼓勵。❸功　事。❹政　此字原無，據《諸子平議》補。❺臧　善。❻論　《讀諸子札記》說當為「諭」字之誤。❼使下　指使下屬。❽交接　與人交往。❾為身　為自身之利。❿居家　指處理家務的各種表現。《孝經・廣揚名》：「居家理，故治可以移於官。」⓫試　檢驗；考察。⓬表　標準。⓭極　標準。⓮素　白。指憑空。⓯距　通「拒」。拒絕。

【語　譯】百姓是諸侯的根本，教育是為政的根本，道是教育的根本。有了道，然後才能進行教育；有了教育，然後政治才能清平；政治清平了，然後百姓才能奮發鼓舞；百姓奮發鼓舞，然後國家就殷實富足了。國家殷實富足了，然後君主就可以享受安樂了。忠誠，是臣下的事情；臣下忠誠，說明君主英明啊。臣子忠誠、君主英明，這就是治國的要領啊。所以一個國家就是要執行治國的要領，這樣國家就安定了。所以君主的信任，體現在對臣子的信任上，臣子不被信任，即使君主口頭說如何信任，是終身得不到信任的臣子了。所以對所信任的人不可不謹慎選擇啊。侍奉君主的道理，超不過侍奉父親，所以像不肖的人那樣侍奉父親的，就不能用他來侍奉君主；侍奉長者的道理，超不過侍奉兄長，所以像不肖的人那樣侍奉兄長的，就不能用他來侍奉長者；指使下屬的道理，超不過指使弟弟，所以像不肖的人那樣指揮弟弟的，就不能用他來指揮下屬；交接的道理，超不過對待自己，像不肖的人那樣對待自己的，就不能用他來與朋友交往；愛百姓的道理，超不過愛他的孩子，所以像不肖的人那樣愛他的孩子的，就不能用他來愛百姓；擔任官職的道理，超不過居家理事，所以像不肖的人那樣居家理事的，就不能用他來擔任官職。關於道，侍奉父親時能實行的，侍奉君主就一定能實行了；侍奉兄長時能實行的，侍奉長者就一定能實行了；使用弟弟時能實行的，使用下屬就一定能實行了；對於自己能實行的，交接朋友就一定能實行了；對孩子能實行的，對百姓就一定能實行了；居家理事能實行的，擔任官職就一定能實行了。所以士人在沒有做官的時候也能對他進行考察。聖王選擇官吏，就把這些作為選擇的根據。經過詢問，然後就知道他說話的情況；經過與他商量，然後就知道他的處事標準；給他一定任務，然後就知道他講究信用的情況。所以古代聖王、君子不憑空拒絕用人，憑著這些就可以對士人考察明白。

國之治政，在諸侯、大夫、士；察之理，在其與徒❶。君必擇其臣，而臣必擇其所與。故察明者賢乎人之辭❷，不出於室，而無不見也；察明者乘人❸，不出其官，而無所不入也。故王者居於中國❹，不出其國，而明於天下之政。何也？則賢人之辭❺也。不離其位，而境內親之者，謂之人為之行之也❻。故愛人之道，言之者謂之其府❼；故愛人❽之道，行之者謂之其禮❾。故忠諸侯者，無以易❿敬士也，忠君子者，無以易愛民也。諸侯不得士，則不能興矣；故君子不得民，則不能稱⓫矣。故士能言道而弗能行者謂之器⓬，能行道而弗能言者謂之用⓭，能言之、能行之者謂之實⓮。故君子訊⓯其器，任其用，乘其實，而治安興矣。嗚呼！人耳人耳⓰！

【章　旨】此段論述在選擇官吏當中，必須考察他們所交往的人。

【注　釋】❶國之治政四句　意義難暢。何本作「故察國之治，在夫諸侯；察士之理，在其與徒」。《諸子平議》說，當作「以此為明也。察國之治，政在諸大夫，察士之理，在其與徒」。《斠補》說，當作「國之治在政，諸侯、大夫、士之理，在其與徒」。與徒，結交的朋友。❷故察明者句　《讀諸子札記》說，此句當作「明者察乎賢人之辭」。賢，重視。❸察明者乘人　《讀諸子札記》說，此句「察」字衍，「乘人」當作「乘賢人之行」。乘，因；依據。❹中國　國中。指京都之中。國，古有國都的意思，又有國家的意思，此指國都。❺賢人之辭　同前「賢乎人之辭」的意義。❻謂之人為句　《讀諸子札記》說，此句前當有「何也」二字。「謂之」二字衍文，「人」上當有「賢」字。❼府　通「腑」。指肺腑之言。❽愛人　《讀諸子札記》以為當作「敬士」。❾禮指據禮行事。⑩易　替代；改變。⑪稱　揚名。⑫器　指一種具體的器皿，只能一用而不能多用。這裡比喻這種人只能說說道的內容而已，不可能廣泛應用。⑬用　指在多方面應用。⑭實　充實。⑮訊　問；諮詢。⑯人耳人耳　人啊！人啊！感嘆人材的重要。語出《莊子・大宗師》。

【語譯】國家的治理政事，關鍵在國君、大夫、士；考察他們的原則，關鍵在於考察他們所交往的人。國君必須選擇臣子，而選擇臣子必須選擇他們所交往的人。所以在位而目光敏銳的人就重視別人的言辭，不出家門，所有的情況他都清楚；目光敏銳的人都是依靠別人，不走出官府，卻沒有什麼地方不熟悉的。所以君主深居京都之中，不走出京都，天下的治政情況卻瞭如指掌。為什麼呢？就是重視別人言辭的緣故。君主不離朝廷，四境之內的人都親近他，這就是別人替他所做的影響啊。所以愛人的辦法，就是說話要說出肺腑之言；敬士的辦法，就是依據禮的規定去實行。所以忠於君主的人，沒有辦法改變他敬士的態度；忠於君子的人，沒有辦法改變他愛百姓的態度。君主得不到士人，就不能使國家興盛；君子得不到百姓，就不能有稱顯的名譽。所以士人能說出道而不能實行道的就叫做「器」，能實行道而不能說出道的就叫做「用」，能說出道又能實行道的就叫做「實」。所以君子用人，對「器」這類士人要加以諮詢，對「用」這類士人要委以重任，對「實」這類士人要加以依靠，國家就會變成太平而安定了。啊！關鍵只在於人才而已！關鍵只在於人才而已！

諸侯即位享國❶，社稷❷血食❸，而政有命❹，國無君也；官有政長❺而民有所屬，而政有命，國無吏也；官駕❻百乘❼而食❽食千人，政有命，國無人也。何也？君之為言也，道❾也。故君也者，道之所出也。賢人不舉，而不肖人不去，此君無道也，故政❿謂此國無君也。吏之為言，理⓫也。故吏也者，理之所出也。上為非而不敢諫，下為善而不知勸，此吏無理也，故政謂此國無吏也。官駕百乘而食食千人，近側者不足以問諫⓬，而由朝假⓭不足以考度⓮，故政謂此國無人也。嗚呼！悲哉！君者，群⓯也。無人誰據⓰，無據必蹶⓱，政謂此國素⓲亡也。

【章　旨】此段論述如果君主、臣下不遵循道理，國家必然滅亡。

【注　釋】❶享國　享有國家。❷社稷　土地神和五穀神。一個國家的建立必立社稷神，祂是國家政權的象徵。❸血食　殺牲口祭祀。❹命　《斠補》說疑為「慢」的假借字。❺政長　負責政事的人，猶言長官。❻駕　車輛。❼乘　一輛車叫做一乘。❽食　給飯吃。❾道　指正確的治國原則。原作「考」，據何本改。❿政　通「正」。恰好。⓫理　治事原則。與「道」義同。⓬問諫　詢問和勸阻。⓭假　憑藉。⓮考度　考察衡量。⓯群　合群。⓰誰據　據誰；依靠誰。⓱蹶　跌倒。⓲素　本。

【語　譯】諸侯即位享有國家，社稷享受血食禮祀，可是由於政事怠慢，國家如同沒有君主一樣啊；官府有長官，百姓有所歸屬，可是由於政事怠慢，國家如同沒有官吏一樣啊；官吏的車駕上百輛，吃飯的上千人，由於政事怠慢，國家如同沒有人一樣啊。為什麼呢？「君主」的含義是行「道」啊。所以作為君主，是拿出「道」的人啊。可是賢人不被舉用，不肖的人不能罷免，這就是君主無「道」，所以正好說明這個國家如同沒有君主一樣啊。「吏」的含義是據理治事啊。所以作為官吏，是拿出「理」的人，可是君主做錯事不敢勸阻，下屬做好事不知勉勵，這樣的官吏就沒有「理」，所以正好說明這個國家如同沒有官吏一樣啊。官府的車駕上百輛，吃飯的上千人，圍繞在君主旁邊不能起到詢問和勸阻的作用，給朝廷提供的情況不能依憑得出正確的結論，所以正好說明這個國家如同沒有人一樣啊。啊！可悲啊！君主，是合群的意思。國家沒有人那麼依靠誰呢？沒有依靠必定顛覆，正好說明這個國家本就滅亡了啊！

脩政語上

【題　解】賈誼在本篇和下篇中輯錄了古人關於治政的一些言論，用以表明自己的政治主張。本篇的內容大體上以道為中心，論及了治政的許多理論問題。例如：黃帝論「道」，認為「道若川谷之水，其出無已，其行無止」，是無窮無盡的；同時認為道的作用是偉大的，「天下太平，唯躬道而已」；顓頊把「去惡而為善」叫做「功」，把「去善而為惡」叫做「罪」；帝嚳主張博愛人、博利人；帝堯的引咎自責，把民的受飢、受寒、犯罪的責任都歸於自己；夏禹親自聽政徵求諸侯、大夫對自己的意見以及「與士民同務」的精神；商湯的尚學道而賤獨思、「藥言獻於貴」等等。以上這些帝王的言論雖大都出於傳說，不能稱為信史，但大體上當是古人治政經驗的總結。賈誼認為，這些言論足以造成美好的政治，因稱之為「脩政語」。「脩政」是「美政」的意思。

黃帝❶曰：「道❷若川谷之水，其出無已❸，其行無止。」故服人而不為仇，分人而不譐❹者，其惟道矣。故播❺之於天下而不忘❻者，其惟道矣。是以道高比於天，道明比於日，道安比於山。故言之者見❼謂智，學之者見謂賢，守之者見謂信，樂之者見謂仁，行之者見謂聖人。故惟道不可竊也，不可以虛為❽也。故黃帝職❾道義，經❿天地，紀⓫人倫⓬，序⓭萬物，以信與仁為天下先⓮。然後，濟東海，入江內，取《綠圖》⓯，西濟積石⓰，涉流沙⓱，登於崑崙⓲。於是，還歸中國⓳，以平天下。天下太平，唯躬道⓴而已。

【章　旨】此段借有關黃帝的傳說論述道的作用，說明君主親身行道，便可達到天下太平。黃帝既為傳說中人物，那麼有關黃帝取《綠圖》的記載，自不可深求了。

【注　釋】❶黃帝　古傳說中的五帝之一，姬姓，號軒轅氏、有熊氏。後來的道家學派尊黃帝為聖人，所以有很多關於黃帝行道登仙的傳說。❷道　道是個普遍流行取之不盡、用之不竭的本體，效法道任物自然的特性來治理天下，可以使天下太平。因此道既是一個宇宙本體，又是一個治理天下的政治原則。❸已　止。❹譐　通「剸」。減少。❺播　傳播。❻不忘　不被人忘記。❼見　被。❽虛為　假造。❾職　主持。❿經　效法。⓫紀　治理。⓬人倫　人與人之間的次序，如「五倫」。⓭序　排定順序。⓮先　首；第一條。⓯綠圖　又稱「河圖」，即《周易》八卦，相傳出自黃河。《淮南子．俶真》：「河出綠圖。」古以「河出圖，洛出書」是天下太平的徵兆。⓰積石　山名。⓱流沙　指沙漠荒原。⓲崑崙　崑崙山。⓳中國　指中原地區。⓴躬道　親身行道。

【語　譯】黃帝說：「道像河流山谷中的水，它源源不斷地流出，滔滔不絕地流走。」所以使人服從卻不結怨仇，以物分人卻自身不虧損的，大概只有道了。傳播於天下卻不被遺忘的，大概只有道了。因此，道同天一樣高，同日一樣明，同山一樣安穩。所以稱說道的人被稱為智，學習道的人被稱為賢，堅守道的人被稱為信，喜歡道的人被稱為仁，實行道的人被稱為聖人。所以只有道不能偷走，不能偽造。所以黃帝主持道義，效法天地，整治人倫，排定萬物次序，自身講究信和仁的修養，成為天下的表率。然後，渡過東海，進入江中，取出《河圖》，西經積石山，渡過流沙荒原，登上崑崙山，再回到中原，安定天下。天下達到太平，只要親身行道就成了。

帝顓頊❶曰：「至❷道不可過❸也，至義不可易❹也。」是故以後者❺復迹❻也。故上緣❼黃帝之道而行之，學黃帝之道而賞❽之，加而弗損❾，天下亦平也。

【章　旨】此段引古帝顓頊的話，說明循道而行便可達到天下太平。

【注　釋】❶顓頊　傳說中的五帝之一，號高陽氏。❷至　最；最高或最大。❸過　違背。❹易　改變。❺後者　指顓頊。顓頊在黃帝之後。❻復迹　重複前人的事跡。❼緣　循。❽賞　通「尚」。崇尚。❾加而弗損　《讀諸子札記》說，當作「弗加弗損」。譯文從此說。

【語　譯】顓頊說：「大道不能違背，大義不能改變。」因此後輩的人要遵循前輩的做法。所以遵循黃帝的道去做，學習黃帝的道並且推崇它，不增加，不減少，天下也會達到太平啊。

顓頊曰：「功莫美於去惡而為善，罪莫大於去善而為惡。」故非吾善善❶而已也，善緣善❷也；非惡惡❸而已也，惡緣惡❹也。吾日慎一日，其❺此已❻也。

【章　旨】此段引顓項的話，說明喜善嫉惡的重要。

【注　釋】❶善善　喜歡做好事。❷緣善　堅持做好事。緣，循。❸惡惡　厭惡做壞事。❹緣惡　堅持做壞事。❺其　大概；可能。❻已　通「以」。因。

【語　譯】顓項說：「作為功勞，沒有比不做壞事而做好事的功勞更大的；作為罪過，沒有比不做好事而做壞事的罪過更大的。」所以不是我一個人喜歡做好事就行了，我還喜歡堅持做好事的人；不是我一個人厭惡做壞事就行了，我還厭惡堅持做壞事的人。我一天比一天謹慎，可能就是這個緣故。

帝嚳❶曰：「緣❷道者之辭而與❸為道❹已，緣巧者❺之事而學為巧已，行仁者之操❻而與為仁已。」故節仁之器❼以脩其躬❽，而身專❾其美矣。故士緣黃帝之道而明之，學帝顓項之道而行之，而天下亦平矣❿。

【章　旨】此段借帝嚳的話，說明君主應該用仁愛之道修身。

【注　釋】❶帝嚳　古代傳說中的五帝之一，號高辛氏。❷緣　依據。❸與　參與。❹為道　行道。❺巧者　能幹的人。❻操　節操。❼節仁之器　節操仁愛這種東西。器，物。❽躬　身。❾專　集中；擁有。❿故士緣

黃帝三句　《諸子平議》說，此二十五字皆衍文。

【語　譯】帝嚳說：「循著有道的人說的話去做，就是參與行道了；循著能幹的人做的事去做，就變得能幹了；仿效仁人的操行去做，就是參與行仁了。」用節操和仁愛的美德進行自我修養，這樣，自己身上就能集中這種節操和美德了。所以士人循著黃帝的道去做並且加以發揚，學習顓頊的道並且加以實行，天下也就太平了。

帝嚳曰：「德莫高於博愛人❶，而政莫高於博利人❷。」故政莫大於信，治莫大於仁。吾❸慎此❹而已矣。

【章　旨】此段借帝嚳的話，說明君主治政要講究信和仁的美德。

【注　釋】❶博愛人　普遍愛人，即行仁。❷博利人　普遍給人以利，即守信。❸吾　賈誼自稱。❹此　指「信」與「仁」。

【語　譯】帝嚳說：「關於道德，沒有比普遍愛人的道德更高的；關於政事，沒有比廣泛施利於人的政事更好的。」所以，處理政事，沒有什麼比誠信更重要的；治理國家，沒有什麼比仁愛更重要的。我就是在這方面謹慎行事罷了。

帝堯❶曰：「吾存心❷於先古❸，加志❹於窮民❺，痛萬姓之罹罪❻，憂眾生❼之不遂❽也。故一民或❾饑，曰此我饑之也；一民或寒，曰此我寒之也；一民有罪，曰此我陷之也。」仁行而義立，德博而化❿富⓫。故不賞而民勸，不罰而民治，先恕⓬而後行⓭，是以德音⓮遠也。是故堯教化及雕題⓯、蜀⓰、越⓱，撫⓲交趾⓳，身涉流沙，地封⓴獨山㉑，西見王母㉒，訓㉓及大夏㉔、渠叟㉕，北中㉖幽都㉗，及狗國㉘與人身㉙，而㉚鳥面及焦僥㉛，好賢而隱不逮㉜，彊於行㉝而蓄於志㉞，率㉟以仁而恕，至此而已矣。

【章旨】此段介紹帝堯的話，說明引咎自責、關心百姓、推行仁愛和寬恕之道的意義。

【注釋】❶堯　古代傳說中的五帝之一，號陶唐氏。❷存心　用心；著意。❸先古　往古。指堯以前的聖君明主之治。❹加志　存心。❺窮民　困窘之民。指百姓。❻罹罪　犯罪。罹，遭遇。❼眾生　指百姓。❽遂　順。❾或　有。❿化　指受教化。⓫富　深厚。⓬恕　古代一種寬緩愛民的倫理思想。孔子所謂「己所不欲，勿施於人」，「己欲立而立人，己欲達而達人」等皆是。⓭行　服從；令則行，禁則止。⓮德音　美好的名聲。⓯雕題　古國名。當地民俗在額上雕畫花紋以作裝飾，故稱「雕題」。題，面額。⓰蜀　古國名，在今四川境內。⓱越　古民族名，在福建、廣東沿海一帶。⓲撫　安撫。⓳交趾　古地名，在五嶺以南。⓴封　在山上祭天的儀式。㉑獨山　山名。《斠補》以為即「蜀山」，蜀地之山。㉒王母　即西王母，古代神話傳說中的人物。

㉓訓 教；教化。㉔大夏 古代傳說中的國名。㉕渠叟 古代西戎國名。㉖中 至。㉗幽都 古代傳說中的國名。㉘狗國 古代國名，一說即犬戎國。㉙人身 當是古代傳說中的地名。㉚而 及。㉛鳥面及焦僥 亦當是古代傳說中的地名。鳥面，疑即「鳥夷」。焦僥，一作「僬僥」，小人國。㉜隱不逮 指退去無德行的人。不逮，不及。㉝彊於行 在行動上很能幹。㉞菑於志 在志向上很堅定。菑，通「植」。樹立。㉟率 帶領。

【語譯】帝堯說：「我心裏總是想著先王的業績，對百姓竭盡心意，為百姓的犯罪而痛心，為眾民的不順而憂傷。所以有一人挨餓，就說這是我使他挨餓的；有一人受凍，就說這是我使他受凍的；有一人犯罪，就說這是我陷害他的。」實行仁愛，大義就能確立，施德廣泛，教化就深厚。所以不加獎賞百姓就受到鼓勵，不施刑罰百姓就能安定，先行恕道百姓就能遵行，因此美名得到遠揚。所以堯的教化達到雕題、蜀、越等邊遠地區，堯又安撫交趾，親身渡過流沙，封祭獨山，往西會見了西王母，教化遍及大夏、渠叟，北面到達幽都、狗國、人身、鳥面、焦僥等地，都喜好賢人，擯退不肖，辦事能幹，立志不移，用仁道與恕道加以引導，堯的治政就是如此。

帝舜❶曰：「吾盡吾敬❷而以事吾上❸，故見❹謂忠焉；吾盡吾敬以接吾敵❺，故見謂信焉；吾盡吾敬以使吾下，故見謂仁焉。是以見愛親於天下之人，而見歸樂❻於天下之民，而見貴信於天下之君。故吾❼取之以敬也，吾得之以敬也。」故欲明道而諭教❽，唯以敬者為忠，必服之。

【章　旨】此段引用帝舜的話說明恭敬的重要。

【注　釋】❶舜　傳說中的五帝之一，號有虞氏。❷盡吾敬　竭盡自己的恭敬之心。❸上　指帝堯。❹見　被。❺接吾敵　結交我的同輩。敵，匹敵；同輩。❻歸樂　樂於歸附。❼吾　此字下原有「詳」字，據王應麟《困學紀聞》刪。❽諭教　曉諭教化。

【語　譯】帝舜說：「我竭盡恭敬侍奉君上，所以被稱為忠；我竭盡恭敬結交同輩，所以被稱為信；我竭盡恭敬對待下屬，所以被稱為仁。因此我被天下的人熱愛親近，天下的百姓樂於歸附，被天下君主尊重信任。所以這一切都是依靠恭敬爭取的，依靠恭敬得到的。」所以想要宣揚道義、曉諭教化，只有把恭敬的人視為忠誠，百姓就必定服從他。

大禹之治天下也，諸侯萬人而禹一皆❶知其國❷，其士萬人而禹一皆知其體❸，故大禹豈能一見而知之也？豈能一聞而識❹之也？諸侯朝會而禹親報❺之故，是以禹一皆知其國也；其士月朝而禹親見之故，是以禹一皆知其體也。然且大禹其猶大恐，諸侯會，則問於諸侯曰：「諸侯以寡人為驕乎？」朔日❻，士朝，則問於士曰：「諸大夫以寡人為汏❼乎？其聞寡人之驕之汏耶，而不以語寡人者，此教寡人之殘道❽也，滅天下之教也。故寡人之所怨於人者，莫大於此也。」

【章　旨】此段介紹夏禹親自接見諸侯士人，並請他們指出自己的過錯。

【注　釋】❶一皆　全部。❷國　原作「體」，據盧文弨說改。❸其士萬人句　此句原無，據盧文弨說補。士，指大夫。體，形。指大夫之家的情況。❹識　通「誌」。記。❺親報　親自回答。❻朔日　夏曆每月初一為朔日。❼汏　或寫成「汰」，通「泰」。傲奢。❽殘道　傷害道義。

【語　譯】當大禹治理天下的時候，上萬的諸侯，大禹都知道各諸侯國的情況；上萬的大夫，大禹都知道他們家的情況。大禹難道見一次面就能知道他們嗎？難道聽一次報名就能記住他們嗎？這是因為諸侯朝拜時大禹親自作答的緣故，因此大禹全都能知道他們的國情；大夫每月朝見時大禹親自接見的緣故，因此大禹全都知道他們家的情況。雖然如此，大禹還是非常惶恐，諸侯朝會時，就向諸侯問道：「諸侯們覺得我驕傲嗎？」每逢月初一，大夫們朝見，就向大夫們問道：「大夫們覺得我奢侈嗎？如果知道我有驕傲奢侈的情況，卻又不告訴我，這就是教我傷害道義，毀滅天下的教化啊。所以我被人埋怨的，沒有什麼比這更大的了。」

大禹曰：「民無食也，則我弗能使❶也；功成而不利於民，我弗能勸❷也。」

故鬟❸河❹而道❺之九牧❻，鑿江❼而道之九路❽，灑❾五湖而定東海❿，民勞矣而弗苦者，功成而利於民也。禹嘗晝不暇食，夜不暇寢矣。方是時也，憂務⓫故⓬也。

故禹與士民同務⓭，故不自言其信，而信諭矣。故治天下，以信為之也。

【章　旨】此段說明禹與士民同勞，以信治天下。

【注　釋】❶使　令；令之服役。❷勸　鼓勵；鼓勵服役。❸鬟　通「環」。環繞。❹河　黃河。❺道　通「導」。❻九牧　九州。❼江　指長江。❽九路　指長江的九條通道。❾灑　疏散。❿定東海　安定濱臨東海的地區。⓫務　事。指治水。⓬故　《太平御覽》卷八二引作「民」。⓭同務　同事；同勞。

【語　譯】大禹說：「百姓沒有飯吃，我就不能使喚他們；一件事情辦成卻對百姓沒有好處，我就不能鼓勵他們。」所以大禹沿著黃河把水疏導到九州，鑿開長江把水疏導往九條通道，疏散五湖的水把它注入東海，百姓勞累了卻不感到痛苦，因為事情辦成對百姓有好處啊。大禹曾經白天忙得沒有時間吃飯，夜晚忙得沒有時間睡覺。當這時，只是耽心治水事業的緣故啊。大禹同士人百姓同樣勞苦，所以他雖然自己不宣揚誠信，大家已經明白他的誠信了。所以，治理天下，要憑藉誠信治理啊。

湯❶曰：「學聖王之道者，譬其如日；靜思而獨居，譬其若火。夫舍學聖之道而靜居獨思，譬其若去日之明於庭，而就❷火之光於室也，然可以小見而不可以大知。」是故明而❸君子，貴尚❹學道而賤下❺獨思也。故諸君子得賢而舉之，得賢而與❻之，譬其若登山乎；得不肖而舉之，得不肖而與之，譬其若下淵乎。故登山而望，其何不臨❼而何不見？陵遲❽而入淵，其孰不陷溺？是以明君慎其舉，而君子慎其與。然後，福可必歸，菑❾可必去也。

【章旨】介紹商湯王重視學習聖人之道，反對獨思；重視賢人，反對不肖。

【注釋】❶湯　商代的開國君主。❷就　趨向。❸而　及。❹貴尚　崇尚。❺賤下　鄙視。❻與　接交。❼臨　視；自高視下。❽陵遲　逐漸下降。❾菑　同「災」。

【語譯】商湯說：「學習聖王之道的人，就好像借助日光；獨居冥思苦索的人，就好像借助火光。拋棄學習聖王之道來獨居冥思苦索，就好比離開日光照耀的庭院，走進火光照耀的暗室一樣，雖然可以獲得小的見識，卻不能獲得廣闊的知識。」因此，英明的君主和君子，推崇學習聖王之道，而鄙視獨居中的冥思苦索。所以君主們遇到賢人加以提舉，得到賢人就同他接交，這就好像登山啊！遇上不賢的人加以提舉，得到不賢的人同他結交，這是好像墜入深淵啊！登上高山遠望，居高臨下何處不能看見？逐漸墜入深淵，誰不被溺死呢？因此英明的君主對所提舉的人要謹慎，君子對所接交的人要小心。這樣，福就一定降臨，災就一定消除。

湯曰：「藥食❶嘗於卑❷，然後至於貴；藥言❸獻於貴，然後聞於卑。」故藥食嘗於卑，然後至於貴，教也；藥言獻於貴，然後聞於卑，道也。故使人味食❹，然後食者，其得味也多❺；若使人味言❻，然後聞言者，其得言也少❼。故以是明上之於言也，必自也聽之，必自也擇之，必自也聚之，必自也藏之，必自也行之。故道以數❽取之為明，以數行之為章❾，以數施之萬姓為藏❿。是故求道者不以目而以心，取道者不以手而以耳，致⓫道者以言，入道⓬者以忠，積道者以信，樹道者以人。故人主有欲治安之心而無治安之故⓭者，雖欲治⓮顯榮⓯也，弗得矣。故治安不可以虛成⓰也，顯榮不可以虛得也。故明君敬士、察吏、愛民以參⓱其極⓲，非此者，則四美⓳不附⓴矣。

【章　旨】此段借商湯的話，論述君主對於體道的忠言，一定要親聽躬行。

【注　釋】❶藥食　藥餌，即口服的藥物。❷嘗於卑　讓卑下的人先嘗，檢驗是否有毒物，是否有功效。❸藥言　逆耳的忠言。指勸諫的話。❹味食　品嘗食品。❺得味也多　得到的好味食品就多，味差的食品被淘汰了。❻味言　領會言論的意思。❼得言也少　得到的逆耳之言就少，被臣下隱藏了。❽數　多；不斷。❾章　明。同「彰」。❿藏　通「臧」。善。⓫致　得到。⓬入道　進入道境，領會道的內容。⓭故　盧文弨疑作「政」。⓮治　安定。⓯顯榮　指好的名聲。⓰虛成　憑空完成。⓱參　檢驗。⓲極　標準。⓳四美　指美政的四條內容。⓴附　歸附；實現。

【語　譯】商湯說：「藥餌先由卑賤者試嚐，然後獻給尊貴者；勸諫逆耳的話先獻給尊貴者，然後傳給卑賤者。」藥餌先由卑賤者試嚐，然後獻給尊貴者，這是符合教化原則的。勸諫逆耳的話先獻給尊貴者，然後傳給卑賤者，這是符合道的原則的。先讓別人品嚐食品，然後自己再吃，這樣得到美味的食品就多；如果經過別人思考再說出來讓你聽到，這樣得到的逆耳忠言就少。因此英明的君主對於言論，必定親自聽取，必定親自選擇，必定親自收集，必定親自珍藏在心，必定親自實行。所以道要經多次獲取才叫做明，要多次實行才叫做彰，要多次在百姓中施行才叫做善。因此求道的人不靠目要靠心，獲取道的人不靠手要靠耳，得到道的靠語言，領悟道的靠忠誠，積累道的靠誠信，樹立道的靠人。所以君主有想使國家安定的心願，卻沒有使國家安定的政治，即使想讓國家安定榮名顯揚，是辦不到的。所以國家安定不能憑空實現，國家榮名不能憑空得到。所以英明的君主尊敬士人，考察官吏，愛護百姓並用正確的標準加以檢驗。如果不這樣做，就不會出現美政。

脩政語下

【題解】本篇集中輯錄了鬻子周公旦、太公望的治政言論。這些言論，也大致體現了以敬士愛民為中心的民本思想。

周文王問於粥子❶曰：「敢問❷君子將入其職❸，則其於民也何如？」粥子對曰：「唯❹。疑❺。請以上世之政❻詔❼於君王。政曰，君子將入其職，則其於民也，旭旭然❽如日之始出也。周文王曰：「受命❾矣。」曰：「君子既入其職，則其於民也，何若？」對曰：「君子既入其職，則其於民也，暵暵然❿如日之正中。」周文王曰：「受命矣。」曰：「君子既去其職，則其於民也，何若？」對曰：「君子既去其職，則其於民也，暗暗然⓫如日之已入也。故君子將入而旭旭者，義先聞也；既入而暵暵者，民保⓬其福也；既去而暗暗者，民失其教也。」周文王曰：「受命矣。」

【章　旨】鬻子為周文王論述君子入職與離職對百姓產生的影響。

【注　釋】❶粥子　即鬻子。粥，通「鬻」。鬻子，楚國的先祖鬻熊。今傳《鬻子》一書為後人偽托。❷敢問　意思是不敢問，冒昧地問。表謙敬。❸入其職　上任擔任他的職務。❹唯　承諾語氣。❺疑　惑；不能說清楚。為謙遜之辭。❻政　政令；治政情況。❼詔　告。❽旭旭然　日出光明的樣子。❾受命　接受指教。❿暵暵然　日氣薰蒸的樣子。原作「暯暯然」，據《太平御覽》卷三引文改。下同。⓫暗暗然　昏暗的樣子。⓬保　依靠。

【語　譯】周文王向鬻子請教說：「我冒昧地請問您，君子將上任擔任他的官職，那麼他對於百姓來說，會產生怎樣的影響呢？」鬻子回答說：「是。我說不太清楚。請允許我把前代的政令告訴君王。政令說：君子將上任擔任他的官職，那麼他對於百姓來說，就像旭日東升光芒四射一樣。」周文王說：「我已領教了。」文王又問：「君子已經上任擔任他的官職，那麼他對於百姓會產生怎樣的影響呢？」鬻子回答說：「君子已經上任擔任他的官職，那麼他對於百姓來說，就像太陽當頭照射熱氣騰騰一樣。」周文王說：「我已領教了。」文王又問：「君子已經離開他的官職，那麼他對於百姓會產生怎樣的影響呢？」鬻子回答說：「君子已經離開他的官職，那麼他對於百姓來說，就像太陽下山昏暗失色一樣。所以君子將任職有如旭日東升光芒四射的感覺，是由於君子的大義先讓天下人知道了；君子已經任職有如太陽當頭熱氣騰騰的感覺，是由於百姓享受到君子的好處了；君子已經離開職位有如太陽下山昏暗失色的感覺，是由於百姓失去施教化的人了。」周文王說：「我已領教了。」

周武王問於粥子曰：「寡人願守而必存，攻而必得，戰而必勝，則吾為此奈何？」粥子曰：「唯。疑❶。攻守而勝乎同器❷，而和❸與嚴❹其❺備也。故曰：和可以守而嚴可以守，而嚴不若和之固也；和可以攻而嚴可以攻，而嚴不若和之得也；和可以戰而嚴可以戰，而嚴不若和之勝也。則唯由和而可也。故諸侯發政施令，政平❻於人者，謂之文政❼矣；諸侯接士而使吏，禮恭於人者，謂之文禮❽矣；諸侯聽獄❾斷刑❿，仁於治⓫，陳於行⓬。其由此守而不存攻而不得戰而不勝者，自古而至於今，自天地之辟⓭也，未之嘗聞⓮也。今也，君王欲守而必存，攻而必得，戰而必勝，則唯由此也為可也。」周武王曰：「受命矣。」

【章　旨】此段鬻子為周武王論述守必存、攻必得、戰必勝的條件。

【注　釋】❶疑　原無此字，據《諸子平議》補。❷攻守而勝乎同器　指攻、守和取勝三者同一回事。而，與。器，器物；事物。❸和　寬和。❹嚴　嚴厲。❺其　可能。表測度語氣。❻平　平和。❼文政　講究禮的政治。文，文飾；禮儀。❽文禮　以文飾之禮待人。❾聽獄　處理訴訟案件。❿斷刑　判刑。⓫仁於治　在處理訴訟中實行仁道。⓬陳於行　採取的措施加以公佈。陳，列；公佈。⓭辟　同「闢」。⓮未之嘗聞　即「未嘗聞之」。

【語　譯】周武王向鬻子請教說：「我希望防守就一定要守住，進攻就一定要攻下，作戰就一定要取勝，那麼我對此該怎麼辦呢？」鬻子回答說：「是的。我說不太清楚。進攻、防守和取勝是同一類的事情，依靠平和同嚴厲都可以辦到。所以說依靠平和可以防守，依靠嚴厲可以防守，然而依靠嚴厲不如依靠平和那麼牢固；依靠平和可以進攻，依靠嚴厲可以進攻，然而依靠嚴厲不如依靠平和的收穫大；依靠平和可以作戰，依靠嚴厲可以作戰，然而依靠嚴厲不如依靠平和的取勝。那麼只要依靠平和就行了。所以諸侯發佈政策號令，對人施以平和的政策，稱之為『文政』；諸侯結交士人使用官吏，待人用恭敬的禮儀，稱之為『文禮』；諸侯斷案判刑，在處理訴訟中實行仁道，對採取的措施加以公佈。假如堅持這種做法，防守卻不能守住，進攻卻不能攻下，作戰卻不能取勝，從古到今，從開天闢地起，都是未曾聽說過的。現在，君主希望防守就一定守住，進攻就一定攻下，作戰就一定取勝，那麼只有堅持這種做法才是可行的。」周武王說：「我已領教了。」

周武王問於王子旦❶曰：「敢問治有必成而戰有必勝乎？攻有必得而守有必存乎？」王子旦對曰：「有。政曰：諸侯政平於內而威於外矣，君子行脩於身而信於輿人❷矣。治民❸民治❹，而榮於名❺矣。故諸侯凡有治心者❻，必脩之以道❼而與之以敬❽，然後能以成❾也；凡有戰心❿者，必脩之以政⓫而與之以義⓬，然後能以勝也；凡有攻心者⓭，必結之以約⓮而諭之以信⓯，然後能以得也；凡有守心者⓰，必固之以和⓱而諭之以愛⓲，然後能有存也。」周武王曰：「受命矣。」

【章　旨】此段周公為周武王論述治國、作戰、進攻、防守的條件。

【注　釋】❶王子旦　即周公，姓姬，名旦，周文王子。相傳周公曾制禮作樂，為西周的政治制度奠定了基礎；武王死，成王年幼，周公曾輔佐成王攝理天子事。❷輿人　眾人。❸治民　治理百姓。❹民治　百姓安定。❺榮於名　給名聲增加光彩。榮，光彩。❻治心者　有治理必成之心的人。❼脩之以道　用道來教育百姓。脩，治理；教育。❽與之以敬　使百姓懂得敬。與，給予；教育。❾以成　依靠他們取得成功。❿戰心　有作戰取勝之心的人。⓫脩之以政　以政令教育百姓。⓬與之以義　使百姓懂得義。與之，使之產生。⓭攻心者　有進攻必勝之心的人。⓮結之以約　用規約限制百姓。結，約束。⓯諭之以信　使百姓明白信。諭，明白。⓰守心者　有心守住的人。⓱固之以和　用和睦來牢固團結百姓。⓲諭之以愛　使百姓懂得愛。

【語　譯】周武王向周公請教說：「我冒昧地請問您，治理天下有必定取得成功，作戰有必定取得勝利的事嗎？有進攻必定攻下，防守必定守住的事嗎？」周公回答說：「有的。政令說：諸侯內部政治穩定，在外就能威名遠揚；君子自己具有道德修養，就能取信於眾人。這樣治理百姓，百姓就會安定，名聲也會增添光彩。所以諸侯中凡屬具有治理必成想法的人，必定用道來教育百姓，使他們懂得敬，然後就能依靠他們取得成功；凡屬具有作戰取勝想法的人，必定用政令教育百姓，讓他們懂得大義，然後就能依靠他們取得勝利；凡屬具有進攻取勝想法的人，必定締結規約來約束百姓，讓他們懂得信，然後就能依靠他們取勝；凡屬具有防守之心的人，必定用和睦來鞏固百姓的團結，並且讓他們懂得愛，然後就能依靠他們防守保存下來。」周武王說：「我已領教了。」

師尚父❶曰：「吾聞之於政也，曰，天下壙壙❷，一人有之；萬民藂藂❸，一人理❹之。故天下者，非一家之有也，有道者之有也。故夫天下者，唯有道者理之，唯有道者紀❺之，唯有道者使之，惟有道者宜處❻而久之。故夫天下者，難得而易失也，難常❼而易亡也。故守天下者，非以道則弗得而長也。故夫道者，萬世之寶也。」周武王曰：「受命矣。」

【章　旨】此段姜尚為周武王論述用道治政的重要。

【注　釋】❶師尚父　即呂尚，亦稱呂望、姜尚、姜子牙，周武王太師，西周初得力的輔佐大臣。❷壙壙　同「曠曠」。空闊的樣子。❸藂藂　同「叢叢」。聚集的樣子，形容人多。❹理　治。❺紀　整治。❻宜處　指應該在位。❼常　指經常保持住。

【語　譯】呂尚說：「我聽說關於治政有這種說法：天下空闊，只有一人能擁有它；萬民濟濟，只有一人能治理它。所以天下並不是歸一家所有，只有有道的才能擁有它。所以關於天下，只有有道的人才能治理它，只有有道的人才能整治它，只有有道的人才能使用它，只有有道的人應該長久在位。所以關於天下，難於得到卻容易喪失，難於長久保持而容易滅亡。所以保守天下的君主，不遵循道的原則就不能長久維持。所以，道是萬世之寶。」周武王說：「我已領教了。」

周成王❶年二十歲，即位享國❷，親以其身見於粥子之家而問焉，曰：「昔者先王❸與❹帝❺脩道而道脩❻，寡人之望也，亦願以教。敢問興國之道奈何？」粥子對曰：「唯。疑。請以上世之政詔於君王。政曰：興國之道，君思善則行之，君聞善則行之，君知善則行之。位敬❼而常之❽，行信❾而長之❿，則興國之道也。」

周成王曰：「受命矣。」

【章　旨】此段鬻子為周成王論述興國之道。

【注　釋】❶周成王　姓姬，名誦，周武王子。年二十歲即位，說法不一。按鄭注《尚書・金縢》：武王崩，成王十歲，服喪三年畢，成王十二歲。周公歸成王政二十二歲。❷享國　享有國家。❸先王　指周武王。❹與　從。❺帝　指古聖王。❻道脩　道修治得很好。❼位敬　君位受尊敬。❽常之　經久堅持行善。❾行信　行為守信。❿長之　指長期堅持行善。

【語　譯】周成王二十歲登上王位享有國家，親自到鬻子家求教，問道：「過去先王追隨古代聖王修治大道，大道修治得很好，我的願望，也希望得到指教。我冒昧發問，怎樣才能讓國家興盛起來？」鬻子回答說：「是的。說不太清楚。請求允許我把前代的政令告訴君王。政令說：使國家興盛的辦法，君王想到善事就實行它，聽到善事就實行它，知道善事就實行它。君位保持受尊敬要經常堅持做善事，行為守信要長期堅持做善事，那麼這就是使國家興盛的辦法。」周成王說：「我已領教了。」

周成王曰：「敢問於道之要❶奈何？」粥子對曰：「唯。疑。請以上世之政詔於君王。政曰，為人下者敬而肅❷，為人上者恭而仁❸，為人君者敬士愛民，以終其身。此道之要也。」周成王曰：「受命矣。」

【章旨】此段鬻子為周成王論述道的要領。

【注釋】❶道之要　道的要領。要，精要部分。❷敬而肅　恭敬而認真。❸恭而仁　謙恭而仁愛。

【語譯】周成王說：「我冒昧地請問您，關於道的要領如何？」鬻子回答說：「是的。說不太清楚。請允許我把前代的政令告訴君王。政令說：作下屬的人恭敬而認真，作上級的人恭謙而仁愛，作君主的尊敬士人愛護百姓，一輩子都這樣堅持。這就是道的要領。」周成王說：「我已領教了。」

周成王曰：「敢問治國之道若何？」粥子曰：「唯。疑。請以上世之政詔於君王。政曰：治國之道，上忠於主❶，而中❷敬其士❸，而下愛其民。故上忠其主者，非以道義則無以入忠❹也；而中敬其士，不以禮節無以諭敬也；下愛其民，非以忠信則無以諭愛也。故忠信行於民，禮節諭於士，道義入於上，則治國之道也。雖治天下者，由此而已。」周成王曰：「受命矣。」

【章旨】此段鬻子為周成王論述治國之道。

【注釋】❶主 君主。❷中 指平輩。❸士 包括公卿大夫。❹入忠 進入忠的境界。

【語譯】周成王說：「我冒昧地請問您，關於治國的辦法是如何呢？」鬻子回答說：「是的。說不太清楚。請允許我把前代的政令告訴君王。政令說：治國的辦法，對上要忠於君主，中間要尊敬士人，對下要愛護百姓。所以對上要忠於君主，是因為不用道義就沒有辦法做到忠；中間要尊敬士人，不用禮節就沒有辦法表明恭敬；對下要愛護百姓，不用忠信就沒有辦法表明愛護百姓。所以用忠信愛護百姓，用禮節尊敬士人，用道義忠於君主，這就是治國的大道。即使是治理天下的人，也照此行事罷了。」周成王說：「我已領教了。」

周成王曰：「寡人聞之，有上人者，有下人者；有賢人者，有不肖人者；有智人者，有愚人者。敢問上下之人，何以為異？」粥子對曰：「唯。疑。請以上世之政詔於君王。政曰：凡人者，若❶賤若貴，若幼若老，聞道志❷而藏之，知道善而行之，上人矣；聞道而弗取藏也，知道而弗取行也，則謂之下人也。故夫行者善❸則謂之賢人矣，行者惡❹則謂之不肖矣。故夫言者善則謂之智矣，言者不善則謂之愚矣。故智、愚之人有其辭矣，賢、不肖之人別其行矣，上下之人等❺其志矣。」周成王曰：「受命矣。」

【章　旨】此段鬻子為周成王論述上、下、賢、不肖、智、愚各種人的區別。

【注　釋】❶若　或者。❷志　通「誌」。記住。❸行者善　行為好。❹行者惡　行為壞。❺等　等差；區別。

【語　譯】周成王說：「我聽說，有上等人，有下等人；有賢人，有不賢的人；有智慧的人，有愚笨的人。我冒昧地請問您，上等人和下等人有什麼不同？」鬻子回答說：「是的。說不太清楚。請允許我把前代的政令告訴君王。政令說：凡是人，有賤有貴，有少有老，聽到了道記在心裏，了解了道很好就去執行，這是上等人；聽到了道不記在心裏，了解了道不拿來執行，這就叫做下等人。那行為好的就叫做賢人，行為壞的就叫做不賢的人。那言辭好的就叫做智慧的人，言辭不好的就叫做愚笨的人。所以分辨智慧和愚笨的人就用言辭作標準，分辨賢與不賢的人就用行為來加以區別，分辨上等人和下等人就用各人志向來加以區別。」周成王說：「我已領教了。」

周成王曰：「寡人聞之，聖王在上位，使民富且壽❶云❷。若夫富則可為也，若夫壽則不在天乎？」粥子曰：「唯。疑。請以上世之政詔於君王。政曰：聖王在上位，則天下不死軍兵❸之事。故諸侯不私相攻，而民不私相鬥鬩❹，不私相煞❺也。故聖王在上位，則民免於一死而得一生矣。聖王在上，則君積❻於道，而吏積於德，而民積於用力。故婦為其所衣，丈夫❼為其所食，則民無凍餒矣。聖王在上，則民免於二死而得二生矣。聖王在上，則君積於仁，而吏積於愛，而民積於順❽，則刑罰廢矣，而民無夭遏❾之誅。故聖王在上，則民免於三死而得三生矣。聖王在上，則使民有時❿，而用之有節⓫，則民無厲疾⓬。故聖王在上，則民免於四死而得四生矣。故聖王在上，則使盈境⓭內興⓮賢良，以禁邪惡。故賢人必用而不肖人不作⓯，則已得其命矣。故夫富且壽者，聖王之功也。」周成王曰：「受命矣。」

【章　旨】此段鬻子為周成王論述聖王在位百姓免於四死，得四生的道理。

【注　釋】❶壽　指長壽。❷云　語末助語，無義。❸軍兵　戰爭。❹鬥鬩　爭鬥；不和。鬩，內鬥。❺煞　通「殺」。❻積　積累。指不斷學習。❼丈夫　男子。❽積於順　習慣於順從。❾夭遏　早死。夭，早死。遏，阻止。❿時　季節。⓫節　節制。⓬厲疾　疾病。厲，病。⓭盈境　全國。⓮興　興起。⓯作　起。

【語　譯】周成王說：「我聽說，聖王在上位執政，能讓百姓富足長壽。我以為讓百姓富足倒可以辦到，至於讓百姓長壽，難道不是由天決定嗎？」鬻子說：「是的。說不太清楚，請允許我把前代的政令告訴君王。政令說：聖王在上位執政，那麼天下的人不會為戰爭而死亡。諸侯不會私自相攻伐，百姓不會私自相爭鬥，不私自相廝殺。所以聖王在上位執政，百姓就能避免一次死亡獲得一次生存的機會。聖王在上位執政，那麼諸侯都有道的修養，官吏都有德的修養，百姓就能蓄積精力。所以女子為穿衣而織布，男子為吃飯而耕作，那麼百姓就沒有受饑受寒的事了。聖王在上位執政，百姓就能避免兩次死亡獲得兩次生存的機會。聖王在上位執政，那麼諸侯就有仁德的修養，官吏就有愛民的修養，百姓就習慣於順從，那麼刑罰廢除不用，百姓不會有因刑殺而早死的事。所以聖王在上位執政，百姓就能避免三次死亡獲得三次生存的機會。聖王在上位執政，百姓服役有一定季節，力役受到節制，那麼百姓就不生疾病。所以聖王在上位執政，百姓就能避免四次死亡獲得四次生存的機會。聖王在上位執政，就能使全國任用賢良，禁止邪惡。賢人必定被任用，不賢的人就不會起來為非作歹，那麼這實際上已使百姓獲得活命的機會了。所以百姓富裕而且長壽，是聖王的功勞。」周成王說：「我已領教了。」

禮容語上（闕）

禮容語下

【題解】本篇論述禮容的重要性。篇中通過樂祁論魯叔孫昭子、宋元公，叔向論單靖公，單襄公論晉厲公、三郤及齊國武子三個春秋史事，說明君臣的言行舉止必須符合禮的規定，否則便有國破身亡的危險。「禮容」是關於禮的容態的意思。〈禮容上〉遺佚。

魯叔孫昭子❶聘于宋❷，宋元公❸與之燕❹，飲酒樂。昭子右坐❺，歌❻終而語，因相泣也。樂祁❼曰：「過❽哉！君非哀所也。」已而告人曰：「今茲❾，君與叔孫其皆死乎！吾聞之，哀樂❿而樂哀⓫，皆喪心⓬也。心之精爽⓭是謂魂魄⓮，魂魄已失，何以能久？且吾聞之，主民者⓯不可以媮⓰，媮必死。今君與叔孫其語皆媮，死日不遠矣。」居六月，宋元公薨⓱。閒⓲一月，叔孫婼⓳卒⓴。

【章　旨】此段介紹論述宋元公及叔孫昭子傷心痛哭的舉止，不符禮容的規定。

【注　釋】❶叔孫昭子　即叔孫婼，春秋後期魯大夫，原作「叔孫昭」，此據何本、周本補「子」字。❷聘于宋　叔孫昭子聘宋事見《左傳・昭公二十五年》。聘，訪問。❸宋元公　春秋後期宋國君主。❹燕　同「宴」。用酒食招待。❺右坐　指坐於宋元公之右。❻歌　賦詩。據《左傳》記載：宋元公賦〈新宮〉，昭公賦〈車轄〉。❼樂祁　樂師。祁是人名。❽過　錯。❾今茲　今年。茲，年。❿哀樂　把樂事當作哀事。⓫樂哀　把哀事當作樂事。⓬喪心　失去心志，情緒頹喪。⓭精爽　據《左傳・七年》：「是以有精爽，至於神明。」《正義》：「精亦神也，爽亦明也。精是神之未著，爽是明之未昭。」則知「精爽」即「神明」，指人的精神境界。⓮魂魄　古人以為附在形體上的感知能力叫做「魄」，如目能視，耳能聽，四肢能運動，因謂形體也叫「魄」。附在陽氣上的心理活動叫做「魂」。因謂精神也叫「魂」。《左傳・昭公七年》「人生始化曰魄，既生魄，陽曰魂」《正義》：「附形之靈為魄，附氣之神為魂。」《論衡・訂鬼篇》：「夫人所以生者，陰、陽氣也。陰氣主為骨肉，陽氣主為精神。人之生也，陰陽氣具，故骨肉堅，精氣盛。」⓯主民者　君主。這裏包括大臣。⓰媮　即「偷」字，苟且；隨便。⓱薨　諸侯逝世。⓲閒　同「間」。相距。⓳叔孫婼　即叔孫昭子。⓴卒　指大夫逝世。

【語　譯】魯國叔孫昭子到宋國訪問，宋元公同他飲宴，十分暢快。昭子坐在宋元公的右邊，賦詩結束後，兩人談話間相向而哭。樂祁說：「君主錯了。這不是悲痛的場所啊。」接著對人說：「今年，君主與叔孫昭子可能都會死吧！我聽說，把高興的事當作悲痛的事，把悲痛的事當作高興的事，都是喪失心志的。心的神明便是魂魄，魂魄已經喪失，哪裡能活得長久呢？況且我聽說過，作百姓之主的人不可以隨便，隨便必定死亡。現在君主與叔孫昭子說的話都很隨便，離死的日期不遠了。」過了六個月，宋元公死了。又過了一個月，叔孫昭子也死了。

晉叔向❶聘于周，發幣❷大夫。及單靖公❸，靖公享❹之，儉❺而敬，賓禮贈賄❻同，是禮❼而從。享燕無私❽，送不過郊❾，語說〈昊天有成命〉❿。

既而叔向告人曰：「吾聞之曰，一姓不再興⓫。今周有單子以為臣，周其⓬復興乎？昔史佚⓭有言曰：『動莫若敬，居⓮莫若儉，德莫若讓⓯，事莫若資⓰。』今單子皆有焉。夫宮室⓱不崇⓲，器無蟲鏤⓳，儉也；自恭除⓴潔，外內肅給㉑，敬也；燕好㉒享賜㉓，雖歡不踰等，讓也；賓之禮事，稱上㉔而差㉕，資也。若是而加之以無私，重㉖之以不侈㉗，能辟㉘怨矣。居儉動敬，德讓事資，而能辟怨，以為卿佐㉙，其㉚有不興乎？

「夫〈昊天有成命〉，頌之盛德也。其詩曰：『昊天有成命，二后受之，成王不敢康，夙夜基命宥謐㉛。』謐者，寧也，億㉜也；命者，制令㉝也；基㉞者，經也，勢也；夙，早也；康，安也；后，王也；二后，文王、武王。成王者，武王之子，文王之孫也。文王有大德而功未就㉟，武王有大功而治未成㊱。及成王承嗣，仁以臨民㊲，故稱『昊天』焉。不敢怠安，早興夜寐，以繼文王之業。布文㊳

陳紀㊴，經㊵制度，設犧牲㊶，使四海之內懿然㊷葆㊸德，各遵其道，故曰『有成』。承順㊹武王之功㊺，奉揚㊻文王之德，九州之民、四荒㊼之國歌謠文、武之烈㊽，累九譯㊾而請朝㊿，致貢職(51)以供祀(52)，故曰『二后受之』。方是時也，天地調和，神民順億(53)，鬼不厲祟(54)，民不謗怨，故曰『宥謐』。成王質仁(55)聖哲(56)，能明其先(57)，能承其親，不敢惰懈，以安天下，以敬民人。今單子美說其志也，以佐周室，吾故曰『周其復興乎』。」故周平王(58)既崩以後，周室稍稍衰弱不墜，當單子之佐政也，天子加(59)尊，周室加興。

【章旨】此段介紹叔向論述單靖公的言行舉止符合禮容的規定。

【注釋】❶叔向　春秋後期晉國大夫。❷幣　帛；禮帛。古以帛作為贈送的禮品。❸單靖公　周大夫，為周卿士。《左傳・襄公十年》：「單靖公為卿士以相王室。」❹享　同「饗」。以酒食招待。❺儉　儉約；拘謹。❻贈賄　禮品；所贈財物。❼是禮　以禮為是，符合禮。是，《諸子平議》說當作「視」。❽無私　不涉及私事。❾郊　指京都的郊野。邑外稱「郊」。❿昊天有成命　《詩經・周頌》篇名，該篇內容是歌頌周成王的功德。昊天，廣大的上天。成命，定命；不可變易之命。⓫一姓不再興　一個朝代衰敗了沒有復興的機會。一姓，指一個朝代。再，兩次。⓬其　可能，表揣測語氣。⓭史佚　西周初年史官。⓮居　平居；安居在家。⓯讓　謙讓。⓰資　才能。⓱宮室　住室。在先秦「宮」既可指朝廷，也可指一般居室。⓲崇　高。⓳蟲鏤　指刻上蟲魚鳥獸的圖案。程本作「雕鏤」。鏤，雕刻。⑳除　治。㉑肅給　嚴肅無不周到。給，完備；充足。㉒燕好　以酒食招待友好。燕，同「宴」。㉓享賜　用酒食賞賜。享，同「饗」。㉔稱上　適合天子之意。㉕差　差等；等級區別。㉖重　加上。㉗侈　奢侈。㉘辟　摒除。㉙卿佐　以卿相之職作天子輔佐。㉚其　豈。㉛夙夜基命宥謐　賈誼對此句的訓詁，與毛鄭傳統解釋略有不同，今按賈誼的意思加以串釋：夙夜，早晚的意思。基，賈誼訓為「經」，是效法的意思。命，天命。宥，未解，可以理解為「寬宥」，自由的意思。謐，安寧的意思。按賈誼的解釋，此句意為：周成王時時刻刻效法天命，從而使天下百姓舒適安寧。㉜億　安。㉝制令　天子的詔書叫做「制」，命令叫做「令」。㉞基　解釋為「經」、「勢」，可能是賈誼當時通行的訓詁。㉟功未就　事未成。文王只是為周創業，他沒有能統一天下。㊱治未成　武王死得很早，雖滅商統一天下，可是沒有能治理好天下。㊲臨民　治民。㊳文　指禮樂制度。㊴紀　法令。㊵經　整治。㊶犧牲　指祭祀用的牛、羊、豬等牲畜。㊷懿然　美好的樣子。㊸葆　保守。㊹承順　繼承依從。㊺功　事業。㊻奉揚　接受發揚。㊼四荒　四方最遠的地區。㊽烈　功績。㊾累九譯　經過多次輾轉翻譯。九，表多次。㊿請朝　請求朝見。51貢職　盡進貢之職。52供祀　供給祭祀所用的東西。53順億　順利平安。54厲祟　作惡作怪。55質仁　誠信仁愛。56聖哲　聖明。57明其先　使先祖增光。58周平王　周幽王的太子宜臼，東周第一個君王。59加　更。

【語　譯】晉國叔向到周王室訪問，給大夫贈送禮帛。贈送單靖公時，單靖公用酒食招待叔向。單靖公儉約而恭敬，按照賓客之禮回贈同樣的禮品，依照禮的要求辦事，饗宴中不涉及私事，送賓不越過城郊。說話的內容是〈昊天有成命〉這首詩。

過後，叔向對別人說：「我聽說，一個朝代衰敗了是不會再度興盛的。現在周王室有單靖公作臣子，可能會再度興盛吧？當初史佚有這樣的話：『一舉一動沒有什麼比恭敬更好的，平居家中沒有什麼比儉約更好的，道德沒有什麼比謙讓更好的，辦事沒有什麼比富有才能更好的。』現在單靖公這些美德都具備了。他的居室不高大，器皿沒有雕飾，這是儉約的表現；本身恭謹整治清潔，無論在家還是在朝都肅敬周備，這是恭敬的表現；賜予饗宴，雖然都盡情歡樂卻沒有踰越等級，這是謙讓的表現；關於接待賓客的各種禮儀，都適合天子的心意表現出等級，這是有才能的表現。既然這樣又加上沒有私心，不事奢豪，就能消除百姓的怨恨了。平居儉約，舉動恭敬，道德謙讓，辦事能幹，又能消除怨恨，把他作為卿相來輔佐天子，國家還能有不興盛的嗎？

「關於〈昊天有成命〉這首詩，是歌頌周成王盛德的。詩中說：『上天有不變的命令，要兩位君主來接受，周成王不敢安居，時刻效法上天的命令而使天下百姓舒服安寧。』謐的意思是『寧』、『億』；命的意思是『制』、『令』；基的意思是『經』、『勢』；夙的意思是『早』；康的意思是『安』；后的意思是『王』，即周文王和周武王。周成王是武王的兒子，是文王的孫子。文王有大德卻沒有完成統一的大業，武王完成了統一大業可是沒有治好天下。到成王繼位，他用仁愛來治理百姓，所以稱成王為『昊天』。成王不敢懈怠安逸，早起晚睡，以繼承文王開創的事業。他頒佈禮樂、陳列法紀，整治制度，設置牲禮祭祀先人，使天下人保持美好的德性，各自遵循自己的正道，所以說『有成』。成王繼承武王的事業，發揚文王的德性，使天下百姓以及四方邊遠的國家，都歌頌文王和武王的功績，有的經歷多次輾轉翻譯請求朝見，送來貢品以供祭祀，所以說『二后受之』。當此時，天地和諧，神民安寧，鬼不作惡害人，百姓不說怨恨的話，所以說『宥謐』。成王誠信仁厚聖明，能為他的先祖增光，能繼承他父親的事業，不敢怠惰，以求安定天下，尊敬百姓。現在單靖公稱道這首詩的用意，表達了他輔佐周王室的心意，所以我說『周將會復興吧』。」所以周平王死後，周王室雖稍有衰弱卻不滅亡，當是由於單靖公的輔政，因而天子更加尊貴，周王室更加興盛。

晉之三卿，郤錡、郤犫、郤至❶，從晉厲公❷會諸侯于柯陵❸，周單襄公❹在會。晉厲公視遠步高❺；郤錡見單子，其語犯❻；郤犫見，其語訏❼；郤至見，其語伐❽；齊國佐❾見，其語盡。

單襄公告魯成公❿曰：「晉將有亂，其⓫君與三郤其當⓬乎？」魯侯曰：「寡人固晉⓭而彊其君⓮，今君曰『將有亂』，敢問天道乎？意⓯人故⓰也？」

對曰：「吾非瞽史⓱也，焉知天道？吾見晉君之容，而聽三郤之語矣，殆⓲必有禍矣。君子目以正體⓳，足以從之⓴，是以觀容而知其心。今晉侯視遠而足高，目不在體，而足不步目㉑，其心必異矣。體目不相從，何以能久？夫合諸侯㉒，國之大事也。於是㉓，觀存亡之徵㉔焉。故國將有福，其君步言視聽，必皆得適順善㉕，則可以知德矣。視遠曰絕其義㉖，足高曰棄其德，言爽㉗曰反其信，聽淫㉘曰離㉙其名㉚。夫目以處義㉛，足以踐德㉜，口以庇㉝信，耳以聽名者矣，故不可不慎也。偏亡㉞者有咎，既亡㉟則國從之。今晉侯無一可焉，吾是以云。

「夫郤氏，晉之寵㊱人也。是族在晉，有三卿五大夫㊲，貴矣，亦可以戒懼矣。

今郤伯㊳之語犯，郤叔㊴訏，郤季㊵伐；犯則凌人，訏則誣人，伐則掩人㊶。有是寵也，而益之以三怨，其誰能忍之？齊國武子㊷亦將有禍。齊，亂國也。立於淫亂之朝，而好盡言暴㊸人過，怨之本㊹也。惟善人能受盡言，今齊既亂，其能善乎？」

居二年，晉殺三卿。明年，厲公弒於東門。是歲也，齊人果殺國武子。《詩》㊺曰：「敬㊻之敬之，天惟㊼顯㊽思㊾，命不易哉！毋曰高高在上，陟㊿降厥(51)士(52)，日監(53)在茲，維(54)予(55)小子(56)，不(57)聰敬止(58)，日就(59)月將(60)，學有緝(61)熙(62)于光明，佛(63)時(64)仔肩(65)，視(66)我顯(67)德行。」故弗順弗敬，天下不定。忘敬而怠，人必乘(68)之。嗚呼！戒之哉！

【章旨】此段介紹周單襄公論述晉三郤等人的言行舉止不符禮容的規定。

【注釋】❶郤錡郤犫郤至　春秋晉國的三位大夫，皆居卿位。❷晉厲公　春秋中期晉國的國君。❸柯陵　鄭地，今河南許昌市南、臨潁縣北。柯陵之會事見《國語・周語下》。❹單襄公　周定王卿士單朝。❺視遠步高　望著遠處，闊步前進。顯現傲慢的神態。❻犯　侵犯人。❼訏　虛誇不實。《國語》作「迂」。韋昭注：「迂迴，加誣於人。」❽伐　誇耀自己的功勞。❾國佐　即國武子，齊卿。❿魯成公　春秋中期魯國的君主。以下單襄公的言論亦見於《國語》。⓫其　可能。⓬當　遇上。⓭固晉　認為晉國穩定。⓮彊其君　認為晉國的君主強而有力。⓯意　義同「抑」，或者。《國語》作「抑」。⓰人故　人事。⓱諸史　眾史；一般史官。⓲殆　可能。⓳目以正體　目光是導引肢體的。體，韋昭注《國語》：「手足也。」⓴足以從之　腳步跟隨著目光。㉑步目　跟隨目光。㉒合諸侯　召集諸侯盟會。春秋中期晉國仍繼為霸主。㉓於是　從這裏。㉔儆　儆兆。㉕得適順善　做得恰到好處。㉖絕其義　斷絕大義。行為合宜叫做義。㉗爽　差錯。㉘淫　濫；過分。㉙離　失。㉚名　聲。㉛目以處義　目光中含藏著大義。處，安處；含藏。㉜踐德　實踐德行。㉝庇　庇護。㉞偏亡　一部分喪失。㉟既亡　盡亡；全部喪失。㊱寵　榮顯。㊲三卿五大夫　郤錡、郤犨、郤至三人在卿相之位，復有五人在大夫之列，號稱「八郤」。㊳郤伯　即郤錡。「三郤」中之年長者。㊴郤叔　即郤犨，年次於郤錡。㊵郤季　即郤至。「三郤」中之年幼者。㊶掩人　掩蓋別人的優點。㊷國武子　即國佐。㊸暴　揭露。㊹本　根源。㊺詩　下面所引詩見於《詩經．周頌．敬之》。這是周成王敬天勵己的詩。㊻敬　通「儆」。㊼惟　是。㊽顯　明。㊾思　語末助詞。㊿陟　升。(51)厥　其。指天。(52)士　通「事」。(53)監　監視。(54)維　只有。(55)予　我。(56)小子　天子自指。天子對先輩自稱「小子」。(57)不　語助詞。(58)止　語末助詞。(59)就　久。(60)將　長。(61)緝　積；積漸。(62)熙　光；廣。(63)佛　輔弼。(64)時　是；此。(65)仔肩　負擔；責任。(66)視　通「示」。指示。(67)顯　明。(68)乘　乘隙。

【語　譯】晉國的三卿郤錡、郤犨、郤至，跟隨晉厲公到柯陵召集諸侯開會，周王室單襄公也參加了。晉厲公遠視闊步；郤錡見單子，出語傷人；郤犨見單子，盡說大話；郤至見單子，說話居功；齊國國佐見單子，說話詳盡。

　單襄公對魯成公說：「晉國將有動亂，它的君主與三郤將會遭亂吧？」魯成公說：「我認為晉國穩定，君主強而有力，現在您說『將有動亂』，請問是天意還是人事造成的呢？」單襄公回答說：「我不是史官，怎知屬於天意？不過，我看見晉厲公的容態，又聽到三郤的話語，斷定他們會遭禍啊。君子走路，目光是肢體的先導，腳步跟隨著目光，因此觀察容態就能了解他的內心。現在晉厲公遠視闊步，目光不注視肢體，腳步不配合目光，他的內心必然有所不同了。肢體與目光不相依隨，行路怎麼能持久呢？召集諸侯會盟，這是有關國家的大事，從這裏可以觀察到國家存亡的徵兆。所以國家將有福祥，它的君主行走、說話、目視、耳聽，必定做得恰到好處，就可以憑此知道他的德行了。如果目光投向遠處，這就叫做喪失了大義；闊步向前，這就叫做拋棄了德行；說話失誤，這就叫做違背誠信；聽覺紊亂，這就叫做喪失了名聲。目光用以包含大義，行走用以實踐德行，說話用以包容誠信，聽覺用以辨明名聲，所以不可不慎重啊。如果部分喪失就遭禍害，全部喪失國家就隨之滅亡。現在晉侯沒有一項做到，我因此才這樣斷言。

「郤氏，是晉國榮顯的人。郤族在晉國有三個卿位五個大夫，太尊貴了，能令人警戒，令人害怕。現在郤錡說話侵犯，郤犨虛誇，郤至誇功；侵犯就會傷人，虛誇就會誣陷人，誇功就會掩人之美。有如此的榮顯地位，又加上有三種令人埋怨的事，有誰能忍受呢？齊國國武子也將遭禍。齊是個多亂的國家，他置身於邪僻紊亂的朝廷，又盡其所言，愛暴露別人的過錯，這是招怨的根源。只有品質善良的人才能接受別人無保留的話，現在齊國已經紊亂，它哪能有善人呢？」

過了二年，晉國殺了三卿。次年，晉厲公在都城東門被殺。這一年，齊人果然殺了國武子。《詩經・敬之》說：「警惕呀，警惕呀，老天很清楚的啊。天命真不容易保有呀！莫說老天高高在上。升降往來祂只是如常行事，天天都在這裏觀望。我這幼稚的小子，聽清楚又警惕。日積又月累，學問積累開拓發光芒，重大的責任我承當，指示我明顯的德行。」所以不順從不警惕，天下就不會安定；忘掉了警惕而懈怠，百姓必定會乘隙作亂。嗚呼！對此應該警惕啊！

胎教

雜事

【題解】本篇主要論述君主選賢任能的重要，大量引述正反面史實說明「得賢者顯昌，失賢者危亡」的道理。篇首論及后妃懷胎及初生的禮儀，因以「胎教」為篇名。本篇又見於《大戴禮記・保傅》，文字大同而小異。

《易》曰：「正其本而萬物理，失之毫釐，差以千里。」❶故君子慎始❷。《春秋》之元❸，《詩》❹之關雎❺，《禮》之冠婚❻，《易》之乾坤❼，皆慎始敬終❽云爾❾。

素成❿，謹為子孫婚妻嫁女，必擇孝悌⓫世世有行義⓬者。如是，則其子孫慈孝⓭，不敢淫暴⓮，黨⓯無不善，三族⓰輔之。故鳳凰⓱生而有仁義之意，虎狼生而有貪戾⓲之心，兩者不等，各以其母。嗚呼！戒之哉！無養乳虎，將傷天下。故曰「素成」。胎教⓳之道，書之玉版⓴，藏之金櫃㉑，置之宗廟，以為後世戒。

【章　旨】此段為胎教從理論上作了說明。

【注　釋】❶正其本三句　見於《易・緯・通卦驗》。理，治。毫釐，形容細微。本書〈六術〉說：「有形之物，莫細於毫，十毫為髮，十髮為氂。」❷慎始　對事物的開端要加以注意。❸春秋之元　《春秋》，孔子所編，為我國最早的編年史書，儒家經書之一。這部書記事是從魯隱公元年開始，所以稱「元」。❹詩　指《詩經》，我國最早的詩歌總集。❺關雎　《詩經》的第一篇。本為一首普通的戀歌，由於相傳孔子編《詩經》，就認為把〈關雎〉放在第一篇，也包含了孔子的微言大義。❻冠婚　《儀禮》的頭兩篇，〈士冠禮〉第一，〈士昏禮〉第二。❼乾坤　《周易》的頭兩卦。❽慎始敬終　是慎終於始的意思，在開端就要注意到結局。敬，通「警」。警惕；重視。❾云爾　語末助詞，無義。❿素成　始終，意思是有始必有終。《大戴禮記・保傅》作「素誠繁成」。⓫孝悌　順父母叫「孝」，敬兄長叫「義」。⓬行義　行為合宜。義，宜。⓭慈孝　孝順敬重。孝敬父母也叫「慈」。⓮淫暴　邪惡凶暴。⓯黨　類；所結交的人。⓰三族　指父族、母族、妻族。⓱鳳凰　古代傳說中的神鳥，作為吉祥的象徵。⓲戾　暴。⓳胎教　對胎兒進行教育。⓴玉版　刻上文字的玉簡。㉑金櫃　朝廷珍藏重要文物的匣子一類的器物，用金屬鈕封，所以稱「金櫃」。

【語　譯】《周易》說：「把根本端正，萬物就得到治理，如果有毫釐的失誤，結果就相差千里。」所以君子對於事物的初始要加以重視。《春秋》的隱公元年，《詩經》的〈關雎〉，《儀禮》的〈士冠〉、〈士昏〉，《周易》的乾卦、坤卦，都是重視開端和結局的。

重視開端和結局，表現在謹慎地對待子孫的婚娶嫁女上，必定選擇孝順父母尊敬兄長、而且世世代代行為合宜的人。像這樣，他們的子孫就會孝敬，不做邪惡和凶暴的事，結交朋友沒有不好的人，有三族的親屬輔導他們。所以鳳凰生下來就有仁義的本性，虎狼生下來就有貪暴的心理，兩類之所以不一樣，就是因為生母的緣故。啊！對此要警惕啊！不要養哺乳中的虎，否則將會傷害天下的人。所以說重視開端和結局。將胎教的道理，刻寫在玉版上，珍藏在金櫃中，擱置在宗廟裏，以作為後人的借鑑。

青史氏❶之《記》曰：「古者胎教之道，王后有身❷，七月而就❸蔞室❹。太師❺持銅❻而御❼戶左❽，太宰❾持斗❿而御戶右，太卜⓫持蓍龜⓬而御堂下，諸官皆以其職御於門內。比⓭三月⓮者，王后所求聲音⓯非禮樂，則太師撫樂⓰而稱不習⓱；所求滋味者非正味⓲，則太宰荷⓳斗而不敢煎調，而曰不敢以侍王太子。太子生而泣，太師吹銅曰聲⓴中㉑某律㉒，太宰曰滋味上某㉓，太卜曰命㉔云㉕某。

然後，為王太子懸弧之禮義㉖。東方之弧以梧㉗，梧者，東方之草㉘，春木也；其牲以雞，雞者，東方之牲也。南方之弧以柳，柳者，南方之草，夏木也；其牲以狗，狗者，南方之牲也。中央之弧以桑，桑者，中央之木也；其牲以牛，牛者，中央之牲也。西方之弧以棘㉙，棘者，西方之草也，秋木也；其牲以羊，羊者，西方之牲也。北方之弧以棗，棗者，北方之草，冬木也；其牲以彘㉚，彘者，北方之性也。五弧五分矢㉛，東方射東方，南方射南方，中央高射㉜，西方射西方，北方射北方，皆三射。其四弧具㉝，其餘各二分矢，懸諸㉞國四通門㉟之左；中央之弧亦具，餘二分矢，懸諸社稷㊱門之左。

然後，卜王太子名，上毋㊲取於天，下毋取於地，毋取於名山通谷㊳，毋悖㊴於鄉俗。是故君子名難知㊵而易諱㊶也，此所以養恩㊷之道也。」

【章　旨】此段引青史氏論太子胎教，包括后妃懷孕、行懸弧之禮、為太子命名等。

【注　釋】❶青史氏　當是古代史官，姓名不詳。「青史」就是史冊的意思。《漢書・藝文志》著錄小說家《青史子》五十七篇。❷有身　指懷孕。❸就　往；到。❹蔞室　宮室名。《大戴禮記》作「宴室」。盧注「亦曰側室」。❺太師　古代朝廷三公之一，天子的老師。本書〈保傅〉：「師，道之教訓。」❻銅　一種樂器。❼御　侍奉。❽戶左　蔞室門的左邊。❾太宰　膳夫；為天子烹調膳食的主管人。❿斗　一種炊具。⓫太卜　為天子掌管卜筮的人。⓬蓍龜　蓍草和龜甲。筮用蓍草，卜用龜甲。⓭比　及；到達。⓮三月　指入蔞室的三月，即懷孕滿十月，臨產之月。⓯聲音　指音樂。⓰撫樂　按住樂器。⓱習　熟練。⓲正味　按時令供應的菜餚。王聘珍《大戴禮記解詁》引《食醫職》說：「春多酸，夏多苦，秋多辛，冬多鹹。」⓳苛　負。《大戴禮記》作「倚」。⓴聲　指王太子的哭聲。㉑中　合。㉒某律　某音律。㉓滋味上某　應該用哪一種菜餚。滋味，菜餚之味。上，同「尚」。㉔命　指太子承受的天命。㉕云　是。㉖懸弧之禮義　舉行懸弧的儀式。古時天子生太子，就把弓懸掛在門的左邊，並舉行射禮。《禮記．內則》說：「射人以桑弧蓬矢六射天地四方。」弧，一種木製的弓。義，通「儀」。㉗梧　梧桐樹。㉘草　百草：植物的通稱。按古陰陽五行的理論，把五行（水、火、木、金、土）與一定的方位、事物（如五牲、五臟、五木）、顏色相配，用以預測吉凶。㉙棘　酸棗樹。㉚彘　豬。㉛五弧五分矢　五弧各配五支箭。㉜中央高射　盧文弨注：「潭本、別本俱作『中央射中央』，今從建本。」㉝具　備。指射完畢。㉞諸　「之於」的合音詞。㉟四通門　四通八達的門。㊱社稷　社為土神，稷為五穀神，諸侯立國必以土地和五穀為重，故立社稷以象徵國家的建立。㊲毋　莫。㊳通谷　能通行的大谷。㊴悖　通「背」，逆。以上四個方面都是與人密切相關的，人們說話、行文不便於迴避，因此不適合給太子命名。㊵名難知　由於命名避開了人們熟知事物，所以難知。㊶易諱　容易迴避，所命名人們不熟知，所以容易迴避。諱，避忌。㊷養恩　使恩德長久流傳。養，長久。

【語　譯】青史氏說：「古代胎教的辦法，當王后懷孕，滿七個月就到蔞室獨居。太師拿著樂器在門左侍奉，太宰拿著斗具在門右侍奉，太卜拿著蓍草龜甲在正堂下侍奉，一般官吏都在門內按自己的職守侍奉。等到最後的月份，王后要求聽的音樂，如果不符合禮樂的規定，那麼太師就抱著樂器表明自己不熟悉；王后所要求吃的菜餚，如果不適於時令的規定，那麼太宰就負著斗具表示不敢煎調，並說不敢用這些東西來侍奉即將出生的王太子。太子生下哭泣，太師吹著銅樂，說太子的哭聲符合某一個音律；太宰說，太子吃的菜餚應以某味為最適宜；太卜說，太子的天命是如何如何的。

然後為王太子舉行懸弓的儀式。東方的弓用梧桐木製作，因為梧桐屬於東方的樹木，也屬於春天的樹木；所配的牲畜用雞，因為雞屬於東方的牲畜。南方的弓用柳製作，因為柳屬於南方的樹木，也屬於夏天的樹木；所配的牲畜用狗，因為狗屬南方的牲畜。中央的弓用桑製作，因為桑屬於中央的樹木；所配的牲畜用牛，因為牛屬於中央的牲畜。西方的弓用酸棗木製作，因為酸棗樹屬於西方的樹木，也屬於秋天的樹木；所配的牲畜是羊，因為羊屬於西方的牲畜。北方的弓用棗木製作，因為棗樹屬於北方的樹木，也屬於冬天的樹木；所配的牲畜是豬，因為豬屬於北方的牲畜。五方的弓分別配上五支箭，東方的弓射向東方，南方的弓射向南方，中央的弓向上發射，西方的弓射向西方，北方的弓射向北方，都各射三次。四方射完了，每方還餘下二支箭，就連弓一起懸掛在四通的城門左邊；中央的弓也射完了，還剩下的二支箭，連弓懸掛在社稷神廟門的左邊。

然後，太卜為王太子通過卜筮命名，對上不用天上的日月取名，對下不用地下的國邑取名，不用名山大谷取名，同時命名不要與鄉裏習俗相違背。因此關於君子的命名來源難於被人理解，但卻容易避忌，這就是長久保持恩德的辦法啊。」

正之禮❶者，王太子無羞臣❷，領臣之子❸也。故謂領臣之子也❹。身❺朝王者，妻朝后，之子❻朝王太子，是謂臣之子也❼。此正禮胎教也。周妃后妊❽成王於身，立而不跛❾，坐而不差❿，笑而不諠⓫，獨處⓬不倨⓭，雖怒不罵，胎教之謂也。成王生，仁者養之，孝者襁⓮之，四賢⓯傍⓰之。成王有知，而選太公為師，周公為傅，前有與計而後有與慮也。是以封於泰山⓱，而禪於梁父⓲，朝諸侯⓳，一⑳天下。由此觀之，主左右不可不練㉑也。

【章　旨】此段介紹對周成王的胎教，和為成王選擇左右輔佐。

【注　釋】❶正之禮　正確執行禮制。從此句起至「是謂臣之子也」文字多有不暢。盧文弨以為「此段文訛誤難曉」，因此下面的注釋和譯文都是勉強為之。❷無羞臣　無以臣為羞，即不要瞧不起臣。❸領臣之子　受大臣兒子的朝拜。❹故謂句　《諸子平議》以為此句及上三句中的「羞臣領」三字為衍文。故謂，所以說……的原因。重複上文引起下文推究原因。❺身　指臣子本人。❻之子　他們的兒子。❼是謂臣之子也　此句當脫一「領」字，作「是謂領臣之子也」。❽妊　懷孕。❾跛　偏站著，重心落在一隻腳。❿坐而不差　指坐著的姿勢兩腿不要不平衡。差，不齊。⓫諠　喧鬧；叫嚷。⓬處　居。⓭倨　箕坐。坐著兩腿直伸如箕形。⓮襁　背負小兒的背兜。這裏指背負。⓯四賢　指周公、太公、召公、史佚，又稱四聖。見本書〈保傅〉。⓰傍　靠近；在其周圍。⓱封於泰山　在泰山築土為壇以祭天。封，壘土為壇而祭。泰山在山東省境，為五嶽之尊。⓲禪於梁父　在梁父山剷平一塊土地祭大地。禪，同「墠」。除地為墠而祭。梁父，泰山下的小山。⓳朝諸侯　使諸侯朝。⑳一　統一。㉑練　選擇。

【語　譯】正確執行禮制的規定，王太子不要輕視大臣，還要受大臣兒子的朝見。所以叫做受大臣兒子的朝見，是因為按禮制規定，大臣本人朝見天子，大臣之妻朝見王后，他們的兒子朝見王太子，這就叫做受大臣兒子的朝見。這是正確執行禮制規定的胎教內容啊。周武王的妃后身孕成王，她站立的姿勢不偏斜，坐著雙腳不參差，笑時不大聲，獨居不箕倨，即使發怒也不大罵，這就叫做胎教啊。成王出生，由仁人哺育，由孝者負背，有四位賢人在周圍輔佐他。成王懂事時，選擇太公呂尚作太師，周公姬旦作太傅，前後都有為他出謀策劃的人。因此他作天子能赴泰山壘土為壇，舉行祭天的儀式，在梁父平整土地為墠，舉行祭地的儀式，使諸侯來朝見，統一天下。由此看來，君主左右輔佐的人不可不選擇啊！

昔禹❶以夏❷王❸，而桀❹以夏亡；湯❺以殷❻王，而紂❼以殷亡；闔閭❽以吳戰勝無敵，而夫差❾以之見❿禽⓫於越；文公⓬以晉伯⓭，而厲公⓮以見殺於匠麗之宮⓯；威王⓰以齊彊於天下，而簡公⓱以殺於檀臺⓲；穆公⓳以秦顯名尊號⓴，而二世㉑以劫於望夷之宮。其所以君王同而功迹不等者，所任㉒異也。

故成王處襁褓㉓之中朝諸侯，周公用事也。武靈王㉔五十而弒於沙丘，任李兌㉕也。齊桓公㉖得管仲，九合㉗諸侯，一匡㉘天下，稱為義主㉙。失管仲，任豎刁㉚，而身死不葬，為天下笑。一人之身榮辱具㉛施㉜焉者，在所任也。故魏有公子無忌㉝而削地復㉞，趙任藺相如㉟而秦兵不敢出，安陵㊱任周瞻㊲而國獨立，楚有申包胥㊳而昭王復反㊴，齊有陳單㊵而襄王得其國。由此觀之，無賢佐俊士㊶，能成功立名、安危㊷繼絕㊸者，未之有也。是以國不務㊹大而務得民心，佐不務多而務得賢者；得民心而民往之，得賢者而賢者歸之。

【章　旨】此段說明選任賢能的輔佐十分重要。

【注　釋】❶禹　夏禹，夏代的開國君主。❷夏　國號名，禹受舜禪有天下，國號夏，又稱夏后氏。❸王　稱王；統一天下。❹桀　夏代最後的一個君主，暴虐無道而亡國。❺湯　商湯，商代的開國君主。❻殷　商湯初即位，國號商，建都亳（河南商丘），後又幾經遷徙，至盤庚遷都到殷（河南安陽），因而商朝也稱殷朝。❼紂　商紂王，商朝最後的一個君主，以暴虐無道而亡國。❽闔閭　亦稱「闔廬」，春秋末年吳國君王。他在位時曾滅掉徐國，攻破楚都，顯威一時，後因秦兵援楚及其弟夫概的反叛而敗退。❾夫差　春秋末年吳國國君，闔閭的兒子，在位期間曾打敗越兵，迫使越國屈服，後又圖謀向北擴展，打敗齊兵，在黃池（河南商縣）和諸侯盟會，與晉爭霸，結果被越乘虛攻入吳都，國滅身死。❿見　被。⓫禽　同「擒」。⓬文公　即晉文公重耳，春秋前期晉國君主。在位期間曾在城濮之戰中大敗楚軍，在踐土（河南廣武）大會諸侯，成為霸主。⓭伯　音義同「霸」。⓮厲公　即晉厲公，為春秋中期晉國的君主，行為放侈，多寵幸胥童、夷羊五、長魚矯等人，與卿族矛盾激化，後來被晉欒書、中行偃所殺。事見《左傳》成公十七、十八年。⓯匠麗之宮　即匠麗氏之家。匠麗氏亦厲公所寵幸的大夫。⓰威王　即齊威王，戰國時齊國君主。他任用田忌為相進行改革，國勢漸強。任孫臏為軍師，在桂陵及馬陵之戰中大敗魏軍。⓱簡公　即齊簡公。春秋末期齊國君主。關於簡公被殺事，見《左傳》哀公十四年載：陳恆暴動時，簡公與婦人在檀臺飲酒。後來簡公在舒州被捕。是否又被解回檀臺殺死，文無明載。⓲檀臺　在臨淄東北一里。⓳穆公　即秦穆公。在位期間，任用百里奚、蹇叔、由余為謀臣，企圖稱霸。後在殽被晉軍襲擊，大敗。轉而向西發展，開地千里，遂霸西戎。因說，秦穆公為春秋五霸之一。⓴顯名　尊號　名號尊顯。㉑二世　即秦二世胡亥。秦始皇少子。秦始皇死，趙高、李斯假造遺詔繼位。項羽、劉邦起事後，劉邦攻下武關，趙高大恐，使其婿閻樂劫殺二世於望夷宮。㉒所任　所任用的輔佐。㉓襁褓　指年幼。襁，背小兒布兜。褓，包裹小兒的被子。㉔武靈王　即趙武靈王，戰國時期趙國的君主。在位期間，在軍事上為發展騎兵，改穿胡服，學習騎射，國力日益強盛，陸續攻滅了中山、林胡、樓煩。晚年廢太子公子章，傳位給王子何（即趙惠文王），自稱「主父」。後來在內訌中為李兌所圍困，餓死在沙丘宮。㉕李兌　公子何即位後為司寇，與宰相公子成共專國政。㉖齊桓公　春秋前期齊國君主，春秋五霸之一。他任用管仲為相，對內改革朝政，使國力富強。對外以「尊王攘夷」相號召，多次大會諸侯，訂立盟約，成為春秋五霸的第一位霸主。
㉗九合　多次會合。㉘匡　正。㉙義主　正義的君主。㉚豎刁　一作「豎貂」，齊桓公近臣。管仲死後，桓公任用豎刁、開方、易牙等佞臣，導致朝政紊亂，桓公死，五公子爭立，經過六十七天才安葬，屍蟲（蛆）爬到門外。本書〈連語〉：「任豎貂、易牙則餓死胡宮，蟲流而不得葬。」㉛具　都。㉜施　加。㉝公子無忌　即魏無忌，魏安釐王的異母弟，被封為信陵君。戰國四公子之一。㉞削地復　指魏安釐王三十年，魏無忌率五國之兵破秦軍於河外，乘勝驅逐秦軍至函谷關的事跡。㉟藺相如　戰國時趙國大臣，在秦、趙的對抗中以完璧歸趙、澠池之會大挫秦王的銳氣，維護了趙國的尊嚴，後來又忍讓老將廉頗，彼此成為知交。「先國家之急而後私仇」成為藺相如的名言。㊱安陵　即戰國時安陵君。安陵為五十里地的小封國，秦國欲兼併安陵，安陵君派唐且劫秦王保住了封地。㊲周瞻　不明何人。㊳申包胥　春秋後期楚國大夫。楚昭王時吳王闔閭攻破郢都，昭王出奔，申包胥赴秦求援，在秦庭哭了七天七夜，秦哀公受到感動出兵救楚，昭王復位。㊴反　同「返」。
㊵陳單　即田單，戰國時齊將。齊襄王時，燕將樂毅大舉攻齊，下七十餘城。田單行反間之計，撤換了樂毅，又用「火牛陣」擊敗燕軍，收復失地，被任為相國。下「而」字據程本補。㊶俊士　有才能的人。㊷安危　使危轉為安。㊸繼絕　使已滅亡的得以延續。㊹務　專力追求。

【語　譯】昔日夏禹王依靠夏統一了天下，夏桀王依靠夏卻招致了滅亡；商湯王依靠殷商統一了天下，商紂王依靠殷商卻招致滅亡；吳王闔閭依靠吳國作戰取勝、無敵於天下，吳王夫差依靠吳國卻為越所擒；晉文公依靠晉國作了霸主，晉厲公依靠晉國卻被殺於匠麗氏的家裏；齊威王依靠齊國稱強於天下，齊簡公依靠齊國卻被殺於檀臺；秦穆公依靠秦國名號尊顯，秦二世依靠秦國卻被殺於望夷宮。他們擁有同樣的國家而功績卻不一樣，原因就在於用人不同啊。

所以周成王在年幼時便有諸侯朝見，是由於有周公在朝執政啊。趙武靈王五十歲在沙丘宮被殺，是由於用了李兌啊。齊桓公得到了管仲，多次會合諸侯，把天下全部納入正軌，桓公被稱為正義的君主。管仲死了，任用豎刁，桓公死了後連屍體也無法埋葬，被天下人所恥笑。榮和辱落到同一個人頭上，原因就在於用人啊。所以魏國有了公子無忌，失去的土地就得以恢復；趙國任用藺相如，秦兵就不敢出關；安陵君任用周瞻，國家就得以獨立；楚國有了申包胥，楚昭王就能返國；齊國有了陳單，襄王就保住了他的國家。由此看來，一個君主如果沒有賢能的人輔佐，要想成就大事建立美名、轉危為安、轉亡為存的，是不可能的。因此，個國家不一定求大，而要求得民心；君主輔佐的人不一定求多，只要得到賢能的人。得民心的國家，民就歸往它；得賢才的君主，賢才就歸往他。

文王請除炮烙之刑❶而殷民從，湯去張網者之三面而二垂至❷，越王不頹舊塚❸而吳人服，以其所為順於人也。故同聲則處異而相應❹，意合則未見而相親，賢者立於本朝，而天下之士相率而趨❺之。何以知其然也？管仲者，桓公之讎也❻。

鮑叔以為賢❼於己而進❽之桓公，七十言說乃聽，遂使桓公除仇讎之心，而委❾之國政焉。桓公垂拱❿無事而朝諸侯，鮑叔之力也。管仲之所以趨桓公而無自危之心者，同聲於鮑叔也。

【章　旨】此段以鮑叔推荐管仲為例，說明君主用賢人會引來賢人，符合同聲相求的道理。

【注　釋】❶炮烙之刑　一種酷刑。《史記・殷本紀》載：「西伯出而獻洛西之地，以請除炮烙之刑。」❷湯去張網句　湯見張網捕獵的人四面張網，湯教他去掉三面，只留一面，因而使天下人受到感動，都來歸附。事見《史記・商本紀》。垂，同「陲」。邊疆。❸越王不頹舊塚　春秋末期，越王句踐攻破吳國後，保留吳王祖先的墳墓，爭得了民心。頹，毀壞。塚，墳。❹同聲則處句　《周易・乾卦文言》：「同聲相應，同氣相求。」物各從其類的意思。❺趨　投奔。❻管仲者二句　齊襄公死後，公子糾和公子小白爭位。管仲輔佐公子糾，鮑叔牙輔佐公子小白。管仲奉公子糾之命射小白，射中了小白的衣帶鉤，後來公子小白得勝即位，就是齊桓公。管仲得鮑叔牙的推荐，桓公任以為相。讎，同「仇」。指射鉤事。❼賢　超過。❽進　薦舉。❾委　委託；任用。❿垂拱　垂衣拱手，形容不費氣力。

【語　譯】周文王請求商紂王廢除炮烙的酷刑，就得到了殷代人民的擁護；商湯王要獵人去掉羅網的三面，東西邊境的人就來歸附；越王句踐不毀壞吳王祖先的墳墓，吳人心理就順服：因為他們所做的事都順從人心啊。所以相同的兩種聲音，即使不在一起也會相應，心意相合的人即使沒有見面也會相親，賢人在朝廷任事，天下的士人也會相邀投奔。為什麼知道是這樣呢？管仲是齊桓公的仇人，鮑叔牙認為管仲比自己強，就向桓公推薦，經過多次遊說桓公才聽從，於是使桓公化除了仇恨的心理，把國政交給了管仲。從此以後，桓公垂衣拱手毫不費力地使諸侯朝見，都是鮑叔牙的作用啊。管仲之所以投奔桓公不感到危懼，是由於與鮑叔牙有同聲相應的關係啊。

衛靈公❶之時，蘧伯玉❷賢而不用，彌子瑕❸不肖而任事。史鰌❹患之❺，數❻言蘧伯玉賢，而不聽。病且❼死，謂其子曰：「我即❽死，治喪於北堂❾。吾生不能進蘧伯玉而退❿彌子瑕，是不能正君⓫也。生不能正君者，死不當成禮⓬，死而置屍於北堂，於我足矣。」靈公往弔⓭，問其故，其子以父言聞。靈公戚然⓮易容⓯而寤⓰曰：「吾失⓱矣！」立召蘧伯玉而進之，召彌子瑕而退之，徙喪於堂，成禮而後去。衛國以治，史鰌之力也。夫生進賢而退不肖，死且未止，又以屍諫⓲，可謂忠不衰矣。

【章旨】此段介紹史鰌屍諫衛靈公任賢退不肖的事跡。

【注釋】❶衛靈公　春秋後期衛國君主。❷蘧伯玉　衛國大夫，名瑗。孔子在衛國之時，曾住過他家。❸彌子瑕　衛靈公的幸臣。❹史鰌　即史魚，衛國大夫，敢於忠言直諫。❺患之　以之為患；耽心這件事。

❻數　屢次。❼且　將。❽即　假如。❾北堂　正堂的後房，以供寢食。❿退　斥退；趕走。⓫正君　糾正君主的錯誤。⓬成禮　指按禮的規定治喪。⓭弔　弔喪。⓮戚然　憂傷的樣子。⓯易容　改變容貌。⓰寤　醒悟；明白。⓱失　錯。⓲屍諫　以殺身勸諫。

【語譯】衛靈公在位時，蘧伯玉賢能卻不被任用，彌子瑕不賢卻被重用。史鰌認為這是禍害，屢次推薦蘧伯玉而靈公不聽從。史鰌將死，對他的兒子說：「我假如死了，把我安置在北堂治喪。我活著時不能薦舉蘧伯玉斥退彌子瑕，是不能匡正君主的過錯。活著時不能匡正君主過錯的，死了不能按禮的規定在正堂治喪，把我的屍體安置在北堂就夠了。」靈公去弔喪，問為何安置在北堂，史鰌的兒子把父親的話告訴靈公。靈公醒悟，露出憂傷的面容說：「我錯了！」立刻令蘧伯玉上任，令彌子瑕退職，遷史鰌到正堂治喪，按禮的規定治喪後才離開。衛國因此得到治理，這是史鰌的作用啊。史鰌在世就主張任用賢人辭退不賢，臨死還不肯放棄，又用殺身來諫阻，可算是忠心不減了。

紂殺王子比干❶，而箕子❷被❸髮而佯❹狂；陳靈公❺殺泄冶❻，而鄧元❼去陳以族徙❽。自是之後，殷併於周，陳亡於楚。以其殺比干與泄冶，而失箕子與鄧元也。燕昭王得郭隗❾，而鄒衍❿、樂毅⓫自齊、魏至，於是舉兵而攻齊，棲⓬閔王⓭於莒⓮。燕度地⓯計眾⓰，不與齊均⓱也，然而，所以能信意⓲至於此者，由得士故也。故無常安之國，無宜⓳治之民；得賢者顯昌，失賢者危亡。自古及今未有不然者也。

【章旨】此段論述「得賢者顯昌，失賢者危亡」的道理。

【注釋】❶王子比干 商紂王的叔父。紂王淫亂不止，比干強諫，紂王剖其心而死。❷箕子 紂王諸父，見比干被殺，披髮裝瘋作奴僕，被紂王囚禁。❸被 通「披」。❹佯 假裝。❺陳靈公 春秋中期陳國君主。據《左傳・宣公九年》記載：陳靈公與大夫孔寧、儀行父私通夏姬，三人並穿著夏姬的內衣在朝廷上公開戲弄，泄冶諫阻不聽，反被殺害。❻泄冶 衛國大夫。❼鄧元 人名，《左傳》無載。❽族徙 家族遷徙。❾燕昭王 燕昭王為戰國時燕國君主，他在歷史上留下了招賢的美名。據《史記・燕召公世家》載：「燕昭王於破燕之後即位，卑身厚幣以招賢者。謂郭隗曰：『齊因孤之國亂而襲破燕，孤極知燕小力少，不足以報。然誠得賢士以共國，以雪先王之恥，孤之願也。先生視可者，得身事之。』郭隗曰：『王必欲致士，先從隗始。況賢於隗者，豈遠千里哉！』於是昭王為隗改築宮室而師事之。樂毅自魏往，鄒衍自齊往，劇辛自趙往，士爭趨燕。燕王弔死問孤，與百姓同甘苦。」郭隗，燕昭王的臣子，曾為昭王論招賢，並講了市馬之喻，成為萬世之美談。❿鄒衍 即騶衍，齊人，當時著名的思想家，時人有「談天衍」的說法。⓫樂毅 戰國時燕將。燕昭王時任為亞卿，曾率軍擊破齊國，先後攻下七十餘城，封為昌國君。燕惠王即位，中齊反間計，改用騎劫為將，樂毅出奔到趙國，封為望諸君。⓬棲 棲居。⓭閔王 即齊閔王，戰國時齊國的君主。⓮莒 齊國城邑。⓯度地 估量土地。⓰計眾 統計人口。⓱均 一樣。⓲信意 任意；隨意；順心如意。⓳宜 《諸子平議》說當作「恆」。

【語譯】商紂王殺死王子比干，箕子披髮裝瘋；陳靈公殺死泄冶，鄧元領著家族離開陳國。後來，商朝被周所併，陳國被楚所滅。因為他們殺死了比干和泄冶，失掉了箕子和鄧元啊。燕昭王重視郭隗，鄒衍、樂毅從齊國、魏國來到，於是發兵攻打齊國，齊閔王逃到莒邑躲藏。燕國估計土地和人眾，都趕不上齊國，然而，所以能順心如意到這種地步，是由於得到賢士的緣故。所以沒有長久安定的國家，沒有長久安定的百姓；得到賢士的國家就顯榮昌盛，失去賢士的國家就危險滅亡。從古到今，沒有不是如此的。

明鑑❶所以照形也，往古❷所以知今也。夫知惡❸古之所以危亡，不務❹襲迹❺於其所安存，則未有異於卻走❻而求及前人也。太公知之，故國微子之後❼，而封❽比干之墓。夫聖人之於聖者之死，尚如此其厚也，況當世存者乎！其弗失可知矣。

【章　旨】此段說明借鑑歷史的重要。

【注　釋】❶鑑　鏡子。❷往古　指古代歷史。❸惡　討厭。❹務　專力從事。❺襲迹　仿效往跡，探究歷史。❻卻走　退走。❼國微子之後　意思是分封商的後代微子為諸侯。國，指以國分封。微子，商紂王的庶兄。周滅紂並平定武庚之亂以後，為了不斷絕殷代的祭祀，把微子分封為宋國諸侯。❽封　指加高墳墓。壘土叫「封」。

【語　譯】清明的鏡子是用來照映形貌的，古代的歷史是用來了解今天的，如果只是知道討厭古代的危亡，不去專力探求古代所以安國存邦的道理，那麼就與向後退走心中卻想趕上前人，沒有什麼不同。太公懂得這個道理，所以把商的後代微子封為諸侯，加高王子比干的墳墓。聖人對已死的聖賢，尚且如此看重，何況當世活著的聖賢呢？當世的聖賢不會被忽視，這是可以肯定的了。

立後義 雜事

【題解】本篇前兩段談立世子的具體作法和重要意義，因用來作為篇名；後兩段談開利除害的合理和變古易常的不利，並表明作者的寫作意圖。

古之聖帝將立世子❶，則帝自朝服❷升自阼階❸上，西鄉❹於妃❺。妃抱世子自房出，東鄉。太史❻奉書❼西上堂，當兩階之間，北面立，曰「世子名曰某」者三❽。帝執禮稱辭❾，命世子曰「度太祖、太宗與社稷於子」❿者三。其命也，妃曰不敢者再⓫；於三命⓬，曰「謹⓭受命」，拜而退。太史以告太祝⓮，太祝以告太祖、太宗與社稷。太史出，以告太宰，太宰⓯以告州伯⓰，州伯命藏之州府⓱。凡諸貴⓲已下至於百姓男女，無敢與世子同名者。以此防⓳民，百姓猶有爭為君者⓴。

【章旨】此段介紹立世子的儀式。

【注釋】❶世子　傳位的嫡子。以其世代相傳，故稱世子。❷朝服　穿著上朝的服裝。❸阼階　殿前東邊的臺階，也是主人迎接賓客的地方。❹鄉　通「向」。❺妃　指世子生母。❻太史　帝王宮廷的史官。❼奉書　抱著記事的書冊。❽三　指三次。❾執禮稱辭　按禮的規定稱頌其辭。執，持守；按照。❿度太祖句　把祭祀太祖、太宗、社稷的權力交給世子。度，傳授。太祖，第一個創基業的先祖。太宗，繼承太祖事業的先祖。社稷，土神和五穀神，建國立邦必立社稷神，因而社稷也是國家的象徵。子，你。⓫再　兩次。⓬三命　第三次命令。⓭謹　表恭敬。⓮太祝　宗廟主管祭祀的官。《周禮》春官，掌六祝之辭以祈福祥。⓯太宰　在朝廷負責總領百官，又稱「冢宰」。⓰州伯　州長。《禮記・王制》：「天子於千里之外設方伯。二百一十國以為州，州有伯。」⓱州府　州所藏文書的府庫。⓲諸貴　指公卿貴人。⓳防　禁。⓴爭為君者　爭著按照世子相同之名來命名的。君，當指世子。世子為「儲君」。

【語　譯】古代的聖明天子將要立世子，自己穿上朝服從東階走上殿堂，面向西方對著妃子站著。妃子抱著世子從房中出，面向東方對著天子站著。太史抱著書冊從西階上堂，站在東西階的中間，面向北方站著，述說「世子的名字叫某某」，連說三次。天子遵照禮制規定的稱頌之辭，宣命世子說，「把祭祀太祖、太宗與社稷的權力傳授給你」，連續說三次。當天子宣布命令的時候，頭兩次妃子說不敢接受；當天子宣布第三次時，妃子才說「謹受命」，然後揖拜而退。太史把此事傳告太祝，太祝向太祖、太宗、社稷稟告。太史出殿，把立世子的事傳告太宰，太宰將此事宣告州伯，州伯宣命把立世子的文書保存在州府之中。凡屬公卿諸貴人以下直到男女百姓，沒有敢與世子命名相同的。用這種辦法來禁止百姓濫用名字，可是百姓仍然有爭著按照世子之名來命名的。

夫勢明❶則民定❷而出於一道❸，故人皆爭為宰相而不姦❹為世子，非宰相尊而世子卑也，不可以智求，不可以力爭也。今以為知子莫如父，故疾死置後❺者，恣❻父之所以❼。比❽使親戚不相親，兄弟不相愛，亂天下之紀❾，使天下之俗失，明尊敬而不讓❿，其道莫經於此⓫。疾死置後以嫡長子⓬，如此則親戚相愛而兄弟不爭，此天下之至義也。民之不爭，亦惟學王宮國君室也。

【章　旨】此段論述立世子的意義在於使天下不爭。

【注　釋】❶勢明　君臣上下的地位明確。❷民定　百姓安定。❸一道　一個道理。指立世子。❹姦　犯。❺疾死置後　將病死的人安排繼承人。❻恣　任隨。❼所以　所賴以信任的人。❽比　及；弄成。❾紀　紀綱；秩序。❿讓　謙讓。⓫其道莫經於此　此句可能文字有誤，盧文弨以為「經」疑當作「徑」。道，指形成以上弊端的原因。經，效法。此，指立世子。⓬嫡長子　正妻所生的第一個兒子。嫡，正妻。

【語　譯】君臣上下的地位明確，百姓就安定，都是相同的道理，所以人們都爭作宰相，而不冒犯爭當世子，並不是宰相高貴而世子卑賤，是因為世子是不能通過智慧求得，也不能通過武力爭得啊。現在都認為了解兒子的沒有誰能超過父親，所以父親病死安排繼承人，任隨父親的意思來挑選，以致造成親戚不相親，兄弟不相愛，攪亂天下的秩序，使天下喪風敗俗，懂得尊敬的道理卻不肯謙讓，這當中的原因就在於沒有效法立世子的辦法。病死安排繼承人用嫡長子，像這樣，親戚就會相愛、兄弟就會不爭，這是天下最高的道義啊。想要百姓之間不爭奪繼承權，也只有效法朝廷安排世子的辦法。

殷湯❶放❷桀❸，武王弒紂❹，此天下之所同聞也。為人臣而放其君，為人下而弒其上，天下之至逆❺也；而所以有天下者，以為天下開利除害，以義❻繼之也。故聲名稱❼於天下而傳於後世，隱其惡❽而揚其德美，立其功烈❾而傳之於久遠，故天下皆稱聖帝至治。其道之下❿，當天下之散亂，以強凌⓫弱，眾暴⓬寡，智欺愚，士卒罷⓭弊⓮，死於甲兵，老弱騷動⓯，不得治產業，以天下之無天子也。

【章　旨】此段論述以義易暴、為天下開利除害會得到天下人的擁護。

【注　釋】❶殷湯　商湯。盤庚遷殷，所以商又稱殷。❷放　放逐；驅趕。❸桀　夏代最後的一個君主。❹武王弒紂　周武王興兵討伐商紂，紂王自焚於鹿臺，武王斬首示眾。弒，以下殺上叫做「弒」。武王的父親文王為紂之三公，後為西伯，文王死，武王修文王緒業。文王、武王則皆為紂王臣屬，所以武王殺紂王叫「弒」。❺至逆　最大逆不道。❻義　大義；正義。❼稱　顯揚。❽惡　罪過。指放桀弒紂。❾烈　業績。❿其道之下　此句意義欠明，可能指湯武以後春秋戰國的情況。道，治。指湯武的至治。下，後來。⓫凌　侵犯。⓬暴　殘害。⓭罷　通「疲」。⓮弊　疲倦。⓯騷動　不安定。

【語　譯】商湯王放逐夏桀，周武王討伐商紂，這是天下人都知道的事。作為臣子放逐君主，作為下位討伐上位，這是天下最大逆不道的事。然而他們都取得了天下，原因是都替天開利除害，憑藉大義來繼承君位啊。所以他們的名聲顯揚於天下並且流傳後世，隱瞞他們的過失、宣揚他們的美德，成就他們的功績而且傳之久遠，所以天下都稱頌他們是聖明之帝，是至治之世。他們的至治之世過去了，天下處於散亂無紀，強大的侵犯弱小的，人多的殘害人少的，聰明的欺騙老實的，士卒疲弊，死於戰爭，老弱不安，不能從事生產，因為天下沒有天子啊。

高皇帝❶起於布衣❷而兼❸有天下，臣萬方諸侯，為天下辟❹，興利除害，寢❺天下之兵❻，天下之至德也。而天下莫能明高皇帝之德美，定功烈❼而施❽之於後世也，故天下猶行弊世❾德與其功烈風俗也。夫帝王者，莫不相❿時而立儀⓫，度⓬務而制事⓭，以馴⓮其時也。欲變古⓯易常⓰者，不死必亡，此聖人之所制⓱也。惡⓲民更之，故拘⓳為書，使結之也⓴，所以聞於後世也。

【章旨】此段說明寫作此篇的原因在於避免後世變古易常，不遵聖法。

【注釋】❶高皇帝　指漢高祖劉邦。❷布衣　平民百姓。❸兼　兼併統一。❹辟　君。❺寢　停息。❻兵　指戰爭。❼功烈　事業。❽施　流傳。❾弊世　衰敗之世。❿相　觀察。⓫儀　禮制。⓬度　估計；衡量。⓭制事　辦事。⓮馴　通「順」。⓯變古　改變古制。⓰易常　改變常法。⓱制　制訂。⓲惡　憎恨；討厭。⓳拘　約；集中。⓴使結之也　可能有誤，盧文弨說，「結」疑當作「誥」。《斠補》以為當作「詰」。結，聚結；固定。

【語　譯】高皇帝劉邦從一個平民百姓興起統一天下，使萬方諸侯臣服，作天下的君主，興利除害，平息天下的戰亂，這是天下最高的德行啊。可是天下沒有人能了解高皇帝的美德，成就他的功績以流傳到後世。所以天下仍然流行衰敗之世的道德與事業風俗。作為帝王，沒有不觀察形勢確立禮儀、衡量形勢來制訂事規，以順乎時代潮流。如果想改變古制和常法，即令君主本人不死，國家也要滅亡，因為這是聖人所制訂的啊。我憎恨世人改變聖人的法制，所以加以搜集整理載入書冊，使它固定下來，目的是讓後世的人知道啊。

附錄一 賦

弔屈原賦並序

【題解】正當賈誼為朝廷改革各項制度，深得漢文帝信任，並準備提昇他任公卿之位的時候，他受到朝廷一般老臣的讒毀，說「洛陽之人年少初學，欲專擅權，紛亂諸事」。於是文帝三年，被派往長沙，作長沙王吳差的太傅。當時的長沙是南方一個偏僻的城市，地勢卑溼，吳差又是當時保留下來唯一的異姓侯王，勢力小，不被重視。要賈誼作長沙王太傅，實際是被貶謫。因而當他來長沙道經屈原沉江的地方，自感身世與屈原相似，於是寫了這篇賦，借哀悼屈原來抒發自己胸中的憤懣。賈誼是漢初騷體賦的代表作家，而這篇賦堪稱騷體賦的代表作品。〈弔屈原賦〉見於《史記》、《漢書》和《文選》，本賦正文根據《文選》。

誼為長沙王太傅❶，既以❷謫❸去，意不自得，及渡湘水❹，為賦以弔❺屈原❻。屈原，楚賢臣也，被讒放逐❼，作《離騷》❽賦，其終篇曰：「已矣哉！國無人兮，莫我知也。」❾遂自投汨羅❿而死。誼追傷之，因自喻。其辭曰：

【章　旨】此段文字見於《漢書・賈誼傳》，為班固所寫，《文選》作為序言用以介紹賈誼寫本篇的背景。

【注　釋】❶太傅　作君主的老師，負責道德方面的教育。本書〈保傅〉：「傅，傅之德義。」❷以　通「已」。❸謫　貶官。❹湘水　又稱「湘江」，流經長沙，下入洞庭。❺弔　慰問死者。❻屈原　戰國時期楚國偉大愛國詩人。他生活在楚懷王和頃襄王朝，因對內堅持改革弊政，對外堅持聯齊抗秦，受到黨人讒毀，楚懷王時被流放於漢北，頃襄王時被流放於江南，最後自沉汨羅江而死。❼被讒放逐　蒙受讒言而遭放逐。兩次進讒者都是上官大夫。屈原遭放逐也是兩次。寫《離騷》時屬第一次放逐，自投汨羅則屬第二次放逐，從屈原詩歌本身可以得到證實。然而從司馬遷到班固的敘述皆欠清晰，以致後來學術界產生分歧，迄無定論。❽離騷　屈原著名的詩篇，為我國古代第一首長篇抒情詩，在詩中塑造了第一個高潔的自我形象。❾已矣哉三句　《離騷》末作「亂曰：已矣哉！國無人莫我知兮，又何懷乎故都！既莫足與為美政兮，吾將從彭咸之所居」。❿汨羅　汨羅江，湘江的支流。由汨水和羅水在湘陰縣東北會合，再注入湘江。

【語　譯】賈誼作長沙王太傅，已遭貶謫離開朝廷，心情有些不適應，等到渡湘水，寫了一篇賦來弔祭屈原。屈原是楚國的賢臣，因讒言而遭放逐，作了《離騷》這篇長詩。詩的結尾說：「算了吧！楚國沒有賢臣啊，沒有人了解我啊。」於是就投汨羅江自殺了。賈誼懷著哀痛的心情追念屈原，並用這篇賦來表明自己。賦的內容是：

恭承嘉惠❶兮，俟罪❷長沙。側聞❸屈原兮，自沈汨羅。造託湘流兮，敬弔先生❹。遭❺世罔極❻兮，乃殞❼厥身。嗚呼哀哉！逢時不祥❽。鸞鳳❾伏❿竄⓫兮，鴟梟⓬翱翔。闒茸⓭尊顯兮，讒諛⓮得志；賢聖逆曳兮，方正倒植⓯。世謂隨⓰、夷⓱為溷⓲兮，謂跖、蹻⓳為廉；莫邪⓴為鈍㉑兮，鉛刀為銛㉒。吁嗟㉓默默㉔，生㉕之無故㉖兮。斡㉗棄周鼎㉘，寶康瓠㉙兮。騰駕罷㉚牛，驂㉛蹇㉜驢兮。驥㉝垂兩耳，服鹽車㉞兮。章甫㉟薦履㊱，漸㊲不可久兮。嗟苦先生，獨離㊳此咎兮。

【章　旨】此段揭露屈原所處時代的黑暗：讒諛得志，方正倒植。

【注　釋】❶恭承嘉惠　指被貶長沙而言。承，受。嘉惠，美好的恩德。❷俟罪　待罪。古人稱居官為「待罪」。❸側聞　從旁聽到。側，用以表示謙敬。❹造託湘流兮二句　自己到了湘水之濱，寄情湘流敬弔屈原。造，到。❺遭　遇上。❻罔極　沒有標準；沒有是非。❼殞　死掉。❽祥　吉利。❾鸞鳳　古代傳說中的一種吉祥鳥。❿伏　躲藏。⓫竄　逃跑。⓬鴟梟　即貓頭鷹。⓭闒茸　微賤的人。章太炎《新方言・釋言》：「闒為小戶，茸為小草，故並舉以狀微賤也。」⓮讒諛　說人壞話阿諛逢迎的人。⓯賢聖逆曳兮二句　說明賢聖君子遭到殘害的情況。逆曳，倒拖。方正，廉正不阿的人。倒植，倒立。⓰隨　卞隨，殷初賢士，據傳商湯要把天下讓給他，他以為可恥，於是投水而死。⓱夷　伯夷，殷末賢士，孤竹君之長子。周武王準備伐紂，他和叔齊扣馬而諫，武王克殷，不食周粟，隱於首陽山，飢餓而死。⓲溷　混濁。⓳跖蹻　皆古代傳說中的大盜。

⑳莫邪　古良劍名。㉑鈍　不鋒利。㉒銛　鋒利。㉓吁嗟　感嘆詞。㉔默默　失意的樣子。㉕生　先生。指屈原。㉖無故　無因。指無因而遭放逐。㉗斡　轉；反。㉘周鼎　周代的傳國重器。鼎為古代三足兩耳的炊具。㉙康瓠　破瓦盆。㉚罷　通「疲」。㉛驂　古代四匹馬駕車，中間兩馬叫「服」，兩旁的馬叫「驂」。㉜蹇　跛腳。㉝驥　駿馬。㉞服鹽車　指從事笨重的勞動。㉟章甫　禮帽。㊱薦屨　墊鞋。㊲漸　進。㊳離　遭遇。同「罹」。

【語譯】我恭敬地承受聖主的恩德啊，在長沙任職。聽說屈原啊，投汨羅江而身亡。到湘江之濱囑託流水啊，恭敬地憑弔先生。身逢亂世沒有公正之理啊，終於招致身亡。嗚呼哀哉！正遭逢不善的時代。鸞鳳到處躲藏奔竄啊，貓頭鷹自由翱翔。無能的微賤之輩尊貴顯赫啊，讒毀阿諛之徒意氣飛揚；賢能聖明的人橫遭打擊啊，廉正不阿的人飽受折磨。說卞隨、伯夷貪婪啊，說盜跖、莊蹻清廉。說莫邪寶劍不鋒利啊，鉛刀倒是鋒利。唉！一生都不順意，先生無故而遭禍啊。反而拋棄周代的寶鼎，把破瓦盆當作寶貝啊。用疲乏的馬拉車奔跑，跛腳的驢兒作兩驂啊；讓千里馬低頭垂耳，拉著笨重的鹽車啊。禮帽用來墊鞋底，行進不能長久啊。唉！苦了先生，獨自遭受這樣的災禍啊！

訊曰❶：已矣！國其莫我知兮，獨壹鬱❷其誰語❸？鳳漂漂❹其高逝❺兮，固自引❻而遠去。襲❼九淵❽之神龍兮，沕❾深潛以自珍。偭❿蟂獺⓫以隱處兮，夫豈從蝦⓬與蛭⓭螾⓮？所貴聖人之神⓯德兮，遠濁世而自藏⓰。使騏驥⓱可得係而羈⓲

兮，豈云異乎犬羊？般紛紛⑲其離⑳此尤㉑兮，亦夫子之故㉒也。歷㉓九州而相㉔其君兮，何必懷此都㉕也？鳳凰翔於千仞㉖兮，賢㉗德輝㉘而下之。見細德㉙之險徵㉚兮，遙曾擊㉛而去之。彼尋常㉜之汙瀆㉝兮，豈能容夫吞舟之巨魚！橫江湖之鱣㉞鯨兮，固將制於螻蟻㉟。

【章　旨】此段箴規屈原早該離開楚都去尋求志同道合的君主，並表達作者「遠濁世而自藏」的處世思想。

【注　釋】❶訊曰　與《離騷》等篇的「亂曰」用法相同，有概括篇旨之義。訊，《漢書》作「誶」，勸告。訊、誶義同。❷壹鬱　抑鬱；憂愁。❸誰語　語誰；同誰說。❹漂漂　《漢書》作「縹縹」，輕舉貌。❺逝　飛去。❻自引　自己引退。❼襲　效法。❽九淵　深淵。❾沕　深藏的樣子。❿偭　背離。⓫蟂獺　食魚的水生動物。⓬蝦　蛤蟆。⓭蛭　螞蟥。⓮螾　同「蚓」。蚯蚓。⓯神　明。⓰自藏　保全自己。⓱騏驥　《漢書》作「麒麟」，古代傳說中的一種仁獸。從《漢書》為宜。因為前面既說「驥垂兩耳兮服鹽車」，就不存在假設的問題。⓲羈　馬絡頭。⓳般紛紛　形容雜亂而紛繁。⓴離　遭遇。㉑尤　罪過。㉒故　緣故。指堅持高潔。㉓歷　遍行。㉔相　觀看；考察。㉕都　指楚國郢都。㉖仞　長度單位，一仞七尺，或謂八尺。㉗賢　《漢書》作「覽」，當從。㉘德輝　指君主德行的光輝。㉙細德　卑微之德。㉚險徵　凶兆。㉛曾擊　高飛。曾，通「層」。高。擊，展翅擊空。㉜尋常　八尺叫「尋」，一丈六尺叫「常」。㉝汙瀆　臭水溝。㉞鱣　鱘一類的大魚。㉟螻蟻　螻蛄和螞蟻。

【語　譯】有人勸告說：算了罷！國內可能沒有人了解我啊，獨自憂傷向誰訴說呢？鳳凰翩翩高飛，本來自己就要遠遠離去。藏在深水中的神龍啊，深深潛藏自我保重；離開水獺隱居起來啊，難道還能與蛤蟆、螞蟥、蚯蚓一起生活？所崇尚的是聖人的明德啊，遠遠離開這個污濁的世界自我隱藏。假如麒麟也能用繩索縛住，難道與犬羊有什麼不同嗎？世道紛亂遭到如此罪責啊，也是先生自己廉正不阿的緣故。走遍九州去尋求聖君啊，為什麼定要懷念楚都呢！鳳凰在高空飛翔啊，看到了美德的光輝才肯降下；發現無德的凶兆啊，就奮翅高飛遠遠離開。那小小的臭水溝啊，怎麼容得下吞舟的大魚！橫行江湖的鱣魚鯨魚啊，不小心就會受到螻蛄和螞蟻的控制！

鵩鳥賦 並序

【題解】本篇是賈誼謫居長沙時所作。一天，有鵩鳥飛到賈誼室內。鵩鳥像貓頭鷹，按當時長沙的習俗，鵩鳥進入室內，主人就要死亡。賈誼既因身遭貶謫而不如意，又加上不祥之鳥飛入室內，更增添了抑鬱憂傷的情緒，於是寫了這篇賦。賦中假托作者與鵩鳥對話，表達了懷才不遇的抑鬱不平，同時用宇宙流變不居、禍福同域以及人生偶然、死生齊同的道家哲學來作自我寬解。

這篇賦主要是騷體，但在句式上有所突破，並用對話的形式來表現，成為騷體向散體大賦轉化的開端。本篇見於《史記》、《漢書》及《文選》，本賦正文依據《文選》。

誼為長沙王傅，三年❶，有鵩❷鳥飛入誼舍，止於坐隅❸。鵩似鴞❹，不祥鳥也。誼既以❺謫居長沙，長沙卑濕❻，誼自傷悼❼，以為壽不得長，迺❽為賦以自廣❾。其辭曰：

【章旨】此段文字見於《漢書・賈誼傳》，為班固所寫，《文選》作為序言用以介紹賈誼寫本篇的背景。

【注　釋】❶三年　當漢文帝六年。❷鵩　《漢書》作「服」，同「鵩」。《文選》李善注引晉灼說：「《巴蜀異物志》曰：『有鳥小如雞，體有文色，土俗因形名之曰鵩，不能遠飛，行不出域。』」❸坐隅　座位角。❹鴞　鴟鴞，一種惡鳥，即貓頭鷹。❺以　因。❻卑濕　地勢低下而潮濕。❼悼　懼怕。❽迺　同「乃」。❾自廣　自寬。

【語　譯】賈誼任長沙王太傅的第三年，有鵩鳥飛入賈誼的室內，並停留在座位角上。鵩鳥像鴟鴞，是一種不吉祥的鳥。賈誼已因謫官到長沙，長沙地勢低下而潮濕，自己感到哀傷而畏懼，以為自己的壽命不會長久，於是作了這篇賦來自我寬慰。賦的內容是：

單閼❶之歲兮，四月孟夏❷。庚子❸日斜❹兮，鵩集❺予舍。止于坐隅兮，貌甚閑暇❻。異物來萃❼兮，私❽怪❾其故。發書❿占之兮，讖⓫言其度⓬，曰：「野鳥入室兮，主人將去。」⓭請問于鵩兮：「予去何之⓮？吉乎告我，凶言其災。淹速⓯之度兮，語⓰予其期。」鵩迺嘆息，與首奮翼；口不能言，請對以臆⓱：

【章　旨】此段介紹鵩鳥入室的本事及作者不安的心態。

【注　釋】❶單閼　古人用天象紀年。歲星（即火星）在天空運行一周，約歷時十二年。但是歲星是逆時針方向運行的，與子、丑、寅、卯等十二個方位的順序不合，因而便假想有個太歲星，配合歲星順時針方向運行。

當太歲在寅位（正東偏北）就叫「攝提格」，當太歲在卯位（正東方）就叫「單閼」。單閼這年是漢文帝六年，即丁卯年。❷孟夏　即四月。❸庚子　四月的庚子日。❹日斜　太陽偏西。❺集　棲止。❻閑暇　從容而不驚懼的樣子。❼萃　止。❽私　暗自。❾怪　疑。❿書　指供占卜的書。⓫讖　預言吉凶的話。⓬度　數；定數。⓭野鳥入室兮二句　這二句是占卜書中所載。去，離開；死去。⓮之　往。⓯淹速　指死的遲早。淹，遲。⓰語　告訴。⓱口不能言二句　鵩鳥不能言，請用心中所想來回答。臆，胸。

【語　譯】單閼這年啊，初夏的四月；庚子這天太陽西斜啊，有鵩鳥飛入室內。停在我的座側啊，樣子十分閒暇。怪異之物來到啊，我對這件事的緣由暗自感到奇怪。打開占卜之書來占卜啊，讖語預言未來的遭遇：「野鳥飛入室內啊，主人將要離開。」我向鵩鳥請教啊：「我離開這裏到哪裏去呢？如有吉祥的事，請告訴我，如果不吉祥，也請說說未來的災禍。我的壽命是長還是短啊，請告訴我的期限。」鵩鳥於是嘆息，昂頭振翼；有口不能說話，表示願以心中的想法作答：

「萬物變化兮，固無休息。斡流而遷兮，或推而還❶。形氣❷轉續❸兮，變化而嬗❹。沕穆❺無窮兮，胡可勝❻言！禍兮福所倚，福兮禍所伏❼；憂喜聚門❽兮，吉凶同域❾。彼吳強大兮，夫差以敗；越棲會稽兮，句踐霸世❿。斯⓫游⓬遂⓭成兮，卒被⓮五刑⓯。傅說⓰胥靡⓱兮，迺相武丁。夫禍之與福兮，何異糾纆⓲；命不可說兮，孰知其極⓳！水激⓴則旱㉑兮，矢㉒激則遠；萬物迴薄兮，振盪相轉㉓。

雲蒸㉔雨降㉕兮，糾錯㉖相紛㉗；大鈞㉘播物㉙兮，坱圠㉚無垠㉛。天不可預慮兮，
道㉜不可預謀；遲速有命兮，焉㉝識其時！

【章　旨】此段從宇宙萬物流轉不定的角度說明福禍相倚、吉凶同域的道理，因而未來的事不可預謀。

【注　釋】❶萬物變化兮四句　說明萬物循環變化不息。斡流，運動變化。斡，運轉。推，推動。還，回；復原。❷形氣　指有形的物和無形的氣。❸轉續　連續轉化。❹蟺　蛻化。❺沕穆　精微深遠的樣子。❻勝　盡。❼禍兮福所倚二句　說明禍福相因並各自向對方轉化。見於《道德經》五十八章。倚，依靠。伏，藏。❽聚門　聚集在同一門內。❾同域　同一地域。❿彼吳強大兮四句　用春秋末期吳、越相爭的史事說明成敗得失互相轉化的道理。夫差，春秋末期吳國君主，曾打敗越軍，攻下越都，迫使越國屈服。後來越國復仇滅吳，夫差自殺。會稽，會稽山，在浙江省境。句踐，春秋末期越國君主。他被夫差打敗後，屈服求和，退居會稽，臥薪嘗膽，經過十年生聚，十年教訓，終於滅了吳國，並大會諸侯，成為霸主。⓫斯　李斯，曾任秦國客卿，秦統一後任丞相。秦始皇死，協同趙高矯遺詔立二世，後被趙高所殺。⓬游　宦游；作官。⓭遂　成。⓮被　蒙受。⓯五刑　五種殘酷的肉刑。《漢書・刑法志》載：「當三族者，皆先黥、劓，斬左右趾，笞殺之，梟其首，菹其骨於市，其誹謗詈詛者，又先斷舌，故謂之具五刑。」漢承秦法，漢的五刑可能與秦相近。按《史記・李斯列傳》載：「二世二年七月，具斯五刑，論腰斬咸陽市。」則非死於笞殺，而死於腰斬。⓰傅說　原是在傅巖版築的奴隸，後被殷高宗武丁發現，任以為相。⓱胥靡　古代的一種刑罰，即把罪人相繫在一起服勞役。胥，相。靡，繫。⓲糾纆　繩索。兩股搓成的叫「糾」，三股搓成的叫「纆」。⓳極　終極。⓴激　指受外力激發。㉑旱　通

「悍」。強悍，形容水的洶湧。㉒矢　箭。㉓萬物迴薄兮二句　萬物都在不斷變化，互相激盪、轉化；人事中的吉凶禍福也是互相轉化而不可分離。迴，迴環。薄，迫；撞擊。振，同「震」。轉，轉化。㉔蒸　受熱而上升。㉕降　遇冷而下降。㉖糾錯　糾纏交錯在一起。㉗紛　亂。㉘大鈞　指自然。鈞，製作陶器的轉輪。大自然形成萬物就好比轉輪製作陶器一樣。㉙播物　播生萬物。㉚坱圠　無邊際的樣子。㉛垠　邊際。㉜道　指天道，或天的規律。㉝焉　何。

【語　譯】「萬物變化啊，本來就沒有停息。旋轉變遷啊，推到極限又回復到原處。形與氣連續轉化啊，變化就如蟬的蛻化。精微深遠無窮無盡啊，語言怎能把它全部表述！禍啊是福產生所倚靠的，福啊它內部潛藏著禍。憂喜在一門啊，吉凶同在一地。那吳國強大了啊，夫差卻依憑它而敗亡；越國敗困於會稽山啊，句踐卻終於稱霸。李斯宦遊成功了啊，最後卻備受五刑；傅說被罰服苦役啊，後來卻輔佐武丁。那禍與福啊，與糾結在一起的繩索有什麼區別！命運是不可解釋清楚的啊，誰知道它的究竟。水受沖擊就會變得迅猛啊，箭用力發射就會飛得很遠。萬物迴環撞擊啊，產生震盪而轉化；氣蒸發而為雲、下降而為雨啊，糾結交錯亂紛紛；大自然形成萬物啊，變化無窮無盡。天的變化不可預測啊，道的變化不可預謀。生命長短自有命運啊，怎能知道它的限期！

「且夫天地為鑪❶兮，造化為工❷；陰陽為炭兮，萬物為銅❸。合散❹消息❺兮，安有常則❻？千變萬化兮，未始❼有極❽。忽然❾為人兮，何足控摶❿？化為異物⓫兮，又何足患⓬！小智⓭自私兮，賤彼⓮貴我⓯；達人⓰大觀⓱兮，物無不可⑱。貪夫殉⑲財兮，烈士⑳殉名。夸者㉑死權㉒兮，品庶㉓每㉔生。怵㉕迫㉖之徒兮，或趨西東㉗；大人㉘不曲㉙兮，意變齊同㉚。愚士繫俗㉛兮，窘㉜若囚拘㉝；至人㉞遺物㉟兮，獨與道俱㊱。眾人惑惑㊲兮，好惡㊳積億㊴；真人㊵恬㊶漠㊷兮，獨與道息㊸。釋智㊹遺形㊺兮，超然㊻自喪㊼；寥廓忽荒㊽兮，與道翱翔㊾。乘流則逝兮，得坻則止㊿；縱軀(51)委命(52)兮，不私與己(53)。其生(54)兮若浮(55)，其死兮若休(56)；澹乎若深淵之靜(57)，泛乎若不繫之舟(58)。不以生故自寶(59)兮，養空而浮(60)；德人(61)無累(62)，知命(63)不憂。細故蔕芥(64)，何足以疑！」

【章旨】此段從人生偶然的角度，來說明死生得失不必計較，對人生應持「意變齊同」、「知命不憂」的態度。

【注釋】❶鑪　治煉之鑪。此下共十二句，用道家的創世論來說明人是怎麼產生的，應該以怎樣的態度對待人生。《莊子．大宗師》載：「今之大冶鑄金，金踊躍曰『我且必為鏌鋣』，大冶必以為不祥之金。今一犯人之形，而曰『人耳人耳』，夫造化者必以為不祥之人。今一以天地為大鑪，以造化為大冶，惡乎往而不可哉！」❷工　指從事治煉的工匠。❸陰陽為炭二句　古人認為陰陽二氣是鑄造萬物的兩種對立的原質，通過陰陽交合便產生了萬物。這裏把陰陽比喻為炭，把萬物比喻為銅。❹合散　聚與散。❺消息　消與長。❻常則　一定的規律。❼未始　未嘗。❽極　終極。❾忽然　偶然。❿控摶　控，引。摶，持。引持，具有貪戀珍惜之意。⓫異物　指人類以外的東西。⓬患　憂患。⓭小智　小智慧，目光短淺的人，道家以世俗的人為小智。⓮賤彼以他人為賤。⓯貴我　以自己為貴。⓰達人　通達物理和世務的人。⓱大觀　心胸開闊，目光遠大。⓲物無不可　就造化者造物而言，把自己造成人或者他物，都沒有什麼關係；就自己的遭遇而言，遇上禍或者遇上福，都沒有什麼關係。⓳殉　以身從物叫「殉」。⓴烈士　懷有雄心壯志的人。在道家看來，烈士追求功名也是不值得的。《道德經．四十四章》說：「名與身孰親？身與貨孰多？」《莊子．駢拇》載：「伯夷死名於首陽之下，盜跖死利於東陵之上，二人者，所死不同，其於殘生傷性均也。」㉑夸者　貪求虛名的人。㉒權　權勢。㉓品庶　眾庶；一般人。㉔每　貪。㉕怵　指為利所誘。㉖迫　指為貧賤所迫。㉗趨西東　東奔西走，唯利是趨。西東，原作「東西」，據《史記》改。㉘大人　心胸弘曠、道德修養高尚的人。㉙曲　通「屈」。指屈於物欲，如追求名利等。㉚意變齊同　千變萬化的事物包括名利種種，在大人眼裏都是齊一而不加區別的。這就是莊子齊物的思想。意，通「億」。《史記》作「億」。㉛繫俗　為世俗所牽掛。㉜窘　困窘；不自由。㉝囚拘　受束縛的囚犯。㉞至人　至德之人；道德修養最高的人。㉟遺物　忘卻物累，包括忘卻世俗名利等等。㊱與道俱與大道同存，不脫離大道。俱，共同。㊲惑惑　迷惑；糊塗。㊳好惡　喜好和憎惡。㊴億　通「臆」。胸。㊵真人　道德修養純真的人。《文選》李善注引《文子》：「得天地之道，故謂之真人。」㊶恬　安。㊷漠靜。㊸與道息　指與大道同處。息，止。㊹釋智　道家否定智慧，認為人萌生智慧，就變得狡詐、弄虛作假，失去真樸的本質。釋，放下；拋棄。㊺遺形　忘卻形骸。把自己活生生的軀體也忘卻，就不會為私利己了。莊子所謂「離形去智，同於大通」就是這個意思。㊻超然　超脫世俗無所牽累的樣子。㊼自喪　忘卻自己。㊽寥廓忽荒　是對道的境界的描繪，也是對至人、真人等道家理想人物精神境界的描繪，即寂寥、空闊、不執著於有無。寥廓，寂靜空闊。忽荒，同「恍惚」。若有若無的樣子。㊾翱翔　飛行；同游。㊿乘流則逝兮二句　人生好像浮舟，遇流則流，逢洲則止，自己不必去操心。逝，去。坻，水中小洲。(51)縱軀　拋開身軀。(52)委命委託於命運。53不私與己　不私愛身軀，不把它作為自己所有。54生　活著。55浮　漂浮。56休　息。57澹乎若深淵之靜　人死了就像深淵之靜。澹，安靜。淵，原作「泉」，據《史記》改。58泛乎若不繫之舟　人活著就像不繫之舟，死生都不必介意。泛，浮游，船隨水漂流叫「泛」。59自寶　珍視自己的生命。60養空而浮　培養空虛的心靈，一切都不在意，視人生如浮舟。61德人　得道的人。以上所謂「達人」、「大人」、「至人」、「真人」、「德人」都是道家的理想人物。62無累　不受世俗牽累。63命　命運。64細故蔕芥　比喻鵬鳥入室這類令人不快的小事。故，事。蔕芥，鯁刺；堵塞在喉中的小刺。

【語譯】「天地是座大熔鑪啊，自然就是冶煉的工匠；陰陽就是供冶煉的炭啊，萬物就是供鑄造的銅。事物聚散消長啊，哪有一定的規律。千變萬化啊，從來就沒有止境。偶然變成了人啊，哪裏值得留戀；死後變成異物啊，又哪裏值得憂慮！目光短淺的人只顧私利啊，輕視他人重視自己；通達的人視野開闊啊，認為萬物齊同無所不宜。貪財的人為財而死啊，重義的人為名而亡。貪慕名利的人為追求權勢而死啊，一般的人則惡死而貪生。受利益所誘、為貧賤所迫的人啊，因逐利而東奔西走。道德高尚的大人不屈從物欲啊，對萬物視為齊一而不加區別。愚笨的人為世俗所牽累啊，困窘得像個受束縛的囚徒；至德的人能忘卻萬物啊，獨與大道共存。眾人糊塗不清啊，心胸積滿了好惡；德真不渝的人安於淡泊啊，獨與大道同處。去智忘形啊，超脫世俗忘卻自身。寂靜、空闊、恍惚的心境啊，與大道同游。浮舟於水就順流而去啊，遇上小洲就自然停止。把身軀交給命運啊，不把它視為私有。活著啊就好比隨流漂浮，死了啊就好比停下休息；寧靜啊就好比平靜的深淵，漂浮啊就好比不繫的小船。不因為活著就自我珍惜啊，要保養空虛視人生如浮寄的心靈。德人沒有世俗牽累啊，知道一切由命運安排就不會憂愁。細小的不快之事，有什麼值得疑慮！」

旱雲賦

【題解】本篇為嚴重天旱、農民遭災而寫。文中寫了旱雲變幻的景狀和農民遭災的焦慮，並把這些歸於上位者的德行和政治不好所致，從而使本篇成為富有思想價值的賦作之一。譬如對農民遭災的描繪：「畎畝枯槁而失澤兮，壤石相擊而為害；農夫垂拱而無聊兮，釋其鋤耨而下淚。」明顯表現了賈誼對農民的關注和同情。又如賈誼進而把這些災情歸咎於在位者：「懷怨心而不能已兮，竊託咎於在位。」「何操行之不得兮，政治失中而違節。」從先秦的陰陽五行說到漢代的「變復之家」（《論衡・明雩》），也是把災變的成因和君主官吏的德行聯繫起來，這固屬天人感應之論，然而作為遭過貶謫失意的賈誼借此指斥上位，不能不含有借他人酒盅澆自己心中塊壘的意圖。文中較多描繪了旱雲，從它的重疊興起，虎驚龍駭般的變幻，以致被驚雷擊沖而破碎，到最後的風解霧散，天空明淨如洗，皆有聲有色、曲盡其狀，粗具漢賦的寫法。本篇《史記》、《漢書》和《文選》均未載，本賦正文據《古文苑》。

惟昊天❶之大旱兮，失精和❷之正理❸。遙望白雲之蓬勃兮，滃❹澹澹❺而妄❻止；運❼清濁❽之澒洞❾兮，正重沓❿而并起。嵬隆崇以崔巍兮⓫，時仿佛而有似⓬。

屈卷輪⑬而中天⑭兮，象虎驚而龍駭；相搏據⑮而俱興兮，妄⑯倚儷⑰而時有。遂積聚而合沓⑱兮，相紛⑲薄⑳而慷慨㉑；若飛翔之從㉒橫兮，揚波㉓怒而澎濞㉔。正帷㉕布而雷動兮，相擊沖而破碎；或窈窕㉖而四塞兮，誠㉗若雨而不墜㉘。

【章旨】此段描寫旱雲變幻的景狀。

【注釋】❶昊天　古時稱夏天為昊天，此處泛指一般的天。❷精和　指陰陽氣的調和。❸正理　正常的規律。❹滃　雲氣上升的樣子。❺澹澹　搖蕩的樣子。❻妄　無。❼運　運轉。❽清濁　指雲氣的顏色或白或黑。❾澒洞　漫無邊際的樣子。❿重沓　重疊。⓫嵬隆崇以崔巍兮　雲的變化有時像崔巍的高山。嵬，高貌。隆崇，大而高的樣子。崔巍，形容山高大的樣子。⓬有似　指似高山。⓭屈卷輪　指雲的形狀像屈曲的車輪。⓮中天　天空。⓯搏據　聚集在一起。⓰妄　亂。⓱倚儷　同「旖旎」。旗幟隨風飄蕩的樣子。⓲合沓　重疊。⓳紛　亂。⓴薄　迫；沖激。㉑慷慨　本指人的心情慷慨激昂，此則形容雲的奔騰翻滾。㉒從　通「縱」。㉓揚波　揚起波濤。㉔澎濞　水浩瀚猛烈的聲音。這裏以怒濤的奔騰來形容亂雲飛渡的氣勢。㉕帷　帳幕。指烏雲四布。㉖窈窕　幽深遼遠的樣子。㉗誠　真正。㉘墜　落下。

【語譯】老天降下大旱啊，失去了陰陽調和的正常規律。人們遙望著蓬勃興起的白雲啊，雲氣升騰而無有休止；旱雲漫布沒有邊際啊，正在重重疊疊一道升起。雲層高大而險峻啊，有時彷佛像那高聳的大山。雲塊像屈曲的車輪懸掛天空啊，又像虎驚龍駭的神態；時而聚集在一塊兒啊，時而又如旗幟隨風飄揚。於是又積聚一起而重合了啊，亂紛紛地迫近而翻滾。好像縱橫馳騁般地飛翔啊，揚起怒濤洶湧澎湃。正當罩起帷幕又雷聲大作啊，把大塊的烏雲沖擊成碎片；有時幽深無際烏雲充塞啊，真像要下雨的樣子，可就是落不下來。

陰陽分而不相得兮❶，更惟貪邪而狼戾❷。終風解❸而霧散❹兮，陵遲而堵潰❺。或深潛而閉藏兮，爭離而并逝❻。廓蕩蕩❼其若滌❽兮，日照照❾而無穢。隆盛暑❿而無聊⓫兮，煎砂石⓬而爛渭⓭；湯風⓮至而含熱兮，群生⓯悶滿⓰而愁憒⓱；畎畝⓲枯槁而失澤⓳兮，壤石相聚而為害；農夫垂拱⓴而無聊兮，釋㉑其鋤耨㉒而下淚；憂疆畔㉓之遇害兮，痛皇天之靡惠㉔；惜稚稼㉕之旱夭㉖兮，離㉗天災而不遂㉘。

【章旨】此段說明天旱給農民帶來的嚴重災害。

【注釋】❶陰陽分而不相得兮　古人以為陽氣盛就天旱，陰氣盛就遭澇。陰陽分，陰陽變化。得，適應。❷更惟貪邪而狼戾　陰陽失調，自然秩序就會紊亂，像人一樣，失去本性就會變得貪暴邪惡。惟，是。貪邪，貪婪邪辟。狼戾，凶暴。❸風解　風消解。❹霧散　雲氣消散。❺陵遲而堵潰　旱雲慢慢減弱以致一會兒就消失了。陵遲，逐漸衰微。堵潰，牆壁倒塌。❻或深潛而閉藏兮二句　旱雲或消散或飛走。❼廓蕩蕩　空曠的樣子。廓，空。❽滌　洗。❾照照　明亮的樣子。一作「炤炤」。❿隆盛暑　酷暑。隆，盛。⓫無聊　心情不安，無所依靠。聊，賴；依靠。⓬煎砂石　煎熬砂石。⓭爛渭　把渭水燒乾。爛，用火燒熟叫「爛」。⓮湯風　熱風。湯，沸水。⓯群生　百姓。⓰悶滿　即悶懣，煩悶。⓱愁憒　憂愁意亂。⓲畎畝　田畝。畎，田間溝渠。⓳澤　濕潤。⓴垂拱　垂衣拱手，不知所措的樣子。㉑釋　放下。㉒耨　鋤一類的農具。㉓疆畔　田界。指田土。㉔靡惠　沒有恩德。㉕稚稼　未成熟的莊稼。㉖夭　早死。㉗離　遭遇。㉘遂　成。

【語譯】陰陽變化失去均衡啊，乾旱更顯得貪暴而邪惡。終於風歇又雲散啊，慢慢消滅以致如牆倒塌一般。旱雲有的潛伏深藏啊，有的爭著離散飛走；空蕩蕩的天空好像洗滌過的啊，烈日高照沒有一絲兒烏雲。盛夏酷暑百無聊賴啊，砂石滾燙渭水乾涸；熱風吹來熱氣陣陣啊，百姓煩悶而憂愁；田畝枯乾沒有一點潤澤啊，土石相聚形成災害；農民束手不知所措啊，放下鋤頭只是落淚；為田土遭災而發愁啊，痛心皇天不給恩德；可憐未成熟的莊稼旱死啊，遭遇天災而不能長成。

懷怨心而不能已兮，竊❶託咎❷於在位❸。獨不聞唐❹、虞❺之積烈❻兮，與三代❼之風氣；時俗殊❽而不還兮，恐功久而壞敗。何操行之不得兮，政治失中❾而違節❿。陰氣辟而留滯兮，厭暴至而沈沒⓫。嗟呼！惜旱大劇⓬，何辜於天⓭；無恩澤忍⓮兮，嗇夫何寡德矣⓯。既已生⓰之不與福⓱兮，來何暴也？去何躁⓲也？孳孳⓳望之，其可悼⓴也。憭兮慄兮㉑，以鬱怫㉒兮；念思白雲，腸如結兮；終怨不雨，甚不仁兮；布㉓而不下，甚不信兮。白雲何怨，奈何人兮！

【章　旨】此段分析災害形成的原因，乃在於在位的人操行不好，政治失中。

【注　釋】❶竊　私下。❷託咎　歸罪。❸在位　當權的人。指君主和大臣。❹唐　陶唐氏帝堯。❺虞　有虞氏帝舜。古傳堯、舜在位，政治清明，天下太平。❻積烈　積累的功業。❼三代　指夏、商、周。這裏實際是指三代的開創者夏禹、商湯、周文、周武王在位的時期。❽時俗殊　指堯、舜及三代淳美的風俗與今不同。❾政治失中　政治不當，失去中正之道。❿違節　違背法度。⓫陰氣辟而留滯兮二句　不雨的原因，是由於在位者操行不正、政治失中，致使陽氣太盛，陰氣不得伸展，儘管聚集留滯突然形成，卻終歸於消散。陰氣，指陰雲。辟，聚集。留滯，停留。厭，被迫。暴至，突然來到。沈沒，消失。沈，通「沉」。⓬劇　強烈；嚴重。⓭何辜於天　意思是「哪裏得罪了天？」語出《詩經．小雅．小弁》。辜，罪。⓮忍　忍心。⓯嗇夫何寡德矣　天對農民為什麼如此少恩寡德。嗇夫，農夫；農民。⓰生　指雲的生成。⓱福　指下雨。⓲躁　急；迅速。⓳孳孳　同「孜孜」。勤勉的樣子。⓴悼　憐。㉑憭兮慄兮　悽愴悲痛的樣子。「憭慄」為雙聲，本是一詞。㉒鬱怫　即怫鬱，心情不舒暢。㉓布　指布雲。

【語　譯】我懷著愁怨的心情不能解脫啊，把罪責歸於在上位的人。偏偏沒有聽說堯、舜的豐功偉業啊，以及夏、商、周三代的遺風，淳美的風俗不會恢復啊，恐怕時間久遠先人開創的功業遭到毀壞。為什麼品行如此不端正啊，政治不當又違背法度。陰雲聚集、停滯不動啊，突然到來又消失。啊！遭受嚴重的旱災，在哪裏得罪了上天？不降恩澤如此忍心啊，對農民怎麼如此寡恩少德行！雲氣已經生成可就是不下雨啊，來時為什麼這樣突然？離開為什麼這樣迅速？農民仰天祈求，真令人可憐。悽愴啊悲痛啊，心情苦悶啊；想起白雲，令人愁腸百結啊；怨恨白雲終不下雨，太不仁愛啊；布滿天空又不下雨，太不講信用啊。何必埋怨白雲，在位者該怎麼辦啊！

惜誓

【題解】這是一篇楚辭，見於東漢王逸《楚辭章句》。王逸說：「〈惜誓〉者，不知誰所作也。或曰賈誼，疑不能明也。」宋洪興祖《楚辭補注》在注文中指出：「誼為長沙王太傅，意不自得，及度湘水，為賦以弔屈原。賦云：『所貴聖之神德兮，遠濁世而自藏。使麒麟可係而羈兮，豈云異夫犬羊。』又曰：『鳳皇翔于千仞兮，覽德煇而下之；見細德之險微兮，遙增擊而去之。彼尋常之汙瀆兮，豈容吞舟之魚。橫江潭之鱣鯨兮，固將制於螻蟻。』與此語意頗同。」關於本篇作者，王逸是疑莫能明，但是也客觀介紹了當時有人認為是賈誼所作。洪興祖則認為〈弔屈原賦〉與本篇文詞有相同之處，傾向於把本篇係於賈誼名下。今姑從洪說。本篇是吸取〈離騷〉的內容，更多的是吸取〈涉江〉的內容寫成，通過代為屈原抒洩憤懣來表現作者自己的抑鬱不平。按〈涉江〉除開「乘鄂渚」、「入溆浦」兩層之外，全是本篇仿效的內容。〈涉江〉首寫「與重華游兮瑤之圃」的高蹈遺世，末寫不用忠賢、信任讒佞，將要遠行他方。本篇前半也寫了高蹈遺世、與松喬同游，並以之作反襯突出不忍離開故鄉的感情；後半則寫生逢亂世、賢愚顛倒，表達了「遠濁世而自藏」的處世思想。「惜誓」，按照王逸的解釋：「惜者，哀也。誓者，信也，約也。言哀惜懷王，與己信約，而復背之也。古者君臣將共為治，必以信誓相約，然後言乃從而身以親也。蓋刺懷王有始而無終也。」按此，「惜誓」就是哀痛懷王背棄信約的意思。

惜余❶年老而日衰兮，歲忽忽❷而不反❸。登蒼天而高舉❹兮，歷眾山而日遠❺。觀江河之紆曲❻兮，離❼四海之霑濡❽。攀北極❾而一息❿兮，吸沆瀣⓫以充虛⓬。飛朱鳥⓭使先驅兮，駕太一⓮之象輿⓯；蒼龍蚴虬於左驂兮⓰，白虎⓱騁而為右騑⓲；建⓳日月以為蓋⓴兮，載玉女㉑於後車；馳騖㉒於杳冥㉓之中兮，休息虖㉔崑崙㉕之墟㉖。

【章　旨】此段寫遨遊太空的景象。

【注　釋】❶余　假托屈原自指。後文中的「余」及「我」皆如此。❷忽忽　形容時間過得很快。❸反　通「返」。❹舉　飛。❺日遠　一天天遠離故鄉。❻紆曲　屈曲。❼離　遭。❽霑濡　霑濕。❾北極　指北極星。❿息　休息。⓫沆瀣　夜間的水氣。⓬充虛　充饑。《楚辭補注》：「吸清和之氣以充空虛，療饑渴也。」⓭朱鳥　朱雀神鳥。按《三輔黃圖》載：「蒼龍、白虎、朱雀、玄武，天之四靈，以正四方。」靈就是神的意思，黃道二十八宿分別屬於這四靈來統率。朱雀包括南方井、鬼、柳、星、張、翼、軫七宿。這裏的朱雀先驅及下文的左蒼龍、右白虎，表明遨遊太空縱橫馳騁，無所拘束的意思。⓮太一　星名，亦作「太乙」，在紫微宮閶闔門中，被尊為天帝神。⓯象輿　用馴象拉的車。⓰蒼龍蚴虬於左驂兮　此句與〈離騷〉「駕八龍之婉婉兮」義同。蒼龍，包括東方角、亢、氐、房、心、尾、箕七宿。蚴虬，蜷屈行進的樣子。左驂，左邊駕車的馬。古時四馬駕車，中間的兩匹馬叫「服」，兩旁的叫「驂」。⓱白虎　包括西方奎、婁、胃、昴、畢、觜、參七宿。⓲騑　義同「驂」。面對北極星，正是左蒼龍、右白虎，朱雀位在中間。⓳建　立。⓴蓋　車蓋。把日、月之光作為車蓋。㉑玉女　神女。㉒馳騖　騎馬奔跑。㉓杳冥　深遠昏暗的樣子。㉔虖　同「乎」。一作「乎」。㉕崑崙　崑崙山。我國古代許多神話都與崑崙山有關係。㉖墟　大山。

【語　譯】我哀痛年歲已老、精力日衰啊，歲月忽忽過去而不能回返。上昇蒼天遠走高飛啊，經歷眾山一天天遠離故都。看到了曲折的江河啊，遇上了四海風波霑濕一身。上攀北極星休息一會啊，吸入清和之氣以充饑渴。令朱雀神鳥為我在前帶路啊，乘上太一神的象車。左邊駕馭蒼龍蜿蜒前進啊，右邊駕馭白虎向前馳騁。把日月作為車蓋啊，把神女安排在後車。在蒼茫高遠的太空奔馳啊，在崑崙大山休息。

樂窮極而不厭兮，願從容虖神明❶。涉丹水❷而駝❸騁兮，右大夏❹之遺風。黃鵠❺之一舉兮，知山川之紆曲；再舉兮，睹天地之圜❻方。臨❼中國❽之眾人兮。託回飇❾乎尚羊❿。乃至少原之壄⓫兮，赤松、王喬⓬皆在旁。二子擁⓭瑟而調均⓮兮，余因稱⓯乎清商⓰。澹然⓱而自樂兮，吸眾氣⓲而翱翔，念我長生而久僊兮，不如反余之故鄉⓳。

【章　旨】此段說明與松、喬同遊雖樂，然而仍思楚國、念故鄉。

【注　釋】❶樂窮極二句　《補注》：「言己周行觀望，樂無窮極，志猶不厭，願復與神明俱遊戲也。」厭，足。從容，閒暇遊戲。神明，當指後文的赤松、王喬。❷丹水　《補注》：「丹水，猶赤水。」神話中的水名，出自崑崙山。❸駝　《補注》：「駝，一作馳。」當是。❹大夏　地名。《補注》引《淮南》云：「九州之外有八殥，西北方曰大夏。」❺鵠　一種大鳥，即天鵝。❻圜　通「圓」。❼臨　自上視下。❽中國　《補注》：「楚國之中。」❾回颷　回旋的大風。❿尚羊　也寫作「徜徉」，徘徊的樣子。《補注》：「言己覽楚國之中，眾人貪婪，故託回風遠行遊戲也。」⓫少原之壄　《補注》：「仙人所居。」壄，即「野」字。⓬赤松王喬　即赤松子、王子喬，古代傳說中的仙人。⓭擁　抱。⓮均　古代樂器的調律器，依靠它來測定樂器定調的高低。《國語・周語下》：「律所以立均出度也。」韋昭注：「均者，均鍾木，長七尺，有弦繫之以均鍾者，度鍾大小清濁也。」⓯稱　讚揚。⓰清商　樂曲名。⓱澹然　恬靜的樣子。⓲眾氣　指太空各種元氣。《補注》：「眾氣，謂朝霞、正陽、淪陰、沆瀣之氣也。」⓳故鄉　指楚國舊鄉。

【語譯】經過極樂的太空遨遊尚且不感到滿足啊，還想與神明一道遊觀。渡過丹水迅速奔跑啊，看清了右方大夏的風俗。黃鵠一展翅啊，就知道了山川曲折的形勢；再展翅啊，就看到了天地圓方的情況。臨視到楚國的眾人啊，我乘著回風姑且逍遙徘徊。於是到了少原之野啊，赤松子、王子喬在其旁。他們抱瑟調音啊，我於是稱頌清商這悅耳的樂曲。恬靜而且自樂啊，我吸飲著太空的元氣上下飛翔。想到我如此長生地過著仙人的日子啊，倒不如回到我的故國舊鄉。

黃鵠❶後時❷而寄處兮，鴟梟❸群而制之；神龍失水而陸居兮，為螻❹蟻之所裁❺。夫黃鵠、神龍猶如此兮，況賢者之逢亂世哉！

【章　旨】此段敘述自己生不逢時，遭遇亂世。

【注　釋】❶黃鵠　一作「鴻鵠」。❷後時　晚至。❸鴟梟　惡鳥。一說即貓頭鷹。《補注》：「言黃鵠一飛千里，常集高山茂林之上，設後時而欲寄處，則鴟梟群聚，禁而制之，不得止也。言賢者失時後輩，亦為讒佞所排逐。」❹螻　螻蛄。❺裁　制。

【語　譯】黃鵠後至，想找個安身之處啊，鴟梟群起而攻之。神龍離開深水而困於淺灘啊，被螻蟻所制裁。黃鵠、神龍尚且有這樣的遭遇啊，何況賢人遭遇亂世呢？

壽冉冉❶而日衰兮，固儃回❷而不息，俗❸流從❹而不止兮，眾枉❺聚而矯❻直❼。或偷合❽而苟進❾兮，或隱居而深藏❿。苦稱量⓫之不審⓬兮，同權⓭概⓮而就衡⓯。或推迻⓰而苟容⓱兮，或直言⓲之諤諤⓳。傷誠是⓴之不察兮，並紉㉑茅絲以為索㉒。

【章　旨】此段說明君主不辨賢愚，以致順承君非的人得志，直言君過的人反遭放逐。

【注　釋】❶冉冉　漸漸。❷儃回　運轉。無所適從而徘徊的樣子。❸俗　世俗的人。❹流從　隨從大流，沒有原則。❺枉　邪曲。指壞人。❻矯　糾正。❼直　忠直的人。《補注》：「言楚國俗人流從諂諛，不可禁止，眾邪群聚，反欲正忠直之士使隨之也。」❽偷合　苟且迎合。❾苟進　苟且進取，以得爵位。❿隱居而深藏藏於深山作隱士。⑪稱量　稱，衡器。量，測量容積的器具。此處皆作動詞用。⑫審　明。⑬權　稱錘。⑭概　平斗斛的器具。⑮衡　本為稱桿，這裏作動詞用，衡量的意思，指用稱來稱，用概來平。⑯推迻　指順從君非。迻，同「移」。⑰苟容　苟且容身。⑱直言　指直言君過。⑲謇謇　爭辯的樣子。⑳誠是　這些真實的情況。指以上所述不辨賢愚等等。㉑紉　單股的叫「繩」。㉒索　合股搓成的叫「索」。

【語譯】年壽漸次一天天減少啊，一直徘徊而無所依托啊。世俗隨從大流而不停息啊，眾邪群聚反欲矯正忠直之士。有的苟且迎合苟且進取啊，有的隱居藏在深山。痛惜評論賢愚不能明察啊，用同一的標準來加以衡量。有的順從君非而苟且容身啊，有的忠言直諫爭辯不已。痛惜這樣真實的情況不被明察啊，把單股的茅草和蠶絲合搓成索。

方①世俗之幽昏兮，眩②白黑之③美惡。放④山淵之龜玉兮，相與貴夫礫⑤石。梅伯⑥數⑦諫而至醢⑧兮，來革⑨順志而用國⑩。悲仁人之盡節⑪兮，反為小人之所賊⑫。比干⑬忠諫而剖心兮，箕子⑭被⑮髮而佯狂。水背流⑯而源竭兮，木去根⑰而不長⑱。非重軀⑲以慮難兮，惜傷身⑳之無功。

【章旨】此段進一步揭露現實，不僅是不辨賢愚，而且進一步把賢愚顛倒對待。

【注釋】①方　當今。②眩　惑；分辨不清。一本下有「於」字。③之　和。④放　棄。⑤礫　小石。

❻梅伯　相傳為商紂王的大臣，以數諫而被殺害。❼數　屢次。❽醢　古時酷刑，把人殺死剁成肉醬。❾來革　紂王的佞臣，史記作「惡來」。❿用國　持掌國政。⓫盡節　盡忠直的節操。⓬賊　害。⓭比干　紂王叔父，或謂紂王庶兄，強諫紂王，被剖心而死。⓮箕子　紂王的親戚，見比干被殺，佯狂為奴，被紂王囚禁，武王滅商後才被釋放。⓯被　通「披」。⓰水背流　水離開源流。⓱木去根　樹離開根。⓲長　成長。《補注》：「言水橫流，背其源泉，則枯竭，木去其根株，則枝葉不長也。以言人背仁義、違忠信，亦將遇害也。」⓳重軀　珍愛身軀。⓴身　自己。《補注》：「言己非重愛我身，以慮難而不竭忠，誠傷生於世間，無功德於民也。」

【語　譯】當今世俗的人昏暗不明啊，分不清白黑和美惡。拋棄山中玉和淵中龜啊，反而共同把小石當作寶貝。梅伯因屢次進諫而被剁成肉醬啊，來革順從紂意掌握了國政。悲痛仁人為君主竭盡忠心啊，反而被小人所陷害。比干忠心進諫被剖心而死啊，箕子披髮假裝瘋狂。水離開源流就會水源枯竭啊，樹離根株就不能成長。不是珍愛身軀怕遭患難啊，只是痛惜犧牲自己沒有任何功德。

已矣哉！獨不見夫鸞鳳❶之高翔兮，乃集大皇之壄❷。循❸四極❹而回周❺兮，見盛德❻而後下。彼聖人之神德兮，遠濁世而自藏。使麒麟❼可得羈而係❽兮，又何異虖犬羊？

【章　旨】此段表示抱持藏身遠禍的處世態度。

【注　釋】❶鸞鳳　鸞鳥鳳凰。古代傳說中的一種象徵吉祥的神鳥。❷大皇之壄　《補注》：「大荒之藪。」

意思是極遠的大澤。壄，即「野」字。❸循　順。❹四極　四邊極遠之地。❺回周　回旋。❻盛德　指仁聖之君。❼麒麟　古代傳說中象徵吉祥的仁獸。❽羈而係　用繩子縛住。

【語　譯】算了吧！偏不見鸞鳥鳳凰的高飛啊，卻停留在極遠的大澤。順著四邊極遠之地回旋啊，看到仁聖的君主才肯落下。那些聖人具備著神明的德行啊，遠離污濁的社會自我隱藏。假使麒麟可能被人縛住啊，又與犬羊有什麼區別！

虡賦

【題解】這裏引錄的不是〈虡賦〉全文。《藝文類聚》卷四四、《初學記》卷十六、《太平御覽》卷五八二所引賈誼〈虡賦〉片斷，文字略有不同，今用《初學記》正文（中華書局版）。虡是懸掛鐘磬的木架，其兩側的柱叫「虡」，供懸掛的橫樑叫「簨」。此賦是描繪虡的精美和宏偉，認為它是天地萬物的榜樣。

妙雕文❶以刻鏤❷兮，象臣獸之屈奇❸兮。戴高角❹之峨峨❺，負大鐘而顧❻飛。
美哉爛❼兮！亦天地之大式❽。

【注釋】❶文　通「紋」。花紋。❷鏤　刻。❸屈奇　怪異。❹戴高角　頂著很高的角。指虡上端的裝飾如角的形狀高高揚起。❺峨峨　高貌。❻顧　欲；想。❼爛　光明。❽式　法；榜樣。

【語譯】雕刻著美妙的花紋啊，像巨大的野獸那麼怪異啊。頂著角形的裝飾高高揚起，背負著大鐘簡直想展翅高飛。美麗而光明啊！它也可作為天地萬物的偉大榜樣。

附錄二 疏

陳政事疏（治安策）

臣竊惟事勢，可為痛哭者一，可為流涕者二，可為長太息者六，若其它背理而傷道者，難徧以疏舉。進言者皆曰天下已安已治矣，臣獨以為未也。曰安且治者，非愚則諛，皆非事實知治亂之體者也。夫抱火厝之積薪之下而寢其上，火未及燃，因謂之安，方今之勢，何以異此！本末舛逆，首尾衡決，國制搶攘，非甚有紀，故可謂治！陛下何不壹令臣得孰數之於前，因陳治安之策，試詳擇焉！

夫射獵之娛與安危之機，孰急？使為治，勞智慮，苦身體，乏鍾鼓之樂，勿為可也。樂與今同，而加之諸侯軌道，兵革不動，民保首領，匈奴賓服，四荒鄉風，百姓素朴，獄訟衰息。大數既得，則天下順治，海內之氣，清和咸理，生為明帝，沒為明神，名譽之美，垂於無窮。禮，祖有功而宗有德，使顧成之廟稱為太宗，上配太祖，與漢亡極。建久安之勢，成長治之業，以承祖廟，以奉六親，至孝也；以幸天下，以育群生，至仁也；立經陳紀，輕重同得，後可以為萬世法程，雖有愚幼不肖之嗣，猶得蒙業而安，至明也。以陛下之明達，因使少知治體者得佐下風，致此非難也。其具可素陳於前，願幸無忽。臣謹稽之天地，驗之往古，按之當今之務，日夜念此至孰也，雖使禹、舜復生，為陛下計，亡以易此。

夫樹國固必相疑之勢，下數被其殃，上數爽其憂，甚非所以安上而全下也。今或親弟謀為東帝，親兄之子西鄉而擊，今吳又見告矣。天子春秋鼎盛，行義未過，德澤有加焉，猶尚如是，況莫大諸侯，權力且十此者虖！

然而天下少安，何也？大國之王幼弱未壯，漢之所置傅相方握其事。數年之後，諸侯之王大抵皆冠，血氣方剛，漢之傅相稱病而賜罷，彼自丞尉以上偏置私人，如此，有異淮南、濟北之為邪！此時而欲為治安，雖堯、舜不治。

黃帝曰：「日中必熭，操刀必割。」今令此道順，而全安甚易，不肯早為，已乃墮骨肉之屬而抗剄之，豈有異秦之季世虖！夫以天子之位，乘今之時，因天之助，尚憚以危為安，以亂為治，假設陛下居齊桓之處，將不合諸侯而匡天下乎？臣又以知陛下有所必不能矣。假設天下如曩時，淮陰侯尚王楚，黥布王淮南，彭越王梁，韓信王韓，張敖王趙，貫高為相，盧綰王燕，陳豨在代，令此六七公者皆亡恙，當是時而陛下即天子位，能自安乎？臣有以知陛下之不能也。天下殽亂，高皇帝與諸公併起，非有仄室之勢以豫席之也。諸公幸者，乃為中涓，其次廑得舍人，材之不逮至遠也。高皇帝以明聖威武即天子位，割膏腴之地以王諸公，多者百餘城，少者乃三四十縣，德至渥也，然其後十年之間，反者九起。陛下之與諸公，非親角材而臣之也，又非身封王之也，自高皇帝不能以是一歲為安，故臣知陛下之不能也。然尚有可諉者，曰疏，臣請試言其親者。假令悼惠王王齊，元王王楚，中子王趙，幽王王淮陽，共王王梁，靈王王燕，厲王王淮南，六七貴人皆亡恙，當是時陛下即位，能為治虖？臣又知陛下之不能也。若此諸王，雖名為臣，實皆有布衣昆弟之心，慮亡不帝制天子自為者。擅爵人，赦死罪，甚者或戴黃屋，漢法令非行也。雖行不軌如厲王者，令之不肯聽，召之安可致乎！幸而來至，法安可得加！動一親戚，天下圜視而起。階下之臣雖有悍如馮敬者，適啟其口，匕首已陷其匈矣。陛下雖賢，誰與領此？故疏者必危，親者必亂，已然之效也。其異姓負彊而動者，漢已幸勝之矣，又不易其所以然。同姓襲是跡而動，既有徵矣，其勢盡又復然。殃禍之變，未知所移，明帝處之尚不能以安，後世將如之何！

屠牛坦一朝解十二牛，而芒刃不頓者，所排擊剝割，皆眾理解也。至於髖髀之所，非斤則斧。夫仁義恩厚，人主之芒刃也；權勢法制，人主之斤斧也。今諸侯王皆眾髖髀也，釋斤斧之用，而欲嬰以芒刃，臣以為不缺則折。胡不用之淮南、濟北？勢不可也。

臣竊跡前事，大抵彊者先反。淮陰王楚最彊，則最先反；韓信倚胡，則又反；貫高因趙資，則又反；陳豨兵精，則又反；彭越用梁，則又反；黥布用淮南，則又反；盧綰最弱，最後反。長沙乃在二萬五千戶耳，功少而最完，勢疏而最忠，非獨性異人也；亦形勢然也。曩令樊、酈、絳、灌據數十城而王，今雖以殘亡可也；令信、越之倫列為徹侯而居，雖至今存可也。然則天下之大計可知已。欲諸王之皆忠附，則莫若令如長沙王；欲臣子之勿菹醢，則莫若令如樊、酈等；欲天下之治安，莫若眾建諸侯而少其力。力少則易使以義，國小則亡邪心。令海內之勢如身之使臂，臂之使指，莫不制從，諸侯之君不敢有異心，輻湊並進而歸命天子，雖在細民，且知其安，故天下咸知陛下之明。割地定制，令齊、趙、楚各為若干國，使悼惠王、幽王、元王之子孫畢以次各受祖之分地，地盡而止，及燕、梁它國皆然。其分地眾而子孫少者，建以為國，空而置之，須其子孫生者，舉使君之。諸侯之地其削頗入漢者，為徙其侯國及封其子孫也，所以數償之。一寸之地，一人之眾，天子亡所利焉，誠以定治而已，故天下咸知陛下之廉。地制壹定，宗室子孫莫慮不王，下無倍畔之心，上無誅伐之志，故天下咸知陛下之仁。法立而不犯，令行而不逆，貫高、利幾之謀不生，柴奇、開章之計不萌，細民鄉善，大臣致順，故天下咸知陛下之義。臥赤子天下之上而安，植遺腹，朝委裘，而天下不亂，當時大治，後世誦聖。壹動而五業附，陛下誰憚而久不為此？

天下之勢方病大瘇。一脛之大幾如要，一指之大幾如股，平居不可屈信，一二指搐，身慮亡聊。失今不治，必為錮疾，後雖有扁鵲，不能為已。病非徒瘇也，又苦蹠盭。元王之子，帝之從弟也；今之王者，從弟之子也。惠王，親兄子也；今之王者，兄子之子也。親者或亡分地以安天下，疏者或制大權以偪天子，臣故曰非徒病瘇也，又苦蹠盭。可痛哭者，此病是也。

天下之勢方倒縣。凡天子者，天下之首，何也？上也。蠻夷者，天下之足，何也？下也。今匈奴嫚侮侵掠，至不敬也，為天下患，至亡已也，而漢歲致金絮采繒以奉之。夷狄徵令，是主上之操也；天子共貢，是臣下之禮也。足反居上，首顧居下，倒縣如此，莫之能解，猶為國有人乎？非亶倒縣而已，又類辟，且病痱。夫辟者一面病，痱者一方痛。今西邊北邊之郡，雖有長爵不輕得復，五尺以上不輕得息，斥候望烽燧不得臥，將吏被介胄而睡，臣故曰一方病矣。醫能治之，而上不使，可為流涕者此也。

陛下何忍以帝皇之號為戎人諸侯，勢既卑辱，而禍不息，長此安窮！進謀者率以為是，固不可解也，亡具甚矣。臣竊料匈奴之眾不過漢一大縣，以天下之大困於一縣之眾，甚為執事者羞之。陛下何不試以臣為屬國之官以主匈奴？行臣之計，請必係單于之頸而制其命，伏中行說而笞其背，舉匈奴之眾唯上之令。今不獵猛敵而獵田彘，不搏反寇而搏畜菟，翫細娛而不圖大患，非所以為安也。德可遠施，威可遠加，而直數百里外威令不信，可為流涕者此也。

今民賣僮者，為之繡衣絲履偏諸緣，內之閑中，是古天子后服，所以廟而不宴者也，而庶人得以衣婢妾。白縠之表，薄紈之裏，緁以偏諸，美者黼繡，是古天子之服，今富人大賈嘉會召客者以被牆。古者以奉一帝一后而節適，今庶人屋壁得為帝服，倡優下賤得為后飾，然而天下不屈者，殆未有也。且帝之身自衣皁綈，而富民牆屋被文繡；天子之后以緣其領，庶人孽妾緣其履：此臣所謂舛也。夫百人作之，不能衣一人，欲天下亡寒，胡可得也？一人耕之，十人聚而食之，欲天下亡飢，不可得也。飢寒切於民之肌膚，欲其亡為姦邪，不可得也。國已屈矣，盜賊直須時耳，然而獻計者曰「毋動為大」耳。夫俗至大不敬也，至亡等也，至冒上也，進計者猶曰「毋為」，可為長太息者此也。

商君遺禮義，棄仁恩，并心於進取，行之二歲，秦俗日敗。故秦人家富子壯則出分，家貧子壯則出贅。借父耰鉏，慮有德色；母取箕箒，立而誶語。抱哺其子，與公併倨；婦姑不相說，則反脣而相稽。其慈子耆利，不同禽獸者亡幾耳。然并心而赴時，猶曰蹷六國，兼天下。功成求得矣，終不知反廉愧之節、仁義之厚。信并兼之法，遂進取之業，天下大敗；眾掩寡，智欺愚，勇威怯，壯陵衰，其亂至矣。是以大賢起之，威震海內，德從天下。曩之為秦者，今轉而為漢矣。然其遺風餘俗，猶尚未改。今世以侈靡相競，而上亡制度，棄禮誼，捐廉恥日甚，可謂月異而歲不同矣。逐利不耳，慮非顧行也，今其甚者殺父兄矣。盜者剟寢戶之簾，搴兩廟之器，白晝大都之中剽吏而奪之金。矯偽者出幾十萬石粟，賦六百餘萬錢，乘傳而行郡國，此其亡行義之尤至者也。而大臣特以簿書不報，期會之間，以為大故。至於俗流失，世壞敗，因恬而不知怪，慮不動於耳目，以為是適然耳。夫移風易俗，使天下回心而鄉道，類非俗吏之所能為也。俗吏之所務，在於刀筆筐篋，而不知大體。陛下又不自憂，竊為陛下惜之。

夫立君臣，等上下，使父子有禮，六親有紀，此非天之所為，人之所設也。夫人之所設，不為不立，不植則僵，不修則壞。筦子曰：「禮義廉恥，是謂四維；四維不張，國乃滅亡。」使筦子愚人也則可，筦子而少知治體，則是豈可不為寒心哉！秦滅四維而不張，故君臣乖亂，六親殃戮，姦人並起，萬民離叛，凡十三歲，而社稷為虛。今四維猶未備也，故姦人幾幸，而眾心疑惑。豈如今定經制，令君君臣臣，上下有差，父子六親各得其宜，姦人亡所幾幸，而群臣眾信，上不疑惑！此業壹定，世世常安，而後有所持循矣。若夫經制不定，是猶度江河亡維楫，中流而遇風波，船必覆矣。可為長太息者此也。

夏為天子，十有餘世，而殷受之。殷為天子，二十餘世，而周受之。周為天子，三十餘世，而秦受之。秦為天子，二世而亡。人性不甚相遠也。何三代之君有道之長，而秦無道之暴也？其故可知也。古之王者，太子乃生，固舉以禮，使士負之，有司齊肅端冕，見之南郊，見于天也。過闕則下，過廟則趨，孝子之道也。故自為赤子而教固已行矣。昔者成王幼在繈抱之中，召公為太保，周公為太傅，太公為太師。保，保其身體；傅，傅之德義；師，道之教訓：此三公之職也。於是為置三少，皆上大夫也，曰少保、少傅、少師，是與太子宴者也。故乃孩提有識。三公、三少固明孝仁禮義以道習之，逐去邪人，不使見惡行。於是皆選天下之端士、孝悌博聞有道術者，以衛翼之，使與太子居處出入。故太子乃生而見正事，聞正言，行正道，左右前後皆正人也。夫習與正人居之，不能毋正，猶生長於齊不能不齊言也；習與不正人居之，不能毋不正，猶生長於楚之地不能不楚言也。故擇其所者，必先受業，乃得嘗之；擇其所樂，必先有習，乃得為之。孔子曰：「少成若天性，習貫如自然。」及太子少長，知妃色，則入于學。學者，所學之官也。《學禮》曰：「帝入東學，上親而貴仁，則親疏有序而恩相及矣；帝入南學，上齒而貴信，則長幼有差而民不誣矣；帝入西學，上賢而貴德，則聖智在位而功不遺矣；帝入北學，上貴而尊爵，則貴賤有等而下不踰矣；帝入太學，承師問道，退習而考於太傅，太傅罰其不則而匡其不及，則德智長而治道得矣。此五學者既成於上，則百姓黎民化輯於下矣。」及太子既冠成人，免於保傅之嚴，則有記過之史，徹膳之宰，進善之旌，誹謗之木，敢諫之鼓。瞽史誦詩，工誦箴諫，大夫進謀，士傳民語。習與智長，故切而不媿；化與心成，故中道若性。三代之禮；春朝朝日，秋暮夕月，所以明有敬也；春秋入學，坐國老，執醬而親餽之，所以明有孝也；行以鸞和，步中《采齊》，趣中《肆夏》，所以明有度也；其於禽獸，見其生不食其死，聞其聲不食其肉，故遠庖廚，所以長恩，且明有仁也。

夫三代之所以長久者，以其輔翼太子有此具也。及秦而不然。其俗固非貴辭讓也，所上者告訐也；固非貴禮義也，所上者刑罰也。使趙高傅胡亥而教之獄，所習者非斬劓人，則夷人之三族也。故胡亥今日即位而明日射人，忠諫者謂之誹謗，深計者謂之妖言，其視殺人若艾草菅然。豈惟胡亥之性惡哉？彼其所以道之者非其理故也。

鄙諺曰：「不習為吏，視已成事。」又曰：「前車覆，後車誡。」夫三代之所以長久者，其已事可知也；然而不能從者，是不法聖智也。秦世之所以亟絕者，其轍跡可見也；然而不避，是後車又將覆也。夫存亡之變，治亂之機，其要在是矣。天下之命，縣於太子；太子之善，在於早諭教與選左右。夫心未濫而先諭教，則化易成也；開於道術智誼之指，則教之力也。若其服習積貫，則左右而已。夫胡、粵之人，生而同聲，耆欲不異，及其長而成俗，累數譯而不能相通，行者有雖死而不相為者，則教習然也。臣故曰選左右早諭教最急。夫教得而左右正，則太子正矣，太子正而天下定矣。書曰：「一人有慶，兆民賴之。」此時務也。

凡人之智，能見已然，不能見將然。夫禮者禁於將然之前，而法者禁於已然之後，是故法之所用易見，而禮之所為生難知也。若夫慶賞以勸善，刑罰以懲惡，先王執此之政，堅如金石，行此之令，信如四時，據此之公，無私如天地耳，豈顧不用哉？然而曰禮云禮云者，貴絕惡於未萌，而起教於微眇，使民日遷善遠罪而不自知也。孔子曰：「聽訟，吾猶人也，必也使毋訟乎！」為人主計者，莫如先審取舍；取舍之極定於內，而安危之萌應於外矣。安者非一日而安也，危者非一日而危也，皆以積漸然，不可不察也。人主之所積，在其取舍。以禮義治之者，積禮義；以刑罰治之者，積刑罰。刑罰積而民怨背，禮義積而民和親。故世主欲民之善同，而所以使民善者或異。或道之以德教，或驅之以法令。道之以德教者，德教洽而民氣樂；驅之以法令者，法令極而民風哀。哀樂之感，禍福之應也。秦王之欲尊宗廟而安子孫，與湯、武同，然而湯、武廣大其德行，六七百歲而弗失，秦王治天下，十餘歲則大敗。此亡它故矣，湯、武之定取舍審而秦王之定取舍不審矣。夫天下，大器也。今人之置器，置諸安處則安，置諸危處則危。天下之情與器亡以異，在天子之所置之。湯、武置天下於仁義禮樂，而德澤洽，禽獸草木廣裕，德被蠻貊四夷，累子孫數十世，此天下所共聞也。秦王置天下於法令刑罰，德澤亡一有，而怨毒盈於世，下憎惡之如仇讎，禍幾及身，子孫誅絕，此天下之所共見也。是非其明效大驗邪！人之言曰：「聽言之道，必以其事觀之，則言者莫敢妄言。」今或言禮誼之不如法令，教化之不如刑罰，人主胡不引殷、周、秦事以觀之也？

人主之尊譬如堂，群臣如陛，眾庶如地。故陛九級上，廉遠地，則堂高；陛亡級，廉近地，則堂卑。高者難攀，卑者易陵，理勢然也。故古者聖王制為等列，內有公、卿、大夫、士，外有公、侯、伯、子、男，然後有官師小吏，延及庶人，等級分明，而天子加焉，故其尊不可及也。里諺曰：「欲投鼠而忌器。」此善諭也。鼠近於器，尚憚不投，恐傷其器，況於貴臣之近主乎！廉恥節禮以治君子，故有賜死而亡戮辱。是以黥劓之罪不及大夫，以其離主上不遠也。禮，不敢齒君之路馬，蹴其芻者有罰；見君之几杖則起，遭君之乘車則下，入正門則趨；君之寵臣雖或有過，刑戮之罪不加其身者，尊君之故也。此所以為主上豫遠不敬也，所以體貌大臣而厲其節也。今自王、侯、三公之貴，皆天子之所改容而禮之也，古天子之所謂伯父、伯舅也，而令與眾庶同黥、劓、髡、刖、笞、傌、棄市之法，然則堂不亡陛虖？被戮辱者不泰迫虖？廉恥不行，大臣無乃握重權、大官而有徒隸亡恥之心虖？夫望夷之事，二世見當以重法者，投鼠而不忌器之習也。

臣聞之，履雖鮮不加於枕，冠雖敝不以苴履。夫嘗已在貴寵之位，天子改容而體貌之矣，吏民嘗俯伏以敬畏之矣。今而有過，帝令廢之可也，退之可也，賜之死可也，滅之可也；若夫束縛之，係緤之，輸之司寇，編之徒官，司寇、小吏詈罵而榜笞之，殆非所以令眾庶見也。夫卑賤者習知尊貴者之一旦吾亦乃可以加此也，非所以習天下也，非尊尊貴貴之化也。夫天子之所嘗敬，眾庶之所嘗寵，死而死耳，賤人安宜得如此而頓辱之哉！

豫讓事中行之君，智伯伐而滅之，移事智伯。及趙滅智伯，豫讓釁面吞炭，必報襄子，五起而不中。人問豫子，豫子曰：「中行眾人畜我，我故眾人事之；智伯國士遇我，我故國士報之。」故此一豫讓也，反君事讎，行若狗彘，已而抗節致忠，行出虖列士，人主使然也。故主上遇其大臣如遇犬馬，彼將犬馬自為也；如遇官徒，彼將官徒自為也。頑頓亡恥，奊詬亡節，廉恥不立，且不自好，苟若而可，故見利則逝，見便則奪。主上有敗，則因而挻之矣；主上有患，則吾苟免而已，立而觀之耳；有便吾身者，則欺賣而利之耳。人主將何便於此？群下至眾，而主上至少也，所託財器職業者粹於群下也。俱亡恥，俱苟妄，則主上最病。故古者禮不及庶人，刑不至大夫，所以厲寵臣之節也。古者大臣有坐不廉而廢者，不謂不廉，曰「簠簋不飾」；坐汙穢淫亂男女亡別者，不曰汙穢，曰「帷薄不修」；坐罷軟不勝任者，不謂罷軟，曰「下官不職」。故貴大臣定有其罪矣，猶未斥然正以諱之也，尚遷就而為之諱也。故其在大譴大何之域者，聞譴何則白冠氂纓，盤水加劍，造請室而請罪耳，上不執縛係引而行也。其有中罪者，聞命而自弛，上不使人頸盭而加也。其有大罪者，聞命則北面再拜，跪而自裁，上不使捽抑而刑之也，曰：「子大夫自有過耳！吾遇子有禮矣。」遇之有禮，故群臣自憙；嬰以廉恥，故人矜節行。上設廉恥禮義以遇其臣，而臣不以節行報其上者，則非人類也。故化成俗定，則為人臣者主耳忘身，國耳忘家，公耳忘私，利不苟就，害不苟去，唯義所在，上之化也。故父兄之臣誠死宗廟，法度之臣誠死社稷，輔翼之臣誠死君上，守圄扞敵之臣誠死城郭封疆。故曰聖人有金城者，比物此志也。彼且為我死，故吾得與之俱生；彼且為我亡，故吾得與之俱存；夫將為我危，故吾得與之皆安。顧行而忘利，守節而仗義，故可以託不御之權，可以寄六尺之孤。此厲廉恥行禮誼之所致也，主上何喪焉！此之不為，而顧彼之久行，故曰可為長太息者，此也。

論定制度興禮樂疏

漢承秦亡敗俗，廢禮義，捐廉恥，今其甚者殺父兄，盜者取廟器，而大臣特以簿書不報期會為故，至於風俗流溢，恬而不怪，以為是適然耳。夫移風易俗，使天下回心而鄉道，類非俗吏之所能為也。夫立君臣，等上下，使綱紀有序，六親和睦，此非天之所為，人之所設也。人之所設，不為不立，不修則壞。漢興至今二十餘年，宜定制度，興禮樂，然後諸侯軌道，百姓素樸，獄訟衰息。

論積貯疏

筦子曰：「倉廩實而知禮節。」民不足而可治者，自古及今，未之嘗聞。古之人曰：「一夫不耕，或受之饑；一女不織，或受之寒。」生之有時，而用之亡度，則物力必屈。古之治天下，至纖至悉也，故其畜積足恃。今背本而趨末，食者甚眾，是天下之大殘也；淫侈之俗，日日以長，是天下之大賊也。殘賊公行，莫之或止；大命將泛，莫之振救。生之者甚少而靡之者甚多，天下財產何得不蹷！漢之為漢幾四十年矣，安有為天下阽危若是而上不驚者！

世之有飢穰，天之行也，禹、湯被之矣。即不幸有方二三千里之旱，國胡以相恤？卒然邊境有急，數十百萬之眾，國胡以餽之？兵旱相乘，天下大屈，有勇力者聚徒而衡擊，罷夫羸老易子而齩其骨。政治未畢通也，遠方之能疑者並舉而爭起矣，乃駭而圖之，豈將有及乎？

夫積貯者，天下之大命也。苟粟多而財有餘，何為而不成？以攻則取，以守則固，以戰則勝。懷敵附遠，何招而不至？今驅民而歸之農，皆著於本，使天下各食其力，末技游食之民轉而緣南晦，則畜積足而人樂其所矣。可以為富安天下，而直為此廩廩也，竊為陛下惜之！

諫鑄錢疏

法使天下公得顧租鑄銅錫為錢，敢雜以鉛鐵為它巧者，其罪黥。然鑄錢之情，非殽雜為巧，則不可得贏；而殽之甚微，為利甚厚。夫事有召禍而法有起姦，今令細民人操造幣之勢，各隱屏而鑄作，因欲禁其厚利微姦，雖黥罪日報，其勢不止。乃者，民人抵罪，多者一縣百數，及吏之所疑，榜笞奔走者甚眾。夫縣法以誘民，使入陷阱，孰積於此！曩禁鑄錢，死罪積下；今公鑄錢，黥罪積下。為法若此，上何賴焉？

又民用錢，郡縣不同：或用輕錢，百加若干；或用重錢，平稱不受。法錢不立，吏急而壹之虖，則大為煩苛，而力不能勝；縱而弗呵虖，則市肆異用，錢文大亂。苟非其術，何鄉而可哉！

今農事棄捐而采銅者日蕃，釋其耒耨，冶鑄炊炭，姦錢日多，五穀不為多。

善人怵而為姦邪，愿民陷而之刑戮，刑戮將甚不詳，奈何而忽！國知患此，吏議必曰禁之。禁之不得其術，其傷必大。今禁鑄錢，則錢必重；重則其利深，盜鑄如雲而起，棄市之罪又不足以禁矣。姦數不勝而法禁數潰，銅使之然也。故銅布於天下，其為禍博矣。

今博禍可除，而七福可致也。何謂七福？上收銅勿令布，則民不鑄錢，黥罪不積，一矣。偽錢不蕃，民不相疑，二矣。采銅鑄作者反於耕田，三矣。銅畢歸於上，上挾銅積以御輕重，錢輕則以術斂之，重則以術散之，貨物必平，四矣。以作兵器，以假貴臣，多少有制，用別貴賤，五矣。以臨萬貨，以調盈虛，以收奇羨，則官富實而末民困，六矣。制吾棄財，以與匈奴逐爭其民，則敵必懷，七矣。故善為天下者，因禍而為福，轉敗而為功。今久退七福而行博禍，臣誠傷之。

上都輸疏

天子都長安，而以淮南東道為奉地，鏹道數千，不輕輸致，郡或乃越諸侯，而遠調均發徵，至無狀也。

古者天子之地方千里，中之而為都，輸將徭使，其遠者不在五百里而至；公侯地百里，中之而為都，輸將徭使，遠者不在五十里而至。輸者不苦其徭，徭者不傷其費，故遠方人安。

及秦不能分人寸地，欲自有之。輸將起海上而來，一錢之賦，數千錢之費，不輕而致也。上之所得甚少，而人之苦甚多也。

請封建子弟疏

陛下即不定制，如今之勢，不過一傳再傳，諸侯猶且人恣而不制，豪植而大強，漢法不得行矣。陛下所以為蕃扞及皇太子之所恃者，唯淮陽、代二國耳。代北邊匈奴，與強敵為鄰，能自完則足矣。而淮陽之比大諸侯，廑如黑子之著面，適足以餌大國耳，不足以有所禁禦。方今制在陛下，制國而令子適足以為餌，豈可謂工哉！人主之行異布衣。布衣者，飾小行，競小廉，以自託於鄉黨，人主唯天下安社稷固不耳。高皇帝瓜分天下以王功臣，反者如蝟毛而起，以為不可，故蘄去不義諸侯而虛其國。擇良日，立諸子雒陽上東門之外，畢以為王，而天下安。故大人者，不牽小行，以成大功。

今淮南地遠者或數千里，越兩諸侯，而縣屬於漢。其吏民繇役往來長安者，自悉而補，中道衣敝，錢用諸費稱此，其苦屬漢而欲得王至甚，逋逃而歸諸侯者已不少矣。其勢不可久。臣之愚計，願舉淮南地以益淮陽，而為梁王立後，割淮陽北邊二三列城與東郡以益梁；不可者，可徙代王而都睢陽。梁起於新郪以北著之河，淮陽包陳以南揵之江，則大諸侯之有異心者，破膽而不敢謀。梁足以扞齊、趙，淮陽足以禁吳、楚，陛下高枕，終亡山東之憂矣，此二世之利也。當今恬然，適遇諸侯之皆少，數歲之後，陛下且見之矣。夫秦日夜苦心勞力以除六國之禍，今陛下力制天下，頤指如意，高拱以成六國之禍，難以言智。苟身無事，畜亂宿禍，孰視而不定，萬年之後，傳之老母弱子，將使不寧，不可謂仁。臣聞聖主言問其臣而不自造事，故使人臣得畢其愚忠。唯陛下財幸！

諫立淮南諸子疏

竊恐陛下接王淮南諸子，曾不與如臣者孰計之也。淮南王之悖逆亡道，天下孰不知其罪？陛下幸而赦遷之，自疾而死，天下孰以王死之不當？今奉尊罪人之子，適足以負謗於天下耳。此人少壯，豈能忘其父哉？白公勝所為父報仇者，大父與伯父、叔父也。白公為亂，非欲取國代主也，發憤快志，剡手以衝仇人之匈，固為俱靡而已。淮南雖小，黥布嘗用之矣，漢存特幸耳。夫擅仇人足以危漢之資，於策不便。雖割而為四，四子一心也。予之眾，積之財，此非有子胥、白公報於廣都之中，即疑有剸諸、荊軻起於兩柱之間，所謂假賊兵為虎翼者也。願陛下少留計！

後記

奉臺北三民書局之約，承擔了賈誼《新書》的注譯工作。從蒐集資料到撰稿結束，花了將近三年的時間，深感任務艱難。原因在於，一是身處長沙之一隅，尋覓各種版本及有關資料至為艱難；另一是《新書》有些晦澀的文字不易讀懂，為《新書》全書作注、全書翻譯，就必然遭遇到許多困難。幸賴近年來有些關於賈誼研究的專著，如吳雲、李春台先生《賈誼集校注》及王興國先生《賈誼評傳》的問世，算是為我做了開闢道路的工作，提供了撰稿的有利條件，在此深表謝意。同時，書稿的完成與師友的關心和支持也是分不開的。已辭世的宋祚胤先生是我受蒙教澤三十多年的老師，即令久附病榻，也曾多次為我釋疑解惑；陳戍國先生精於古禮的研究，多次向他請教過有關古代禮制方面的疑難；王興國、楊全鑫、游喚民諸先生為我提供了重要的研究資料，羅敏中先生並為此而不辭奔走之勞；北京圖書館善本部閱覽室王揚、王榮民、姜瓏女士，湖南師範大學中文系資料室蕭似榮、張定女士，在我查閱資料的過程中，都曾給予我熱情支持。

更應說明的是，本書校閱、編輯諸位先生為書稿提出過不少意見，使其中不少訛誤得到糾正，在一定程度上保證了本書的質量，此為注譯者之幸事。編輯部同仁多次親臨指點、聯繫書稿事宜，皆不避羈旅之苦，往返於海峽兩岸，其拳拳敬業之精神，一直成為注譯者撰寫書稿的動力。

另外，老伴方群先讓我集中精力撰稿，心勞力瘁，包攬了全部家務。特別是小女力紅在我撰稿的過程中，為我抄寫了全部稿件，逐字查對原文，核實注釋和翻譯是否符合原意，從中發現問題而加以訂正，成為我的得力助手。

我想，如果沒有以上這些有利的條件，是無法完成書稿的。因此畢陳於書末，以表謝忱云耳。

饒東原謹誌一九九八年五月

現代人不可不讀的智慧經典
——古籍今注新譯叢書

集當代學者智識菁華
重現古人的文字魅力

【宗教類】

新譯山海經　楊錫彭注
新譯列仙傳　張金嶺注　陳滿銘校
新譯維摩詰經　陳引馳注
新譯抱朴子　李中華注　黃志民校
新譯法華經　張松輝注
新譯金剛經　徐興無注　侯迺慧校
新譯神仙傳　周啟成注
新譯高僧傳　趙　益注
新譯楞嚴經　賴永海注
新譯六祖壇經　李中華注　丁　敏校
新譯阿彌陀經　東景南注
新譯經律異相　顏洽茂注
新譯禪林寶訓　李中華注
新譯老子想爾注　顧寶田等注　傅武光校

新譯周易參同契　劉國樑注　黃沛榮校
新譯黃帝陰符經　劉連朋注
新譯道門觀心經　王　卡注　黃志民校
新譯養性延命錄　曾召南注　劉正浩校
新譯冲虛至德真經　張松輝注　周鳳五校

【哲學類】

新譯尹文子　徐忠良注　黃俊郎校
新譯淮南子　熊禮匯注　侯迺慧校
新譯潛夫論　彭丙成注　陳滿銘校
新譯鄧析子　徐忠良注　劉福增校
新譯韓非子　賴炎元、傅武光注
新譯尸子讀本　水渭松注　陳滿銘校
新譯四書讀本　謝冰瑩等注
新譯申鑒讀本　林家驪等注　周鳳五校
新譯老子讀本　余培林注
新譯列子讀本　莊萬壽注
新譯孝經讀本　賴炎元、黃俊郎注
新譯易經讀本　郭建勳注　黃俊郎校
新譯荀子讀本　王忠林注
新譯莊子讀本　黃錦鋐注
新譯新書讀本　饒東原注　黃沛榮校
新譯新語讀本　王　毅注　黃俊郎校
新譯管子讀本　湯孝純注　李振興校
新譯墨子讀本　李生龍注　李振興校
新譯論衡讀本　蔡鎮楚注　周鳳五校
新譯禮記讀本　姜義華注　黃俊郎校
新譯孔子家語　羊春秋注　周鳳五校
新譯公孫龍子　丁成泉注　黃志民校
新譯老子解義　吳　怡著
新譯呂氏春秋　朱永嘉等注　黃志民校
新譯晏子春秋　陶梅生注　葉國良校
新譯明夷待訪錄　李廣柏注　李振興校